王宝平
町泉寿郎 編

転換期における東アジア文化交流と漢学

二松学舎大学東アジア学術総合研究所日本漢学研究センター

日本漢学研究叢刊 4

まえがき

町　泉寿郎

「日本漢学研究叢刊」の第四冊として、本書は十九世紀末から二十世紀初頭の転換期に東アジア諸地域においてみられた様々な文化的交流について、「漢学」に焦点を当てながら展望しようという意図のもとに編纂された。東アジア諸地域は、それぞれの風土や社会が共通項と地域特性を持ち、それと同様に「漢学」も地域を超えて共有されている側面と地域ごとに異なる側面とを持ち合わせている。思想哲学・科学技術・保健医療・芸術文化・政治経済などの諸領域を考えてみても、古代・中世・近代といった時間軸をとってみても、しかるべき共通項と地域特性が見出せそうである。ここで十九世紀末から二十世紀初頭という時間軸と東アジアという地域に着目する理由は、「漢学」が「洋学」に地歩を譲った時代、洋学導入による近代化を推進した過程で漢学がどのように作用したかという問題を、地域ごと領域ごとの共通項や特異性とともに考えたいと願うからである。当該期は日本国内には新しい中国研究が興隆する一方で、「漢字漢文」の文化伝統が減退していった時期である。また洋学導入による近代化において一歩先んじた日本モデルは、周辺の東アジア諸地域の近代化にも一定の役割を果たしたが、同時に激動する国際秩序の中で武力紛争や疫病に人々が呻吟した時代でもあり、世界大戦にいたる蹉跌も経験した。そのような回顧を今なぜするのかと問えば、やはり二〇二〇年以降の疫病や戦争が容易に回避し得ない現実を目の当たりにして、近い時代の人々の経験を参照したいという思いが強いからである。

前記の理由とも関係するが、二〇二二年に漢学塾二松学舎出身で中国大陸において通訳として三十年以上活動した清宮宗親（一八七六～一九三六）という一人の中国通の資料が大学に寄贈され、その整理に当たったことも私個人にとっては当該期の「文化交流と漢学」を考えるきっかけとなった。清宮の長い大陸生活を反映して清末～民国期の多様な人物の資料が残され、また三島中洲から学んだ陽明学が清宮の活動の基礎にあったことを知った。大局的に見れば、日本陸軍の大陸進出と行動を共にして満州建国に至った清宮の諸活動やそれを支えた論理は、日本側の一方的な押付けに過ぎないとも言える。しかしながら、もう少し違った見方をすることはできないものかとも考える。かつての厳しい状況下において学者・芸術家・科学者・政治家・実業家らがどのように交流したのかを拾い出すことに意味を見出したい。戦火に多くの人々が苦しむいま、正義を掲げて一方を断罪するのではなく、何とか共存する道を模索することが切実さを増しているように思う。東アジア諸地域における共通項と特異性を知ることは、我々が共存するための具体的な行動である。「漢学」をそのようなよりよい未来のための糧であらしめるように知恵を絞らなければいけない地点に我々は立たされている。

＊　＊　＊　＊

本書は、二〇二三年十月二十八日に、「転換期における東アジア文化交流と漢学」というテーマを掲げて二松学舎大学日本漢学研究センターが主催したシンポジウムが起点となっている。当日の登壇者と演題は次の通りである。

王　宝平氏（二松学舎大学教授）「兪樾と明治日本」

陶　徳民氏（関西大学名誉教授）「日本の漢文脈との出会いと付き合い」
田山泰三氏（香川県）「黒木欽堂と長尾雨山――二松学舎ゆかりの讃岐出身の二大漢学者」
青山大介氏（安井息軒記念館学芸員）「安井息軒による明治初期の日中学術交流」
中村　聡氏（二松学舎大学（非））「日本に再上陸したキリスト教の特徴を考える」
謝　蘇杭氏（千葉大学（非））「中国の儒教的世界観と日本本草学――『本草綱目』の受容から」
王　弘氏（二松学舎大学大学院博士課程）「一九二〇～三〇年代の大連詩壇における日中文人交流――李文権を通して見る詩壇の変遷」
張　付梅氏（二松学舎大学大学院博士課程）「『燕塵』にみられる服部宇之吉の一考察」
山形　悠氏（二松学舎大学大学院修士課程）「京都の漢方医と漢学者――漢詩コミュニティとその詩集」

その後、共編者の王宝平氏と協議して登壇者を中心に若干名を加えて原稿執筆を依頼し、編輯にあたっては、第一部を「文学・文化の交流」、第二部を「思想の変容と漢学」として、各部の配列はほぼ時代順によった。

第一部「文学・文化の交流」から順に、各論の概要を示しておこう。

青山大介論文は、幕末明治初期の大儒安井息軒の著書に寄せた清朝文人の序跋を材料として、応宝時との関係について明らかにし、李鴻章の対日観にも影響を与えた可能性を論ずる。

王宝平論文は、井上陳政が語った兪樾『東瀛詩選』の代編説について様々な資料を博捜して検討し、兪樾自身の編纂であることを明らかにし、但し助手がいたであろうことを論ずる。

蔡毅論文は、聶景孺という日本留学経験者の日本漢詩に関する詩論を分析して、その編纂の杜撰さや原作にかなり改作を加えていることを明らかにし、民国期における日本漢詩紹介の実例を示す。

胡加貝論文は、末松謙澄の英詩漢訳が原詩を尊重しつつ中国古典詩の形式を守った高度な翻訳になっていること、また漢詩・和歌の改良方法について西洋叙事詩のような長大な詩歌を提唱していたことを論ずる。

茂木克美論文は、佐野市郷土博物館須永文庫の所蔵資料から、実業家須永元と金玉均・朴泳孝ら朝鮮知識人が外交問題を超えて漢詩文によって親交をもったことを明らかにする。

川邉雄大論文は、松本白華や北方心泉ら海外開教に従事した東本願寺僧の資料を用いて、東本願寺が清末中国で行った出版活動について明治初期〜末期まで明らかにし、その経時的変化を論ずる。

王弘論文は、民国初期の日中経済界の関係をめぐって、長く日本に滞在した李文権と日支交通会という組織に着目して、日中経済人の文化交流について明らかにする。

田山泰三論文は、香川県出身で共に二松学舎と東京大学古典講習科に学んだ著名な漢学者、黒木欽堂と長尾雨山の事蹟を紹介したもの。

山形悠論文は、従来研究の少ない大正・昭和初期の漢方復興運動に関して、南拝山の東洋医道会が台湾における漢方存続運動と連携して活動していることを明らかにする。

第二部「思想の変容と漢学」の各論は次の通りである。

徐興慶論文は、編年体によった林鵞峰『本朝通鑑』と紀伝体によった水戸藩『大日本史』について、両史の編纂過程で王権の正当性をめぐってどのような問題が議論されたかを取り上げ、それぞれの史観の相違を明らかにする。

謝蘇杭論文は、林羅山『多識編』・貝原益軒『大和本草』・『遠西独度涅烏斯草木譜』を取り上げて、江戸期における『本草綱目』受容を概観し、洋学の受容に漢学が果たした役割を論ずる。

中村聡論文は、幕末明治初期のキリスト教受容を取り上げて、従来の儒教思想のうちキリスト教受容の前提となったものとは何か、また明治日本がキリスト教から何を学んだのかについて論ずる。

陶徳民論文は、イェール大学スターリング記念図書館所蔵の吉田松陰「投夷書」の羅森写本と、ジョンズ・ホプキンズ大学所蔵の吉田松陰ポウハタン号乗船記録をめぐる紹介と考察である。

武田祐樹論文は、倉敷市玉島図書館所蔵の川田剛草稿から「漢土歴代文章沿革」などの漢学有用論を取り上げて、明治二十年代の川田が欧米東洋学者の業績を評価しつつ新しい漢学の必要性を唱えていることを明らかにする。

町泉寿郎論文は、渋沢栄一の『論語』理解をめぐって、実業家安川敬一郎との関係や三島中洲『論語講義』・亀井南冥『論語語由』の渋沢の評価ポイントを明らかにし、渋沢『論語』が青年・学生に向けたものであると論ずる。

朴暎美論文は、日本人の朝鮮本収集の全貌解明の前提として、言論人徳富蘇峰が朝鮮統治のために言論統制にあたるかたわら多くの貴重な朝鮮古刊本を購入し、その鑑識眼が研究のレベルに達していたことを紹介する。

呉光輝論文は、「グローカル化しつつ、激しく動く今の世界にこそ、「東洋」という言葉が、真に問われる時期を迎えて」いるという問題意識から出発して、哲学者西田幾多郎の「東洋」理解の特質を検討する。

以上、十七本の論文は、伝統的な文人交流、漢詩・漢学・科学・宗教の分野における東西文化接触、日韓間・日台間の交流、実業家や仏教宗派の文化活動などさまざまな内容にわたり、相互にいくつかは関係がある内容もあり、また比較的独立した内容もある。各地に残された一次資料による立論や資料紹介も散見され、資料の豊富な時代ならではの内容になっている。論文集全体として見る時、一つのテーマを深めた論集ではないから総花的でもあるが、各研究者がそれぞれに追求してきたテーマが概観できる点で、当該期の日本漢学をとりまく状況を瞥見するに便利な内容になっていると信ずるものである。

目 次

Ⅱ　思想の変容と漢学

I

文学・文化の交流

安井息軒による明治初期の日中学術交流
――「応宝時「『左伝輯釈』序」跋」と「書「『論語集説』沈序」後」――

青山大介

緒言

西洋ではラテン語を共通言語とすることで、母語の違いを越えて学術交流が行われていた。一方、東アジアに於いて共通学術言語の役割を果たしていたのは漢文である。漢文は中国語母語話者がその場にいない状況でもリングアフランカ（通用語）として機能し、例えば江戸時代の日本人は漢文を用いて朝鮮通信使と筆談し、漢文で公文書を作成し、哲学・宗教・思想といった上位文化に属する著述には漢文を用いた。もっともラテン語が音声としても通用するのに対して、漢文を中国人が読み上げても日本人には理解できないし、日本人が漢文を訓読したところで中国人には何一つ伝わらない。統一された音声を伴わないという点で、漢文は共通の言語というより共通の表記法というべきかもしれない。(1)

さて漢文による日中交流と聞けば、一般的には「遣唐使が持ち帰った漢籍を通して、日本人は中国の優れた文化を受容した」という図式が思い浮かぶだろう。近世以前の日本人がいかに多くの漢籍を中国から輸入し、熱心に読んでいたか、大庭脩氏の『漢籍輸入の文化史』（研文出版、一九九七年）を挙げるまでもあるまい。では、逆に日本が中国へ漢籍――本稿では、書き手の母語を問わず漢文で書かれた書籍を「漢籍」と総称する――を輸出することはなかったのか。

その数少ない例が、徳川吉宗［一六八四〜一七五一］による『七経孟子考文補遺』の輸出である。狩野直喜の「山井鼎と七経孟子考文補遺」（羽田亨編『支那学論叢／内藤博士還暦祝賀』、弘文堂書房、一九二六年、三七七〜四〇三頁）によれば、吉宗は荻生北渓［一六七三〜一七五四］に山井鼎［未詳〜一七二八］『七経孟子考文』の校正を命じ、一七三一年（享保一六）に出版させると、遅くとも一七三五年（享保二〇）には長崎奉行に命じて清国へ輸出させた。大庭脩氏の『漂着船物語／江戸時代の日中交流』（岩波新書、二〇〇一年、一四五頁）は「享保十九年に伊孚九が、この書と、『古文孝経孔氏伝』の両書を五、六部購入して帰った」という。

幕府は「また上もなき当方の誉《ほまれ》と相ひ聞え候ふ」と意気軒昂であったが、当時の清国人の反応は狩野にも「薩張分《さっぱり》らぬ」という。それでも『七経孟子考文補遺』は次第に清国学者の間で認知され始め、一八七二年に乾隆帝［一七一一〜一七九九］の『四庫全書』に収録され、一八一六年の阮元［一七六四〜一八四九］の『校勘記』に引用され、遂に清国で復刻本が刊行されて日本へ逆輸入されるに至り、日本側もこの和製漢籍が清国で高い評価を得たことを知る。ただその時には、輸出からすでに六〇年以上が経過しており、吉宗たち当事者はすでに世になく、清国での反響を知ることは叶わなかった。これほど往来の間隔が空くと、日中の文化交流とは言えても、学術交流とは呼び難い。では、江戸時代に中国人と学術的なやりとりを交わせた日本人はいなかったのか。

大庭脩氏の『漂着船物語』によれば、鎖国下でも日中間の人的交流は稀にあり、一七七五年（安永四）には平沢元愷［一七三三〜一七九一］が長崎出島の唐人屋敷に汪鵬［生没年未詳］を訪ねて質問攻めにしたという。だがやはり日中学術交流が本格化するのは、明治になって日清修好条規［一八七一（明治四）］が締結され、相互の人的往来が常態化してからである。

しかしながら日本の儒者でありながら、平沢元愷や明治の漢学者たちと違って清国人と対面することなしに、日清修好条規締結以前に、清国の士大夫を相手に自著漢籍による学術交流を主体的に仕掛け、生前のうちに清国の反応を得ることに成功した人物がいた。幕末維新期の儒宗安井息軒［一七九九〜一八七六］である。

安井息軒は、諱を衡、字を仲平といい、一七九九年（寛政一一）に飫肥藩清武郷（宮崎市清武町）に飫肥藩士の次男として生まれた。幼少から勉学に励み、大坂や江戸へ遊学した後、帰郷して清武郷校明教堂や飫肥藩校振徳堂で教鞭を執っていたが、三九才で藩職を辞すと、妻子を連れて江戸へ移住して三計塾を開き、六三才で昌平黌儒官となり、六九才で明治改元を迎え、一七七六年（明治九）に東京の自宅で没した。享年七七才。事績の詳細は、若山甲蔵『安井息軒先生』（蔵六書房、一九一三年）と黒江一郎『安井息軒』（日向文庫刊行会、一九五三年）に譲る。

息軒が『管子纂詁』を清国に送り、清国から寄せられた序に全力で答えたことは、町田三郎氏の「力作の管子纂詁」（『江戸の漢学者たち』、研文出版、一九九八年、一八七〜二〇三頁）がすでに明らかにしている。本稿は『管子纂詁』に加えて、『左伝輯釈』『論語集説』といった息軒の他の漢籍にも焦点をあて、清国人の反応とそれに対する息軒の感想を紹介し、明治初期の日中学術交流の一幕を明らかにしたい。

一　安井息軒による幕末の日中学術交流

一八六四年（元治一）、安井息軒は六五才で『管子纂詁』を刊行した。意外にもこれが息軒の著作で江戸時代に出版された唯一のものである。一八六六年（慶応二）、六七才の息軒は幕命により渡英する昌平黌儒官中村正直［一八三二

～一八九二］に『管子纂詁』を託し、上海に寄港した時に清国の然るべき人物に贈るよう依頼した。中村正直はこれを上海の行政長官のような役職にあった応宝時［一八二一～一八九〇］に渡した。応宝時の序文は、一八七〇年（明治三）、七一才になった息軒のもとに届いた。

（二）中村正直「記安井仲平託著書事」と息軒「書応宝時『管子纂詁』序」後」

右の経緯を伝えるのが中村正直の「記安井仲平託著書事」（『敬宇文集』六、吉川弘文館、一九〇三年、二七頁裏～二八頁表）である。これは中村正直が『管子纂詁』を応宝時に渡す際に付けた添え文で、署年は「日本慶応二年丙寅十一月二日」［一八六六年一二月八日］とあり、次のように締め括られている。

舟の揚子江に泊まるに迨《いた》り、即ち行篋を開けば、則ち『纂詁』一部安然として恙《つつがな》し。恍として故人に対するがごとく、余をして頓《とみ》に旅況を慰めしむるなり。余意《おも》へらく清国は学士林のごとし。然れども科挙の盛んなるよりして四子五経は末注紛多して、人各々書を成す有るも、諸子の古書のごときに至りては、其れ畢生精を至す者、甚だしくは多く見ず。然らば則ち仲平の是の書のごときは、或ひは亦た清国学士の棄てざる所ならんや。今日将に清国の貴官に謁して、贈るに此の書を以てせんとするに、因りて其の由を記すること此くのごとし。（迨舟泊揚子江、即開行篋、則『纂詁』一部安然無恙。恍如対故人、使余頓慰旅況也。余意者清国学士如林、然自科挙盛而四子五経、末注紛多、人各有成書、至如諸子古書、其畢生至精者、不甚多見。然則如仲平是書、或亦清国学士之所不棄也。今日将謁清国貴官、贈以此書。因記其由者如此。）

中村の「先秦諸子のような古い時代の書物にいたっては、生涯をかけて詳しく研究している人は、それほど多くはいないようです。そうであれば、息軒のこの書物のようなものは、清国の学者も無用とはしないでしょう」という言葉は卑譲を過ぎて卑屈にすら感じるが、やはり本場中国の学者に日本人の漢籍注釈書を見せることに萎縮していたのだろう。

応宝時は快く受け取り、序を書き、絶賛した。応序は息軒の『管子纂詁補正』（山城屋佐兵衛、一八七〇年）の巻頭を飾るが、そこには「楽しみて之に序を為る」（楽為之序）とさえある。ただ応序は、署年が「大清同治六年春」［一八六七（慶応三）］であるのに、息軒の「書応宝時『管子纂詁』序」後」（『息軒遺稿』三、安井千菊、一八七八年、四一頁裏～四二頁裏）には「明治庚午正月十八日、此序伝自名倉氏」とあり、名倉松窓［一八二二～一九〇一］によって息軒に届けられたのは三年後の明治三年一月一八日［一八七〇年二月一八日］のことであった。

息軒は、応序を読んでその博証広引に驚き、その学識に感服すると同時に、応宝時その人に強い関心を抱いた。応序を受け取った翌月の「庚午二月望」［一八七〇年（明治三）三月一六日］の「書応宝時『管子纂詁』序」後」に云う、

> 因りて応君の人と為りを名倉氏に質《ただ》す。名倉 数《しばし》ば上海に游ぶも、其の人の貴重なるを以て、未だ之に見《まみ》ゆるを得ず。独り其の友厳伯雅と交はり、嘗て之を伯雅に聞けり。君は年五十左右、著す所の書数十部、名 隆隆として方に興る。嘗て林則徐と友善たり。故に文に官たると雖も、兼ねて武事にも通ず。其の通儒たるを知るべし。惜しいかな名倉聞く所 此《ここ》に止まり、并《あわ》せて其の字《あざな》・号も未だ聞かず。特だ告ぐるに此の序は応君の手書に係ると。筆画遒勁、其の言 応に誣ならざるべし。（因質応君為人於名倉氏。名倉数游上海、以其人貴重、未得見之。独与其友厳伯雅交、嘗聞之伯雅。君年五十左右。所著書数十部、名隆隆方興、嘗与林則徐友善、故雖官於文、兼通武事、其為通儒可知矣。惜名倉所聞止此、并其字号未聞。特告此序応君手書。筆画遒勁。其言応不誣。）

このあと息軒は応序の誤字を何ヶ所か批正しており、それが理由でこれが応宝時の自筆だという説明に多少疑念を抱きもしたが、筆跡の力強さを見て嘘ではないと判断したらしい。後述のように、応序を巻物の形に設えると、子々

孫々まで守り伝えるようと家族に命じている。

（二）兪樾「日本竹添井井『左伝会箋』序」と郭沫若『管子集校』

応宝時からの「又た素《もと》より懐疑して未だ釈せざる所のものを以て之に附書し、以て仲平に質《ただ》す」（又以素所懐疑未釈者附書之、以質仲平焉）という挑戦に、息軒はただちに『管子纂詁補正』を刊行して応じた。自序の署年は「明治庚午十月望」［一八七〇年（明治三）一一月八日］、応序を受け取ってわずか九ヶ月後である。

ところで、応序［一八六七（慶応三）］が列挙する疑義は、兪樾『諸子平義』［一八七〇（明治三）］の原稿からの盗用だとする説を、郭沫若［一八九二～一九七八］が『管子集校』（東豊書店、一九八一年、上冊七頁。初出：科学出版社、一九五六年）で唱えている。郭沫若は応序に登場する「同学尹氏子銘（鎣悳）」なる人物こそが応序の代筆者であり、盗用者だと主張する。

この問題に関して、郭沫若が触れていない史料があるので紹介したい。兪樾の「日本竹添井井『左伝《ママ》会箋』序」（『春在堂全書・雑文補遺』二巻一九頁表～二〇頁裏。沈云龍編『近代中国資料叢刊』四二一（文海出版社、一九六七年、二九二三～二九二六頁）所収）に云う、

余 交はりを東瀛諸君子に獲るは、蓋し竹添君より始まる。丁丑の歳、君 来たりて我に春在堂に見《まみ》え、詩を以て摯と為せり。余 君を以て詩人と為すなり。見《まみ》えて之と言ひて、始めて君と安井仲平先生とに師友淵源の旧有るを知る。先生の著に『管子纂詁』有り、余 読みて之を慕ふ。君 言へらく、「先生 去歳亡せり。先生 亡して吾が国 古学を治むる者 絶えたり」と。余 乃ち君の徒《ただ》に詩人なるのみに非ずして、而して又た学人なるを知る。（余獲交于東瀛諸君子、蓋自竹添君始。丁丑之歳、君来見我於春在堂、以詩為摯。余以君為詩人也。見而与之言、始知君与安井仲

(2)平先生有師友淵源之旧。先生著有『管子纂詁』、余読而慕之。君言「先生於去歳亡矣。先生亡而吾国治古学者絶矣」。余乃知君非徒詩人、而又学人也。）

これによれば、兪樾は「丁丑の歳」［一八七七（明治一〇）］の時点で、すでに息軒の『管子纂詁』を読んでいたことになる。では、兪樾が読んだ『管子纂詁』はどういう経路で兪樾の手もとに届いたのか。冒頭に「私が日本の知識人と交流するようになったのは、思うに竹添君から始まる」とあれば、日本人から得たとは考え難い。時期からしても、当時の出版物の流通量からしても、何より郭沫若自身が指摘する兪樾と応宝時の親密さからしても、兪樾が読んだのは中村正直が応宝時に渡した『管子纂詁』だったと考えるのが自然ではなかろうか。そうであれば、そもそも応序の代筆者が兪樾その人であった可能性も浮上しよう。

郭沫若がその可能性に言及しないのは、恐らく『諸子平義』刊行前に兪樾が息軒の『管子纂詁』を目にしていたなどあってはならないと考えるからではないか。郭沫若は『管子集校』（一二頁）に次のような註釈を付して、息軒に対する敵愾心をむき出しにしている。

註九　応宝時の序は安井衡に求められたもので、応序に「安井君、字は仲平……『管子纂詁』を編纂して後世の学者に残そうとし、その国の昌平黌儒員中村君を介してその書を私に示した……それで私は楽しんで序を作った」とある。だが、応序が日本に届いたのはその書（＝管子纂詁）が刊行された後だったので、安井はこれを全く重視せず、ただ巻末に付しただけだった。その自序には「庚午［一八七〇］正月、清国人応宝時の『管子纂詁』の序が上海から届いた」とあり、また「応宝時の指摘のうち、妥当と思われる説は採用し、誤っていると思われる説に反論すること一八項目」とある。応宝時のことを呼び捨てにして何の敬称もつけていないところに、安井の傲慢さが見て取れる。また応序の「嚮貽来詰」という句に批正を加えて「『嚮』字は『詰』下にあるべきだ」と言うのは、安井の浅はかさを露呈するに充分で、いわゆる「通人気取り」というものであろう。（註九　応宝時「序」当為安井衡所求、序中云「安井君字仲平者……撰『管子纂詁』以嚮貽来喆、介其国昌平学儒員中村君以書相示。……故楽為之序」。序至日本在書刻成之後、安井並未重視、僅以附於書末。其自序云「庚午（同治九年）正月清人応宝時《纂詁》之序伝自上海」、並云「応序所論取其是而駁其非又十有八」、於応直書姓名而無若何之敬称、足徴安井為人之倨傲。又於応序「嚮貽来喆」句加一眉批云「『嚮』字当在『喆』下」、適足表曝安井之浅陋、所謂「妄作解人者」也。）

今ここで郭沫若の誤解を一つ一つ解いている紙幅はない。ただ息軒の応宝時に対する態度を「倨傲」と評するのは、曲解と言って差し支えないように思う。郭沫若は一九一四～一九二三年と一九二八～一九三七年の二度、足掛け二〇年にわたって日本に滞在しながら、一八七一年（明治一一）に刊行されていた『息軒遺稿』所収「書応宝時『管子纂詁』序」後」を目にできなかったのか。それとも、そこに

> 序中に論ずる所 博証広引、鑿鑿乎として之を言ふこと、其の精核を極む。余 学識に服して以て海外の一知己と為す。（略）余 既に応君を以て知己と為す。書を修めて疑う所を質《ただ》し、以て交誼を厚くせんと欲するも、国に大禁有れば、則ち装ひて横幅と為し、因りて其の由る所を記し、以て盛意に答ふ。子孫其れ永く之を保て。（序中所論博証広引、鑿鑿乎言之、極其精核。余服学識以為海外一知己。（略）余既以応君為知己。欲修書質所疑、以厚交誼、国有大禁、則装為横幅、因記其所由、以答盛意。子孫其永保之。）

とあるのを読んで、なお「安井並未重視」と言ったのか。

遺憾ながら、こうした不幸な行き違いもまた日中学術交流の一面であろう。

二　安井息軒による明治初期の日中学術交流

安井息軒といえば「江戸時代の儒者」というイメージがあるが、実際には明治九年〔一八七六〕まで生きており、廃藩置県（明治四）や学制（明治五）、キリスト教解禁（明治六）、徴兵令（明治六）、地租改正（明治六）、屯田兵制度（明治七）といった明治初期の重要な改革を体験している。この改革期に息軒の『左伝輯釈』（明治四）・『論語集説』（明治五）・『弁妄』（明治六）が相次いで刊行された事実は、明治初期の思潮を論ずるうえで看過できない。『左伝輯釈』と『論語集説』は、本節で述べるように、息軒の存命中に清国に渡り、清国人による序文を息軒は目にすることになる。『弁妄』は一八七五年（明治八）に英訳本が出版され、一八七八年（明治一一）に独訳本が刊行されるが、そちらについてはまた別の機会に論じたい。

（一）応宝時「『左伝輯釈』序」

『管子纂詁』の序文を書いた応宝時は、『左伝輯釈』の序文も書いている。応宝時の「『左伝輯釈』序」は、比較的流通量の多い彦根藩学校蔵版本〔一八七一〕・赤志忠七等重版本〔一八七五〕・石川鴻斎訓点本（山中出版舎、一八八三年）・佐野通正校本（温故堂、一八八四年）のいずれにもなく、春風館蔵版本（井伊氏蔵版）と台湾の影印本（広文書局、一九六七年）にある。本稿は春風館蔵版本に依った。

応宝時の序はおよそ一五四五字に及ぶ。序を書くに至った経緯は次のようなものであった。

今夏　日本の使臣外務大丞柳原公　其の朝命を銜《ふく》みて、天津に来至し、新栞『左伝輯釈』一書を出だして、不佞をして之に序を為《つく》らしむ。蓋し其の国の宿儒安井仲平先生の書なり。宝時 前歳に曽《かつ》て著す所の『管子纂詁』を見て僭《か》りに撰序を為《つく》れば、今更敢へて固辞せず。窃かに韓昌黎の「経端に掛名す」の意に本づき、其の小知浅見を述べ、以て柳原公に復して、藉《か》りて以て諸《これ》を先生に質《ただ》す。（今夏日本使臣外務大丞柳原公銜其朝命、来至天津、出新栞『左伝輯釈』一書、俾不佞為之序。蓋其国宿儒安井仲平先生書也。宝時前歳曽見所著『管子纂詁』僭為撰序、今更不敢固辞。窃本韓昌黎「掛名経端」之意、述其小知浅見、以復於柳原公、而藉以質諸先生。）

「今夏」とは、署年から察するに「同治十年」［一八七一（明治四）］の夏である。明治政府の副使として天津に到着した外務大丞柳原前光［一八五〇～一八九四］が『左伝輯釈』を手渡して序を求めた。見れば、安井息軒の著書であり、以前『管子纂詁』のために序を書いたことがあったので、今回も引き受けることにしたという。

応序は息軒の方針を「諸説の至当なるものを択取して之に附し、（略）其の自ら為す所の説に至りては、尤も精審たりて苟《かりそめ》にせず」（択取諸説之至当者附之、（略）至其所自為説尤精審不苟）と分析し、経文を解釈するために『公羊伝』『穀梁伝』の説さえ採用することを挙げて「此れ其の心を用ふることの公、善に従ふことの宏にして、尤も比すべきを墨守するに非ず」（此其用心之公、従善之宏、尤非墨守可比）と肯定する。また息軒が従来の『左伝』偽作説に対して加えた反論には基本的に同意しつつ、ただ息軒の「古へ『魯春秋』と言ふは皆な今の『伝』文を指す」（古言『魯春秋』皆指今『伝』文）という主張に対してのみ、「窃かに意《おも》へらく当時の事を記すの書、「春秋」と通称す。『国語』『管子』『墨子』の「春秋」と言ふがごときは皆な是れなり。先生の夥見 一説を備ふべし。宝時 尚ほ未だ敢へて苟同の論を為さざるのみ」（窃意当時記事之書通称「春秋」、如『国語』『管子』『墨子』之言「春秋」者皆是也。先生夥見可備一説。宝時尚未敢為苟同之論耳）と異を唱えている。そして最後に「『記』に曰く「『春秋』の失は乱」と。韓昌黎 曰く「『左氏』は浮夸」と。先生の読書のごときは、則ち乱や浮夸や夫れ何をか病まん」（『記』曰「『春秋』之失、乱」韓昌黎曰「『左氏』浮夸」。

如先生之読書、則乱也浮夸也夫何病）と、その穏当で手堅い解釈の仕方を称えて締めくくる。

また応序は『左伝輯釈』の目的を杜注の批正にあると喝破し、その具体例を暦法・地名・制度・名物・訓詁・伝文の誤衍の順で紹介している。なかでも息軒が「成公一八年伝」の「国逆曰入」云々について、「入」「帰」二字の互易を主張することを特筆して、「先生の学、豈に実事求是して曲徇する所無きものに非ざらんか」（先生之学、豈非実事求是無所曲徇者歟）と絶賛する。実はこの箇所は息軒の大いに自負するところであり、別に「「国逆曰入」考」（黒江一郎編『息軒先生遺文集続編』、安井息軒先生顕彰会、一九五六年、一頁～四頁）なる一篇を著しているほどだから、応序のこの箇所を読んで、息軒も我が意を得た思いがしたことだろう。(5)

（二）安井息軒「応宝時「『左伝輯釈』序」跋」

息軒は、明治四年一一月一九日［一八七一年一二月三〇日］、宮崎で暮らす長女須磨子宛ての書簡「住居畳数一四三枚」（安井息軒著・黒木盛幸編、『安井息軒書簡集』、安井息軒顕彰会、一九八七年、二四一頁下段）で、応宝時から「『左伝輯釈』序」を受け取った旨を告げている。

『左伝』もからへ五部渡し候。其外にも土産に持参候者多く候よし、『管子』の序を書候応宝時と申候者、此度も序を書候てさし越候。当年は門人奥州の石幡と申者、柳原に付そひ参り、彼方の事も委敷分り候。右応宝時は唐土にても此節一二を争ふ学者のよし、文章のよふすも、左様に相見候。役儀も『管子』序を書候時よりは進候て、第二等官に候。他に邱濬郝と申者も序を書候てさし越候。是は学問も未熟と見へ、文章よろしからず、役義もひきき《ママ》者に候。写させ可遣候得共、近日井伊家にて、板行にいたし候まま、其上にてつかわし可申候。外に『管子』のあやまりを正し候一冊者も遣し候。彼方にては「三奇書」と唱へ、注文いたし越候書付を、石幡見せ申候。

息軒に応序を届けた「門人奥州の石幡」とは、石幡貞〔一八八六〜一九一五〕のことで、三計塾の門人帳に「万延元年七月〔一八六〇〕奥州伊達郡伊達崎村石幡橘平」（安井小太郎編『故旧過訪録・遊従及門録』、愛敬利世、一八九七年、八頁裏下段）とある。この年、石幡貞は外務省に出仕して外務大丞柳原前光に随行して清国に赴いている。

石幡が持ち帰った序には二通あったらしい。応宝時の序と邱濬郝なる人物の序である。息軒は、応序については「現在の中国でも一、二を争う学者とのことで、文章の様子からもそのように見受けられる」と感心する一方で、邱序については「学問も未熟と見え、文章もよろしくない」と評価が低い。娘に宛てた私信ゆえの率直な感想だろう。なお邱序は所在不明で内容も確認できない。息軒は、序が近日中に彦根藩知事井伊家により板行されると言うが、邱序は印刷に回さなかったのかもしれない。一八七八年（明治一一）の川田甕江「安井息軒先生碑銘」（東京都千駄ヶ谷養源寺）も「先に是れ清国江蘇按察使応宝時『管子纂詁』『左伝輯釈』を読みて、其の精核を称へて為に序文を製す」（先是清国江蘇按察使応宝時読『管子纂詁』『左伝輯釈』、称其精核為製序文）といい、邱序には触れていない。

また石幡貞は、息軒の著作が清国で「三奇書」と称され、注目を集めていると告げる。この「三奇書」とは『管子纂詁』と『左伝輯釈』と、恐らくこの翌年に刊行される『論語集説』ではないかと推測する。理由は次節で述べる。

息軒は、序を受け取ってから二年後の一八七三年（明治六）一一月一日——思うに、一八七二年（明治五）から一八七三年（明治六）初冬にかけて『論語集説』『弁妄』『弁妄和解』の出版が相次ぎ、時間が取れなかったのだろう——、「応宝時『左伝輯釈』序」跋」（黒江一郎編『息軒先生遺文集・正編』、安井息軒顕彰会、一九五四年、七二頁）を著した。曰く、

近ごろ見るに上海の人毛祥麟 著す所の『墨余録』に云ふ有り。同治癸亥、金陵 克復す。明年甲子、上海に龍門書院を創設す。時に応宝時 蘇松に観察たりて、文を作り属州県の学生を喩《さと》す。其の略に曰く、「士は四民の首たれば、人心を正さんと欲すれば、先づ士習を正す。但だ士の積習に惑溺すること已に久しく、国家取士の具を以

て、一己梯栄の階と為すに至り、標窃に務めて実用無し。進身の始めより、心術已に壊れ、縦ひ巍科に掇ばれ、仕籍に登るとも、其の吏治民風に於けるや、曽て何ぞ万分の一を裨益せん」と。因りて憶《おぼ》ゆ。（近見上海人毛祥麟所著『墨余録』有云。同治癸亥、金陵克復。明年甲子、上海創設龍門書院。時応宝時観察蘇松、作文喩属州県学生。其略曰、「士為四民之首、欲正人心、先正士習。但士之惑溺於積習者已久、致以国家取士之具、為一己梯栄之階、務標窃而無実用。進身之始、心術已壊、縦掇巍科登仕籍、其於吏治民風、曽何裨益万分之一」。因憶。）

明治壬申、星槎の清に航《わた》りて修好するや、欽差大臣李鴻章、我が使を応接す。而して事務を弁ずるを帮《たす》くる者、乃ち応君なり。之を使人に聞く、「清国の名臣と称する者、李鴻章・曽国藩、長髪賊を平らぐの功を以て顕たり。之に次ぐ者は応宝時ならん。鴻章は長さ七尺余にして、容貌魁岸、語次或ひは大笑を発し、人を軽侮するがごときもの有り。宝時は則ち温温恭として、人一見すれば其の長者たるを知るなり」と。『墨余』の載する所と并せて之を観れば、其の人と為り以て想見すべし。明治癸酉十一月朔、安井衡誌す。（明治壬申、星槎之航清修好也、欽差大臣李鴻章、応接我使。而帮弁事務者、乃応君也。聞之使人、「清国称名臣者、李鴻章・曽国藩、以平長髪賊功顕。次之者応宝時。鴻章長七尺余、容貌魁岸、語次或発大笑、若有軽侮人者焉。宝時則温温恭、人一見知其為長者也」。并『墨余』所載而観之、其為人可以想見矣。明治癸酉十一月朔、安井衡誌。）

息軒が前半で抄録するのは、毛祥麟〔一八一二～一八八三〕の『対山書屋墨余録』（上海亦可居毛氏蔵板、一八七〇年（同治九））の「記龍門書院」（一巻四頁裏～七頁裏）である。

後半で述べるのは、「明治壬申」〔一八七二（明治五）〕とあるが、恐らくこれは「明治辛未」〔一八七一（明治四）〕の誤りで、全権大臣伊達宗城〔一八一八～一八九二〕と副使柳原前光が渡清して李鴻章〔一八二三～一九〇一〕と日清修好条規を締結した一件である。息軒が話を聞いた「使人」とは、上引の書簡に見えた随員石幡貞であろう。李鴻章を評して「他人を見下して馬鹿にするようなところがある」とするのは、後年李鴻章と小村寿太郎の間で交わされるやり取りを予感させるが、対照的に応宝時のことは「穏やかで慎み深く、一見して徳の高い穏やかな人だと分かる」と評している。息軒は、この証言と『墨余録』の記述と合わせれば、応宝時の人柄が浮かんでくると締めくくる。息軒が応宝時の学識と人柄に敬服し、大きな好感を抱いていたことがうかがえる。

（三）石幡貞「送安井某甫之清国序」と息軒「書「『論語集説』沈序」後」

一九〇二年（明治三五）、安井息軒の外孫安井小太郎は北京の京師大学堂の教習として招聘され、清国に赴任する。石幡貞は、師息軒の遺孫のために「送安井某甫之清国序」（『東岳文抄』一、石幡富子、一九一〇年、三〇頁表〜三一頁裏）を書いて贈った。曰く、

明治四年、節使を清に簡派し、修好して立約す。予 捐官して副使に従ひ、発途するに期有り。息軒先生 著す所の『論語集説』『左伝輯釈』『管子纂詁』を取り、嘱して曰く、「彼の績学にして勗勤を任ずる者に、之を贈らば幸ひたり」と。天津に淹留すること数月、李鴻章・応宝時に贈れば、皆な其の識力の精博なるに歎服す。宝時は特に推重して措《お》かず、書を作りて伸謝し、且つ質疑す。既に約成れば、北京に抵《いた》りて諸大臣に見《まみ》ゆ。帰りて其の書を致せば、先生哈《わら》ひて曰く、「海外に友を得たり」と。爾来三十余年、先生と李・応と、皆な既に違世し、予も亦た頽然として老に就く。而して先生の孫小太郎君、今将に其の国に赴かんとするは、蓋し偶然ならざるもの有らん。（明治四年、簡派節使於清、修好立約。予捐官従副使、発途有期。息軒先生取所著『論語集説』『左伝輯釈』『管子纂詁』、嘱曰「彼績学任勗勤者、贈之為幸」。淹留天津数月、贈李鴻章・応宝時、皆歎服其識力精博。宝時特推重弗措、作書伸謝、且質疑。既約成、抵北京見諸大臣。帰而致其書、先生哈曰、「海外得友矣」。爾来三十余年、先生与李・応、皆既違世、予亦頽然

就老。而先生之孫小太郎君、今将赴其国、蓋有不偶然者焉。）

ここで石幡貞がいう「立約」とは、一八七一年（明治四）の日清修好条規の締結を指す。当時石幡貞は副使柳原前光に随行して清国を訪問し、条約交渉の場に臨んだ。前節で、須磨子宛書簡に石幡貞が清国では息軒の著作は「三奇書」と呼ばれていると伝えたとあることに触れて、「三奇書」とは『管子纂詁』『左伝輯釈』と残る一書は『論語集説』であろうと推測したのは、この序による。

ただし『論語集説』の刻成は、息軒が一八七二年（明治五）一一月一九日に平部嶠南に宛てた書簡「論語集説全刻相成」（『安井息軒書簡集』、三一三頁上段）で「御世話被下候『論語集説』、漸此節全刻相成」とあるように、一八七一年（明治五）秋のことであるから、一八七〇年（明治四）に石幡貞が『論語集説』を李鴻章と応宝時に贈ったとするのは、時系列が矛盾する。前節の須磨子宛息軒書簡の内容と合わせて想像するに、恐らく一八七〇年（明治四）の時点で『論語集説』の翌年刊行は決定事項で、その旨を石幡貞が清国側に伝えたところ、刊行のあかつきには送ってほしいと「注文いたし越候書付」を預かり、後年『論語集説』が清国へ届けられたということではないだろうか。

右の推測を一部裏付ける証拠が、息軒が「明治甲戌七月」［一八七四年（明治七）七月］に著した「書「『論語集説』沈序」後」（『息軒先生遺文集・正編』、六八頁）である。序に「柳君の至意」云々とあれば、恐らく清国に全権公使として赴任していた柳原前光の差配で届けられたのだろう。「枢密院文書・枢密院高等官転免履歴書　明治ノ一」（国立公文書館、一八九一～一九〇一年）を見るに、柳原前光は一八七一年（明治四）以降毎年の様に日本と清国を往復しており、「書「『論語集説』沈序」後」の直近では一八七四年（明治七）二月一五日に訪清して六月二三日に帰朝している。沈序はこの際に持ち帰られたものではないか。

沈氏について息軒本人は明記していないが、黒江一郎氏は沈秉成［一八二三～一八九五］とする。沈秉成は進士に及第しているから、挙人止まりの応宝時よりも格上の存在である。しかし息軒は沈序の内容に大いに不満を覚えたとみえ、沈序の事実誤認を悪し様に列挙するのみならず、沈秉成の人格批判にまで筆が及んでしまっている。

沈序を詳玩するに、蓋し其の人は驕貴ならん。降意せずして至当を求め、注疏を略看して、未だ予の論断する所を読むに及ばざるなり。他は姑く論ぜず。予は日向州の南辺に生まるるが故に「日南」と署せり。而るに沈 以て日本の別称と為し、之を前人に加ふ。序に「伊・物二家の説を家庭に聞く」と言へり。而るに沈 以て親炙せりと為す。『論語徴』は物徂徠の著す所にて、観は乃ち其の弟なるのみ。書中に採る所は仁斎『論語古義』中の説、未だ其の『仁斎札記』を著すを聞かざるなり。凡そ此れ皆な諸を臆に取るにて、尤も謬妄に属す。但だ遠人の贈る所なれば、捐棄するに忍びず。且つ柳君の至意を虚しくするを欲せざるなり。姑く之を巻端に置くと云ふ。明治甲戌七月。（詳玩沈序、蓋其人驕貴、不降意求至当。略看注疏、未及読予所論断也。他姑不論焉。予生於日向州南辺、故署「日南」。而沈以為日本別称、加之前人。序言「聞伊・物二家之説於家庭」、而沈以為親炙。『論語徴』物徂徠所著、観乃其弟耳。書中所採仁斎『論語古義』中之説、未聞其著「仁斎札記」也。凡此皆取諸臆、尤属謬妄。但遠人所贈、不忍捐棄。且不欲虚柳君至意也。姑置之巻端云。明治甲戌七月。）

息軒は沈氏の人格を「驕貴」と決めつけ、学問においても謙虚さに欠け、注疏の表面をなぞっただけで、解釈における息軒のロジックを読み取れていないと不満をこぼす。沈序の内容を確認できないため、あくまで推測だが、沈秉成には息軒の問題意識に共感することが全くできなかったのではないか。

そもそも息軒は「答某生論濮議書」（『息軒遺稿』二、一頁表〜三頁裏）に自ら「年十五、六、先君子に従ひて四書を講求するに、便ち已に疑ひ洛・閩に有り」（年十五六、従先君子講求四書、便已有疑於洛閩）と語るように、年少の頃から朱子学の経典解釈に疑問を抱き、「寛政異学の禁」下でも古学派を標榜し、古学派として昌平黌儒官に着任した。『論

語集説』はその集大成である。(6)

一方の沈秉成は科挙を最後まで勝ち抜いたがゆえに、朱子学の経典解釈を相対化するということはなかったに違いない。沈秉成にすれば、朱子学という正学がある以上、息軒の異説など論ずるに値せず、さりとて日本の全権公使に序をねだられては無下にもできず、とりあえず適当にあしらって済ませたのではあるまいか。かつて中村正直が危惧した通り、清国は「科挙の盛んなるよりして四子五経は末注紛多して、人 各々書を成す有り」ゆえに、息軒の『論語集説』のごときは「清国学士の棄てざる所」となり得なかったのである。

息軒は、沈秉成が「日南の安井衡」を「日〔本〕の南安井衡」と誤り、息軒と荻生徂徠〔一六六六～一七二八〕と伊藤仁斎〔一六二七～一七〇五〕を同時代の人物と誤り、『論語徴』の作者を荻生北渓と誤り、仁斎の著書を『仁斎札記』と誤ることを、「すべてこれらはみな憶測によるもので、何よりでたらめなタイプだ」と糾弾し、学者としての誠実さの欠落と見なした。

国際学術交流は必ずしも友好的な関係構築に結びつかないという実例である。

結　語

ここまで安井息軒が幕末から明治初期にかけて自著漢籍を通じて行った日中学術交流の模様を通覧してきた。息軒は応宝時とは非常に良い関係を結べたが、それ以外とは期待外れの結果に終わったようである。邱濬郝に対する落胆もさりながら、特に沈秉成に対する失望は筆が人格攻撃に及ぶほど大きいものだった。息軒は一八七四年（明治七）に視力の低下から『毛詩輯疏』を断筆し、学術活動に自ら終止符を打っており、恐らく「書「『論語集説』沈序」後」

が最後の日中学術交流であろう。ただ一八七六年（明治九）に息軒が没した後も、その遺著は松本豊多［一八四八頃〜一九一八以降］や蒲生重章［一八三三〜一九〇一］が黄遵憲［一八四八〜一九〇五］と学術交流を行う媒介となっている。それはまた別稿に譲るとして、最後に息軒による日中学術交流を日中近代外交史のうえに置いて、その歴史的意義を問うて結びに代えたい。

日中両国は長らく国交断絶状態にあったが、一八七一年（明治四・同治一〇）に日清修好条規を締結し、一八七三年（明治六・同治一二）に批准書を取り交わし、正式に国交を回復した。日清修好条規は東アジア諸国間で発効された最初の近代的な国際条約であると同時に、欧米列強に不平等条約を強いられていた日中双方にとって最初の対等な関係にもとづく条約であり、日中近代外交史におけるその重要性は言うまでもない。

条約締結にむけて働きかけたのは日本側であった。いま日本側の行動と息軒の日中学術交流を併記すると次のようになる。


一八六二年（文久二）　幕府が官船千歳丸を上海へ派遣して通商を求めるも断られる。

一八六四年（元治一）　幕府が健順丸を上海へ派遣し、許可を得て貿易を行う。

一八六六年（慶応二）　中村正直が上海に寄港し、応宝時に『管子纂詁』を贈る。

一八六七年（慶応三）　名倉松窓が南京を視察し、応宝時の『管子纂詁』序を受け取り帰国。

一八六八年（慶応四）　長崎奉行が英国領事を介して清国へ通商を要求する書簡を送る。

一八七〇年（明治三）　正月、名倉が応宝時の『管子纂詁』序を息軒に届ける。

　　秋、柳原前光が条約締結の予備交渉のため渡清。

一八七一年（明治四）　夏、伊達宗城が天津に到着、条約交渉と調印を行う。

一八七二年（明治五）　柳原が応宝時に『左伝輯釈』を手渡し、序を請う。

一八七三年（明治六）　石幡貞が応宝時と邱濬郝の序を受け取って帰国し、息軒に届ける。

　柳原が条約改定を求めて渡清するも、李鴻章に拒否される。

　副島種臣が批准書を携え渡清、条約が発効する。

あるいはこの時、柳原が『論語集説』を沈秉成に贈る。

一八七四年（明治七）　　台湾出兵。柳原が渡清し、事後処理にあたる。

　恐らくこの時、柳原が沈秉成の序を受け取り帰国、息軒に届ける。

一八七六年（明治九）　息軒死す。

一八七七年（明治一〇）　竹添進一郎が中国へ赴任し、兪樾と息軒について語る。


以上のように、息軒による日中学術交流と日本政府による条約締結に向けた働きかけは、ほぼ同時期に進められていた。では、この外交交渉のなかで息軒の著作は何らかの役割を果たし得たのだろうか。

日清修好条規締結のキーパーソンは李鴻章である。白春岩氏の『李鴻章の対日観／「日清修好条規」を中心に』（成文堂、二〇一五年）によれば、李鴻章は一八六四年には「夫れ今の日本は、即ち明の倭寇なり」と日本の脅威に言及し、条約締結にも消極的だったが、一八七〇年には「〔日本は〕中華の文字に精通す」と言い、「正に〔日本と〕聯して外援と為すべし」として条約締結に向けて動きだしており、これを李鴻章の対日観が「防日」から「聯日」へと反転したと見るべきか、もともと構想にあった「聯日」が鮮明になっただけと見るべきか、先行研究の間でも評価が分かれているようである。

さて、ここで注目してもらいたいのが、李鴻章と応宝時の関係である。一八六四年に李鴻章が江蘇巡撫になった時、応宝時も上海道台になった。しかし六〇年代の李鴻章は太平天国〔一八五一～一八六四〕の残党掃討と天津教案〔一八七〇〕の処理に追われ、日本と接触することはなく、健順丸や長崎奉行からの通商要求への対応は応宝時が行っていた。応宝時が『管子纂詁』を贈られたのは、この時期である。李鴻章が日本と初めて接触するのは、一八七〇年に直隷総督北洋大臣として柳原前光との条約予備交渉に臨んだ時であるが、翌一八七一年の本交渉に先立って応宝時を「久しく該国（＝日本）の情形に悉《くわ》し」という理由で起用している。応宝時は上海から天津へ来て李鴻章とともに清国側条文草案の最終検討を行い、柳原前光との条約交渉に臨んだ。応が柳原から『左伝輯釈』を贈られたのは、この時である。

こうしてみると、李鴻章は少なくとも日清修好条規の締結までは、日本を理解するのに応宝時の経験と知識に頼っていたと言えよう。応宝時というフィルターを通して日本を見ていたと言ってもよく、この時期の李鴻章の対日観が応宝時の対日観に全く影響を受けていないとするのは無理があろう。そうだとすれば、息軒の著作が応宝時の日本人観に影響を与え、そして応宝時が「方に今、遐邇《かじ》風を同じうす」（方今遐邇同風。「『左伝輯釈』序」）と表現した日本人観が李鴻章の対日観に影響を及ぼした可能性も考えられるのではないか。つまり息軒の自著漢籍による日中学術交流が清国側の対日観の向上に幾分かは貢献し、条約締結に向かう流れに棹さす一差しとなったとは言えないだろうか。筆者は外交史の門外漢であるので、専家のご教示を待ちたい。

注

（1）　漢文が持つ機能性と精神性については、齋藤希史『漢文脈と近代日本』（KADOKAWA、二〇一四年）参照。

（2）原文は「仲平」を「平仲」に誤倒す。今改。

（3）Yasui Chiuhei著、John Harington Gubbins訳、『Bemmo or An exposition of error』、Japan Mail社、一八七五年。同志社大学図書館蔵。

（4）独訳『弁妄』については、岡崎遠光『耶蘇教の危機』（井上蘇吉、一八九三年、一三九頁）参照。

（5）「帰入反正」説は、息軒に先んじて大田錦城『九経談』が唱えている。これについては、上野賢知「錦城の九経談と息軒の左伝輯釈について」（『春秋左氏伝雑考』、『東洋文化研究所紀要』一、無窮会、一九五九年、六四～七三頁）参照。

（6）『論語集説』の思想的性格については、拙稿「松本豊多『四書弁妄』批判服部宇之吉／『漢文大系・四書』中看到的安井息軒之政治思想」（『台大日本語文研究』三〇、二〇一五年、一二七～一五六頁）参照。

兪樾の『東瀛詩選』は代編作か

王　宝平

問題提起

清末の南中国の舞台で展開された日中文化交流といえば、「南兪北張」と称される兪樾を推すべきであろう。兪樾と日本人との数々の交流の中で、彼が日本側の依頼により編纂した『東瀛詩選』（一八八三年刊）は、広汎かつ深遠な影響を及ぼし、一四〇年が経過した今日でも人口に膾炙しており、多くの研究成果が誕生しつつある。第二次世界大戦中の一九四三年に掲載された岡井慎吾「北方心泉上人」という連載を本格的な研究として勘定すれば、現在まで八十年もの歴史が流れてきたと感慨ひとしおである。同論文以来、とりわけ今世紀に入ってからは、『東瀛詩選』に対し、資料整理、編纂経緯、成立過程、出典、評価などをめぐって様々な研究が行われているが(1)、さすがに兪樾が『東瀛詩選』の編纂者であるという「常識」については、誰一人として疑いをはさむことがなかった。ところが、最近、この「常識」に挑戦した言説に出くわしてしまった。しかも、この挑戦者は外でもなく、兪樾の愛弟子で、明治時代の中国通の代表格であったといわれる井上陳政（一八六二～一九〇〇）であっただけに、筆者は大きな刺激を受けたと同時に、考察に値する課題だと思い、本稿を認めることにした。

一　井上陳政の言説

これは、森鷗外主宰の「新声社」同人による訳詩集「於母影」（一八八九年八月）が発行された直後の話である。正岡子規（一八六七〜一九〇二）は、明治二十二年（一八八九）八月二十日、親友三並良《みなみはじめ》(2)の書簡において訳詩の平仄などを熱く議論しているなかで、井上陳政から聞いた中国語の平仄のことを詳細に伝えているが、その最後に、

> 序《ついで》に井上氏に聞きたる話を記さん。「日本人の漢文は矣焉乎耶哉歟《いえんこややよ》などの虚字の用ゐ方多く違へり。もと矣と焉を分ち、乎と耶と歟とを区別するが如きは、多く前後の口調によるものなるに、日本人は口調を知らぬ故をかしきなり。○唐本の外史あり。上に清人の評あり、批圏《ひけん》あり。これは清人の手に成りしにはあらず。本願寺のなまくら坊主の贋作なりと。○支那人が日本人の詩文をほめるは外国人にしては上手なりとてほめる位なり。真成《しんせい》にはほめず。東瀛詩選抔も兪曲園の手に成りしにあらず、多くは門人の選なり。○詩も皆音楽にあふ訳にあらず、詞（宮詞の類）といふやつは音楽にあふ様に作りしものなり。詩経には善悪混淆せり。大雅小雅辺は宗廟の楽に用ゐし詩なればよけれど、鄭風などといふ如き地方のはやり歌の様なものに至りては、見るに堪へず。○山陽の文章、句余りに長くて読みにくし云々」(3)〔ルビは引用者、現行日本漢字へ改変〕

と、a日本人は虚字の誤用が多い、b唐本日本外史は清国人ではなく、東本願寺の坊主の贋作である、c『東瀛詩選』は兪樾ではなく、多くは門人の撰である、d『詩経』は玉石混合の出来合いである、e頼山陽の文章は長くて読みに

くいなど、陳政から耳に入れた話を箇条書きで記録している。

この五か条は多岐にわたるので、本稿ではc説（以下、陳政言説と略す）にしぼってその真偽について検討したい。

二　陳政が兪樾に師事した経緯

陳政言説を検討するに際して、彼の清国留学の目的や、兪樾に師事した時期についてまず究明しておかねばならない。

図書館であまたの辞書を紐解くと、繁簡の差があっても、陳政の項が収録されたものなら、兪樾に師事したことは、必ず明記される。(4) 逆に兪樾の項の場合では、必然的とも言えるほど、その門弟井上陳政のことに触れている。(5) 確かに、陳政が兪樾の弟子だったことは、動かしがたい事実であるが、けっして最初から兪樾に従学するために渡清したわけではなかった。

明治十五年（一八八二）三月、陳政が大蔵省留学生として清国へ派遣された際に、彼の上司であり、恩人でもある印刷局長得能良介より次の訓示を受けた。

> 製紙法研究の目的にて支那に留学せんとするに際し、得能氏は予に対し、彼の地風俗習慣等は勿論、商業の情況、物貨の聚散、交通の利便等に至るまで、能ふ限り調査せよと諄々として訓諭せられしが、談多く製紙の事に及ばず。(6)

つまり、留学の表面の名目は清国の製紙法の探求であるが、それよりも風俗習慣から交通等に至るまで清国の現状に対する総合的な調査を命じられたという。中国の伝統的な文化――漢学の修得については言及すらしなかった。今度の派遣の目的は、

　故得能局長、政に〔何如璋に〕従行を命じ、誡るに其志を成し、異日国家に報効するあるを以てして曰く、日清両国は和戦を論ぜず、須く一枢要人才あり、両国政体風土に通達し、常に両国全局を視察し、平時は和を固め親を厚し、戦時は機を知り変に応じ、以て国家を磐石の安に置かざるべからず。(7)

と「和戦を論ぜず、須く一枢要人才」になれという深意がひそんでいたのである。この真意について、陳政は後年になって初めて体得したという。

　予は当時心窃に之を怪しみしが兎に角恩人の命令なれば、深く其の意を体し、極力調査して帰朝せしが、後にて思へば、此の一事は予に取りては此の上もなき幸福なりき。今や支那開発、日支親善等の議が盛に識者の間に談論せらるるが、得能氏の如きは、当時早くも既に支那に著眼せるを以て予を留学せしめられたるものにして、決して区々たる製紙法の研究のみにてはあらざりしなり。予不肖にして当時其の真意を解せざりしが、今より思へば君の卓見には真に驚嘆の外なし。(8)

しかし、真意がわからなくとも、渡清後の陳政は、得能の訓示を肝に銘じ、単身で北京から福建までの実地調査を

敢行し、清国事情の調査に基づく総合的報告書――『禹域通纂』（二冊、大蔵省、一八八八年）を公刊した。また、中国人に扮装して密かに浙江・安徽・江西における製紙技術を探偵し、何如璋の北京宅に居候中に耳にした中仏開戦前の情報を外務省に密告するなどした(9)。さらに日清下関談判中に日本側の通訳を担当している。彼は、得能が期待していた通りに「和戦を論ぜず、須く一枢要人才」になっていったのである。

以上のように、陳政の清国留学は、漢学と縁もゆかりもなかったにもかかわらず、その後なぜ兪樾に師事することとなったのであろうか。

陳政が北京の何如璋宅に一年半滞在した後、馬尾船政局大臣に任命された何は、船で馬尾船政局大臣として福州へ赴任した。陳政は清国事情を実地調査するため、一人で陸路を南下することにした。この北京から福建への大旅行中に、彼は初めて兪樾を訪問した。

〔明治十七年二月〕十七日　城内へ進み、兪太史に謁する。風采藹然として一望して君子であることがわかる。太史は経学に精通し、著書が家に満ちている。余嘗て燕京でその著「群経平議」を読み、早急に南下して入門したかったが果せなかった。ここに至り始めて余の願いがかなった。経学の明暢なことは清儒に如くはなし。その淳正謹厳において高郵の王氏に如くはなし。しかし、嘉慶以降、その遺響は絶えた。現在、王氏に比肩し、かつそれを淩駕しようとする者は兪公のみか。余が兪公に師事することは後悔ではない。談まもなくして〔兪宅を〕出る。又滄浪亭に抵る(10)。（原漢文）

ようやく兪樾に面会することが実現した陳政だが、彼はすぐ兪宅を出て、滄浪亭などの見学に移動したという記述から、今回は、まだ正式の入門ではなく、今後のための「予約」であったと推察する。兪樾が再び陳政の話題に上ったのは、滞在先馬尾船政局が中仏戦争でフランス軍の大打撃を受けた時であった。

何如璋が船政大臣と為り福州馬尾へ赴任した。子徳も恩師を尋ねて福州へ往て居た処が清仏事件が始まって和議決裂して仏将クルベーが馬尾を砲撃して軍艦揚武号を撃沈し船廠を焼打した。何如璋は此山の裏より遁げ出した。子徳もアタフタと一所になり、鼓山を経て陸路を北走することに為ったが、何如璋は汝は蘇州の師家へ往け、自分は外に隠れ他日復いづれの地にてか再会せんと涙を払って泣別れたのである。（後略）(11)

換言すれば、中仏戦争の勃発により、居所がなくなった陳政は、何如璋の提案で兪樾のところへ避難に行くことを余儀なくされたのである。

後日、陳政は、兪樾師事の経緯についてこのように回顧している。

予、嘗て清国公使何子峩公に従って禹域にて留学する。南は粤境に抵り、北は燕京に至り、古典を研精すること一年余り。公、余に教えて曰く、現在、曲園師は海内の碩儒で、天下の偉人である。汝はもし〔兪曲園に〕従学することができれば、学を進めて志を励ますことができるのみならず、私も負託の責を塞ぐことができると。後、『群経平議』を獲得し、これを読んで、〔兪曲園の〕鴻博淹通、精詣鉤玄〔博学精通、深い意味を探り出す〕の学問に感服し、鑽仰の念に堪えなかった。すぐ南下して教わりたかったが、ちょうど何公が、船政局を管理する職に命じられた。余は旅支度を整え、冀〔華北〕、豫〔河南〕、雍〔陝西〕、荊〔湖北〕を歴遊して、呉に抵り、春在堂にて師に謁した。また、浙〔浙江〕を経て、閩〔福建〕に入る。馬江で〔中仏戦争に〕遭難して以降、滬瀆〔上海〕へ辞去した。まもなく杭州に赴き、始めて弟子の礼を師の門下に修めた。この件を何公に告げたところ、大いに喜んでくれた。(12)

「辞帰滬瀆、旋赴杭垣〔垣〕、始修弟子礼於師之門下」（滬瀆〔上海〕へ辞去した。まもなく杭州に赴き、始めて弟子の礼を師の門下に修めた）という表現から、福州を脱出した陳政は、一旦上海に戻ってから杭州で兪樾を訪問した。今回の訪問によって正式に弟子入りを許されたであろうことが分かる。入門時期等については、陳政は、次のように述懐している。

十七年五月(13)（中略）福州ニ至ルヤ、清仏安南紛議方ニ劇シク、仏艦馬尾ニ入泊シ勢ヒ孤城ニ嬰守スル如シ。八月廿三日、清仏開戦シ、躬歴目撃セリ。十月、何氏解職南帰ス。於是浙江杭州府ニ赴キ、兪樾大史ニ従学ス。氏ハ当今碩学、門下ノ士数千ニ下ラス。昼夜研習、専ラ学術ヲ治メ交游ヲ広クシ、位置ヲ高尚ニシ、受益最モ博シ。(14)

これによれば、一八八四年（光緒十年、明治十七年）十月に兪樾の門に入ったという。その時、敗戦責任を問われた何如璋は、すでに解職させられていた。(15)

では、紹介者は誰であったか。何如璋が通説のようになっているが、彼は駐日公使であったし、入門が明治十七年二月十七日の初対面の時であれば、何が兪樾に紹介した可能性は大きいとも考えられるが、十月が正式な入門であれば、中仏戦争で責任追及された身になっていたため、それどころではなかったはずである。紹介者について、兪樾は岸田吟香という証言を提供している。

日本人井上陳政、字、子徳、岸田吟香の書を以て来たり、留めて門に業を受けんことを願う。之を辞すも不可なり。乃ち之を兪楼に居らせ、詩を賦し、之に贈る。(16)

とすれば、福州から一旦上海に行った陳政は、上海に楽善堂支店を構えていた岸田吟香の紹介状を持参して杭州の兪楼にて正式な弟子となったと考えられる。(17)

以上、兪樾に師事した経緯を整理すると、以下のとおりになるであろう。

現代清国を考察するために、明治十五年（一八八二）三月、大蔵省より派遣された陳政は、北京で何如璋から兪樾に関する知識を獲得し、兪樾に師事したい心情に駆られた。明治十七年（一八八四）二月十七日、北京から福州へ行く途中、蘇州で初めて兪樾を訪ねた。その後、中仏戦争に遭遇し、何如璋の提案によって兪樾に従学するために福州を離れた。一旦上海に赴いた彼は、一八八四年十月、杭州で正式に兪樾の門を叩いた。

陳政が一八八四年の弟子入りならば、前年（一八八三）九月、兪樾が編纂した『東瀛詩選』は、すでに刊行されていた。換言すれば、陳政が子規に「東瀛詩選抔も兪曲園の手に成りしにあらず、多くは門人の選なり。」と告げたのは、彼が目睹したのではなく、耳にした伝聞にすぎなかったことになろう。

三　兪樾と『東瀛詩選』の編纂

本書は四十巻補遺四巻、江戸時代から明治初期まで五三七人、五三〇九首の漢詩が収録されている、百万字に上る膨大な詩集である。それに作者の「小傳」も附されている。

詩の選定から小伝、原稿の清書、校正、出版社との事務的交渉までの作業は、一人での担当であったら今日の研究者にとっても、並大抵のことではないと思われる。いわんや六十二歳の高齢に達した兪樾にとっては、なおさらの重労働だったはずであろう。

（1）『東瀛詩選』編纂前の不幸

『東瀛詩選』編纂作業の重労働にくわえて、本書編纂時の兪樾は、必ずしも心身ともに芳しい状態ではなかったようである。

下記「『東瀛詩選』関係年表」（筆者作成）によると、兪樾は二十六歳の時に父が死去、五十三歳の時に唯一の兄が病死。そして、五十八歳の時に母が、翌年愛妻が先立った。肉親の相次いでの死去、とりわけ妻に先立たれたのは、兪樾に大きな痛手を与えたようである。彼は妻の墓の畔《ほとり》に自らの墓を作り、その隙間に「右台仙館」を建立して、時々ここに宿泊している。また、『百哀篇』百首を作り、妻に対する哀惜の意を表している。そして、この頃より体力的に学問の限界を痛感し、随筆に心を注ぐようになった。

さらに六十一歳の時に二人息子のうちの長子が死去。両親、妻、唯一の兄、長子の死去に直面して、兪樾は老懶《ろうらん》多病につき、向こう三年間、碑文・序文類の依頼に応じないと宣言した(18)。ちょうどそのときに岸田吟香から『東瀛詩選』の選定を頼み込まれたのであるが、それにしても、「図らずも虚名を海外に伝えられた結果、著述、出版を通じて日本の諸賢と文字の因縁を結ぶのも、晩年の一楽といえないこともなかろう(19)」と引き受けることにした。

『東瀛詩選』関係年表

中国暦（和暦、西暦）	年齢	事　項
道光二十六年（弘化三年、一八四六）	二六歳	父兪鴻漸没
同治四年（慶応元年、一八六五）	四五歳	次子祖仁大病
同治七年（明治元年、一八六八）	四八歳	陛雲が祖仁の長男として生まれる
同治十二年（明治六年、一八七三）	五三歳	福寧太守任期中の兄兪林病死
光緒元年（明治八年、一八七五）	五五歳	蘇州に春在堂落成。李鴻章の書「徳清兪太史著書之廬」が掲げられる
光緒四年（明治十一年、一八七八）	五八歳	杭州に兪楼落成。太夫人没
光緒五年（明治十二年、一八七九）	五九歳	妻姚文玉没（旧暦四月二十二日）、杭州右台山に埋葬
光緒七年（明治十四年、一八八一）	六一歳	長子紹莱天津にて没
光緒八年（明治十五年、一八八二）	六二歳	老懶多病につき八月より向こう三年間、碑文・序文類の依頼に応ぜずと宣言 兪樾は「詩選」編纂を受諾[20]（六月） 岸田吟香から送付された一七〇点の詩集を閲覧（九月） 書名を「東国詩選」から「東瀛詩選」へと改題（十一月） 『東瀛詩選』の「例言」完成（十二月） 次女繍孫杭州にて没（十二月）
光緒九年（明治十六年、一八八三）	六三歳	『東瀛詩選』正編四十巻完成（正月十日） 『東瀛詩選』補遺四巻完成（同十七日） 『東瀛詩選』上梓開始（三月二十六日） 装丁（十六冊）完成[21]（九月九日）
光緒十年（明治十七年、一八八四）	六四歳	陳政が二月十七日兪樾を初めて訪ね、十月、岸田吟香の紹介で入門

（2）『東瀛詩選』編纂時の不幸

ところが、兪樾の詩選編集作業も順調に進んでいった頃、不幸が再びこの老人に訪れてしまった。光緒八年旧暦十二月の詩選編纂中に、最愛の次女が死去したのである。

金沢市常福寺には兪樾が『東瀛詩選』の事務連絡担当者、北方心泉宛に送った詩選編纂に関する書簡が遺存している。[22] 十四通のうち、前七通では兪樾の心情に変化は見られなかったものの、次女が死去してからの第八通目以降は、その変化を容易に確認できる。

・（第八通）愛女を亡くして、心緒が甚だ悪い。（光緒九年（一八八三）正月十日）
・（第九通）弟、心緒がよくない。（同十七日）
・（第十通）弟、衰えて病が多いため、早く本書（『東瀛詩選』）の編纂を終了したい。頼まれた字はできたが、心緒がよくないため、あなたの号を書き間違えた。（同二月九日）
・（第十一通）弟、近来心緒がよくない、精神が甚だ劣っている。『東瀛詩選』の編纂事業はあなたと岸田吟香のご好意に従い、努めて完成させたいが、編纂はこれで打ち切ることにし、今後よい詩集があっても他の人にお任せする。（同二月二十四日）
・（第十二通）次女の遺稿『慧福楼幸草』を百冊送付し、北方心泉に配布を依頼。（同三月二十六日）
・（第十三通）弟、衰え病が多い。日増しに老いていく。日本のために『東瀛詩選』を編纂終了後、筆を執ることもおそらく止めるであろう。（同四月五日）

哀願にも思えるほど、心緒がよくない、病気がちだと、第八通から第十三通までの書簡でしきりに訴え続けている。肉親の死、特に愛娘の死は、兪樾の最後の心理的防衛線を破ってしまったといっても過言ではない。兪樾は亡き愛娘の哀惜の念を込めて、彼女の『慧福楼幸草』(23)を編纂出版して、これを北方心泉に百冊寄贈し、日本での配布を依頼した。(24)そして、兪樾が詩集の巻頭に寄せた序文では、つぎのように胸中を述懐している。

光緒四年〔一八七八〕、母が亡くなってから、翌年、妻が死没、また二年後に長子が死去した。そして、昨年は娘の死去に遭遇した。老年の境遇に入って斯くの如く、もう全く頼る人がいない。人あるいは曰く、死者は地下においてまた生きている時と同様に会えるかもしれないと。私はそれを聞いて喜んであの世に行きたいと思ったものである。(25)

生きていく気力さえ奪われてしまったように見える。このように、六十歳を超え、病気がちで、とくに次女の死去で大きなショックを受けた兪樾は、心身ともに詩選の編纂に根を詰めることができなかったと考えられる。

(3)兪樾の『東瀛詩選』の編集

『東瀛詩選』の編纂作業は、上記のように種々の壁にぶつかったものの、兪樾はそれらを乗り越えて、北方心泉と相談しながら編集作業を進めていった。

光緒八年（明治十五年、一八八二）

九月二十一日
・兪樾は、松林から手交された一七〇家の詩集を病気のため今日初めて閲覧。
・編纂構想を述べる。①詩体より作者の時代順に編纂。『和漢年契』があれば便利だ。②作者の官位・出身地、字が欠かせない。③古書の慣例にない点圏、評語を止める。代わりにその作者の項目を設けコメントを入れる。
・荻生徂徠を例にした体例を同封し、意見を求める。
詩選の分量は約三千余篇の大部になると予測。
・上海より蘇州のほうが廉価で便利なため、懇意な刻工陶昇甫に兪曲園の著書の版型に合わせ上梓するよう提案。
・経理などの事務担当者を他の誰かに決めなさい。（尺牘五）

十一月十六日
・九月二十七日詩集数部を兪曲園へ送付した。改めて数部送付。
・吟香からのメッセージを伝える。①上梓できることを大喜び、体裁などは兪曲園の著書に倣うがいい。②書名は兪曲園の提案した五文字より「国」一字を取り、扶桑、東瀛、大東、日域、大和、東海、東華から選択し四字にするのが良い。
・松林が経理を担当。（心泉が兪樾の尺牘五に対する返書）

十一月二十二日
・書名を「東瀛詩選」と確定。
・「例言」二紙を同封し意見を求める。
・試し刷り一巻を刊刻する。
・詩選は少なくとも七、八十巻になると見込む。（尺牘六）

十一月下旬～十二月　・凡例・体例を吟香に送付した。（心泉が兪樾の尺牘六に対する返書）

十一月二十八日　・（十一月十六日付の返書で触れた）書籍が届く。（尺牘七）

光緒九年（明治十六年、一八八三）

正月初十日　・先月できた試し刷り一巻を補修してから送付。

・下記の九種の詩集の作者につき氏名や字などの教示を依頼。（尺牘八）

『愚山詩稿』松本氏、無名字
『西山詩鈔』西山氏、字拙斎、無名
『東郭先生遺稿』神吉氏、無名字
『竹雪山房詩』宇都氏、無名字
『古愚堂詩集』北溟児先生、無名字
『聿修館遺稿』松山侯、無名姓
『日本詠史楽府』中島氏、字子玉、無名
『鵬斎詩鈔』無姓名
『吾愛吾廬詩』無姓名

正月十七日　・『詩選』補遺四巻完成。

・『詩選』総目録と試し刷り一巻を送付し意見を求める。

正月二十二日　・兪曲園の質問につき吟香に聞いてから返事する。「闕如」と提案。

二月初九日　・吟香の提案で『詩選』に入れるべく、心泉が自分の略歴と『西湖両遊草』などを兪曲園に送付。
（心泉が兪樾の尺牘八に対する返書）

・試し刷り一巻と目録一冊が届き、素晴らしくて、すぐ吟香に転送したという。欠けた名前のうち、松本、鵬斎、中島につき回答。

・僧人『五岳詩集』を送付、「慈舟」は「慈周」かという。（心泉が兪樾の尺牘八・九に対する返書）

二月中旬　・『西湖両遊草』が届く。平野五岳の詩も入選したい。（尺牘十）

・肺病のため二月二十日長崎に帰国。

・昨日届いた吟香の手簡を伝える。①編集も試し刷りも素晴らしいゆえ、全書の上梓を受諾。②三十五巻以下につき入選者の増減があるため、上梓を先に送ってほしい。③序跋は一任するが、多くの名人の題詠があればありがたい。

・近日中、詩集数種を改めて送付する。

・出版料金は五十元か一百元を先払いし、残りは後払いすると提案。

・『詩選』の刊行事務を松林に代理する。（心泉が兪樾の尺牘十に対する返書）

二月二十四日　・四百元を先払いするよう提案。

・『詩選』の上梓料は約七、八百元だろうと見積もる。

・（二月中旬の書簡で触れた）詩集はまだ郵便局にあるが、よき詩を入選したい。但し、気分が芳しくない、意気消沈しているため、編集は一応終了。（尺牘十一）

三月二十六日　・四百元届き、上梓開始。

四月初五日　・前便で尋ねた名前についての回答を促す。（尺牘十二）
・四百元届き、上梓開始をもう一度知らせる。
・『詩選』試し刷り本を十六冊に装丁し校正を求める。
九月九日　・二回に分けて受領した一千元のお釣りは版木とともに松林に手交する。
・『詩選』の序は古書の体例に倣い、自序一篇に止めた。また、序は門下の徐花農に代筆を、内題は彭雪琴に、題箋は潘伯寅に依頼した。（尺牘十四）

兪樾が北方心泉とやり取りした書簡を通じて、『東瀛詩選』の体例（排列・評語・人物紹介等、九月二十一日等）、出版（刻工・版式・試し刷り等、九月二十一日等、料金、二月中旬）、書名（十一月二十二日）、氏名（正月初十日）、支払方法（二月二十四日）、序文（九月九日）など編集から事務まで、兪樾が老弱な身にもかかわらず、一人で担当していたことは明瞭である。(26)

四　『東瀛詩選』の助手、及び日本との交流

兪樾が紛れもなく『東瀛詩選』の編者であることを立証してきたが、右記のように、本書は膨大な量に上るため、助手がいたとしても不思議なことではあるまい。いやむしろいたはずである。とすれば、誰が助手だったのか、次にこれについて少し追求を試みる。

兪樾のあまたいる弟子のなかで、徐琪（一八四九～一九一八）が最も信頼のおける者であった。字は花農、浙江銭塘（現、

杭州）の出身。十年以上兪樾に師事し、西湖のほとりにある兪楼建立の主要な発起人。一八八〇年進士及第後、北京へ赴任し、官、兵部右侍郎に至る。「〔徐琪が〕先祖との師弟の誼は、久しく且つますます真摯になる。書簡往還、三十年にわたり、殆ど毎月欠かすことはなかった」という。[27] 兪樾が光緒九年（一八八三）一月（『東瀛詩選』編纂中）から同三十二年（一九〇六）十一月死去直前の一か月前までの徐琪宛の書簡がほぼ完全に遺存している。[28] その中で『東瀛詩選』について触れているものの、その編纂を手伝ったりした痕跡は皆無であった。唯一言えるのは、兪樾が認めた「東瀛詩選序」は、徐に書写してもらったということである。[29]

徐琪以外に可能性の最も高い者は、兪樾の孫、兪陛雲であろう。兪陛雲（一八六八～一九五〇）、字は階青、号は斐盦、楽静、浙江徳清の人。兪樾の孫（次子祖仁の長男）、『紅楼夢』研究で知られる兪平伯の父。兵部尚書を務めた彭玉麟の一番上の孫娘彭氏を娶り、翰林院編修、浙江省図書館監督（館長、一九一一年）、清史館協修（一九一四年）などを務めた。

蘇州生まれの彼は、父が重病のままなので、長い間兪樾に育てられた。「曲園課孫草」は、兪樾が孫陛雲のために作ったといわれる教科書である。『東瀛詩選』編纂時（一八八二年九月～八三年二月）に祖父と一緒に生活していた彼は、詩選編纂完了後の翌年（一八八四年、十六歳）に秀才第一に、十七歳（一八八五年）に挙人第二に、三十歳（一八九八年）で進士第三（探花）に及第しており、エリートコースを歩んでいった。著作に『小竹里館吟草』八巻付『楽静詞』一巻があり、これには光緒九年（一八八三年、十五歳）から民国十八年（一九二九）まで吟じた詩六百余首が収録されている。そして、この他に『蜀輶詩記』『試境浅説』『詩境浅説続編』などがあることから、詩人、文学研究者であることが明瞭である。

以上のようなことを考え合わせると、『東瀛詩選』の編纂を支える助手がいたとすれば、陛雲が最適な人選だったと思われる。

次に、従来ほとんど言及されてこなかった、徐琪や陞雲と日本の交流について触れておきたい。

幕末・明治の漢学者岡千仭（号は鹿門、字は振衣。一八三三〜一九一四）は、岩崎家より資を得て、明治十七年（一八八四）五月末より翌年四月中旬にわたり、北は北京より、南は広東に至るまで、清国各地を歴遊した。明治十七年六月に蘇州で兪樾を訪ねたのち、同十月十四日に北京に入って、いち早く徐琪を訪ねた。

> 徐花農琪を訪ねた。曲園の高弟で、翰林編修である。夢薇〔王廷鼎、兪樾の高足〕の紹介状を届けると、引見してくれた。〔徐花農は〕字を書くのが速くて、たちまち十数枚の紙が積み上げられた。[30]

この初対面を含めて、徐は岡の一ケ月余の北京滞在（一八八四年十月十四日〜同十一月二十七日）中に、七回も登場している。二人の交流は全体として政治よりも学問が中心であった。徐は岡の「和韻詩」[31]について、一、二字添削したが、岡は「極めて適切」とした。同時に行われた懇親会の時、徐の吟じた畳韻二首のすべての句に典拠を注記していることに気づき、「私はしばしば彭雪琴や兪曲園等の詩を観ているが、句ごとに注をつけている。それは詩の体裁上の独創だ」と指摘する。[32]また、同三十一日の条に、

> 徐大史〔徐琪〕を訪ねた。私の『劫灰余艸』のために序文を書いてもらうため、原稿をお見せした。駢儷体の華美な辞で立派な序を認めてくださることに感謝した。「日辺倡和」と「草堂話旧」の二帖を見せてもらった。「日辺倡和」は大史が進士に及第した時、同人の唱和詩を録したもの。「草堂話旧」は及第して帰郷した時、〔兪〕曲

園や〔彭〕雪琴等の諸巨公と唱和したものである。私もその続きとして唱和するよう求められた。その二帖を借りて帰った。(33)

と、岡は徐に序文を依頼したり、唱和詩を求められたりしたことを記している。後日、岡千仞『硯癖斎詩鈔』（一八八九年）の巻頭に光緒十年（一八八四）秋九月付の徐琪の「劫灰余草序」が綺麗に飾られている。一方、『観光游草』（一八八八年、巻上八葉）に、岡の「徐大史出日辺唱和草堂話旧二横巻徴余続和」という題の詩三首が収められている。岡はまた、日記で次のような逸話を記している。

輔宸の招きに応じる。花農がいた（中略）。葡萄羹〔ブドウスープ〕が供された。私は珍味だと評した。花農は、五〔言〕排〔律〕二十八韻を賦し、句ごとに示した葡萄の典故は、三、四十種にも及んでいる。該博な知識に驚いてしまった。徐〔花農〕、朱〔容生〕、蔡〔輔宸〕は、皆腹中に万巻の書がある翰林で、筆を取ると流れるように書いてしまう。科挙及第は偶然性もあるが、才能のない者ではできないだろう。(34)

数日後、徐琪を含む翰林院四人（朱容生、沈子培、蔡輔宸、徐花農）との懇親会が開かれた。岡は、

終日愉快に語り合った。帝都は四方名士が集まる所で、この四人はそのうちの翰林名流にもかかわらず、私を軽んぜず、邂逅しただけで、海外の知己のように、心を許してくれた。これはまた万里から〔清国を〕訪ねてきた甲斐があった。(35)

と終日翰林名流と交流できた喜びを禁じえなかった。徐を通じて翰林院の他の仲間にまで交遊圏を拡大していったことが察せられる。岡が北京出立前に、

徐大史が送別に来た。石鼓〔文〕拓本および「乾隆帝賜高祖文穆公本詩墨本」数点をプレゼントしてくれた。私は「帰国後、書斎を築き、石鼓亭と命名し、永く大恵を忘れません」と感謝の意を表した。大史は、私が詩文贈答の際に感情を隠す所なく、直接に表現するのを褒めてくれた。私は「晁卿〔阿倍仲麻呂〕去ること一千歳、文字による交流の歴史が途絶えて久しい」と氏の送別詩に和した。事実を記録するのみである。(36)

とあり、厚誼が結ばれたようである。

徐琪以外に、兪陛雲と日本との交遊関係もあった。

まず、松方正義（一八三五～一九二四）が七十歳の時に、兪陛雲が祝いの詩を贈っている。

明治論賢佐　惟君物望崇
済人東里恵　排難仲連風
才大心逾慎　時艱気転雄
七旬黄閣叟　茅土拝恩隆
欧亜方通軫　金融世運開

張騫曽奉使　劉晏能儲財
群后頒珠綬泰西君主皆贈綬章
佳児捧玉杯君子女有二十人
期頤看晋秩　更為頌萊台
奉祝
松方伯爵七旬大寿
清国兪陛雲(37)

陛雲の前に、兪樾の四首の詩も掲載されている。

海東清望旧巍々　今歳年華届古稀
両度宣麻登首輔　遥知勲業満黄扉
自列躬桓五等行　桐花大綬最輝煌
仙槎近日崑崙返　添得玲瓏赤鷲章
万艘金翅走飆輪　凱唱伝来遼海浜
試問海軍誰唱議　首功端合書麒麟

数為先生祝大年　鵞渓新絹代花箋
請従財政伝中看　玉笈金箱第一編
小詩四首、奉祝松方伯爵七十大慶。雨窓走筆、目睡腕疲、不計工拙、寄博一笑。
曲園居士兪樾時年八十六(38)

兪樾は、さすがにこの年（一九〇六）の旧暦十二月二十三日に逝去しているため、揮毫する際に、「目睡腕疲、不計工拙」（目が眠くて腕が弱い、工拙を計らず）という状態であった。この日本人のために書いた最後の詩は、『春在堂全集』などにも未収である。松方正義は、明治新政府の参議兼大蔵卿として、いわゆる松方財政を推進。蔵相・首相を歴任、この時は枢密院顧問官を務めていた。三十九年（一九〇六）、日露戦争もおさまり、松方古稀寿宴が開かれることになった。故旧門客は同年四月から十月まで朝野諸名家に広く呼びかけ、九百八十余頁にわたる書画作品を各府県、台湾、清韓から募集した。「清国」では、和碩恭親王、袁世凱など三十六人の作品があり、その中に兪樾・陛雲も含まれている。学者の代表として選ばれたのであろう。

次は、陛雲が大倉喜八郎（一八三七〜一九二八）のために寄せた八十歳祝いの詩である。

神山咫尺接滄溟　介寿新詩侑淥醽
名満東瀛君子国　輝騰南極老人星
劉樊仙耦推全福　佺握長生祝曼齢
更喜箕裘能継業　彩衣奉膳羨蘭馨

大倉先生暨
湃妃徳子夫人　双寿
　　　　　　　　　　　階青兪陛雲(39)

大倉喜八郎は、大倉財閥の設立者。渋沢栄一らと共に、鹿鳴館、帝国ホテル、帝国劇場などを設立。東京経済大学の前身である大倉商業学校の創設者でもある。松方と大倉は、政治家や実業家ではあるが、長寿祝いの際に、漢詩がいまだ欠かすことのできない重要な存在であったことがわかる。

また、陛雲は、水口庄三郎（生卒年不詳）との唱和詩も残している。

　　　　　　　　　　　兪陛雲階青　北京
老去唫詩興漸休　雲牋欣寄海東舟
神交万里相酬唱　把臂他年得見不(40)

水口庄三郎、字は藍田、兵庫県伊丹市の人。高野竹隠に詩を教わり、伊丹中学にて勤務した(41)。『丹陵唱和集』（一九四一年）、『丹陵唱和集続』（一九四二年）、『藍田倡和集』（一九四三年）などの編著がある。右の唱和詩がどういう背景のもとで吟じられたかは不明である。

最後に、陛雲が書いた「皇清誥授奉直大夫 誥封資政大夫先祖考曲園府君事略」を紹介する。

これは、『明治学報』（一一四号、明治学会、一九〇七年五月）に掲載された文章で、略して、「兪曲園事略」という。

一か月後に、『京都法学会雑誌』（第二巻五号、京都法学会、一九〇七年六月）にも転載された。日本側の依頼で執筆したと推測できる。

兪樾の没後に著されたものとしては以下の伝記が知られている。

a．「清史稿・儒林三・兪樾伝」
b．章炳麟「兪先生伝」、『太炎文録初編』
c．繆荃孫「翰林院編修兪先生行状」、『芸風堂文続集』
d．徐世昌『清儒学案』巻一八三「曲園学案」

ただ、どういうわけか「兪曲園事略」は、現在でも中国ではほとんど知られていない。しかし、陛雲は、長年祖父に手塩にかけて育てられたこともあり、上記の伝記に未記載の内容も含まれている。

先祖は、慈善の心を抱き、文筆収入に余裕さえあれば、他人に米や薬を施していた。積年施した額は、数千金を下らなかった。また、義荘を建てようと企画したが、力が及ぶに至らなかった。そこで、千金をもって家族を養う用とし、残りは親族の困窮者に惜しみなく支援するために用いた。往年、水災干ばつに見舞われた際、常に売文して賑給した。丙午〔一九〇六年〕冬、長江と淮水の流域で水災を被り、人民の食料が無くなったため、先祖は書を書いて賑済し、毎日、必ず、数十紙の書写に努め、銀七百元を積金していた。それは、病没のわずか一か月前のことであった。(42)

逝去直前まで慈善事業に熱を入れていたという。
また、兪樾の特色の一つだった日本との交流については、従来の伝記ではあまり触れられていないが、「兪曲園事略」では少なからず言及されている。

日本の岸田氏はその国の人が著した数百家の詩集を基に先祖の選定を願った。〔『東瀛詩選』の編定後、日本で〕一時流行り、中華来遊の日本人は先祖との面会を名誉にしていた。近年来、日本の教育名家、子爵長岡護美氏・嘉納治五郎氏のごときは、相次いで〔来訪し〕、推奨し称賛するところであった。在蘇州日本領事白須君は、『春在堂全集』二部を購入し、一は日本国天皇へ上呈し、一は文庫に保存することにした。(43)

また、「書法はとりわけ篆隷に工み、四方から多くの人に書を求められ、東瀛の人士は、多数それを珍襲している」(44)と書道のことについても触れている。

おわりに

以上、陳政言説を考察した結果、それは伝聞に基づいたものにすぎず、『東瀛詩選』は兪樾が自ら編纂した著書であることを明らかにした。また、『東瀛詩選』編纂時の協力者についても検討し、それは兪樾の孫、陛雲の可能性が大きかったという結論を得た。そして、岡千仞の北京滞在日記や陛雲が明治期の学術誌に掲載した「兪曲園事略」を通じて、徐琪や陞雲の日本との交遊の数々を明らかにし、さらに、水口庄三郎との唱和詩や松方正義、大倉喜八郎への贈詩からは、陞雲が中国の著名な文化人として、漢詩文壇からは言うまでもなく、政治家や実業家からも重んじられていたと考えられる。このように、日本人は兪樾を通じて、彼の孫や弟子などに付き合いを広げていったことがわかる。

子規がこの書簡を認めた明治二十二年（一八八九）八月ころは、まだ文学志望者であった。陳政より五歳年下の彼は、筆まめに陳政の言説を熱心に記録しておいた。一方で、二年前（一八八七年）に清国留学から帰国した陳政は、『東京地学協会報告』などに「支那漫遊中ノ経歴」を連載し、『支那内治要論』（一八八八年六月）、『禹域通纂』（同十一月）を公刊し、近代東洋史学に尽くした那珂通世（一八五一～一九〇八）の『支那開化小史』に書評を寄せるなど、学界で急速に頭角を現し、学術地位が急上昇しつつあった。彼は、何気なく本稿の冒頭で掲げた五つの点について、難点を挙げていたかもしれないが、少なくとも唐本日本外史が東本願寺の坊主の贋作である説（別稿で考察の予定）と『東瀛詩選』が門人の代編作である説は、まったく外れた下馬評だったと言わざるをえない。我々は、このような下馬評から、立身出世に功を奏した一人の明治青年の意気込みを感受したと同時に、衒学的な一面さえ感じるであろう。

注

（1）主要な先行研究は以下の通り。〈資料整理〉佐野正巳編『東瀛詩選』（復刻版、汲古書院、一九八一年）、曹昇之、帰青点校『東瀛詩選』（三冊、中華書局、二〇一六年）、高島要『東瀛詩選本文と総索引』（勉誠出版、二〇〇七年）。〈研究論文〉岡井慎吾「北方心泉上人」（一～五、『書苑』第七巻第七～一一号、一九四三年七月～十一月）、小川環樹「中国人が観た江戸時代の漢詩」（『文学』四六号、岩波書店、一九七八年）、蔡毅「兪樾と『東瀛詩選』」（『島大言語文化』一、一九九六年七月）、大野修作「『東瀛詩選』の成立と広瀬旭荘」（『女子大国文』一二七、二〇〇〇年六月）、野上史郎「『東瀛詩選』編纂の経緯」（書学書道史学会編著『国際書学研究／二〇〇〇：第四回国際書学研究大会記念論文集』、萱原書房、二〇〇〇年九月）、馬歌東「兪樾『東瀛詩選』的編選宗旨及其日本漢詩観」（『蘭州大学学報』二〇〇二年第一期。のち、氏著『日本漢詩溯源比較研究』、商務印書館、二〇一一年所収）、拙著『清代中日学術交流の研究』（汲古書院、二〇〇五年）第一部第二章「兪曲園と日本」、島力崗「『東瀛詩選』研究に関する二、三の問題」（『文芸論叢』六六、二〇〇六年三月）、島力崗「兪樾と李鴻章―『東瀛詩選』成立をめぐって」（『大谷大学大学院研究紀要』二三、二〇〇六年十二月）、郭顥『漢詩与和習：従〈東瀛詩選〉到日本的詩歌自覚』（厦門大学出版社、二〇一三年）、川邉雄大「『東瀛詩選』編纂に関する一考察―明治漢詩壇と日中関係との関わりを中心に」（『日本漢文学研究』八、二〇一三年三月）、郭顥「日本明治漢学復興的反思―再論『東瀛詩選』与日本近代漢詩的境遇」（『日語学習与研究』二〇二二年第三期）。

（2）三並良（一八六五～一九四〇）は日本のドイツ哲学者、牧師である。伊予国松山（現、愛媛県松山市）の漢学者・歌原邁の子に生まれ、長じて母方の三並家を継ぐ。同郷の正岡子規の母の従弟であり、松山中学時代の子規の「五友」の一人に数えられるほど子規と親しかった。

（3）正岡子規『正岡子規全集』第四巻（改造社、一九三三年）五五頁。なお、同全集全五巻には、引用箇所の他に陳政と子規との関係を示す記述は見つからなかった。

（4）『大日本人名辞書』（訂正増補第六版、経済雑誌社、一九〇九年）。その他に、芳賀矢一『日本人名辞典』（大倉書店、一九一四年）や『大日本人名辞書』（下巻、大日本人名辞書刊行会、一九二六年）など。

（5）久保天随等編『東洋歴史大辞典』（同文館、一九〇五年）、平凡社編『東洋歴史大辞典』（第八巻、平凡社、一九四一年）、吉田精一等編『世界人物事典』（旺文社、一九六七年）、『大日本人名辞書』（訂正増補第六版、経済雑誌社、一九〇九年）。その他に、芳賀矢一『日本人名辞典』（大倉書店、一九一四年）や『大日本人名辞書』（下巻、大日本人名辞書刊行会、一九二六年）など。

（6）渡辺盛衛編『得能良介君伝』（印刷局、一九二一年）四六頁。

（7）　井上陳政が明治二十年七月帰朝の際に提出した復命書。渡辺盛衛編『得能良介君伝』四五四〜四五五頁。

（8）　渡辺盛衛編『得能良介君伝』四六頁。

（9）　拙稿「明治時代の中国通井上陳政について―その一経歴の新探求―」（『二松』第三八集、二〇二四年三月）。

（10）「〔明治十七年二月〕十七日　進城謁兪太史。風采藹然、望而知君子人也。太史精邃経学、著書満家。余在燕京、嘗読其著群経平議、亟欲南下執贄、未果。至此余願始償矣。蓋経学明暢、無如清儒、而醇正謹厳、無如高郵王氏。然嘉慶之後、遺響絶矣。当今之世、可與王氏並鶩而殆駕其上者、惟兪公乎。余執鞭而従焉、不悔也。談移刻而出、又抵滄浪亭（下略）」。井上陳政『禹域游記』、稿本、国立国会図書館蔵。

（11）　関口隆正述『陳子徳の伝話』（稿本、写真版、一九二一年執筆、紙の博物館蔵）七〜八頁。

（12）「余嘗承選従清国星使子峩何公、負笈賦游禹域、南抵粤境、北至燕京、研精墳籍、居載余。公訓余日、当今曲園師、海内碩儒、天下偉人也。汝若獲従游、非唯進学励志、而余負托之責亦塞矣。後得羣径〔経〕平議読之、嘆師鴻博淹通、精詣鉤玄、不勝鑽仰、即欲南下執贄。適何公擢授督理船政航海之任、余理装歴游冀、雍、豫、荆之域、抵呉謁師於春在堂之廬。又経浙入閩、馬江遭難、辞帰滬瀆、旋赴杭桓〔垣〕、始修弟子礼於師之門下。函告何公、公大喜」。『曲園自述詩』（博文館、一八九〇年）に寄せた陳政の跋文。

（13）　ここの五月福州着説と異なり、陳政の『禹域游記』では、三月二十日に福州馬尾にいる何如璋に謁したと記している。

（14）　井上陳政「留学略記」、井上陳政編『禹域通纂』（大蔵省、一八八八年）上、巻頭。なお、兪樾は、一八八四年に陳政が入門するために来訪したとは記しているが、何月かは不明である。「甲申歳〔一八八四年、光緒十年、明治十七年〕、日本東京大蔵省官学生井上陳政、字は子徳なる者、その国の命を受けて中華に遊学し、業を余の門下に受けんことを願う。之を辞すも不可なり。遂之を留ませる。その人はすこぶる学を好み、古文をよく為せる」。『兪樾全集』第三〇冊『曲園自述詩』（浙江古籍出版社、二〇二一年）二九頁。

（15）　何如璋は一八八四年九月十九日に解職された。呉振清・呉裕賢編校整理『何如璋集』（天津人民出版社、二〇一〇年）三九八頁。

(16)「日本人井上陳政、字子徳、以岸田吟香書来、願留而受業於門。辞之不可、乃居之於兪楼。賦詩贈之」。汪少華整理「台湾図書館蔵兪樾致徐琪手札」一一（『出土文献与古文字研究』第九輯、復旦大学出版社、二〇二〇年）四一四頁。

(17)陳政は、一八八四年冬福建省から一旦上海に行ってから、呉越に再遊し、兪樾に師事したとも記している。「壬午歳（一八八二年）、余従何子莪師、来游燕京（中略）。癸未（一八八三年）冬、発都南游、甲申（一八八四年）夏初抵閩、冬自閩帰滬、再游呉越、執贄兪曲園師」。「楢原陳政（手翰）」、『祖国』第一三号（祖国雑誌社、一九〇〇年九月）二六頁。上海に行った理由は、自分の今後の進退について、岸田吟香らに相談するためだったと考えられる。

(18)「余以衰老多疾、戯作小詩、布告海内諸君子、以壬午八月為始、停止作文三年。凡以碑伝序記求者、概不応。是時各省以仕途壅滞、往往請停止分発三年。余戯援此例也。其後又有再展三年之説、然亦究不能謝也」。『兪樾全集』第三一冊『曲園自述詩』二九頁。

(19)兪樾「東瀛詩記序」、『兪樾全集』第三〇冊『東瀛詩記』巻首。

(20)兪樾は「曲園太史尺牘三」で受諾しているが、この尺牘三には年次が記されていないため、文脈から「六月」と推定したのである。

(21)兪樾は「日本国人以其国詩集一百七十余家寄中華、求余選定。自壬午冬至癸未夏、為選定四十巻、又補逍四巻。」とある。「壬午〈一八八二〉冬」は「壬午秋」の記憶ミスであろう。『兪樾全集』第三一冊『曲園自述詩』二九頁。

(22)拙著『清代中日文化交流の研究』（汲古書院、二〇〇五年）一一九〜一四五頁。

(23)『慧福楼幸草』は本文一五丁、兪繡孫著、光緒九年（一八八三）春蘇州で刊行。「慧福楼」は兪樾が名付けた繡孫の居室の名である（『慧福楼幸草』五丁）。著者の死去後、兪樾が哀惜の念を込めて、娘の詩を集めて編集刊行したもの。姪婦彭見貞が内題を書く。早稲田大学図書館蔵本には「辱交／竹添光鴻識」が墨書されて、「竹光鴻」が捺印してある。また、巻頭には兪曲園の序文と追悼詩二首、娘婿許子原の兪曲園宛の書簡と題詞が載せてある。

(24)「曲園太史尺牘第十二」。

(25)「余自戊寅歳〈光緒四年、一八七八〉先慈見背以後、踰年而内子姚夫人卒、又踰両年、長子陨焉。去年又遘此変、老境如斯、復何聊頼邪。人或言死者於地下仍相聚如生人、余聞之欣然欲往矣」。兪樾『慧福楼幸草』序、光緒九年（一八八三）春正月曲園病叟書。

(26) 北方心泉宛の書簡以外に、兪樾が記した「東瀛詩記序」からも、兪樾が自身で本書を編纂したことがわかる。「自秋徂春、凡五閲月、選得詩五千余首、釐為四十巻、又補遺四巻、是為《東瀛詩選》。余毎読一集、略記其出処大概、学問源流、附於姓名之下。而凡佳句之未入選者、亦或摘録焉。（中略）全書凡五百余人、見於此記〔『東瀛詩記』〕者、止一百五十人。蓋無所記者、固略之矣」。兪樾「東瀛詩記序」、『東瀛詩記』巻首。

(27) 「与先祖師弟之誼、久而彌摯。書札往還、三十余年、幾無虚月」。兪陛雲「小竹里館吟草之一」（『同声月刊』第三巻第七期、一九四三年九月十五日）。

(28) 汪少華整理「台湾図書館蔵兪樾致徐琪手札」（『出土文献与古文字研究』第九輯、復旦大学出版社、二〇二〇年）四一四頁。

(29) 「曲園居士兪樾撰／門下士徐琪書」。

(30) 「〔十月〕十六日（廿八日）訪徐花農琪、曲園高弟、為翰林編修。致夢薇書、延見。筆翰如流、頃刻間累十数紙」。岡千仞『観光紀游』（一八八六年）巻五、九丁。

(31) この「和徐大史見贈韻」という詩は岡千仞『観光游草』（一八八八年、巻上、七丁）に掲載されている。「当代詞才誰絶倫、嘉君龍榜掌糸綸。彩毫煥発万言湧、華押陸離五朶新。有道方逢中興日、殊方不乏素心人。晁卿去後一千歳、久矣無斯文字因」。

(32) 「〔十月〕十八日（三十日）徐大史来報。余示和韻詩、大史改一二字、極適切。酒間畳韻二首、毎句註本事。余屡観彭雪琴・兪曲園諸人、毎句付註。此亦創体」。『観光紀游』巻五、十丁。

(33) 「〔十月〕三十一日（十三日）訪徐大史。為余序「劫灰余艸序」、示稿本。文以駢体、辞藻瑋麗。余謝得佳序。観「日辺倡和」「草堂話旧」二帖。「日辺倡和」、大史登第時、録同人倡和詩者。「草堂話旧」、登第帰郷時、与曲園・雪栞諸巨公倡和者。徴余続和。余借二帖帰」。『観光紀游』巻六、一丁。

(34) 「〔十一月〕四日（十七日）（前略）赴輔宸之招、花農在。（中略）進葡萄羹、余称為異味。花農賦五排二十八韻、毎句註葡萄典故、引書渉三四十種、該博可驚。徐、朱、蔡皆翰林、腹中万巻、任筆直書。科挙雖有僥倖、要非無才者所為也」。『観光紀游』巻六、四丁。

(35)「〔十一月〕六日（十九日）容生来訪、余示日記、大悦。子培、輔宸、花農亦来会。設飲暢談終日。輦下四方名士所輻輳、而四子以翰林名流不陋余、一見傾蓋、許以海外知己。此亦不負万里一来者」。『観光紀游』巻六、四〜五丁。

(36)「〔十一月〕十日（二十三日）徐大史来別。贐石鼓拓本、及乾隆帝賜高祖文穆公本詩墨本数件。余謝曰、東還日、築一書斎、命曰石鼓亭、以永記大恵。大史嘉余無所挟、文詩贈答、情露于辞。余和見贈詩、曰、晁卿去後一千歳、久矣無斯文字因。蓋紀実也」。巻六七丁。なお、日記中に記された詩は「和徐大史見贈韻」に所収。『観光游草』一八八八年、巻上、七丁。

(37) 谷謹一郎編『松鶴遐齢集』（下、谷謹一郎、一九〇八年）。

(38) 谷謹一郎編『松鶴遐齢集』（下）。

(39) 秋元雄治編『鶴寿南山録』（下、秋元雄治、一九二五年）。

(40) 水口庄三郎編『丹陵唱和集続』（上海華中印書局永寧工場、一九四二年）二丁。

(41)「次水口藍田追憶其師高野竹隠詩韻」（八六丁）、「次水口藍田赴任伊丹中学題壁韻」（九〇丁）、作田南畝『南畝詩鈔 坤』（興文学館、一九四二年）。

(42)「先祖考慈善為懐、筆耕所入、稍有余資、輒為施米施薬之用。積年所捨、不下数千金。欲建義荘、而力不逮、乃以千金為贍族之用、戚党有困乏者、傾嚢助之、無少吝。往歳遇水旱災、常売文助振。丙午冬、江淮被水、民食大無、先祖考売字為振、毎日必勉力書数十紙、積銀元七百元。時距病歿前僅一月也」。兪陛雲「兪曲園事略」（『明治学報』一一四号、明治学会、一九〇七年五月）。

(43)「日本岸田氏曽以其国人所著詩数百家請先祖考選定、風行一時、東人之游学中華者、皆以得見為幸。近歳日本教育名家、如子爵長岡護美氏、嘉納治五郎氏、咸相推許、日本駐蘇領事白須君曽以春在堂全集二部、一呈日本国皇、一存其文庫」。兪陛雲「兪曲園事略」。

(44)「書法尤工篆隷、乞字者傾動四方、東瀛人士、群相珍襲」。兪陛雲「兪曲園事略」。

聶景孺『桜花館日本詩話』考論

蔡　毅

中国の詩話類の著述のうち、日本漢詩に言及するものは少なくないが、書名に「日本」或いは日本の別名を冠するものは、現在筆者の知るところでは二冊しかない。一つは田桐の『扶桑詩話』であり、筆者にすでに論考がある。(1)そしてもう一つが、本稿で詳しく考察しようとする聶景孺の『桜花館日本詩話』である。しかも、『扶桑詩話』の中には日本に渡った中国人の作品が大量に混じっているのと比べ、『桜花館日本詩話』が収録しているのはほぼ全てが日本人の作品であり、中国の詩話の中で唯一の日本漢詩に関する専論であると言える。ただこの一点だけでも、本書がいかに重要であるか分かる。

本書に関する先行研究は、今のところ張寅彭氏の「『桜花館日本詩話』書後」(2)一篇しかない。張氏の文章は本書の存在を提示したもので、その意義と重要性は言うまでもないが、惜しむらくは非常に短い文であり、簡単な紹介の域を出ない。こうした状況に鑑み、本稿では本書の著者の概況、成書の過程、資料的な成り立ち、編撰方法およびその日中の漢詩交流史上における地位について、全方位的な考察と論評を試みる。

一　作者について

聶景孺、字は伯毅、生没年不詳、湖南桃源の人。その生まれ育ちについては、残っている資料が少なく、僅かに近代の著名な学者余嘉錫が彼の父親のために撰した墓志銘によって、聶氏父子の一生の断片を知ることができるのみである。

父の聶兆酈、字は儆心、先祖代々官職に就いた者は無く、自身も県学の生員を補ったに過ぎなかった。しかし、聶氏一族には由緒深い家学があり、聶景孺の祖父は「以治『尚書』為時経師、学者称為瀟浦先生（『尚書』を治むるを以て時の経師為り、学者は称して瀟浦先生と為す）」、「瀟浦於学無所不窺、不喜著書、尽以其学伝之君（瀟浦は学に於て窺はざる所無かるも、書を著すを喜ばず、尽く其の学を以て之を君に伝ふ）」。このような学者の家柄に生まれた聶景孺は、幼少時から学問を見聞きして覚え、家の蔵書を読み尽くしていたであろう。墓志銘の中に、聶景孺についての記載が二つある。

子景孺遊学日本、将卒業矣。君忽召之帰、不使竟学、時人大怪之。已而同時学者帰国、多取大官、煊赫一時。戚党或持以責数君、君笑而不自弁。

子の景孺日本に遊学し、将に卒業せんとす。君忽ち之を召して帰らせ、学を竟へしめず、時の人大いに之を怪しむ。已にして同時に学ぶ者帰国し、多く大官を取り、一時に煊赫たり。戚党或ひは持ちて以て君を責数するも、君は笑ひて自ら弁ぜず。

この記載から、聶景孺が日本での留学を途中で放棄して帰国したのは、父親の命令によるものであったことが分かる。父親がこのような常識はずれの行動に出た理由として、彼が「同時に学ぶ者」の出世の早さに対して見向きもしなかったことから、聶景孺への期待はもともと家学を継承してもらうことで、留学の中断はなんら不都合なものではないと考えていたと推測することができる。

娶胡孺人、早卒。君鰥居二十年、不復娶。無子、以弟之子為後、即景孺也。景孺帰自日本、閉戸治文学、有声、蔵書甚富。客武陵、与余同居、相得甚歓(3)。

胡孺人を娶るも、早くに卒す。君は鰥居すること二十年、復た娶らず。子無く、弟の子を以て後と為す、即ち景孺なり。景孺日本より帰り、戸を閉ぢて文学を治むるに、声有り、蔵書甚だ富めり。武陵に客し、余と同居し、相ひ得ること甚だ歓ばし。

ここからは、聶景孺の実の父は兆酈の弟（「墓志銘」によると名は時中）であり、彼は兆酈の元に養子に来たということが分かる。彼は日本から帰国した後、門戸を閉じて書を読み、専ら文学に打ち込んでいた。『桜花館日本詩話』は、おそらく故郷の書斎の中で編まれたものであろう。何故ならば、この書に序文や題辞を寄せているのは、一人の例外も無く桃源一帯の名士郷紳だからである。まず、序文を作った二人を挙げる。

呉良秀、字は霖舒、桃源の人。著作に『真種子閑吟初存』が有り、光緒十八年刊本『桃源県誌』の「纂修姓氏」の条に「廩生」と称す。

田金枬、民国十二年刊本『慈利県誌』巻十九「芸文」第十三に「田金楠撰」（案ずるに、「枬」は「楠」に同じ）として列挙されているものが多く、『岬隠堂志』等を合計すると十種に上る。民国二十八年刊本『澧県県誌』に、曽て澧州中学堂の校長の任にあったと称しており、彼もまた当地の名の知れた文人であったことが分かる。

次に、題辞を寄せた二人を見てみよう。

呉恭亨（一八五七―一九三七）、字は巌村、筆名は悔晦、湖南慈利の人。呉恭亨はおそらく本書の巻頭に名を連ねている中で最も著名な人物であろう。彼は中国近代の著名な文人結社、南社のメンバーで、古文家兼詩人であり、著作に『悔晦堂叢書』がある。注意すべきは、彼は後に日本漢詩界と直接的な交流を持っていることである。『昭和詩文』第二十五帙の第四集から第十一集までに、彼の詩作十四首が収録されており、詩の自注に日本の漢詩人国分青厓とその弟子荒浪煙厓と交誼が厚かったと書いている。同誌第二十七帙の第四集の中の郭希隗（号は東史、当時日本に渡っていた）が呉恭亨の傘寿を祝って作った賀詩から見るに、こうした交流は二十世紀三十年代に発生したもので、すなわち呉恭亨が亡くなる少し前のことであった。彼と日本漢詩の縁は、おそらくまさに『桜花館日本詩話』に始まる。それだけではない。聶景孺は他に『聯語』一書を撰しているが、呉恭亨にも『対聯話』という専著があり、その書の中で少なからず聶景孺の『聯語』に言及している。この種の伝統文学様式に対する関心は、彼らの趣味趣向が一致し、呼応していたことを表している。

徐雨泉、桃源の人、前述の呉良秀と同じく県の廩生であり、著作に『蚓園詩文集』がある。余嘉錫の墓誌銘は徐雨泉が曽て獄中に聶の父を見舞ったことに触れており、聶家との付き合いが相当に密であったことが分かる。

聶景孺のこの他の人生の行跡については、殆ど考証不能である。彼と同時代の詩人白采（一八九四―一九二六）は聶氏の詩話を読み、次のような疑問さえ抱いている。

桃源聶景孺『桜花館詩話』、所載尽日本人所作古律体詩。余不知撰者果住有此館否？　抑在日本、在桃源？(4)

桃源聶景孺『桜花館詩話』、載する所尽く日本人作る所の古律体詩なり。余　撰する者の果たして此の館に住まふ有るや否や、抑も日本に在るや桃源に在るやを知らず。

要するに、聶景孺の家柄や交友関係から見るに、彼は日本に留学したという桂冠を戴いてはいても、その骨身は旧学の檻を脱してはいない。彼の心の底にあるこの根深い価値観の傾向は、『桜花館日本詩話』の編集過程に大きく影を落としている。

二　全書の構成

『桜花館日本詩話』は聶景孺が一九一四年に東京に留学していた時の学業の外の副産物である。この書の編撰については、聶景孺の自序に明確に述べられている。字数も多くはないので、ここに引用しておく。

中華民国三年、僦寓日本。截髪短服、与木屐児閑相徴逐、而神田京橋之間、書肆林立、偶見日本人所撰詩歌、心所謂佳者、手録存之、積久盈寸、自題曰「桜花館日本詩話」。夫人謂日本人富於模仿性、前者遣唐、挙国皆漢学、今者化欧、挙国皆欧風。島人活潑、不主故常、此其所以能強歟。今依行篋所存、編輯成書。雖零縑断墨、無当閎旨、然彼国人情之精悍、風俗之樸実、或可睹焉。

中華民国三年、日本に僦寓す。髪を截ち服を短くし、木屐の児と閑かに相ひ徴逐し、而して神田京橋の間、書肆林立し、偶《たまたま》日本人の撰する所の詩歌を見、心の佳しと謂ふ所の者は、手録して之を存し、積久して寸を盈たし、自ら題して曰く「桜花館日本詩話」と。夫れ人は日本人模仿性に富み、前は唐に遣はし、挙国皆漢学たり。今は欧に化し、挙国皆欧風なりと謂ふ。島人活潑たり、故常を主とせず、此れ其の能く強たる所以か。今行篋の存する所に依り、編輯して書を成す。零縑断墨、闕旨に当る無しと雖も、然るに彼の国の人情の精悍、風俗の樸実、或ひは焉に睹るべし。

聶景孺の日本文化に対する評価については後述するとして、彼が日本漢詩を渉猟したのは、主に東京で書店を冷やかした際に目を通し抜粋したということである。意識的、系統的に収集整理したわけではないということが、本書の版本学的側面における重大な欠陥をもたらしている。すなわち、誤りが相当に多いということだ。まずは一旦、本書の具体的な構成を見てみよう。

『桜花館日本詩話』は現在、上海図書館蔵鉛印本があるが、刊行時期、場所、出版社のどれも記されていない。おそらくは民国初期の印本であろう。全体は線装本の形式で頁数が表示されており、表裏を合わせて一頁として全部で三十四頁（うち第二十三頁が誤って二十一頁と表記され、二頁分重複しているため、実際には三十六頁）、百十則、姓名が明示されている日本の漢詩人は九十九人、引用されている詩は二百四十六首、七十四聯。全貌を一覧し、且つ検索に便にするため、以下に原書の人名を出現順に列挙しておく。この書に記されている人名は、或いは本名であり、或いは字や号であり、また一部には名が前に、姓が後になっているものもあるが、ここでは全て原書の通りとする。人名に誤りのあるものは、［　］で正確な字句を注記している。人名の前の番号は、全書百十則の通し番号、複数の番号が記されている人物は、本書中に何度も出現する者である。人名の後の（　）内の数字は作品数を示す。
1、22、梁川星巌（一一首）。2、岡本黄石（四首）。3、池上清醒（一首）。4、85、田辺碧堂（五首）。5、筒井秋水（四首）。6、竜川済（一首）。7、小野湖山（一首）。7、作者不記載（三首）。8、日下部鳴鶴（四首）。9、菊池三五（一首）。10、杉山千和（二首）。11、尾原缺（二聯）。12、城山仙史（八首）。13、作者不記載（一四聯）。14、佐野竹軒（二首）。15、作者不記載（一首）。16、作者不記載（七聯）。17、作者不記載（一首）。18、釈蘭谷（四首）。19、青木樹堂（一首）。20、26、長尾羽山（二首）。21、林棟窓（三首）。23、蓉塘散史（一首）。24、作者不記載（一首）。25、作者不記載（一首）。27、乃木希典（二首）。28、成島柳北（二首）。29、作者不記載（二二聯）。30、秋山玉山（一首）。30、清田儋叟（一首）。30、清田竜川（一首）。31、釈伏堂（一首）。32、奥谷宏（一首）。33、57、柏木如亭（三首）。34、勝部五松（四首）。35、信夫恕軒（四首）。36、伊藤博文（四首）。36、74、森槐南（一〇首）。37、小林虎［＋三郎］（八首）。38、河瀬如侗（三首）。39、石田羊（一首）。40、鈴木松塘（一首）。41、松林薫（一首一聯）。42、柴野栗山（一首）。43、広瀬淡窓（一首）。44、松林飯［＋山］（一首）。45、僧五岳（二首）。46、河野鉄夫［兜］（二首）。46、亀田鵬斎（一首）。47、神山鳳陽（一首）。48、関根痴堂（三首）。49、52、後藤松陰（二首）。50、市河寛斎（一首）。50、鷲津毅堂（一首）。50、［＋宇］津木静区（一首）。51、土居通豫（四首）。53、作者不記載（二首）。54、桂彩巌（一首）。55、平松小靄（五聯）。56、頼山陽（三首）。58、篠崎小竹（一首）。59、菅茶山（四首）。60、勝島坡仙［仙坡］（二首）。61、菊池晋二（四首）。63、大窪詩仏（一首）。64、山梨稲川（一首）。65、浅野哲夫（三首）。66、虎田（一首）。67、77、永坂石埭（五首）。68、福原周峰（四首）。69、田中滄浪（一首）。70、遠藤鑑水（二首）。71、土屋琴坡（一首）。72、井久計雲（八首）。73、86、山口松陵（二首）。75、長岡雲海（一首）。75、大久保湘南（一首）。75、手島海雪（二首）。76、上林［村］売剣（四首）。78、魯堂平井（一首）。79、石門柳城（二首）。80、渋谷香北（二首）。81、戸田静学（一首）。82、九峰高島（二首）。83、西巒渡辺（四首）。84、結城治璞（二聯）。87、作者不記載（一三聯）。88、方山八木（三首）。89、作者不記載（一聯）。90、梁川紅蘭（一首）。91、松浦禎卿（二首）。92、北条鴉［鷗］所（三首）。93、木南久布（四首）。94、城月悔庵（一首）。95、釜沢橋北（四首）。96、青木雪窓（三首）。97、耕雲三谷（三首）。98、雪堂広頼［瀬］（二首）。99、101、汲華井［＋上］（二首）。100、六橋杉渓（四首）。102、作者不記載（7聯）。103、僧清狂（一首）。104、高野竹隠（一首）。104、入沢三郎（一首）。104、花土有隣（一首）。105、伊藤香草（五首）。106、上田虎山（二首）。107、織田博士（三首）。108、荻原錦江（二首）。109、太宰春台（二首）。110、井上円了（一首）。

この名簿には、実のところ多くの問題がある。人名の文字にしばしば錯誤や遺漏があるほか、作品と作者がちぐはぐであるものも少なくない。筆者がすでに調べて明確にしたものは以下の通りである。

7、小野湖山七律一首は、実際には梁川星巌の作。
9、菊池三五七律一首は、実際には梁川星巌の作。
26、長尾羽山七絶一首は、実際には吉田静海の作。
33、柏木如亭七律二首は、実際には梁川星巌の作。
34、勝部五松五律一首および七絶三首は、実際には梁川星巌の作。
35、信夫恕軒七絶四首は、実際には梁川星巌の作。
47、神山鳳陽七絶一首は、実際には草場船山の作。
49、後藤松陰七絶一首は、実際には梁川星巌の作。

64、山梨稲川七古一首は、実際には梁川星巌の作。
66、虎田七律一首は、実際には梁川星巌の作。
67、永坂石埭七律四首のうち、実際には福井繁の作であるものが一首ある。
68、福原周峰七絶四首のうち、実際には永井久一郎の作であるものが一首ある。
70、遠藤鑑水二首のうち、七絶一首は実際には樵蘇逸士の作。
75、長岡雲海七律一首は、実際には永井久一郎の作。
85、田辺碧堂七律一首は、実際には原田穀穂の作であり、七絶一首は実際には秋月新の作。
96、青木雪窓七律三首は、実際には仁賀保華岳の作。
98、雪堂広瀬七絶一首は、実際には杉山千和の作。
104、高野竹隠七絶一首は、実際には岡西鯉山の作。
105、伊藤香草七律一首は、実際には原田穀穂の作。
109、太宰春台七絶一首は、実際には陶所池内の作。

さらに、原書では度々詩のみを収録して作者を記載していない箇所があるが、筆者の調査によって、以下の人々であることが明らかになった。

7、「竹枝詞」三首を収録、著者は「日人」としか記されていないが、実際には菊池五山である。

13、七言十四聯を収録し、いずれも作者を記載していない。そのうち四聯は梁川星巌の作であり、その他の聯の作者はそれぞれ江馬天江、貫名海屋、小野湖山、蓼香痩仙、蓉塘散史、蒲生秀実、頼杏坪、室鳩巣であり、残り二聯の作者は不明である。

15、五古一首を収録、作者を記載しておらず、ただ出典を『簡堂集』と記すのみだが、実際には小林虎三郎の作であり、この詩は『求志洞遺稿』に見える。
16、七言七聯を収録、作者を記載していないが、実際には全て梁川星巌の作。
25、七律一首を収録、作者を記載していないが、実際には梁川星巌の作。
29、七言二十二聯を収録、作者を記載していないが、実際には全て梁川星巌の作。
53、七律二首を収録、作者を記載していないが、実際には土居通豫が友人と聯句した作である。
87、五言六聯と七言七聯を収録、全て作者を記載していないが、実際には梁川星巌（四聯）、石川丈山（一聯）、末広双竹（一聯）、新井白石（一聯）、雲井竜雄（二聯）、蓉塘散史（一聯）、春江情仙（一聯）の作である。他の二聯の作者は不明。
89、七言一聯を収録、著者は『房州漫遊案内』から採録したと称するが、『房州名勝地誌』を検めたところ、鱸松塘の作である。

したがって、上記の名簿の作者のうち、9の菊池三五、34の勝部五松、35の信夫恕軒、47の神山鳳陽、64の山梨稲川、66の虎田、75の長岡雲海、96の青木雪窓、104の高野竹隠、105の伊藤香草等十人を削らなければならない。逆に7の菊池五山、13の江馬天江、貫名海屋、夢香痩仙、蒲生秀実、頼杏坪、室鳩巣、26の吉田静海、47の草場船山、67の福井繁、68、75の永井久一郎、70の樵蘇逸士、85、105の原田穀穂、85の秋月新、87の石川丈山、末広双竹、新井白石、雲井竜雄、春江情仙、96の仁賀保華岳、104の岡西鯉山、109の陶所池内ら二十二人を加えるべきである。そうすると、本書が実際に言及している日本の漢詩人は、現在姓名の判明している者が百十一人、不明な作者十三人となる。ここで全書百十則の通し番号によって確認整理が済んでいる作者の名簿および各人の作品数を改めて並べると、以下の通りである。

1、7、9、13、16、22、25、29、33、34、35、49、64、66、87、梁川星巌（二七首三七聯）。2、岡本黄石（四首）。3、池上清醒（一首）。4、85、田辺碧堂（三首）。5、筒井秋水（四首）。6、竜川済（一首）。7、菊池五山（三首）。8、日下部鳴鶴（四首）。10、98、杉山千和（三首）。11、尾原缺（二聯）。12、城山仙史（八首）。13、江馬天江（一聯）。13、貫名海屋（一聯）。13、小野湖山（一聯）。13、夢香痩仙（一聯）。13、23、87蓉塘散史（一首二聯）。13、蒲生秀実（一聯）。13、頼杏坪（一聯）。13、室鳩巣（一聯）。13、作者不明（二聯）。14、佐野竹軒（二首）。15、37、小林虎［＋三郎］（九首）。17、作者不明（一首）。18、釈蘭谷（四首）。19、青木樹堂（一首）。20、長尾羽山（一首）。21、林楝窓（三首）。24、作者不明（一首）。26、吉田静海（一首）。27、乃木希典（二首）。28、成島柳北（二首）。30、秋山玉山（一首）。30、清田儋叟（一首）。30、清田竜川（一首）。31、釈伏堂（一首）。32、奥谷宏（一首）。36、伊藤博文（四首）。36、74、森槐南（一〇首）。38、河瀬如侗（三首）。39、石田羊（一首）。40、89、鈴木（鱸）松塘（一首一聯）。41、松林薫（一首一聯）。42、柴野栗山（一首）。43、広瀬淡窓（一首）。44、松林飯［＋山］（一首）。45、僧五岳（一首）。46、河野鉄兜（一首）。46、亀田鵬斎（一首）。47、草場船山（一首）。48、関根痴堂（三首）。50、市河寛斎（一首）。50、鷲津毅堂（一首）。50、［＋宇］津木静区（一首）。51、53、土居通豫（六首）。52、後藤松陰（一首）。54、桂彩巌（一首）。55、平松小靄（五聯）。56、頼山陽（三首）。57、柏木如亭（一首）。58、篠崎小竹（一首）。59、菅茶山（四首）。60、勝島坡仙［仙坡］（二首）。61、菊池晋二（四首）。63、大窪詩仏（一首）。65、浅野哲夫（三首）。67、77、永坂石埭（四首）。67、福井繁（一首）。68、福原周峰（三首）。68、75、永井久一郎（二首）。69、田中滄浪（一首）。70、遠藤鑑水（一首）。70、樵蘇逸士（一首）。71、土屋琴坡（一首）。72、井久計雲（八首）。73、86、山口松陵（二首）。75、大久保湘南（一首）。75、手島海雪（二首）。76、上林［村］売剣（四首）。78、魯堂平井（一首）。79、石門柳城（二首）。80、渋谷香北（二首）。81、戸田静学（一首）。82、九峰高島（二首）。83、西巒渡辺（四首）。84、結城治璞（二聯）。85、105、原田穀穂（二首）。85、秋月新（一首）。87、石川丈山（二聯）。87、末広双竹（一聯）。87、新井白石（一聯）。87、雲井竜雄（二聯）。87、春江情仙（一聯）。87、作者不明（二聯）。88、方山八木（三首）。90、梁川紅蘭（一首）。91、松浦禎卿（二首）。92、北条鶉［鷗］所（三首）。93、木南久布（四首）。94、城月悔庵（一首）。95、釜沢橋北（四首）。96、仁賀保華岳（三首）。97、耕雲三谷（三首）。98、雪堂広頼［瀬］（一首）。99、101、汲華井［＋上］（二首）。100、六橋杉渓（四首）。102、作者不明（七聯）。103、僧清狂（一首）。104、岡西鯉山（一首）。104、入沢三郎（一首）。104、花土有隣（一首）。105、伊藤香草（四首）。106、上田虎山（二首）。107、織田博士（三首）。108、荻原錦江（二首）。109、太宰春台（一首）、109、陶所池内（一首）。110、井上円了（一首）。

この他、本書の第62則は綿審（二首）、潘並（三首）、李虞裳（二首）の三人のベトナムの詩人に言及しており、計七首の詩を引用しているが、ここでは贅言を避ける。

要するに、『桜花館日本詩話』は分量も多くはなく、且つ誤りが甚だ多くはあるものの、編者の渉猟する範囲はかなり広く、選択も豊富であり、それ故に我々の眼前に彩り満載の、万華鏡の如き日本漢詩の絵巻を繰り広げてくれるのである。

三　資料的成り立ち

前述したように、『桜花館日本詩話』は手ずから書き写されたものである以上、当然それには出処となった元があるはずだ。しかし聶景孺が百十則の詩話の中で書名を明示しているのは、僅か十箇所である。すなわち、第2則岡本黄石『黄石斎集』、第7則小野湖山『楓亭詩集』、第11則尾原缺『杏陰詩集』、第12則城山仙史『新橋竹枝詞』、第15則『簡堂集』（この書については不明である。収録する詩は実際には小林虎三郎の作）、第18則釈蘭谷『遠明堂集』、第37則小林虎『木志洞集』（小林虎三郎『求志洞遺稿』であろう）、第55則籾山逸也『明治詩話』、第59則菅茶山『花月吟』、第90則梁川紅蘭「集曰く紅蘭館」であり、その他は全て一切の表記がない。しかも、これらの詩集も大部分がついでに書名も書き記しておいたようなもので、実際には必ずしも選んだ詩の出処とは限らない。このため、本書の収録する詩作は、基本的にどこから採られたものか不明である。

しかしながら地味な調査を繰り返すことで、我々は彼の「秘蔵の本」を一部解明することができる。筆者は目下、本書の収める二百四十六首、七十四聯の日本漢詩の約五分の四の原本について究明したが、その中の少なからぬ作品は複数の選本に見えるため、聶景孺が果たしてどの書に拠ったのか、にわかに断定できないものも多くある。しかし以下の二つについては、確実に疑いなく聶景孺の主な参考書であったと認められる。

一つは、籾山逸也（一八五五―一九一九）著『明治詩話』である。この書物は何度も重版されており、筆者が拠ったのは、聶景孺が目を通した可能性の比較的高い明治二十八年（一八九五）の青木嵩山堂本である。『桜花館日本詩話』の冒頭第2則の岡本黄石の紹介は、殆ど『明治詩話』巻一「岡本黄石」の条の引き写しである。惜しむらくは、収録する七律四首が、実のところ全て梁川星巌の作であるということだ。第3則の池上清醒の記述も、明らかに『明治詩話』巻二から採ったものであり、ただひょっとすると聶景孺が人の耳目をごまかそうとしたものか、字句が幾らか変えられているのみである。試みに比較してみよう。

（籾山）池上清醒、名斌、常好読古今人詩、毎到会心処、乃操筆鈔録、積至巨冊。其所作詩、清婉可愛。「観楓」二絶云…（略）

（聶）池上清醒、名斌、酷好唐人詩集、朝夕吟誦、至忘飲食。毎到会心処、操觚拈句、亦擅勝場。其「観楓」云…（略、聶景孺が収録したのは第二首）

（籾山）池上清醒、名は斌、常に好みて古今人の詩を読む、会心する処に到る毎に、乃ち筆を操り鈔録し、積みて巨冊に至る。其の作る所の詩、清婉愛すべし。「観楓」二絶に云ふ…（略）

（聶）池上清醒、名は斌、酷く唐人の詩集を好み、朝夕吟誦し、飲食を忘るるに至る。会心する処に到る毎に、觚を操り句を拈じ、亦た勝場を擅にす。其の「観楓」に云ふ…（略）

このように、聶景孺は『桜花館日本詩話』の中で、籾山逸也の『明治詩話』を大量に参考にしている。筆者がすでに明らかにしたところでは、第2、3、5、8、10、11、16、18、19、20、26、28、31、32、41、48、50、51、53、55、65、87、101の計二十三則、作者二十六人、作品四十四首、九聯に及ぶ。ところがこのような数多の引用について、聶景孺は僅かに第55則で平松小靄の詩を収録した時に、こっそりと「見『明治詩話』（『明治詩話』に見ゆ）」という一言を付け加えているのみであり、それ以外には一切口を噤んでいる。故に、『明治詩話』は聶景孺の「秘蔵の本」であると言っても過言ではあるまい。

二つ目は、岸上操（一八六〇―一九〇七）編『明治二百五十家絶句』（博文館、明治三十五年版）である。『桜花館日本詩話』の第93、95、96、97、98、99、100、101の連続八則に収録されている詩作は、全てこの書物に見える。例えば第

97則三谷耕雲の三首詩は、岸上の編したものと順序が完全に同じであり、明らかにここから取材している。聶景孺に写し間違いが多く、例えば第95則の釜沢橋北の七絶四首のうち、三首は本当は石田東陵の作であるとはいえ、作品が岸上の編集したものから取られていることは疑い無いだろう。

この他、『新詩綜』、『皇朝絶句類選』、『日東華文』等いくつかの同人会刊や漢詩選本について、聶景孺が資料とした完全に断言することはできないものの、彼が目を通したことがある可能性が高いと思われる。また、第53則に「此詩鈔自報端（此の詩は報端より鈔す）」とあり、第67則に「予従乱書攤中拾得雑誌一冊（予は乱書攤の中より雑誌一冊を拾得す）」とあるように、聶景孺は当時の新聞や雑誌からも材料を得ていた。さらには観光案内書から取ったものさえあり、第89則に載せた詩は『房州漫遊案内』にあったという。およそこのようなことはこれに限らず少なからずある。しかし厳粛な詩選にとっては、最も注目すべきは作家の専集であり、聶景孺はこのことに少し留意していたようである。第59則に菅茶山が明代の唐伯虎に倣って作った『花月吟』の詩を収録した後、「聞尚有専集、獲時当供献閲者（聞くならく尚ほ専集有りと、獲し時は当に献閲に供すべし者）」と言う。ところが菅茶山（一七四八―一八二七）は江戸詩壇の大家であり、その『黄葉夕陽村舎詩』が夙に一世を風靡していたため、聶景孺が入手したいと思えば決して難しくはなかったはずである。つまり、聶景孺のこの言葉は口先だけのものであり、行動を伴うものではなかったことが分かる。当時すでに詩家必携の書となっていた江村北海『日本詩選』等の総集に至っては、なおのこと一顧だにせず、気にも止めなかった。

要するに、聶景孺が引用した資料の出所は、主には明治から大正初期にかけて発行された漢詩詩話、選本および各種新聞、雑誌であり、作家の専集と漢詩の総集を対象とすることは比較的に少なかった。作品の選択方法も、思いのままに取り上げており、細心に選び抜いたものではない。このことが、本書が日本漢詩に対し、ごく水面を撫でただけで深く潜らず、その表層の印象のみに止まっているという総体的な欠陥を招いている。

四　編撰の傾向

上述の取材の乱雑さと抄写の誤りの多さから、聶景孺は本書の編撰について決まった考えを持っていたわけではなく、純粋に興味の赴くままに行い、思いのままに詩を選び取ったことが見て取れ、無秩序と言っても何ら間違いではない。とはいえ、仔細に作者や作品の経緯や因果を整理すれば、彼が詩を選び編集した時の大まかな傾向を推断、演繹することができる。

まずは作者の選定である。聶景孺の取材対象は当時刊行されていた各種の読物に限定されていたため、石川丈山、市河寛斎、菅茶山、頼山陽等少数の江戸時代の著名な詩人を除き、選ばれているのはほぼ全てが明治時代の人物であり、しかも無名の人物が甚だ多い。その中でも最も注目されるのが、彼が梁川星巌を格別に気に止めていることである。

梁川星巌（一七八九―一八五八）、名は孟緯、字は公図、江戸末期の漢詩壇の覇者であり、漢学家の故入谷仙介氏の評価によれば、「詩風の違いを別にして考えると、彼の日本漢詩壇における位置は、中国における杜甫にほぼ匹敵するといえる」(5)。聶景孺はこの文壇の巨頭に特別に好意的な眼差しを向けており、「梁緯先生在吾詩話中固首屈一指者（梁緯先生は吾が詩話中に在りて固より首めに一指を屈する者）」（第22則）と言い、元々情理の内のことであるが、前述の統計から分かるように、百十則の詩話のうち十五則で梁川星巌に言及し、収録する詩は二十七首三十七聯に上る。他の詩人や詩作でこれに及ぶものは無い。この引用作品量の多さから見て、聶景孺が読んだのは一般的な漢詩の選本ではなく、梁川星巌個人の詩集であろう。(6) ところが愛好の度合いが過ぎて大量の星巌の作品を暗誦していた結果、却って或いは作者が誰であるかを忘れ、或いは他の人物の作品に数えてしまい、また前出の統計の通り、聶景孺が来歴不明と考えてしまったが実際には梁川星巌の作である詩は全部で十六首あり、作者不明の二十七首の中の三分の二近くを占める。例えば第25則に記す酒楼題壁七律一首の後には「何人手筆、今茫然矣（何人の手筆なるか、今や茫然たり）」とあるが、実際には梁川星巌の「題十二橋酒楼」詩である。収録する星巌の三十七聯は、例外無く全て作者を記していない。例えば第16則に「一日予入某書肆、読各詩集、特多佳句、久則強半忘矣、僅記数聯如下（一日予は某書肆に入り、各詩集を読むに、特に佳句多く、久しかれば則ち強半忘れり、僅かに数聯を記すこと下の如し）」と言い、最後に「均錚錚佼佼、不落陳腐（均て錚錚佼佼たり、陳腐に落ちず）」と讃歎しているのは、一見複数の作者の作品を採録したようだが、実のところここに収録する七聯は全て星巌の作である。さらに第29則に「捜討佳句（佳句を捜討し）」て二十二聯を得たと自称し、加えてわざわざ「綺麗」「含蓄」「実境」「悲慨」「形容」「沖淡」「典雅」「清奇」「纖穠」「雄渾」の十品に分け、最後に「清詞麗思、無上妙品也（清詞麗思、無上の妙品なり）」と讃歎しているが、これも全て星巌の作である。陶淵明は自ら「好読書不求甚解（読書を好むも甚だ解するを求めず）」と自嘲したが、聶景孺の場合は読書を好むも由来を覚えずといったところで、これもまた近代中国人の在日読書史上の奇景の一つに数えられよう。

もう一名矚目に値するのは、幕末の志士僧月性（一八一七―一八五八）である。第103則に言う。

日本民気精悍、即尋常一吟一詠、従無靡靡之音。如僧清狂「出遊」詩云「男児仗剣出郷関、謀而不成誓不還。埋骨何須桑梓地、人間到処有青山。」

日本の民気精悍にして、即ち尋常の一吟一詠、従りて靡靡の音無し。僧清狂「出遊」詩に「男児剣に仗りて郷関を出づ、謀りて成らずんば誓いて還らず。骨を埋むるに何ぞ桑梓の地を須はん、人間到る処青山有り」と云ふ如し。

月性、字は知圓、号は清狂、この詩は彼が天保十四年（一八四三）八月に故郷の山口を離れ、大坂へ遊学に行く時に志を述べた作品であり、原題は「将東遊題壁（将に東遊せんとして壁に題す）」、後に月性の遺著『清狂吟稿』（一八六九年初版）巻上に収録されているが、聶景孺の記載と字句に若干の差異がある。この詩は、その豪放かつ高揚した気概と死を恐れない決意によって人口に膾炙しており、つとに万延二年（一八六一）には関重弘、藤田千歳編『近世名家詩鈔』巻下に見え、さらに明治末期以後にはしばしば中学校の漢文の教材にも選ばれ、日本では津々浦々に知れ渡る「励志詩」であったと言ってよい(7)。一方の中国では、毛沢東が一九一〇年秋にこの詩を抄録して抱負を顕わにしたため、長期にわたって毛沢東の作と誤認されていた。この詩がいつ中国に伝わり、毛沢東はどこでこの詩を読んだのか、筆者は手を尽くして調べたものの未だに分からない。ただ、後に一九一六年に出版された『青年雑誌』（後に『新青年』と改名）第一巻第五期に収録された際、作者は誤って西郷隆盛とされていたことを知ったのみである。もし『桜花館日本詩話』が一九一六年以前に刊行されたものと認定できれば、この書物こそ、現在判明している限り中国で最初にこの名作を収録した版本ということになる。そして「民気精悍」は、聶景孺の日本の国民性に対する定評だったらしく、先に引用したこの書の自序にも「彼国人情之精悍、風俗之樸実（彼の国の人情の精悍、風俗の樸実）」という語があるし、第84則にも「日人好作豪語、亦有動魄迴腸者（日人豪語を作すを好み、亦た動魄迴腸する者有り）」と言う。

次に内容の取捨選択について。上述の月性の豪放な作品に対する称賛は、聶景孺が何か別のことに気を取られて偶々為したものであり、彼の内心の好みは、寧ろ「靡靡の音」の方に偏っていると言って良い。全書の選択の在り方を見渡すと、一言で言えば「風雅」を重んじている。巻首の呉良秀の序に「蓋為治乱計、則不列其詩、為一己学問計、則不廃其言。伯穀揚風扢雅、旁捜遠攬、其即此意也夫（蓋し治乱の計を為せば、則ち其の詩を列せず、一己の学問の計を為せば、則ち其の言を廃さず。伯穀風を揚げ雅に扢し、旁捜遠攬、其れ即ち此の意なるか）」という、その通りである。田桐の『扶桑詩話』と比べると、聶景孺のこの種の「治乱」から遠ざかり、世事に構わない姿勢はなおのこと明らかである。田桐は同盟会の創始者のメンバーであり、一人の革命家として、本能的に明治維新という巨大な社会の変革に注意を払っており、『扶桑詩話』には維新志士の勇ましく国難に立ち向かい慷慨して義に死する作品を大量に選び、収録している。一方の聶景孺は過ぎ去ったばかりの明治の風雲には一切見ざる聞かざるを決め込んでおり、『桜花館日本詩話』の中に国の政治経済や庶民の生活に言及し、いわゆる世を憂う作品は殆ど見出せない。全書に満ち満ちているのは伝統的な風流の景色であり、享楽的な華やかさである。ここで聶景孺が「愛」と言うものを見てみよう。

（小野湖山）「予最愛「墨田川舟中賞春」一律（予は最も「墨田川舟中春を賞す」一律を愛す）」。この詩の頷聯は「平河一道水如練、美酒千鍾人欲仙（平河一道　水練《ねりぎぬ》の如し、美酒千鍾　人仙を欲す）」である。（第7則）

（蓉塘散史）「酷愛其詩、録「無題」（其の詩を酷愛し、「無題」を録す）」。この詩の頸聯は「楊柳楼台蘇小小、桐花院落李師師（楊柳の楼台　蘇小小、桐花の院落　李師師）」である。（第23則）

（田中滄浪）「余愛「清明」一絶（余「清明」一絶を愛す）」。聶景孺の評語は「芊眠綺合、一往情深（芊眠綺合、一往に情深し）」である。（第69則）

（戸田静学）「吾独愛「偶書」一絶（吾独り「偶書」一絶を愛す）」。聶景孺の評語は「錦心繡口、旖旎可人（錦心繡口、旖旎として可人なり）」である。（第81則）

その他の選に入っている詩に対する評語も、「詞意軽清、尤有宛転情致（詞意軽清にして、尤も宛転たる情致有り）」（第2則）、「命意新警可愛（命意新警にして愛すべし）」（第26則）、「清致絶塵、全乎天籟（清致絶塵、全きかな天籟）」（第31則）といった、古来の詩評が使い古してきた浅薄な論に他ならない。梁川星巌を例としよう。彼は元々幕末の志士であり、病に罹り三日早く歿していなければ、必ずや幕府によって捕縛され、獄に繋がれていたはずの人物だった。その詩の中にも民の苦しみに対する関心や濁世への批判が多くあるが、聶景孺は一概に放り捨てて取らず、重視したのは彼の「客枕」、「観梅」、「春暁」等、日常の心情を発露した作であり、評語も「置之清初諸集中、似無軒輊（之を清初諸集の中に置かば、軒輊無きが似し）」（第1則）、「神韻倶佳、逼近漁洋（神韻倶に佳く、漁洋に逼近す）」（第21則）の類に過ぎず、一見中国の名士達と同列に見なしているようでありながら、実際にはなお口先だけの形式的な言辞の域を出ない。中国の読者がもしこれら聶景孺の篩に掛けられた星巌の作品のみを見たならば、入谷氏の「中国における杜甫にほぼ匹敵するといえる」という美称が何を言っているのか、分からないに違いない。

さらに、第65則に浅野哲夫（一八五七―一九三四）について語るが、聶景孺の作者紹介と収録している詩から見て、明らかに籾山逸也『明治詩話』巻一「浅野醒堂」条から抄写したものであり、詩の原題は「震後所見（震後に見し所）」、計二首である。

風景依稀寒食天　　風景依稀たり寒食の天
江村亭午少炊煙　　江村の亭午　炊煙少なし
漁翁漁媼無家住　　漁翁漁媼　家の住む無く

半聚陂塘半釣船　　半ばは陂塘に聚まり半ばは釣船
村巷無人敗瓦堆　　村巷人無く　敗瓦堆し
劫余風物最堪哀　　劫余の風物　最も哀しむに堪ふ
菊花不解人間事　　菊花人間の事を解さず
猶向東籬幽処開　　猶ほ東籬の幽処に向きて開く

籾山逸也はこの二詩を抄録した後に、概然として「眼前光景使人凄然（眼前の光景人をして凄然たらしむ）」と評している。しかし聶景孺は第一首のみを選録し、故なく詩題を「湖上」と改めた上、「吐属名貴、尤多性情語（吐属名貴にして、尤も性情の語多し）」と筋違いな評語を加えている。聶景孺は詩中の「無家住」、「敗瓦堆」といった凄惨な描写を読み取れていないのでなければ、地震災害が頻発する日本社会の現実に対して無頓着なのであり、ここにその評定の好悪の一端を見ることができる。『香奩集』（第12則）、「西崑体」（第59則）等の唐、宋の艶麗な詩風に似通った作品に対する興に乗った語り口や、狎妓詩に腕を鳴らしている様子（第63則）に至っては、遊興者の習いであり、範とするに足りない。

次に、詩体の選び方について。聶景孺と当時の中国の文人の日本漢詩に対する見方は一致しており、近体詩にはまだ観るべきものがあるが、古体詩は大いに見劣りがするというものであった。この書に収録されている二百四十七首の詩作は、体裁によって分類すると、七律六十首、七絶百六十二首、五律八首、五絶二首の計二百三十二首で九四％を占め、七十四聯については言うまでもなく、全て近体詩から取られている。一方の古体詩は七言古詩七首、五言古詩八首であり、聶景孺自身が「予読日人詩集甚夥、古体絶鮮佳者（予日人の詩集を読むこと甚だ夥しきも、古体は佳者絶へて鮮し）」（第15則）と評する通り、殆ど取るに足らないほど僅かである。このような見方は、実は日本の漢詩界の共通認識でもあった。江戸時代前期の貝原益軒（一六三〇—一七一四）は『初学詩法』を著したが、「故作詩者、当以古詩為本。我邦古今作律詩者甚多、而古詩之作歴世稀聞、可謂失風雅之正、豈不可嘆乎(8)（故に詩を作る者は、当に古詩を以て本と為すべし。我が邦古今に律詩を作る者甚だ多かれども、古詩の作は歴世稀に聞く、風雅の正を失ふと謂ふべし、豈に嘆くべからざらんか）」と慨嘆している。江戸時代後期の頼山陽（一七八一—一八三二）も、この偏りを正す行動を起こそうとし、「此間詩家、概専用力近体、至古風、略存集中体面耳、用韻構局法皆漫然(9)（此の間の詩家は、概ね専ら近体に力を用い、古風に至りては、略集中の体面を存するのみ、用韻構局法皆漫然たり）」と批評した。残念ながら彼の努力による効果は微々たるもので、明治時代の漢詩壇において古体詩も奮起はしたものの、基本的にはなお近体詩の天下であり、聶景孺が近体詩を重んじて古体詩を軽んじたのも、まさに日本漢詩の実際の創作状況に見合うものであった。

要するに、聶景孺は伝統的な文人、旧式の儒生の色眼鏡を通して日本漢詩を観察したのであった。よって明治漢詩壇の至るところに見られる欧米文化と舶来の新事物を称揚する「文明開化新詩」は当然彼の目には入らず、漢詩の規則を打ち破る「狂詩」や西洋の格調を模倣した別体などはさらに話にならなかった。『桜花館日本詩話』を読むに、もし日本特有の風物や名称を取り除いたならば、まるで清代詩人の写景、叙情の作品を読んでいるようで、「域外」という感覚は殆ど無いだろう。少々遺憾ではあるが、中国古典詩との共通点を見つけ出し、異質な点は取らずにおくということが、この書の「特色」とも言えよう。

五　作品の添削

日本漢詩に対して「添削」を施すということが、清末の日中文化交流史上の独特で興味深い現象である。中国の文人が「先生」を自認し、「学生」の習作を手痛く批評することが習いとなっており、中国に居ながら『東瀛詩選』を編集した兪樾にせよ、遠く日本に赴いて『日本同人詩選』を編集した陳曼寿にせよ、いずれもそれが使命であるかのように、巻首にて全体の趣旨を表明し、収録する日本漢詩に多くの改訂を加えたことを公言している。しかし理解に苦しむのは、本稿の冒頭で紹介した日本漢詩の専論である二冊の詩話が、同様に所収の作品に対して容赦無く添削の筆を揮っているにもかかわらず、いずれも公には一切の説明をしていないことである。その改訂事実および改訂箇所は、筆者が逐一原文と対照して初めて明らかになった。これは詩話と詩選との体例の相違によるものか、或いは田桐にしろ聶景孺にしろ、これは当たり前のことで公言の必要無しと考えたのか、今となっては確かめる術も無いが、彼らの大量の筆削は日中漢詩交流史上に意味深長な一頁を残している。

『桜花館日本詩話』所収の日本漢詩二百四十七首、七十四聯のうち、作者不明の十四首（聯）および少数の調査不能な作品以外について、筆者は各種の版本を用いて全て原文と照らし合わせた。その中で、原作と文字に差異があることが見つかったものは相当数を占めた。勿論中には聶景孺の抄録時の誤りがある可能性も排除できないが、基本的には彼が意図的に改めたものであることは断言できる。以下に実例を見てみよう。

格律の規範に合わない箇所を改訂したものがある。例えば第37則の小林虎三郎の七絶「墨江」は、首聯が原文では「木母寺前訪花去、狐王祠畔沿江帰（木母寺の前　花を訪れ去き、狐王祠の畔　江に沿ひて帰る）」であり、出句の「花」の箇所は仄声の字を用いるべきである。聶景孺はこれを「狐王寺畔尋春去、木母祠前覓句帰（狐王寺の畔　春を尋ね去き、木母祠の前　句を覓めて帰る）」と改めている。最大限原文の意を留めつつ完全に格律に合うようにした、優れた手法と言える。

漢語の習慣に合わない箇所を改訂したものがある。例えば第16則の西島梅所の七絶は、原作では後の二句を「芦花白尽無人見、付与鷺鷥閑睡中（芦花白く尽き人の見る無く、鷺鷥の閑睡中に付与す）」とするが、聶景孺が「白尽」を「如雪」に、「付与」を「都在」に改めたことで、字句に筋道が通っている。さらに、文法的には誤っていないが論理的に通じていないものもある。例えば第13則の江馬天江「湖上」一聯の原作は「穿去漁舟看不見、涼風一陣櫓声香（穿ち去く漁舟看るも見えず、涼風一陣　櫓声香る）」だが、「櫓声」がどうして「香る」ことができようか。聶景孺はこれを「櫓声一陣藕花香（櫓声一陣　藕花香る）」と改めており、「櫓声」のもたらす音響と趣を保ちつつ韻字の「香」も当を得ている。

より多くは、字句を推敲して完全なものにしている。例えば第67則の永坂石埭の七律「春草」四首の場合、其の三の尾聯は元々「剰有梁家書帯影、茫茫緑到読詩辺（剰《あまつさ》へ有り梁家書帯の影、茫茫として緑にして読詩の辺に到る）」であるが、聶景孺は「剰有鄭家書帯影、蕭蕭緑到画堂前（剰へ有り鄭家書帯の影、蕭蕭として緑にして画堂の前に到る）」に改める。「梁家」は梁家の画閣という典拠を用いていると思われるが、元は豪邸を指していたものであり、この詩の情景とはやや齟齬がある。一方「鄭家」は鄭玄が経書の注を作ったことを典拠としており、広く一般の読書人を指すとすれば妨げが無い。原文の「読詩辺」は文の体を成しておらず、聶景孺の改めた「画堂前」の方が明らかに一段上手である。

また一部の改変については、毀誉相半ばすると言えるかもしれない。例えば第93則の木南久布の七絶「秋夜」の後半の二句の原文は「憂国思君人未睡、虫声如雨隔窓聴（国を憂ひ君を思ひ人未だ睡らず、虫声雨の如く窓を隔てて聴く）」

である。聶景孺はいわゆる「憂国」に対して元々わだかまりがあり、「独有」に改めている。これは全くの無理強いである。何故ならばこのようにすると、「君」は君主ではなく、二人称になってしまう。一方、「睡」を「寐」に改めたのは、漢詩には多く雅言を用いるという伝統により合っていると言うべきだろう。また、この書で尊崇されている梁川星巌について、冒頭の第1則にその七律「夜坐偶得」を収録するが、その尾聯の原文は「直到童奴並和睦、団欒炒栗不思眠（直だ童奴並びて和睦するに到るまで、団欒して栗を炒り眠りを思はず）」である。聶景孺はこれを「坐到児童並頭睡、星回斗転不思眠（坐して児童頭を並べて睡るに到り、星回り斗転るも眠りを思はず）」と改める。原作を細やかに吟味すると、出句は表現上やや食い違っており、聶景孺の修正によって自然の趣が出、かつ詩題の「夜坐」ともぴったり合っている。しかし原作の対句の「団欒炒栗」は、元々日本の民間の日常的な習俗であり、聶景孺の改変は雅ではあるが、元来の異国情緒を殺いでしまっている。

さらには、作品本来の意図を理解できずに誤って改めてしまっているものもある。例えば第98則に収録する広瀬雪堂の七絶「墨水即景」。この詩は岸上操『明治二百五十家絶句』から引用したものと見られ、実際には杉山千和の作品であるが、元の題は「墨水即興」となっている。

王孫墓畔草青青　　王孫の墓畔　草青青たり
堤上遊人半酔醒　　堤上の遊人　酔醒半ばす
一陣斜風吹暮雨　　一陣の斜風　暮雨に吹き
無端憶殺柏如亭　　端無く憶殺す　柏如亭

聶景孺は第二句の「半酔醒」を「酒半醒」に改めている。蘇軾が海南島に流された時の詩に、「半醒半酔問諸黎（半ば醒め半ば酔ひて諸黎を問ふ）」とあり、杉山の元の詩に特に問題は無いのだが、聶景孺はより一般的な習慣に合うように修正した。ただこの時、彼は末句の「柏如亭」が誰なのか全く知らず、大鉈を振るって句全体を「藕花香度野春亭（藕花の香　野春の亭を度る）」と変えてしまった。これは完全に骨折りが裏目に出たケースである。柏如亭とは柏木如亭、江戸後期の著名な漢詩人であり、『桜花館日本詩話』第33、57則にその詩三首（第33則の二首は実際には梁川星巌の作である）が収録されている。自家の書に収めたものが見えていなかったのだから、うっかりしていたと言わざるを得ない。

聶景孺の日本漢詩に対する暗黙裡の勝手な改変は、「文化的宗主国」の代弁者を以て自任する優越感から出ているであろう。書中に見られる「頗有唐音、殊不類東人口吻（頗る唐音有り、殊に東人の口吻に類ず）」（第38則）、「浮誇之風、東人特性（浮誇の風は、東人の特性なり）」（第64則）といった批評には、高所から見下す態度が表れており、語気に軽蔑が含まれる。こうした異国の人士による「模倣性」（自序の語）がある作に対しては、誤りがあれば正し、躊躇わずにすべきことを為すべきであり、明言する必要すら無い、というのが、ひょっとしたら『桜花館日本詩話』編纂時に彼の内心に在ったつぶやきかも知れない。

このように、聶景孺は日本漢詩に対して多くの改訂を加えており、その成否得失についてはそれぞれ異なる意見があるところだろう。しかし書中に収録されている作品の多くが本来の状態でないということには、中国の読者は特に注意する必要がある。

以上述べてきたように、聶景孺の『桜花館日本詩話』は編集が気ままで、疏漏が多く、作品の取捨選択にもかなり偏りがあり、学術の観点から見ると高い評価を与えるのは難しい。しかし彼が数多の作品を各種の書物から広く抜き出したことは、中国の読者に日本の明治時代の漢詩壇における盛況ぶりの一側面を提供し、また当時の中国人の日本における読書記録という得難いものを残した。そして中国詩話史上において唯一の日本漢詩に関する専論として、それ自体の存在が自ずから独特の価値を有している。本稿は、まさにこの書物の資料的価値をいま一歩高め、日本の漢文学が中国においてどのように受容されたかという課題に対し、より明晰かつ確実な視点を開く為に、贅言となることを惜しまずにその由来について探ったものである。

注

（1）拙稿「中国文人が見た日本漢詩――田桐『扶桑詩話』について」、『東アジア比較文化研究』第二二号、東アジア比較文化国際会議日本支部、二〇二三年。
（2）張寅彭「『桜花館日本詩話』書後」、『古典文学知識』二〇〇九年第六期、江蘇古籍出版社。
（3）余嘉錫「清故候選訓導廩貢生桃源聶君墓誌銘」、『国学叢編』第一巻第三期、北平中国大学、一九三一年。
（4）白采『絶俗楼我輩語』巻三、開明書店、一九二八年、一〇四頁。
（5）入谷仙介『頼山陽　梁川星巌』（江戸漢詩人選集）、岩波書店、一九九〇年、三四九頁。
（6）筆者が調べてみた原作の版本は、聶景孺が日本を訪れた時間と近く、彼が読んだ可能性が比較的高いと思われる『星巌詩集』上下二巻（湯川書店、一九一一年）である。
（7）愛甲弘志「関於月性」（『国際東方詩話学会二〇二三年学術大会論文集』上巻、華南師範大学、二〇二三年、一二四―一二九頁）参照。
（8）池田四郎次郎編『日本詩話叢書』第三巻、文会堂書店、一九二一年、二〇四頁。
（9）頼山陽「書古詩韻範後」、児玉慎輯録『山陽先生書後』巻下、『頼山陽文集』所収、頼山陽先生遺跡顕彰会、一九三一年、一二二頁。

末松謙澄と明治期の詩歌改良運動

——英詩漢訳及び「歌楽論」『国歌新論』を通して——

胡　加　貝

一　はじめに

明治期における詩歌の改良運動について、常に議論されるのは、矢田部良吉・外山正一・井上哲次郎等が発起した新体詩運動である。『新体詩抄』の発刊によって、「文言一致」を唱え、明治期の人文に甚大な影響を与えたと言われている。新体詩とは、すなわち漢詩の古詩・近体詩に対する詩型である。実際には、明治期において末松謙澄（青萍）、大江孝之（敬香）、志賀重昂（矧川）等が漢詩の改良も試みたのである。木下彪が「国分青厓と明治大正昭和の漢詩界」においてその漢詩改良運動について言及している。

その漢詩改良の構想は、明治文学史、或いは明治漢文学史において無視できない事象である。合山林太郎氏は『幕末・明治期における日本漢詩文の研究』の「第四章　漢詩改良論―詩歌の近代化と漢詩―」において、末松謙澄の英詩漢訳と漢詩改良運動との関係性について指摘している。また、末松の西洋詩漢訳については、秋山勇造が「末松謙澄―生涯と業績―」の中で、末松謙澄の重要な業績として取り上げて紹介している。また、衣笠梅二郎の研究は西洋詩の受容という視点から考察した[1]。原詩の創作背景に遡り、西洋詩の翻訳の優劣について細緻に論じている。以上の先行研究では、末松の英詩漢訳と漢詩改良との関連性に言及しているが、詳細な議論は行われておらず、検討する余地があると思われる。

より古い時代の研究でも、末松の「歌楽論」『国歌新論』などの詩歌改良に関する著作について言及しているものがある。窪田空穂等著『近代短歌史』（一九五八年二月、春秋社発行）の中では、「歌楽論」と和歌文学について論じている。また、柳田泉の『明治文学研究　第六巻』（一九六五年七月、春秋社発行、以降『明治文学』と略称する）では、「歌楽論」の概要について説明している。しかしながら、それらの論著は主に和歌の改良に関するものであるため、漢詩に関する議論は殆ど注目されていない。

したがって、本稿では以上の先行研究を踏まえ、末松の詩歌改良に関する具体的な論述を取り上げて、特にこれまで十分に注目されていない英詩漢訳と漢詩改良との関連性、及び「歌楽論」『国歌新論』に見られる漢詩に関する論述について考察する。

二　末松謙澄の英詩漢訳

明治十二年[2]に末松はグレイ（Thomas Gray, 1716~1771）の「塋上感懐」（Elegy Written in a Country Churchyard）を漢訳したが、序文によって「塋上感懐」は箕作佳吉の希望に応じて翻訳したことが分かる。この漢訳は明治十九年に漢訳された『青萍詩存』の附録に収録されており、中村敬宇の漢文で書かれた批評が附いている。次のように言っている。

中村敬宇曰く：余は嘗て希罼《グレイ》の原詩を読み、頗る之を記して懐に在り。因りて対比して細読し、深く感ず、其の訳の其の意を失はず、而して又精巧《せいこう》を極むるを。余も亦た嘗て西詩を訳し、故に能く其の苦心を悉《つ》くす。世の知らざる者、或いは容易に其の疵瑕《しか》を摘まん。嗟乎、疵《きず》ある処は実に作者の苦心嘔血《くしんおうけつ》する所なり、と。[3]

中村は明治において西洋詩漢訳の先達だと言われている。明治三年に「打鉄匠歌（ロソグフェルロー詩の訳）」を訳し、後に「僻村牧師歌（英人ゴールドスミス詩の訳）」も訳した。中村の訳業は確かに先駆的であるが、中村の英語力が不充分であり、その訳も原文にとらわれずかなり自由な翻訳であるとも言われている。具体的に「打鉄匠歌」を例にすれば、原詩は各六行八節から成るが、訳詩は第三節と第八節が各六行、第六節が二行となっており、ほかの節は各四行で訳されている。[4] ただし、漢訳は全て五言或いは七言の近体詩の形にしている。翻訳であるにもかかわらず、漢詩の形態を維持しようとする工夫が見て取れる。このような伝統的な漢詩形を残した西洋詩の漢訳は、単なる漢文による通訳よりずっと難しい仕事である。しかしながら、旧幕遺老の漢学者である中村にとって、西洋詩の漢詩的な訳は、当時盛んに行われていた西洋文章の漢訳と同じく、自分が熟練している漢詩文素養を活用しているに過ぎないとも思われる。中村の訳業には、漢詩創作に対する改良の思考が反映されていない。

「グレー氏墳上感懐の詩」と題した矢田部良吉の翻訳が明治十五年八月発行の『新体詩鈔』に掲載されている。では、末松の漢訳は一体どのようなものであろうか。

全文は相当長いものであるため、翻訳と原文との対照表を附録に付ける。ここでは、「塋上感懐」[5]の代表的な二節を取り上げ、訓読を施して説明する。次のようにある。

The boast of heraldry, the pomp of pow'r,
And all that beauty, all that wealth e'er gave,
Awaits alike th' inevitable hour.

The paths of glory lead but to the grave.

雖有抜山力　抜山《ばつざん》の力有りと雖も
雖有傾国色　傾国《けいこく》の色有りと雖も
雖有千騎従　千騎《せんき》の従有りと雖も
雖有方丈食　方丈《ほうじょう》の食有りと雖も
美人甚易衰　美人　甚だ衰へ易し
豪奢不多時　豪奢　多時ならず
均触無常風　均《ひと》しく無常の風に触れ
化向北邙飛　化《か》して北邙《ほくぼう》に向かひて飛ぶ

「*pomp of power*」を「抜山力」と、「*boast of heraldry*」を「千騎従」と、「*beauty*」を「傾国色」と、「*wealth*」を「方丈食」と、「*inevitable hour*」を「無常風」と、「*grave*」を「北邙」と翻訳し、漢詩文の典故を活かす場合もある。このような翻訳は、意訳とも言えるが、二次創作とも言える。原詩は、第一行と第三行、第二行と第四行、ababの形で韻を踏んでいる。翻訳では、通常通りに漢詩の法則を以て、偶数句が韻を踏むことになっている。そのために、翻訳語順も調整されている。翻訳として「塋上感懐」を全体から見れば、中村敬宇の「打鉄匠歌」のやり方に類似している。「塋上感懐」の原詩は各節四行であるが、翻訳ではいくつの節が四行から二行に短縮され、或は四行から八行に延長する場合もあるが、多くは原詩と一致する四行の翻訳となっている。中村の漢訳と同じく、できるだけ漢訳は近体詩の形を保持しており、漢詩的な翻訳を採用している。

末松は明治十二年十月[6]にバイロン（Lord Byron, 1788~1824）の「髑髏杯歌」（Lines Inscribed upon a Cup Formed from a Skull）を漢訳している。衣笠梅二郎氏は、「「塋上感懐」にしても、「雲雀詩」にしても、漢詩の特長を巧に捉えて、原詩の形式に忠実に従って詩節を揃え、その訳語の語数を整えて訳出されている。この「髑髏杯歌」においては、他の二篇の漢訳とは多少趣きを異にして、むしろ、自由に翻訳を試みているのが看取される。」と指摘している。

「髑髏杯歌」[7]の一節を取り上げて具体的に述べる。次のようにある。

I lived, I loved, I quaffed, like thee:
I died: let earth my bones resign;
Fill up-thou canst not injure me;
The worm hath fouler lips than thine.

①吾嘗生在世　　吾嘗て世に生まれ
②亦嘗愛彼美　　亦た嘗て彼の美を愛《あい》し
③亦嘗能痛飲　　亦た嘗て能く痛飲《つういん》し
④一一与汝似　　一一　汝《なんじ》と似る
⑤今吾既死矣　　今　我既に死せり
⑥不願長与土相倚　　願はず　長《とこしえ》に土と相ひ倚るを
⑦飲兮汝胡不飲兮　　飲め　汝は胡《なん》ぞ飲まざる
⑧汝飲於我無害矣　　汝の飲　我に害無し
⑨汝口却勝毒虫觜　　汝の口 却って毒虫《どくむし》の觜《はし》に勝る

四行の原詩を五行の五言と四行の七言と翻訳しているが、内容上からしては、①②③④と（原詩の）第一行、⑤⑥

と第二行、⑦⑧と第三行、⑨と第四行が対応している。そのように整理すれば、次のようになる。

吾嘗生在世、亦嘗愛彼美、亦嘗能痛飲、一一与汝似
今吾既死矣、不願長与土相倚
飲兮汝胡不飲兮、汝飲於我無害矣
汝口却勝毒虫觜

「似」「倚」「觜」がそれぞれ韻を踏んでいる。翻訳の全体から見れば、第五節はabaaとなっている以外は、全部aabaの形で韻を踏んでいる。しかしながら、全六節の原詩は第一行と第三行、第二行と第四行、ababの形によって韻を踏んでいる。取り上げている一節にしては、「thee」と「me」、「resign」と「thine」がそれぞれ韻を踏んでいる。訳文の全体から見れば、衣笠氏が指摘しているとおり、近体詩（絶句・律詩）のような整った格式を保っていない。しかしながら、韻を踏むことに対する工夫の痕も見られる。

この「塋上感懐」と「髑髏杯歌」の翻訳に見られる異同は、末松の西洋詩漢訳に対する模索の結果だと考えられる。そのように考える理由として、「髑髏杯歌」の次に訳出した「雲雀詩」詩の時の情況を見てみよう。

「訳磊錫雲雀詩」は和田垣謙三の希望に応じて翻訳したものであり、最初『報知新聞』に掲載し、後にまた『東洋学芸雑誌』に転載し、『青萍集』にも収録されている。『報知新聞』には、河田貫堂と南条文雄が批評を寄せている。河田貫堂の跋文は次のようにある。

微物を假りて騒人の懐を写す。奇想 天外より落つること、猶ほ此の鳥音のごとし。青萍兄之を訳して、縦横《じゅうおう》に舗叙《ほじょ》し、一絲《いっし》紊《みだ》れず、敬服々々。然れども余は窃かに曩の格塁詩の訳を以て甲と為す。豈に原詩に因って、彼は則ち悲壮、此は則ち婉曲の異有りて然るや。(8)

河田は、先の「塋上感懐」が「悲壮」であるのに対して、今度の「雲雀詩」が「婉曲」であるのは、原詩の味わいの違いによるものなのかと言いつつ、「塋上感懐」の訳をより高く評価している。河田はまた五・七言の正体と異なる五言・六言・七言を混用した体裁を用いるべきではないと述べている。末松は意識しているかどうか分からないが、中国古典文学においては詩ではなく、塡詞によって「婉曲」を述べることが少なくない。五言・六言・七言を混用した詩形は、塡詞に近いのである。

一方、南条文雄は河田と異なる意見を述べている。次のようにある。

今夕間有り、錫磊の雲雀原詩を把りて訳詩と対読せり。「体裁順序は、則ち略之を悉くす」と、訳者既に自ら道ふ。而して姿態格調も、亦た頗る原詩に仿彿たり。原詩は情致婉曲にして、河田君の評は当れり。但し格塁の原詩は、体裁甚だ此の篇と異なる。是れを以て訳詩も亦た五・七言の正体を用い、新規を用ふるの累無し。今や此の篇、原詩已に変体に属せば、則ち訳詩も亦た変無きを得ず。然れば則ち曩の格塁詩の訳は、果たして甲科に属するや否や、弟甚だ感激す。感誦の餘、睡魔を駈《か》りて数語を題し、要は亦た夢中の囈語《げいご》のみ。(9)

原詩自体、後の時代の「雲雀詩」が前の時代の「塋上感懐」と比べてすでに変体である。そのために、訳者もこれに相応して五言七言の正体・近体より五言・六言・七言が入り混じった変体・古体を用いてもかまわないと南条は述べている。末松自身も序文に「東洋詩家、幸ひに規律の新を咎むる勿れ」と述べており、このような変則的な漢訳詩が漢詩人の批判を引き起こすことを予想していたのである。

以上、原詩の詩節や語数に忠実な翻訳がいいのか、内容の意味をよく伝えるための自由な翻訳がいいのか、形式と内容の両面にわたり末松が一作ごとにさまざまな試行錯誤をしながら訳したことがわかる。原詩の体裁からは自由に、しかし五言・七言の正体で翻訳した「髑髏杯歌」と、原詩の体裁に忠実に五言・六言・七言を混用した「雲雀詩」と、いずれが是か非か、判断することは難しい。原詩を対照し得ない幕末遺老の河田は正体で翻訳した「髑髏杯歌」を採り、英国留学の経験をもつ南条文雄は原詩を対照した上で五言・六言・七言を混用した「雲雀詩」の翻訳の方を支持したのである。

また、この漢訳については、森槐南が次のように述べている。

槐南曰く：此の種の落想《らくそう》、東洋詩家に在りては洵に未だ曾て有らず。顧だ君の用筆の敏にして終に能く曲を成し其の意に達し、我が輩をして鼎中《ていちゅう》の味《あじはひ》を識らしむ。三生の幸有りと謂ふ可く、重ねて謝せざるべからざるなり、と(10)。

槐南は、五言・六言・七言を混用した古体をもって西洋詩を翻訳することは東洋においていまだかつてなかった発想であると述べ、末松の「用筆の敏」が形式と内容の両方において原詩を訳し得ている点を高く評価している。英語に通じない漢詩人槐南にとって、このような漢訳を通して西洋詩の風韻をある程度味わえるようになったことは確かであろう。

では、漢訳「雲雀詩」の一節を取り上げて見てみよう。次のようにある。

Like a glow-worm golden
In a dell of dew,
Scattering unbeholden
Its aerial hue
Among the flowers and grass, which screen it from the view:
或想幽砌金蛍　　或いは想ふ　幽砌金蛍《ゆうせいきんけい》

與露競聘婷　露と聘婷《へいてい》を競ふことを
人不知而不慍　人知らずして慍《うら》みず
一身渾曜霊　一身　渾《すべ》て曜霊《ようれい》
独在深叢放孤熒　独り深叢《しんそう》に孤熒《こえい》を放つ

第三句が『論語』を活かしている以外は、音韻に関する洗練が見られる。全二十一節の英文原詩は、第一行と第三行、第二行と第四行と第五行がそれぞれ韻を踏み、すなわちababbとなっている。(11) 全二十一節の漢訳は、第一行と第三行が韻を踏んでいない場合が少なくないが、第二行と第四行と第五行がいずれも韻を踏み、すなわちabcbbとなっている。

以上、末松は一定の押韻を守る一方で、平仄や五・七言などの律格を諦めるという漢訳の方針を試みた。押韻を重視することも、末松の漢訳が新体詩による国訳と根本的に違う点だと言える。

明治二十二年の『東洋学芸雑誌』九十二号(12)に掲載された英詩の漢訳の一首が見られる。この訳にも末松の翻訳意図が示されているため、取り上げて論じる。

訳英詩　英詩《えいし》を訳す
嗚呼慷慨年少人　嗚呼《ああ》　慷慨《こうがい》の年少人
当事誓莫沮精神　当に誓を事とし精神を沮《はば》む莫かるべし
莫恨人世眼前苦　恨むる莫れ　人世の眼前の苦を
莫厭男児身上勤　厭ふ莫れ　男児の身上の勤を
莫遊風景如画渓谷暁　遊ぶ莫れ　風景の画の如き渓谷《けいこく》の暁に

莫折芳姿如笑花朶春　折る莫れ　芳姿の笑の如き花朶《かだ》の春を
夏天薫風不可愛　夏天の薫風は愛《あい》す可からず
身外遊娯不可聞　身外の遊娯は聞く可からず
固守心志求困苦　心志を固守して困苦を求め
奮進当之莫逡巡　奮進　之に当りて逡巡《しゅんじゅん》する莫れ
君不見　君見ずや
智環在高現瑞光　智環《ちかん》　高に在りて　瑞光《ずいこう》を現《あらは》し
困苦推汝到其傍　困苦　汝《なんじ》を推して其の傍らに到らしむ

【自註】青萍曰、維為予嘗訳英詩者、詞藻雖不足而規箴《きしん》之意則足以伝矣。
（青萍曰く：維れ予嘗て英詩を訳する者と為す、詞藻足らずと雖も規箴の意は則ち以て伝ふるに足るなり、と）

内容上から見て、少年に娯楽に耽らないよう戒める詩であり、漢学の世界においては古くからこれを「勧学詩」と呼んでいる。翻訳の角度から見れば、詩句の語数を揃えておらず、原詩名も明示されていないのは、末松の自註にある通り、この翻訳の目的が規箴の意を伝えることにあるためである。形式より内容を優先したが、できる限り漢詩の風貌を維持しようとした工夫も見られる。このような実践から、末松の西洋詩漢訳が形式と内容の両方に配慮した高度な試みであったことが分かる。

柳田泉氏は『明治文学』に「明治における詩歌改良、詩歌革新の動きは、詩教（詩歌理想）回復の形で始まるが、その始まるのは、まず漢詩方面で、新体の漢詩（長詩、自由詩めく創作）、漢詩形の西洋詩翻訳などがその先駆となる。」と述べている。以上第一節で論じた英訳漢詩に関する内容は、その説に一致する。では、それらの先行実践によって末松はどのような詩歌改良を唱えていたであろうか。次の節でそれについて述べる。

三　漢詩「古体活用論」と和歌の改良理論

明治十四年六月の「支那古文学史」講演で、「屈原・宋玉」に言及する箇所において次のように述べている。

抑々詩経ノ詩体ハ簡古ニ過ギ、楚詞ノ賦体ハ方言多シ。共ニ今日ニ摸擬スベキニアラズト雖𪜈、詩ノ妙境ハ古体ヲ活用スルニアラザレバ達ス可ラズ。蓋シ支那ノ詩体ハ律絶体ノ世ニ行ハル、ニ至テ遂ニ其ノ真調ヲ失ヒタリ。律絶体ハ唐ニ始マル。而レ𪜈唐代ノ大詩家李白・杜子美ノ如キハ、大ニ後世ノ雷同家ト殊ナリ。李白ノ詩ハ奔放自在ヲ首トスレバ固ヨリノヿニテ、杜子美ハ稍小規矩ニ拘泥スト雖𪜈、其律体ハ必ズシモ一字一字ノ厳対ヲ力メズ。律詩ノ拘束絶句ノ小局ヲ以テ人心ヲ感動スベキ新着意妙句調ヲ得ントスルハ万得べカラザルナリ。況ンヤ清初以来ノ繊巧ヲ力メ真情ヲ後ニスルニ於テオヤ。試ニ後世ノ詩豪蘇東坡、一段下ツテ高青邱ノ如キヲ見ルモ、人ヲシテ真ニ一称三歎セシムル者ハ律絶体ニアラズシテ古体ニ在リ。石鼓歌・烟江畳嶂・金陵眺望ノ如キ是レナリ。和歌ノ沿革亦甚ダ支那詩ノ沿革ト相似タリ。万葉時代長歌多シ。故ニ名歌モ少カラズ、古今集時代ニ至テ已ニ三十一文字ノ繊巧ヲ首トス。其後ハ則チ遂ニ千首雷同ノ弊ヲ来タシ、見ルニ足ルモノナシ。其弊今日ニ至テ殆ド極マル。慨歎ニ堪ザルナリ。此ノ論ハ頗ル東洋詞藝ノ盛衰ニ関係アレハ適々周代ノ詩ヲ論スルニ因テ此ニ及ブ(13)。

この一段落では主に長篇の古詩の重要性について論じている。詩経は古い時代の詩であるが、基本的に短篇のものが多い。楚辞は長篇の作品が多いが、常に方言が入り混じっているので難解な用語が多い。そのため、両方とも手本とすべき対象にならないと末松は指摘している。

また、手本とすべき対象としては蘇東坡や高青邱などの長篇古詩を挙げている。名作の「石鼓歌」のほかに、「烟江畳嶂」とは蘇東坡の「書王定国所蔵烟江畳嶂図」、「金陵眺望」とは高青邱の「登金陵雨花台望大江」だと考えられる。

末松のこの論説について、中村宏は「古体活用論」と称し、これがヨーロッパ文明に刺戟されて興った「文学改良」の気運の先駆的なものとも言えること、英詩漢訳はこの理論による文学上の試みであることに言及しているが、また同文に「同じく留学に著した「歌楽論」（詩歌改革論、筆者（中村宏）未見）と揆を一にするものであろう。」と指摘している。[14]では、「古体活用論」と「歌楽論」はどのように揆を一にしているのであろうか。

「歌楽論」は末松謙澄が海外遊学中に、『日々新聞』に投稿した文章であり、九回に分けて連載された。内容上は五節に分かれており、また別に「韻脚ノコト」と題した一節もある。掲載の日付はそれぞれ次のようにある。

● 第一節：明治十七年九月十日
● 第二節：同年九月十一日
● 第三節：同年十月一日
● 「韻脚ノコト」：明治十八年一月九日・一月十日
● 第四節：同年一月二十一日
● 第五節：同年一月二十三日・一月二十八日・二月三日

「古体活用論」では「和歌ノ沿革亦甚ダ支那詩ノ沿革ト相似タリ」と指摘したが、「歌楽論」ではさらに和歌と中国古典詩の沿革と関係性について、次のように述べている。

平安定鼎ノ後ニ到テハ士君子ノ心ハ大概支那学ニノミ奪ハレタルガ如シ。試ニ延喜前後ノ盛世ヲ見テモ此時代ハ我王代ニ於テハ諸事最モ進歩セシ時節ナレドモ、其進歩シタル者ハ概ネ支那浮華ノ空文ヲ摸擬シタル者ニシテ、詩賦ノ技術モ徒ラニ支那風ニ心酔シ、我固有ノ詞章ノ如キハ、此頃ヨリシテ著シク衰退シタルハ、此時代ニ属スル古今集等ヲ以テ万葉集ニ比較シテ知ルベシ。既ニ古今集ノ序ニ論列セル比賦興等ノ区別モ貫之等ガ漫ニ毛詩註解者ノ言語ヲ口真似セシモノニ過ズ。幾モナク物語本類ノ婦人ノ手ニ成ル在テ纔ニ我古文ヲ存セシモ首トシテ男子ハ大概支那学ニ籠絡セラレシニ因ル歟ト思ハル。其後武人跳梁ノ時代ハ姑ラク措キ降テ元和偃武ニ至テ文化再ビ日漸ノ勢ヲ為シタリト雖ドモ、是レトテモ其ノ作ル所ノ詩賦ハ唐人ノ口真似ヲナスニ過ギズ。彼ノ日本詩選ナドヲ誦読スレバ人真似ノ卑屈モ能々斯ル境域ニ達セラル、モノ歟ト慨歎セシムルニ足ル(15)。

平安時代において遣唐使の事業が盛んになり、中華崇拝も最高潮に達し、日本の知識人たちは中国学に耽っていた。延喜の治までの時期は、日本は各々の方面において大いに発展した時代である。その中で最も進歩したのは詩賦を主とする文学である。「古体活用論」の中で、『万葉集』に長篇が多く、『古今集』になると短篇が多くなり、これは詩歌の衰退であると指摘している。右の記述では、さらに『古今集』に短篇が多くなった原因は、中国学の影響だと末松は述べている。なぜならば、『古今集』の序文に言及した「比・賦・興」は毛詩を模倣しているとも指摘している。また、鎌倉時代以降の日本は、軍人による統治が主流となり、再び文化が振興するのが元和偃武（すなわち江戸時代以降のことであったが、江戸時代に於ける知識人たちは盲目的に「唐人ノ口真似ヲナス」に過ぎなかったと厳しく批判している。「唐人ノ口真似ヲナス」とは、すなわち「古体活用論」に言われた「律絶体ハ唐テ始マル而レ氏唐代ノ大詩家李白・杜子美ノ如キハ、大ニ後世ノ雷同家ト殊ナリ」と同趣旨であり、短篇の律絶体に耽り長篇の古体詩を軽視したことを指している。

以上、「歌楽論」が「古体活用論」の延長線上にあるものであることは明瞭である。ただし「歌楽論」では論説の中心を中国の長篇古体詩から日本の長歌に移している。

末松の詩歌改良理論にはまた『国歌新論』という著作がある。その緒言に従えば、（其一）から（其二十二）までは、同年『読売新聞』に連載したものであり、京都哲学書院主人（井上円了）の要求に応じて、若干の訂正を加えて出版した。出版の際にまた「詩歌問答十則」「答松永松齢君」「再答松永松齢氏」という三篇の文章も付け加えた。また、この論説は与謝野寛の質問に答えるために執筆した文章であるため、与謝野寛の文章「末松青萍博士に質す」（最初明治三十年一月六日の『読売新聞』掲載）も附している。(16)

『読売新聞』掲載時のテーマは、「和歌を論じ兼ねて与謝野君に答ふ」であり、(17)末松はその前年明治三十年一月五日の『太陽』に「文学美術上の意見」を掲載し、与謝野はそのうち和歌に関する議論に対して「末松青萍博士に質す」を起草して疑問を呈したのである。

本稿では『国歌新論』を底本とするが、併せて各節に対応する新聞掲載日を整理して列挙する。次のようになる。（いずれも明治三十年なので、年は表示しない）

- （其一）一月九日
- （其二）一月十日
- （其三）一月十一日
- （其四）一月十四日
- （其五）一月十五日
- （其六）一月十七日
- （其七）一月十八日
- （其十二）一月二十八日
- （其十三）一月二十九日
- （其十四）一月三十一日
- （其十五）二月三日
- （其十六）二月四日
- （其十七）二月七日
- （其十八）二月八日

・（其八）一月二十一日　　・（其十九）二月十六日
・（其九）一月二十二日　　・（其二十）二月十一日
・（其十）一月二十三日　　・（其二十一）二月十三日
・（其十一）一月二十六日　・（其二十二）二月十四日

『国歌新論』は「歌楽論」と同じく、和歌の改良を主眼とする論説であるが、「古体活用論」に関連する記述も見られる。次のようにある。

而も若し茲に長篇大作にして句々皆一の短歌同様の深遠の思想を言ひ出し得る大手腕を有する作家起りたらば、如何。若し又句々皆然らずとも短歌にて言出し得ざる雄大の思想を長篇大作を以て一の緩語なく懈気なく詠出せば、如何、如何。之を支那詩に考ふるに律絶中に名作なきに非らず。之に比すれば平々凡々の長篇は固より読むに堪へず。然れども李青蓮・蘇東坡などの長篇大作は如何。其雄渾活達の大思想は迚も律絶の小規模の企て及ぶ所に非らず。和歌も亦如此のみ。況んや三十一字の短歌は支那歌の一句乃至二句位に相当するに過ぎざるものなるに非らずや。意ふに短歌は短し。[18]

「古体活用論」の中には「律詩ノ拘束、絶句ノ小局ヲ以テ人心ヲ感動スベキ新着意妙句調ヲ得ントスルハ万得ベカラザルナリ。」と述べているが、また、『万葉集』の長歌が『古今集』の短歌より優れるとも指摘している。右の一節では、李白や蘇軾などの詩人には律絶体の名作もあるが、雄大な思想を表わすのはやはり長篇の詩作であると述べている。和歌も同じく、深遠の思想を伝えることができるのは三十一字の短歌でなく、長歌であるとも指摘している。和漢を問わず、長篇詩歌の創作を主張したことは、「古体活用論」と同趣旨である。

一方、「古体活用論」と「歌楽論」の上で、中国古典詩と和歌との沿革については、『国歌新論』に次のように述べている。

然るに後世の和歌者流の大多数は古今時代を見ること、猶唐朝の支那詩に於ける如きの観ありと雖も、識者を以て之を見れば、是れ殆んど同口の論に非らず。蓋し支那詩は唐朝前のものと唐朝以後のものと、其体裁結構劃然たる経界ありて、互に相同じからざるは、我万葉時代と古今時代以後と互に相異なるの点に於いて略相似たりと雖も、支那詩に在りては唐朝前のものにも頗る秀気多きに拘はらず、唐朝以後に於て新規の発明尠らず。随て唐朝に至り頗る進歩したりと見るべきこと少からざるも、和歌に在りては、毫も進歩として見るべきもの無きのみならず。其実万葉時代に比すれば顕然たる退歩の状あるを以てなり(19)。

「古体活用論」の中で、和歌の変遷は中国古典詩に似ると指摘している。すなわち、長歌が主流となる『万葉集』から短歌が主流となる『古今集』まで変化することは、中国古典詩において唐以前は長篇古詩が主流となり、唐以降は近体詩が主流となることに似るという点である。「歌楽論」では、このような類似点はただの偶然ではなく、和歌の創作は漢詩から影響を受けて長歌から短歌に傾くようになったという関連性をさらに指摘している。

右の記述によって示されているように、『国歌新論』に至って、和歌と中国古典詩の沿革に関連性があるという指摘のほかに、その相違点も指摘した。すなわち、『万葉集』の長歌から『古今集』の短歌へと完全に退化したのであり、それと比べれば中国古典詩は唐代に至って比較的進歩したと評価し、中国古典詩の沿革について以前の議論を少し訂正している。進歩した理由としては、「唐朝以後に於て新規の発明尠らず」と述べている。右の一節には明言していないが、末松の中国古典詩に関する議論の全体から推測すれば、「新規の発明」というのは、「古体活用論」に言及されている蘇東坡や高青邱などの古体詩だと考えられる。

四　まとめ

イギリス滞在時期において英詩の漢訳を試みた末松は、当時の知識人の間において英詩に比較的深く接触した。一方、英詩の漢訳をめぐって当時漢学を堪能する河田貫堂や南条文雄など知識人たちとの議論があった。さらに漢詩の体裁に関する思考が啓発されて、「支那古文学史」の講演で古体詩を鼓吹する「古体活用論」に言及した。後年、漢詩改良運動に深く参与することはなかったにもかかわらず、古体詩は西洋詩の形式に近く、かつ緩やかな律格によって創作に比較的自由がある点を主張することが改良論の基調となっているのであった。また、末松の詩歌改良の全体から見れば、漢詩改良運動より日本詩歌の改良に力を入れたと言うべきであるが、和歌に関する議論であっても、漢詩に関わる学識をしばしば援用している。一般的には漢詩改良運動と比べて和歌改良運動は明治期の文化改良運動に影響が大きかったが、末松にとっては漢詩改良に関する思考が和歌改良のベースになっていたと言うべきである。

また、詩歌改良に関する議論においては、末松は「漢詩」という用語を使わず、終始「支那詩」と称している。彼は早い時期に中国古典詩を外国文学として認識しているのである。このような考えも日本漢学史、及び日本における中国文学研究において先駆的な意義があると思われる。それによって転換期において、漢学が西洋文化を紹介する媒介物として、また日本文化の改良に対する比較対照として利用されている実態の一斑をうかがうことができる。

注

（1）衣笠梅二郎には、「本邦に於けるシェリの詩の漢訳」（『人文学』一五号、一六～三一頁、一九五四年二月十五日、同志社大学人文学会）、「明治初年バイロン詩の漢訳――末松謙澄訳「髑髏杯歌」――」、「トマス・グレイ「墓畔の哀歌」漢訳をめぐって」（『光華女子大学・光華女子短期大学研究紀要』（通号九）、一九七一年十二月、五七～六九頁）という三篇の論文がある。

（2）「埜上感懐」は末松の詩文全集『青萍集』の「巳卯」（すなわち明治十二年）部分に収録されている。

（3）漢文原文「中村敬宇曰、余嘗讀希壘原詩、頗記之在懐。因對比細讀、深感其譯之不失其意、而又極精巧也。余亦嘗譯西詩、故能悉其苦心。世之不知者或容易摘其疵瑕耶。嗟乎疵處實作者之所苦心嘔血也。」

（4）『海外体験詩集』の「中村敬宇」条目参照。

（5）原文は『グレイ詩選』（山宮允編著、開隆堂書店、一九三九年九月）参照。漢訳は『青萍詩存』附録の二十一葉裏参照。

（6）「髑髏杯歌」は『青萍集』の「庚辰」（明治十三年）部分に収録されているが、『郵便報知新聞』（明治十二年十二月十一日）に掲載されている「髑髏杯歌」にしたがって、同年十月に訳を完成したのである。

（7）原文は『The poetical works of Lord Byron（Lovell's library : no. 547）』二二九頁、漢訳は『青萍雑詩』五頁参照。

（8）「假微物寫騷人之懐。奇想落自天外、猶此鳥音。青萍兄譯之、縦横舗敘、一絲不紊、敬服々々。然余窃以曩之格壘詩之譯爲甲。豈因原詩有彼則悲壮此則婉曲之異而然耶。」

（9）「今夕有間、把錫磊雲雀原詩與譯詩對讀。体裁順序、則略悉之。譯者既自道。而姿態格調、亦頗仿佛于原詩。々々情致婉曲、河田君之評當矣。但格壘原詩、体裁甚與此篇異。是以譯詩亦用五七言正体、無用新規之累。今也此篇、原詩已屬變体、則譯詩亦不得無變。然則曩之格壘詩之譯、果属甲科乎否、弟甚感激焉。感誦之餘、駈睡魔題數語、要亦夢中囈語耳。」

（10）森槐南の批評は『青萍雑詩』一四頁参照。「槐南曰、此種落想、在東洋詩家洵未曾有。顧君用筆之敏終能成曲達其意、令我輩識鼎中味。可謂三生有幸、不可不重謝也。」

（11）衣笠梅二郎「本邦に於けるシェリの詩の漢訳」（同前掲）参照。

（12）『東洋学芸雑誌』九二号の二五〇頁（国会図書館所蔵）参照。

（13）『支那古文学略史』下、十七葉裏～十八葉裏参照。

（14）中村宏「末松謙澄の『支那古文学略史』について」（『東洋文化』二五三・二五四号、一九六九年九月、九八～一〇四頁、無窮会編）参照。

(15) 明治十八年一月二十三日の『東京日々新聞』参照。「歌楽論」の引用文は、基本的に『毎日新聞』（前身は『日々新聞』）のデータベース「毎索」によってデジタル化された新聞紙の画像を参照しているが、デジタル化によって文字が見にくくなった場合もある。そのために、『明治大正短歌資料大成』（小泉苳三編、立命館出版部、一九四〇年。国会図書館所蔵）第一巻に収録されている「歌楽論」も参考にしている。

(16) すなわち、与謝野鉄幹（一八七三～一九三五）、本名は寛、明治期の和歌・詩人である。

(17) 『明治大正短歌資料大成』（前掲）参照。

(18) 『国歌新論』一一八頁参照。

(19) 『国歌新論』四二～四三頁参照。

須永元と亡命朝鮮人の漢詩文交流

茂木克美

はじめに

栃木県佐野市が所有する「須永文庫」は、近代日韓関係の良好な資料があることで知られている。それは、この資料を遺した須永元（一八六八～一九四二）が、韓国朝鮮の人々と交流し、様々な書画・書籍等を入手したからである。元が成長した明治前半期の日本では漢学の学習が隆盛し、日本・中国・朝鮮の三国は文化面では近い存在になった。さらに、朝鮮国内の政治的な混乱によって、日本に朝鮮人が亡命すると、漢学を基本的な教養とした漢詩文の直接的なやり取りも新たに生まれた。

ここでは、元が生きた時代とその生き方から、時代の転換期において日本人と朝鮮人にとって漢詩文がどのような役割を果たしたのか検討してみたい。

須永元と漢学

須永元は、一八六八（慶応四）年に現在の栃木県佐野市で生まれた。須永家は代々水車業を営む裕福な家で、教育熱心な両親のもと、元は幼いころから一流の漢学者に漢学の指導を受けていた。経緯不明だが一八八三（明治一六）年には三島中洲が元に対して、名は壮、字は大輿、号は韓斎と命名している。(1) また、元は早熟な青年だった。翌年の「須永元日記」（以下、「日記」と呼ぶ。）を見ると頻繁に骨董品の売買をしていた。

三島中洲作「題須永氏所蔵楠公訣子図（須永氏蔵する所の楠公の子に訣るる図に題す）」という漢詩がある。(2) これは一八八五（明治一八）年に須永家を訪問して詠んだと考えられるものだが、この時、中洲は元を直接指導した可能性がある。さらに、同年元彦根藩士で漢詩人の岡本黄石が佐野に半月滞在、この頃から元は黄石の指導も受けるようになった。(3)

もっとも、元が二人から学んだのは、漢学だけではなかった。後年、元は、黄石は清廉な人格者であるだけでなく、「憂国の念老て休まず、毎《つね》に余を招て時事を談」していたと述べ、政治的な刺激も受けていた。(4) もちろん、中洲からも多くの事を学び、様々なアドバイスも受けていた。

一八八六（明治一九）年八月に中洲が佐野を訪問した。「印須《ごうす》日録」によると元の他に、清水千勝、湧井彦太郎、山岸民瞻《みんせん》、津久居平吉の各門人が歓迎した。(5) いずれも佐野の有力者の子弟で、将来は地域の指導者になるよう期待され、教養である漢学を学んでいたようだ。学校制度を定める学校令は同年公布されたばかりである。法律が整備されても高等教育機関は未整備で、地方で学べるものは少なかった。

この年、元の弟安三郎が十二歳で上京し、六月には旧制高等学校の進学予備校として知られる東京英語学校に入学した。[6] さらに一一月になると漢学を学ぶために二松学舎にも入学した。[7] 向上心が旺盛な元には、これには我慢ができなかったようだ。西洋の学問を学ぶとためとして、父を説得した元は翌年一月に上京し、三月に二松学舎に入学した。[8]
明治二一年「日記」によると、元は清国留学を真剣に考えていた。留学先は上海である。このとき相談した一人が、後述する亡命朝鮮人の金玉均で、当時、小笠原に配流されていた。金玉均から須永に宛てた書簡の一部を紹介する。[9]

将有大挙動、大運用、即亦在乎清国而已、在貴下、必将指期而目睹其事、則急先学其国之語、以属要務。

将に大挙動、大運用有らんとするは、即ち亦た清国に在るのみ。貴下に在っては、必ず将に期を指して其の事を目睹せんとすれば、則ち急ぎて先ず其の国の語を学び、以て要務に属せよ。

金玉均は、清国にこれから大挙動や大運用があるから、その言葉を学んだ方が良いと勧めた。漢学を学んでいた元にとって、不足しているのは会話力である。留学の口実にもなるアドバイスだったが、家族が猛反対して断念した。
次に留学を希望したのは米国だった。こちらは反対を押し切り、まず、英語を学ぶために翌年四月慶応義塾別科に入学した。しかし、英語は好きになれなかったらしい。慶応義塾勤惰表という成績表によると入学時は十四人中四位だったが、二年後には五十三人中四十八位になり落第している。[10] 一八九三（明治二六）年四月には卒業できたが、米国留学の夢は実現できなかった。
同年秋、佐野へ帰ることになり星岡茶寮で大きな送別会が開かれ、岡本黄石一家や中洲をはじめとする多くの漢詩人が集まった。[11] 当時の二松学舎には進級があっても、卒業はなく、帰郷後も学校との関係は継続した。一九一九（大正八）年に中洲が亡くなるが、同年「二松学友会誌」の学友名簿に元の名前がある。[12]

金玉均との交流

時間は少し遡る。一八八四（明治一七）年一二月、朝鮮ではクーデターが発生した。前述の金玉均や朴泳孝を中心とする急進開化派が、日本軍の協力を得て、清国からの独立を目指して蜂起したのである。しかし、まもなく清国の袁世凱が大軍を率いて介入し、甲申政変と呼ばれる企ては失敗し、金玉均らは日本へ亡命した。

日本では、日本軍や開化派を攻撃した清軍への強硬論が各地で盛り上がったが、清国より軍事的に劣勢なため、日本政府は外交交渉を通じて解決を図った。

国際環境の変化により、日本軍に協力した金玉均らは、日本政府にとって厄介者になった。一方、民間レベルでは、独立を求め清国と戦った志士として尊敬され、金玉均らは日本各地を転々としながら亡命生活を送ることになった。[13]

新聞には、金玉均らの動向が詳細に報道され、政治問題に関心が高い元は、そこで金玉均の名前を知ったらしい。

翌年末頃、元は金玉均に微物（金品）を送ったところ、思いかけず扁額を贈られた。その出会いを「輹斎詩稿」前文では、次のように説明している。[14]

朝鮮名士金玉均君、覇在我邦。聞其眼疾、贈以微物、君以道契則霄壌共処之七字扁額見酬。

朝鮮名士金玉均君、覇《は》して我邦に在り。其の眼疾《がんしつ》を聞きて、贈るに微物を以てす、君、「道契則霄壌共処」の七字扁額を以て酬《むく》いらる。

金玉均が眼疾を患ったのを聞いて金品を贈ったところ、思いがけず「道契則霄壌共処（道契なれば天地も共にあり）」という文字が書かれた扁額を贈られたという。亡命朝鮮人との交際はこうしてはじまり、朴泳孝など関係者にも交際は広がった。

金玉均や朴泳孝は、朝鮮一流の文化人で、何度も来日しているので日本語が堪能だった。元が中洲や黄石から漢学を学んでいることを知ると、漢詩文のやり取りが彼等との絆を深めた。後年、朴泳孝が「殷師歌麦秀　宋臣賦正気」という詩を示したので、元は「存亡自是天　名節千古貴」と二句を付けたと述べている。[15] 彼らの間には中国の古典に関する知識が共有されていた。

一八八六年七月、前月だされた国外退去命令に従わない金玉均は、日本政府の命により拘束され、翌月小笠原へ配流された。当時の小笠原は南海の孤島である。定期船は二ヵ月に一度しかなく、亡命朝鮮人を代表して金玉均の従者柳赫魯が面会に行くことになった。

同年一二月一〇日「時事新報」では、一一月に小笠原へ行った柳赫魯から聞いた話が報道された。金玉均は、毎日在島の日本人と交わり、地面に果樹を手植えするなどの自由があること、書を善くするので揮毫の依頼が多いがリウマチの持病があるので、総ての依頼に応じることができないということだった。[16]

これに対して民間では、支援の声があがった。横浜の「ガゼット新聞社」では、小笠原に配流されたのは気の毒であり、何か事変を引き起こすと日本の面目がなくなるので、小笠原から救い出して米国へ亡命させるキャンペーンをはじめた。具体的には名筆家で知られる金玉均の書を購入してもらい、渡航費を得ようとしたのである。このキャンペーンに、「朝野新聞」をはじめとする各社が応じた。「朝野新聞」では一八八七（明治二〇）年一月九日に、「金玉均氏揮毫の広告」という広告記事を「朝鮮亡命者　柳赫魯・申応熙・鄭蘭教」の連名で掲載し[17]、一月末までの募集を開始、一月二一日には二月末まで募集期限を延長した[18]。この広告記事は「朝野新聞」に同調する「時事新報」や「下野新聞」等にも転載された[19]。

しかし、一月二三日「朝野新聞」には、「金玉均氏の偽書」という記事で、新聞社の社員と称して偽物を販売する者が現れたことが報道された[20]。これだけが原因ではなかったと思われるが賛同者は少なく、購入申込みが予定に達しなかったらしい。締め切り後の三月一五日「時事新報」には、「金玉均氏義捐金取次」という広告記事が掲載された[21]。各新聞では、これ以降、広告記事の掲載が確認できない。

各新聞社の動きが停滞すると元の活動が鮮明になる。元は東京で学びたいと父を説得する一方で、柳赫魯を通じて金玉均の書を入手し、販売して得た義援金を小笠原の金玉均へ送る活動をしていた。「須永文庫」には、金玉均の書を販売したときに、見本としたと考えられる「古筠先生詩書巻」という五首の漢詩等が書かれた巻物がある[22]。金玉均が様々な書体で文字を書き、年代の記入がないが「小笠原島夏日、為試病腕寄贈知我者（小笠原島の夏日、病腕を試みて我れを知る者に寄贈するを為す）」と書かれている。金玉均が小笠原で夏を過ごしたのは配流直後の一八八六（明治一九）年と翌年だけである。翌年一月に新聞社による義援金募集活動がはじまったので、その後に元が活動をはじめたと考えれば一八八七（明治二〇）年の可能性が高い。

「古筠先生詩書巻」の最後は、次の漢詩である。

五月山深杜宇寒　　五月山深くして、杜宇《とう》（ほととぎす）寒く

松門無事書常関　　松門事無くして、書して常に関《と》ざす
主人早向城東去　　主人、早《つと》に城東に向ひて去り
只見庭花半日間　　只、庭花を見る、半日間

須永我友、要我書近日作、我本無詩不能率応其命。及苦索数日、始得旧筐存草者、塗鴉如此。

須永我が友、我に近日の作を書せんことを要む。我れ本と詩無く率かに其の命に応ずること能はず。苦索すること数日に及びて、始めて旧筐（箱）に草を存する者を得て、鴉《からす》を塗ること此くの如し。

ただ、庭の花を見て半日、小笠原で寂しく暮らしていると詠っている。最後には須永我友と書かれ、義援金募集の活動を行う元に対して感謝していた。

元は金玉均宛の書簡と義援金を柳赫魯に託し、文通を続けた。「須永文庫」には金玉均から元宛ての書簡が十六通あるが、元が二松学舎へ入学する前月、一八八七（明治二〇）年二月が最初のものである。[23] 書簡の内容は義援金に対する金玉均のお礼が多く、前述した清国上海留学についての相談等もある。さらに、漢詩のやり取りも行ったので、関係部分を紹介する。一八八七（明治二〇）年一一月の書簡[24]に次の言葉がある。

便面旧作係、是陳荒草率之作。今無用書、呈清鑒。

便面（扇に書いた詩）は旧作に係り、是れ陳荒草率の作なり。今、無用の書、清鑒《せいかん》に呈す。

漢詩はこの手紙と別に書かれているため内容は不明だが、金玉均はまだ二十歳の元に対して、「清鑒（見識の高い人）に呈す」と、尊敬した表現をしている。

さらに、二ヶ月後の船便に託した翌年一月の書簡と漢詩がある。(25)

須永我友如晤、去年夏日《初秋》、因以居禅客所困迫間、率和二絶句。此是在島第三次作、可知韻思之窘困有如許也。

新歳、別無奇看可替賀状。只此第二首雖是禅語、可供有志我友、而有採取者焉、則幸矣。

須永我が友、晤《ご》（面）するが如く、去年夏日《初秋》、因って禅客所に困迫の間に居るを以て、率に二絶句を和す。此は是れ在島第三次の作にして、韻思《いんし》の窘困《きんこん》（貧しく困る）許《かく》の如く有るを知るべし。

新歳、別に奇看《きかん》（見るべき珍しいもの）、賀状に替ふべきもの無し。只此の第二首、是れ禅語なりといへども、有志の我が友に供すべし。而して採取する者あらば、則ち幸なり。

幅地小如笠　　幅地小なること笠の如く
秋来更苦炎　　秋来たりて更に炎《あつ》きに苦しむ
芭蕉栽満戸　　芭蕉栽《う》えて戸に満ち
半榻得清恬　　半榻《はんとう》（腰掛）清恬《せいてん》（静かさ）を得たり

（此現居山屋即事）　　（此れ現居山屋《さんおく》即事）

世界恁麼熱　　世界、恁麼《いんも》（かくの如き）の熱
四維一燃炎　　四維《しい》（四隅）一《い》つに炎と燃ゆ
由来善勝者　　由来、善く勝る者
湯鑊得安恬　　湯鑊《とうかく》（釜ゆで）にも安恬《あんてん》（やすらか）を得

元と金玉均は書簡のやり取りしかしていないのに、まるで顔を合わせているようだと金は伝えている。二句目は禅語を使用した難解なものだが、いずれも小笠原の辛い生活を送っていても心の安定を保っていることを詠ったものだ。義援金の募集活動をしていた元は、金玉均を何とか救出したいという気持ちをさらに強くした。

義援金募集活動

明治二一・二二年の義援金募集活動は、「日記」に詳細に書かれている。(26) 一月一八日には山梨在住の中洲門人である鈴木善次郎と義援金募集の相談をした。善次郎は同月二五日に文墨会を開催し、募集することを企画し、新聞広告による広報も検討した。二月一二日には茨城県出身の実業家である井坂中夫宅を訪問、相談した。

金玉均の状況を憂いたのは、元や鈴木善次郎だけではない。二月八日には、元の佐野の友人である村田誠治と三木平八郎が加わって、柳赫魯と四人で相談した。特に平八郎は「慷慨（怒り嘆く）」して「頗る奮起」したが、義援金を

集める妙案はなく、結論が出なかった。柳赫魯が先に帰った後も三人は夜一〇時まで議論した。

義援金募集のため、元は各地の知人や有識者宅を訪れた。三月三〇日には平八郎と政治家鳥尾小弥太宅を訪問し、義捐賛助を依頼した。

ところが、その夜一二時半、門を叩くものがあった。警官が元を逮捕するために来たのである。容疑は「訴天下仁人志士」という檄文の無届け印刷だった。元をはじめ三木平太郎・村田誠治・鈴木力（天眼）の四人連名で、金玉均の渡米費用にするために義援金を募集するもので、文章は鈴木力が書いていた。元は直接印刷には関与しなかったが、関係者として罪に問われた。

「日記」によるとこの夜の元は、金玉均へ贈る文章を書いていたが、完成しなかったので、その文を袖に入れ、人力車に乗って警察署へ連行された。「日記」には、三月三一日と四月一日に勾留の記事があるが、四月二日は記載がなく、四月三日には花見をした記事が書かれている。また、「日記」には、元が警察に勾留されたことについて、後悔するような言葉は全く書かれていない。四月四日には亡命朝鮮人の申応煕に会っている。

後年、逮捕時の様子を、甲申政変のもう一人の首謀者である朴泳孝が漢詩に詠んだ。(27)

無由孤憤訴蒼旻　　孤憤《こふん》（いきどおり）、蒼旻《そうびん》（あおぞら）に訴ふるに由《よし》無く
誰識子処嘗苦辛　　誰か識《し》らん、子処されて苦辛《くしん》を嘗むるを
欲救海南流寓士　　海南流寓《りゅうぐう》の士を救はんと欲して
翻成獄裡繫囚身　　翻《ひるがえ》って獄裡《ごくり》（監獄）に繫囚《けいしゅう》の身と成る
警官履響頻夢驚　　警官の履《くつ》の響きに頻りに夢驚き

隣室咳声不見人　　隣室に咳《せき》の声あるも人を見ず
鳴籟恰如啾鬼咽　　鳴籟《めいらい》（ひびく声）恰《あた》かも啾鬼《しゅうき》の咽《むせ》ぶが如く
何堪双涙転沾巾　　何ぞ双涙《そうるい》の転《うた》た巾を沾《うるほ》すに堪へん

書須永君幽囚中作　玄々居士　朴泳孝　　須永君幽囚中の作を書す　玄々居士　朴泳孝

「日記」には、留置場では酒に酔った車夫に対して警官が叱るので眠れなかったことや、便所に行くときも尾行されたこと、尋問があったことなどが書かれている。この漢詩は元から留置場の出来事を聞いた朴泳孝が、イメージを膨らませたものである。

漢詩の交流

これまでは、金玉均から贈られた漢詩を紹介してきたが、元が小笠原の金玉均へ贈ったと考えられる年代不明の漢詩が「輹斎詩稿」(28)にある。

呈金玉均先生次其詩韵　　金玉均先生に呈し、其の詩の韵に次す
呻吟何計受憎嫌　　呻吟《しんぎん》（苦しんでうめく）何んぞ計らん憎嫌《ぞうげん》（憎み嫌う）を受け
凜冽精忠暉似炎　　凜冽《りんれつ》（寒さ厳しい）たる精忠（純粋な心）暉《かがや》くこと炎に似る

四海幾人無識志
一身多難貴清廉
報国存心東域去
呼天雄気海中潜
自古聖賢多大屈
春風他日得神恬

四海に幾人か、志を識る無く
一身多難、清廉を貴ぶ
報国、心に存して東域に去り
天に呼《さけ》ぶ雄気、海中に潜む
古《いにしへ》自《よ》り聖賢大屈多し
春風他日、神恬《しんてん》（こころ安らか）を得ん

小笠原で配流生活の金玉均に対して、いにしえより聖賢の人物は大屈することが多いと、逆境に負けないよう応援している。金玉均を勇気づけようとしたのだろう。

さらに、小笠原へ定期的に訪問する柳赫魯に対する漢詩も「轃斎詩稿」にある。

送柳赫魯訪金玉均小笠原
交朋僅一年
相互胸襟闢
軽舸浮蒼海
単車去旧林
画君鉄石志
報国山岳心

柳赫魯を送り、金玉均を小笠原に訪ふ
交朋《こうほう》（友人）僅かに一年
相互に胸襟闢《きょうきんひら》く
軽舸《けいか》（軽快に走る小舟）蒼海《そうかい》に浮かべ
単車《たんしゃ》は旧林に去る
君に画す鉄石《てっせき》の志
国に報ず山岳の心

孤島訪師切　　　　　　　孤島、師を訪ふこと切《せつ》なり
為余齎好音　　　　　　　余が為に好音《こういん》（よい音色）を齎《もたら》せ

柳赫魯は金玉均の従者だが、友人として僅か一年で、相互に胸襟《きょうきん》を開いたと詠っている。元は尊敬していた金玉均だけでなく、定期的に情報を寄せる柳赫魯にも、隠し立てをせずに、胸のうちを話していた。こうした心の交流は、他の亡命朝鮮人にも及んだ。

一八八八（明治二一）年七月、理由は不明だが、日本政府は金玉均の配流先を北海道に変更した。金玉均は七月下旬に小笠原を離れ、翌月一日には北海道に着いた。ところが、北海道で体調を崩した金玉均は、翌年九月に病気療養のため、北海道から一時的に上京を許可された。九月一九日、元は金玉均との初対面を果たした。これまで紹介した通り二人の交際は漢詩文のやり取りだけだった。

金玉均のための義捐金募集活動で、元は警察による逮捕を経験した。五月二九日「日記」では漢学者の重野成斎から「朝鮮人は、すばやく、欺く」と忠告された。しかし、漢詩文でその心情を理解していた元は、金玉均をずっと信頼していた。

この時期は、外務大臣の大隈重信が進める不平等条約改正交渉問題で、国論が割れていた。金玉均に対する日本政府の監視は、あまり厳しくなかったらしく、元は金玉均や朴泳孝とこの問題について真剣に議論することができた。一〇月七日には議論が夜一二時過ぎまで続いた。(29) 金玉均は一一月一九日に上野から汽車で北海道へ帰ったが、別れがたい元は宇都宮まで同行した。

一八九二（明治二五）年八月、元の祖母の訃報が伝わると、金玉均は元の父市十郎宛てに弔文を書いた。元による

金玉均支援活動は、元の家族も巻きこんで行われていた。(30)

金玉均解放後

一八九〇（明治二三）年三月、金玉均は再度治療のための上京が許可され、そのまま一〇月二一日に解放された。しかし、金玉均や朴泳孝が、日本で亡命生活を送る状況には変化がなかった。明治二一・二二年「日記」には、朴泳孝が日本で再起を図るために様々な活動をしようとしていたことが書かれているが、計画は失敗していた。(31) 一八九一（明治二四）年に朴泳孝が詠んだ漢詩がある。(32)

白頭山石磨刀尽
豆満江水飲馬無
男子二十未平国
後世誰称大丈夫

辛卯之夏　為須永君正
　玄々居士　朴泳孝

白頭山の石は刀を磨きて尽き
豆満江の水は馬に飲ませて無し
男子二十、未だ国を平らかにせず
後世、誰か大丈夫と称さん

辛卯（一八九一（明治二四）年）の夏　須永君正の為に
　玄々居士　朴泳孝

甲申政変の挫折や、亡命先の日本では何もできないという無力感、さらに、後世の人々は、自分をどのように思うだろうか、という屈折した気持ちが読み取れる。

金玉均の暗殺

「須永文庫」には、「大朝鮮青年保国会誓文」という資料がある。[33] これは日本に亡命した金玉均や朴泳孝等の朝鮮開化派が、ここで同志と盟約を結ぼうとしたものである。その第五款には「清国と日本は我国の隣国であり（中略）できるだけ親しく敬愛しあってアジアの平和を末永く維持すること」と書かれている。まとまった文章はないが金玉均は、日本、清、朝鮮の三国が協力する「三和主義」を唱えていたといわれるが、これを説明した文章と考えられる。ところが、明治二〇年代後半になると、日本では対清強硬論を唱える政党が対外硬六派を形成し、活動を活発化させた。金玉均は日本が自分の理想から遠くなっていくことを感じ、他にも諸説があるが清国に渡る決心をした。

一八九四（明治二七）年三月二八日、金玉均は清国の高官李鴻章の甥である李経方に会うため、上海に渡ったところ暗殺された。「須永文庫」には金玉均の上海行直前の書簡がある。[34]

此ヨリ一切書ノ頼ミハ御断申上候。如何ナル信友トモ如何ナル緊用アルモ断テ断リ升。左様御承知ノ上人ノ頼ミ抔ヲ決シテ御受ナキ様願升。先以テ申上置候也。

古筠生

淵清窟主人正

淵清窟主人とは、川沿いで水車業を営む元のことである。日本に亡命した金玉均は、特定支援者の資金援助で生活していたのではなく、元ら多くの支援者が、金玉均の書を販売した義援金に助けられた部分が大きかった。だが、この書簡では、今後は書かないと宣言している。つまり、日本との関係断絶を考えていたのだろう。

さらに、この書簡と同時に渡されたと考えられる漢詩がある。(35)

山城華麗旧僊家　　山城華麗なる旧僊家《せんか》（仙人のすみか）
遊興未銷日已斜　　遊興《ゆうきょう》、未だ銷《き》えず日は已《すで》に斜《ななめ》なり
明日振衣登絶頂　　明日、衣を振るひて絶頂に登れば
五雲深処落梅花　　五雲深き処、落梅花

学張瑞図筆、病腕無力可恨　古筠金玉均　　張瑞図の筆に学ぶも、病腕《びょうわん》力無く恨《うら》むべし。古筠金玉均

詩中では、日は既に斜めになっているから、明日、衣を振って絶頂に登る、と夢と期待をかけて中国に渡ることを詠っている。張瑞図（一五七〇〜一六四〇頃）という明末の著名な書画家の作風を学ぶといいながら腕の病で力なく恨めしい、と少し寂しい説明である。上海で暗殺される未来を暗示したような言葉が書かれていた。この漢詩は、「国民新聞」によると五月二〇日に浅草東本願寺別院で行われた金玉均の葬儀で披露された。(36)

後年、元は、金玉均が上海に向かったとき、暗殺者がいるという情報を入手し、注意するよう福沢諭吉を通じて連絡してもらうよう頼んだが、福沢が依頼した人物はそれをしなかったと悔やんだ。(37)

おわりに

日韓の近代史は、金玉均暗殺後に大きく動いた。日本の国会では金玉均を暗殺した清に対する強硬論が台頭し、朝鮮半島における東学党の反乱をきっかけに同年七月には日清戦争が勃発した。朴泳孝は、一二月に朝鮮に帰り、甲午改革という近代化政策を主導したが、政府内の対立から、翌年再度、日本へ亡命することになった。

一九〇四（明治三七）年に日露戦争が勃発すると、日本は八月に第一次日韓協約で財務・外交に日本人顧問を置くことを認めさせた。そして、翌年九月のポーツマス条約で、ロシアが韓国に対する日本の保護権を認めると、一一月の第二次日韓協約により日本が韓国の外交権を持つ、実質的な保護国化が確定した。同年一一月一九日の「日記」の一部を紹介する。(38)

読新聞紙、知日韓新条成矣。韓国、為日本之保護国、自是韓国内外之政皆在日本政府之指掌。直以書与朴泳孝吊之。余、為我国欣之、為朴泳孝不能無一掬之涙也、噫。

新聞紙を読み、日韓新条の成るを知る。韓国、日本の保護国と為り、是れ自《よ》り韓国内外の政、皆、日本政府の指掌に在り。直ちに書を以て朴泳孝に与へてこれを弔す。余、我国の為にこれを欣び、朴泳孝の為に一掬《いっきく》（ひとすくい）の涙なきことあたはず、噫《ああ》。

日韓協約は、日本にとっては喜びであっても、朴泳孝にとっては号泣せずにいられないできごとであると、元は書簡で朴泳孝を慰めた。

朴泳孝は、一八八四（明治一七）年に清国からの独立を求め、金玉均らと日本軍協力のうえで甲申政変を起こした。ところが、皮肉なことにその日本によって韓国の独立が奪われたのである。漢詩文による交流等によって朴泳孝の深い心情までを理解していた元にとって、友人が悲しむ姿が頭にうかんだのだろう。

漢詩文には、日韓の垣根を越えて心情を理解させる力があることを、元と金玉均や朴泳孝との交流が証明する。元が亡くなったのは、一九四二（昭和一七）年七月一日である。法名は「妙国院韓斎日韓居士」と贈られた。元は生涯にわたり韓国朝鮮の人々と、漢詩文を通じて交際した。元を語ることは、そのまま日韓近代史につながる。「須永文庫」には、今回紹介したもの以外にも様々な日韓関係の資料があり、これについては別に紹介したい。

注

（1）『明治21・22年　須永元日記』（佐野市郷土博物館　二〇二三年）巻頭Ⅰ頁。
（2）石川忠久編『三島中洲全釈』第二巻（学校法人二松学舎　二〇一〇年）一四八頁。
（3）武田庸二郎「岡本黄石と須永元」『須永文庫資料展―須永元と近代の文人たち―』（佐野市郷土博物館　二〇〇九年）三七～四二頁。
（4）須永元「岡本黄石先生伝」『日本及日本人』八一一号（政教社　一九二一年）。
（5）（2）と同じ。二一六～二五八頁。
（6）（1）と同じ。巻頭Ⅳ頁。
（7）『二松学友会誌』第二三輯（二松学舎学友会　一九〇九年）四六頁。

（8）『二松学友会誌』第三四輯（二松学舎学友会　一九一五年）四八頁。
（9）『須永文庫資料展―金玉均と朴泳孝をめぐる人々―』（佐野市郷土博物館　二〇一六年）二〇・二一頁。
（10）（9）と同じ。四頁。
（11）（1）と同じ。巻頭Ⅷ頁。
（12）（7）と同じ。第三九輯（一九一九年）四九頁。
（13）月脚達彦『福沢諭吉の朝鮮』（講談社選書メチエ　二〇一五年）一二一～一二四頁。及び茂木克美「亡命朝鮮人」『思想史講座　明治篇Ⅰ』（ちくま新書　二〇二二年）一三三～一三六頁。
（14）（9）と同じ。一三頁。
（15）須永元編『樗堂言行録』（政教社　一九三九年）一〇五頁。
（16）「時事新報」一八八六（明治一九）年一二月一〇日。
（17）「朝野新聞」一八八七（明治二〇）年一月九日。
（18）「朝野新聞」一八八七（明治二〇）年一月二一日。
（19）「時事新報」一八八七（明治二〇）年一月二七日・二月八日。
「下野新聞」一八八七（明治二〇）年二月三日。
（20）「朝野新聞」一八八七（明治二〇）年一月二三日。
（21）「時事新報」一八八七（明治二〇）年三月一五日。
（22）（9）と同じ。一四頁。
（23）（1）と同じ一二〇～一二五頁。及び（9）と同じ一九～二六頁。
（24）（1）と同じ。一二〇・一二一頁。
（25）（1）と同じ。一二一頁。
（26）（1）と同じ。以下、本章で注の説明がないものはこれによる。

(27)（9）と同じ。三七頁。
(28) 須永元『輹斎詩稿』佐野市郷土博物館蔵「須永文庫資料」。
(29) 茂木克美「須永元―亡命朝鮮人の受容とその背景―」『専修史学』第六七号（専修大学　二〇一九年）一～三〇頁。
(30)（1）と同じ。一二四・一二五頁。
(31)（29）と同じ。
(32)（9）と同じ。四〇頁。
(33)『須永文庫資料展―日韓の近代―』（佐野市郷土博物館　二〇一九年）八～一〇頁。
(34)（9）と同じ。二六頁。
(35)（9）と同じ。二六頁。
(36)「国民新聞」一八九四（明治二七）年五月二二日。
(37) 須永元「古筠金玉均」葛生東介編『金玉均』（民友社　一九一六年）一四八～一五七頁。
(38)『明治三八年須永元日記』佐野市郷土博物館蔵「須永文庫資料」。

明治期東本願寺の中国における出版活動について

川邉雄大

はじめに

明治期東本願寺の中国における布教および教育活動について詳述したものに、『東本願寺上海開教六十年史』（以下、『六十年史』）[1]がある。先行研究として、佐藤三郎「中国における日本仏教の布教権をめぐって―近代日中交渉史上の一齣として―」[2]、入江昭「中国における日本仏教布教問題―清末日中関係の一断面―」[3]、細野浩二「清末中国における「東文学堂」とその周辺―明治末日本の教育権収奪の論理をめぐる素描―」[4]、小島勝・木場明志『アジアの開教と教育』[5]、久木幸男「金陵東文学堂と清沢満之」[6]、劉建雲「清末中国における東本願寺の東文学堂」[7]などがある。しかし、これらはいずれも上海別院や小栗栖香頂[8]など特定の史料に限られていた。

そこで、筆者は従来の研究では用いられて来なかった、松本白華（一八三九～一九二六）[9]・北方心泉（一八五〇～一九〇五）[10]ら布教僧の個人史料を用いて、明治期の同派の中国布教のみならず、同派上海別院における日本人僧侶と中国文人との漢詩文を介した日中文化交流の実態を明らかにした。その研究成果として、博士論文「明治期の東本願寺上海別院における布教活動と文人交流―北方心泉・松本白華を例として」（平成二十二年、二松学舎大学）を提出し、『東本願寺中国布教の研究』[11]を刊行した。

その後、明治期中国に滞在していた心泉や岸田吟香[12]らの尽力により、中国で出版された兪樾撰『東瀛詩選』の編纂過程を明らかにした[13]。さらに、明治初期に上海別院で刊行された『真宗説教』（漢文、白山市立松任図書館白華文庫蔵[14]）を翻刻し、その出版目的が説教用のテキストであったことを明らかにしたが、その他の刊行物についてはいまだ研究が進んでいない。

そのため、本稿では先行研究や松本白華・北方心泉史料などをもとに、明治期東本願寺の中国における出版活動の実態について見ていきたい。

一　幕末明治期における東本願寺の出版活動

幕末明治期の東本願寺にとって重要課題の一つに、キリスト教とくにプロテスタントへの対策があった。真宗僧たちは長崎や横浜の開港地に建てられた教会や書肆から、上海・香港などで出版された漢訳聖書を入手し[15]、これをもとに排耶書を執筆して反駁を行った。のちに中国布教を行う小栗栖香頂は『破邪一百条（一名日本刀）』（明治元年（一八六八））を、松本白華は艾約瑟迪（J・エドキンス）『釈教正謬[16]』の反駁書である『辨謬録[17]』三巻、『露珠閣叢書（形勢新聞[18]）』などを執筆している。

また、本山では明治元年（一八六八）八月、高倉学寮に護法場が設置され、破邪顕正を目的とした護法学習得のため、漢訳洋書などを用いてキリスト教研究などの教育が行われた[19]。

一方、漢訳洋書などの書物によってキリスト教情報を入手していた白華たちは、「浦上四番崩れ」で流刑となった潜伏キリシタンの説得工作を行い、実際にキリスト教徒たちと接することになった[20]。

さらに、明治五年（一八七二）に東本願寺は海外宗教事情視察を行ったが、白華はその引率役をつとめた。白華は香港[21]やパリなどでキリスト教・東洋学・宗教・辞書・サンスクリット・歴史などの書籍を購入[22]するとともに、ロニーら東洋学者との交流を持った。

白華らの帰国後、本山内に翻訳局が設置され、海外視察に同行した成島柳北が局長となり、阪上元兵衛・舟橋振・前田時敏・栗原重冬・黒田麹廬等によってサンスクリットやキリスト教文献などの翻訳が行われた[23]。

明治六年（一八七三）七月、白華らの帰国（六月）と前後して小栗栖香頂が渡清した。香頂は北京に滞在し、中国語を習得するとともに、各地を視察した[24]。香頂の弟である小栗憲一[25]は、香頂の手紙をまとめた「支那開宗見込[26]」を本山に提出し、チベット仏教（ラマ教）と聯繋すること、南京を布教の拠点とすることや、阿弥陀如来のほかに太神宮や孔子を祀ることなどを提唱した。香頂は帰国後、『真宗教旨』（明治九年）、『真言宗大意』（明治十年）・『喇嘛教沿革』（同）を執筆した。この『真宗教旨』は漢文で書かれており、のちに中国・朝鮮で布教用テキストとして使用された[27]。

前述の通り、香頂は幕末維新期に漢訳洋書を読んで排耶書を執筆しているが、北京滞在中にキリスト教宣教師たちの活動を目撃しており[28]、彼らによる出版活動や出版物についても目にしていたに違いない。

このほか、のちに中国布教に従事する谷了然[29]や心泉らは、維新後に石川舜台が主宰する慎憲塾で、暦の編纂や『慎憲塾叢書』三十二巻を出版したとされ[30]、白華は前述の排耶書のみならず、自身の漢詩集『金城繁華三十關』（明治四年）を刊行している。

このように、上海で布教を行うことになる真宗僧たちは、漢訳洋書の入手や宣教師の活動を目にしているだけでなく、排耶書や漢詩集をはじめとする著作を刊行していることから、中国布教では現地語（中国語）による説教だけでなく、現地語（漢文）による出版活動が有効だと考えていたと思われる。

二　『真宗説教』の刊行

明治九年（一八七六）七月十三日、香頂たちは上海に到着し、七月十九日には、日本人留学僧に対して中国語教育（南京語・上海語）がはじまり、のちに江蘇教校となった(31)。八月十二日に上海英租界北京路に上海別院を開院し(32)、二十日に御入仏供養会を行ったが(33)、その主たる目的は中国人に対する布教活動であり、中国文人による土語説教（上海語）が行われた(34)。

加えて当時、別院では主たる活動の一つとして、「真宗説教」を刊行していた。

前述の入仏式の際、上海・龍華寺の僧侶には『真宗教旨』一冊が、清人参詣者に「真宗説教」一枚が配布されていることから(35)、当時すでに両者は印刷を終えていたことになる。とくに、冊子体『真宗教旨』の出版については、版刻・印刷・製本を行うのに相当の時間がかかることから、上海渡航前すなわち日本国内ですでに印刷を終えていた可能性が高い。

「真宗説教」については、別院に在勤していた岳崎正鈍(36)の漢文日記「支那在勤襍志」（以下、岳崎「襍志」(37)）に、「真宗説教」第六号から九号までの執筆に関する記事が見え(38)、白華の旧蔵史料である『雑録』（白華文庫蔵。以下、白華『雑録』(39)）にも、「真宗説教」六号から八号までの刊行に関する記事がある(40)。

これらを綜合すると、「真宗説教」第六号は、岳崎によって明治十年（一八七七）八月十八日に脱稿し、十一月に五百部が刷られたが、費用は四元であった。同第七号は九月四日に、同第八号は十月一日に脱稿し、七八両号は翌明治十一年（一八七八）一月に七百部が六元で印刷・製本された。同第九号は明治十一年に白華が草稿を作成し、岳崎に添削を求めているが、第九号の出版・経費に関する記述はない。なお、入仏式に配布された「真宗説教」は第一号にあたるものと考えられる。

　現在、白華文庫に所蔵する『真宗説教』(41)は冊子体で、「真宗説教」の第一号から第九号までを収録している。白華『雑録』に、「（明治十一年）四月経費」として「九圓五拾銭　説教第一号ゟ製板」とあるが、この白華文庫本を指すものと考えられる。

　つまり、上海別院では中国人向けに一枚あるいは数枚に亙る「真宗説教」を八号に亙って発行して、説教時に参詣者に配布していたと考えられる。その後、明治十一年（一八七八）四月に刊行済みの第一号から第八号のほか、新たに第九号を加えて印刷・製本し、中国人向けに配布したと考えられる。

　『真宗説教』（白華文庫蔵）の版式は、第一号から第七号までは十二行二十四字で、第八号および第九号は九行二十四字と異なっている。しかも、六号末尾に「上洋馬福堂刻印」、八号末尾に「上海新北門内謝潤卿刊」、九号末尾に「上洋新北門内謝潤卿刊字」と記されていることから、第一号から第七号までは上海の馬福堂(42)で刻されたと考えられ、第八号および第九号は上海城内の新北門附近にあった謝潤卿で刻されたことが分かる。

　内容は、仏教および真宗の教義について漢文で簡潔に記されており、『無量寿経』などの仏典や『正信偈』の一節を引用するほか、王法為本・真俗二諦に関する記述が見られる。その一方、『論語』・『孟子』・『詩経』といった漢籍からも文章を引用している。明治六年（一八七三）、香頂は前述した「支那開宗見込」(43)の中で、中国布教にあたって本堂には阿弥陀如来のほかに太神宮や孔子を祀ることを提言しているが、これを受けて中国の状況に合わせて説教を行っていたということであろう。

三　『日本外史』の刊行

『真宗教旨』が編纂された同時期に、別院では『日本外史』の出版も行われていた。岳崎「襍志」には同書出版に関する記述があり、(44) 白華『雑録』にも、その出版費用などの詳細が「外史翻刻計算」として、出版費用や斉玉谿・毛対山・銭子琴・曹叔培ら海上派文人に対する謝金などが記されている（斜線／は改行を表す）。

外史翻刻計算

内訳

一　四拾五円　斉玉谿・毛対山／銭子琴・曹叔培等へ／依頼ニ付諸入費

（※欄外冒頭　預備／八百五十一円九十八銭／六厘四毛）

弐拾円　斉玉谿序文

拾円　毛対山品物贈ル

拾五円　宴会等費張鼎功へ貸ス

一　六円九拾八銭六厘四毛　判《ママ》木誤刻見本／并ニカバン崖辺遣ス

○白尾・浄川へハ／外史一部ツヽ遣ス

一　五拾円　銭子琴・曹叔培雇薪水／費遣ス

但十二月渡置クト雖モ勉強為致候度ニ／付預置分拾円也此金五円渡ス

一　五拾円　銭子琴・曹叔培／薪水費

右二月中ニ相渡候約定尤外史出来ゟノ／周旋都テ此中ニ籠候約定故五拾円預置／九月拾六日応接済ニテ渡ス

一　二十九円三角六分四厘　第二巻
一　廿七円六角五分　第三巻　~~第四巻~~
一　五拾円〇〇四分　第四五両巻
一　五拾円〇六角　第六七巻
一　五拾三円壱角五分　第八九十巻
一　五拾五円七角六分　第十一十二巻
一　四十六元二角　第十三四巻
一　五十六元　第十五六巻
一　五十円　第十七八巻ノ先渡
〆五百七拾円〇七拾五銭〇四毛也
　預備八百五拾壱円九拾八銭六厘四毛／之内ニテ〆高引残リ
　　弐百八拾壱円弐拾三銭六厘

蔡毅「頼山陽『日本外史』の中国への流布」[45]によると、中国で翻刻された『日本外史』は、①光緒元年（一八七五）の広東刊本（二帙）と、②銭懌評点本の二種類があり、②銭懌評点本は初版が光緒五年（一八七九）、再版が光緒十五年（一八八九、十二帙）となっている。別院が出版に関与したのは場所と人物および刊年から判断するに、この光緒五年の初版本に該当すると考えられる。

このほか、前述の『真宗教旨』は布教テキストとして用いられたが、別院に来院した中国人僧侶にも頒布された(46)だけでなく、別院に出入りしていた張霊虚によってのちに翻刻出版された(47)。

幕末期から明治初期にかけて日本人が上海で出版したものに、ヘボン・岸田吟香『和英語林集成』（明治元年）・吉嗣拝山『骨筆題詠・江南游草』（光緒四年・明治十一年・一八七八(48)）や雑誌『上海商業雑報』（上海商同会、明治十五年(49)）があるが、いずれも日本人を対象とした出版である。これに対して、上海別院が出版に関わった『真宗説教』と『日本外史』は中国人を対象としたものであった。

四　『東瀛詩選』の刊行

明治九年（一八七六）に、他宗に先駆けて始まった中国布教は順調ではなかった。明治十一年（一八七八）、海外布教に積極的であった石川舜台が失脚し、消極的であった渥美契縁が宗務の長に就任したことによって布教活動が縮小することとなった。明治十二年（一八七九）に上海別院は消滅した形となり（実際には存続）、明治十四年（一八八一）には実在しない北京別院の上海出張所に格下げとなった(50)。

また、東本願寺の後ろ楯となっていた大久保利通が暗殺（明治十一年五月十四日）されたことによって、政府の海外布教に対する方針が変更、すなわち消極的となった可能性があり、こうした政府内の情報が東本願寺に入って来なくなったと考えられる。

一方、維新後締結された日清修好条規では、欧米列強に条約で認められていた布教権が保証されておらず、日本人僧侶が布教を目的として中国各地を移動することができなかった[51]。「上申書（草稿）[52]」によると、谷・香頂ら布教僧たちは遅くとも明治九年（一八七六）八月の別院設置以前にこの問題点に気づいている。そのため、香頂は前出の「支那開宗見込」中で、南京に布教の拠点を設置することを提唱しているが、実際には租界内に上海別院を設置することとなったのも、布教権が保障されていなかったという理由によるものであろう。

当時、日本人布教僧たちが主に交流した中国人は、「海上派」と呼ばれる文人たちであった。僧侶たちは彼等を通じて中国国内の要人らと人脈を構築しようとしたが、この海上派は要人らとの人脈を何ら有しておらず、のちに兪樾ら杭州文人との交流をすすめることとなる。

明治十四年（一八八一）五月、当時上海別院在勤だった心泉が、竹添井々[53]の紹介状を持参し、杭州に兪樾を訪問しているが、不在のため会えなかった。これは有力者の兪樾と面会し、彼が持つ人脈、具体的には曾国藩・李鴻章に繋がる人脈を構築し、布教に際して便宜を得るためであった[54]。同年十一月に松ヶ江賢哲[55]は本山教学部の命により、杭州に派遣され、現地語（杭州語）習得を行っているが、同じく将来の布教を意図したものであった。

明治十五年（一八八二）五月頃、心泉は杭州を再び訪問し、兪樾に面会した。その後、岸田吟香から『東瀛詩選』出版の話が持ち上がり、心泉（上海）と松林孝純（蘇州）[56]はその仲介役を担うことになる。しかし、心泉は肺病のため明治十六年（一八八三）三月に帰国し、その後は蘇州留学中の松林がその後任となり、兪樾との聯絡役をつとめた[57]。

東本願寺がこのような行動を取ったのは、当時日本政府は日清修好条規が、明治十六年四月二十九日をもって終了するものと見なしており、東本願寺は日本政府によって条約改正交渉が開始されるものと考えていたからであった[58]。

明治十四年、東本願寺の僧侶菊池秀言は、布教権獲得について本山に陳情したものの受け入れられなかったが、その後菊池は岩倉具視・井上馨・井上毅等に面会した[59]。こうした動きを受けて本山では、条約改正後の布教に備えて明治十六年五月二十三日に上海別院の建築を着工した。しかし、条約改正交渉は一向に開始されず、同年九月十二日に別院は落成したものの、九月十四日に清国布教中止が決定され、十月四日にはその知らせが上海に到達した[60]。そして、十月九日に『詩選』が刷上った旨を知らせる「兪樾尺牘十四」（常福寺蔵）が書かれたのであった。

このように、『詩選』が編纂された時期は、東本願寺が清国内において条約改正後を見越して布教活動を準備している最中であり、『詩選』の編纂の目的自体が兪樾との関係強化を意図したものだった。

五　『仏門月報』の刊行

明治十八年（一八八五）、中国布教の再開が決定されるが、その対象は中国人ではなく在留邦人だった[61]。明治十九年（一八八六）十一月には、孝明天皇・明治天皇の尊牌が奉安され、明治二十一年（一八八八）一月に奉安式が挙行された[62]。

上海別院では在留邦人子弟教育のため、輪番菅原碩城が上海領事高平小五郎にはかり、明治二十一年（一八八八）一月二十日附で、「上海別院内に小学堂設立並に私立開導学校名称の件認可[63]」がなされた。開導学堂は十九年間別院の経営で存続し、その後は日本人協会を経て、明治四十年（一九〇七）上海居留民団に移管され、上海日本尋常高等小学校（北部小学校）となった[64]。明治二十三年（一八九〇）七月に開導学校を卒業した東屋〔マ〕広吉〔マ〕[65]によると、「当時本願寺には活字があつて教科書を印刷してゐた[66]」と証言していることから、当時別院内には印刷所が設置されていた。

一方、心泉をはじめとする一部の真宗僧たちは、引き続き中国人への布教を企図していた。「松ヶ江賢哲書翰（北方心泉宛）」（明治二十二年三月二十二日、常福寺蔵[67]）によると、心泉たちは、太平天国の乱で荒廃した寒山寺（蘇州）の復興、中国国内における寺院の設置、仏教の古蹟を巡礼するなどを企劃している。

また、「松ヶ江賢哲書翰（北方心泉宛）」（年月日不明、常福寺蔵）[68]によると、当時内地建堂つまり清国内に寺院を建設する計劃があり、領事高平小五郎や岸田吟香と意見の交換が行われたが、結論が出るには至らなかったようである。さらに、布教の理解と協力を得るため、道台などの地方官吏を上海別院に招いて接待を行いたいが、現在の別院の規模では不可能なことを述べ、本年は皇太后五十歳の記念すべき年なので、これを機会に布教の根拠地となる寺院や清国各地にも支院を建設するべきであると提言している。そのために北京に行き、親王や大臣を説得する必要があり、その費用を工面するつもりであることなどが述べられている。このように、中国人に対する布教を意図していたことが確認できるが、いずれも実行された形跡はない。

明治二十七年（一八九四）一月、別院から『仏門月報』が刊行された。これは主に仏教に関する記事が漢文で書かれ、中国人に布教する目的があり、千部が発行されたとされる[69]。目次は次のとおりである。

仏門月報序（二編）、仏門月報約例、仏門月報、論聖道浄土二宗、請経紀盛、進新刻大蔵経表、欧洲脞録、錫蘭来簡、読経、供設仏像、仏教博愛館医院、印度居士大牟白拉擬重建浮屠、災民皈仏、捨身祈雨、猟師孽報、淑徳女学校、震毀恵遠廟、義僧覲王、藝工成仏、照暗女学校堀獲石像、本寺報恩講会記、奉旨伝萬寿大戒告白、蔵経待請告白、售報告白章程

東本願寺の布教再開（明治十八年）後、上海では新聞『上海新報』（明治二十三年）[70]・月刊誌『上海時報』[71]・『清国通商綜覧』全二編（日清貿易研究所、明治二十五年）が刊行されたが、いずれも和文による日本人向けの刊行物であった。これに対して『仏門月報』は漢文で書かれ、中国人を対象としたものであった。しかし、二号以降が確認できないことから、一号のみの刊行で終了したか、同年七月に日清戦争が勃発していることから、創刊後間もなく中断したもの

と考えられる。

一方、日本国内では西本願寺普通教校生により明治十九年（一八八六）三月、反省有志会が結成され、八月に反省会と改称された。明治二十年（一八八七）八月には『反省会雑誌』（のち『中央公論』）が創刊された。明治二十一年（一八八八）には海外宣教会が結成され、同年七月に英文雑誌『亜細亜之宝珠』（のち『東亜』）を、同年十一月には日本語雑誌『海外仏教事情』を創刊し、諸外国の仏教運動の動向や論説を和訳収録した。(72) これらの雑誌は英文で発行され内容からも分かるとおり、関心は欧米の宗教事情にあり、頒布先も国内や欧米であり、中国布教に対する関心は薄かったといえる。

六　日清戦争後における中国布教の再開と出版活動

日清戦争後、東本願寺は中国布教を本格的に再開した。

当初、東本願寺は北京での布教を豫定していたが、戊戌の政変（明治三十一年）により政情が不安定となったため断念し、江南（江蘇省・浙江省）や華南（福建省・広東省）を中心に教堂や学堂を設置することとなった。(73)

明治三十一年（一八九八）七月には厦門に教堂が設置されたのを皮切りに、福建省各地に教堂が設置され、(74) 杭州日文学堂（明治三十一年十一月か）・金陵東文学堂（南京、明治三十二年三月）・蘇州日文学堂（同年五月）・彰化学堂（同年台中に設立、明治三十四年泉州へ移転）が、義和団事件後には漳州日華書院（明治三十五年四月）・蘇州有隣学堂（明治三十六年十月）が設置された。(75)

明治三十三年（一九〇〇）三月四日附で、開教監督心得 〓《ながたに》経丸が立案した中国布教に関する「上申」（十二項目）

によると、五項目に「上海別院内に印刷部を設け雑誌を発行する件[76]」とあることから、出版活動が企劃されていたことが分かる。

日清戦争後あたりから宗務や布教活動を担う僧侶は、白華・心泉ら幕末期に学寮や漢学塾で教育を受けた世代から、清沢満之ら幕末明治生まれで近代的教育を受けた新世代が擡頭し始め、宗門改革や海外布教などに大きな役割を果たした。

こうした人物の一人に伊藤賢道（一八六五～一九四一生存[77]）がいる。伊藤は京都尋常中学（のち京都府立一中）を卒業後、東京留学生として一高文科・東京帝大文科大学漢学科に進学する。伊藤は帝大で特待学生となり、明治三十一年（一八九八）七月に首席で卒業した。その後は、杭州で連枝・大谷勝信（慧日院）の侍読をつとめる一方で、杭州日文学堂の堂長となった。これは、伊藤が語学[78]だけでなく漢学にも通じていたことから、清国での活動に適任と見なされたからに違いない。

伊藤は、同年九月上海に渡航する。当初は北京に派遣される豫定であったが、政情不安のため断念し、上海に二ヶ月ほど滞在したのち杭州へ向かうこととなった。十一月一日、杭州に到着し、十一月末に開校準備として少人数の日本語教育などが始まり、翌明治三十二年（一八九九）三月に学堂の広告を出した[79]。

伊藤賢道「杭州本願寺開教現状」（防衛研究所蔵[80]）によると、伊藤が杭州に着任する以前の明治三十一年（一八九八）十月中旬からすでに布教活動を開始しているが、杭州での事業として宗教と教育の二点を挙げ、さらに宗教事業を直接と間接とに分けている。直接としては読経・「言志会」（月二回）・出張布教とし、明治三十二年（一八九九）四月十日、弥陀寺と共住契約を交わしている。間接的なものとして教育（日文学堂）・医療活動（医務室）・印刷出版を挙げている。

「杭州本願寺開教現状」によると、「課餘　事業トシテ、本堂学生相謀リテ「訳林」ヲ発刊シ（毎月一回）、広ク実学ヲ南北ニ鼓舞スルヿヲ務ム。又、開導社ヲ党内ニ置キ、内外有用ノ書ヲ鐫印公行スルコトヲ図リ、已ニ「大日本中興先覚志」両冊ヲ出版シタリ」とあるように、伊藤らは印刷出版活動を行っていた。月刊誌『訳林』(81)が上海商務印書館から刊行され、杭州日文学堂とは別の場所に印刷所を設置して教科書を印刷(82)したほか、開導社を設置して岡本監輔『大日本中興先覚志』(83)を出版した。

また、明治三十四年（一九〇一）一月頃に杭州日文学堂に入学した林文潜（字州髄）により、日本語テキスト『寄学速成法』（一九〇二年十二月）(84)などが出版された。

このほか、厦門教堂では雑誌『敬仏』が刊行されており、一柳知成が執筆した「儒皮仏骨宗論」（漢文、同第二巻第六期収録）などが掲載された。(85)その後、一柳は南京に移動し、雑誌『漢文仏教』を刊行する準備として、明治三十三年（一九〇〇）三月に帰国、同年五月に再渡航したが、七月に義和団事件が発生したため中止された。(86)

一方、光緒二十四年（明治三十一・一八九八）には上海蒙学会によって『蒙学書報』（全十二冊、石印）が刊行されているが、その内『小学格致新編』一巻・『小学理科新編』一巻・『古雄逸話』一巻・『児童笑話』一巻・『家庭雑誌』一巻・『少年世界』一巻は、布教僧の松林孝純が翻訳（漢訳）を行っている。

このように、日清戦争後に東本願寺が中国人向けに布教活動を再開したことにより、中国人向けの出版活動が行われるが、中国各地に学堂を設置して近代的教育を行ったこともあり、その主な内容は宗教よりも近代知識を啓蒙するものが主体となった。

七　明治四十年代における出版活動

中国各地に教堂や学堂が設置され、布教および教育活動が進められていたが、厦門事件（明治三十三年）[87]や伊藤賢道の杭州追放（明治三十九年）[88]など、東本願寺の活動をめぐって各地でトラブルが発生し、各地に設置された教堂や学堂の多くは閉鎖され、中国人を対象とした布教および教育活動は停頓する。上海別院では再び在留邦人向けの活動が中心となり、第三艦隊への布教、北四川路支院の開設、婦人会・青年会・日曜学校が創立され、出版活動も企劃された。[89]

明治四十一年（一九〇八）九月十一日、上海別院で信仰談話会が開催され、のちに仏教青年会に発展した。[90]その後、青年会は中絶していたが、明治四十二年（一九〇九）八月に仏教青年会は輪番中島覚亮によって仏陀会と改称され、規則が作られ、無料宿泊所・施療施薬・職業無料周旋・信仰談話・雑誌刊行の五項目を実施することとなった。[91]同年十二月十二日、中島は各在勤の執務事項を分担させ、鈴木道教が雑誌発刊準備の担当となり、[92]刊行された場合はさらに一名を日本から呼び寄せその事務に当たらせることとなった。[93]

明治四十三年（一九一〇）二月に原稿が執筆され、二十日に終了したが、その後広告募集が行われ三月に締切られた。当初名称は『仏陀』を予定していた。[94]

しかし、鈴木は在勤を辞任し、四月二日に帰国したので、出版は頓挫する。その後、在勤の安井広度により続けられ、『上海仏教』として刊行することとなった。五月二十九日から六月三日にかけて御遠忌[95]が行われたため、作業は中断していたが、六月十九日に安井は広告募集を行い、二十五日に原稿がとりまとめられ、大阪の山口順恭により送られ、同地で印刷された。七月二十日に完成し、安井は領事館と交渉し第三種認可を得た。こうして、『上海仏教』は安井担当のもと上海別院附属の仏陀会の機関雑誌として、明治四十三年（一九一〇）八月号から毎月刊行された。[96]

明治四十五年（一九一二）二月三日、『上海仏教』の印刷を上海の作新社に変更することとなったが、五月二十一日になって断られたため長崎で印刷された[97]。その後、大正二年（一九一三）一月五日、仏陀会は休止したため、『上海仏教』は別院から発行されることとなったが、経費問題によって発行できなくなり、約四年で廃刊となった[98]。

大正六年（一九一七）八月十一日、新たに上海仏教青年会発会式が挙行された[99]。大正七年十一月附の「上海仏教青年会趣意書」第五項に、「毎月一回雑誌を発布す[100]」とある。大正十年（一九二一）四月二十六日に輪番長等神立により青年会幹事会が開催され、会の刷新が行われることとなったが、新たに雑誌の発行が決議された[101]。「上海仏教青年会刷新と其事業之件」によると、文化部の事業として「雑誌の発行並に図書部経営」が決定され、「雑誌発行之件（現配布雑誌続不続之件）」では、「現配布雑誌は之を中止して代るに会報を以てし必要に応じて其都度発行すること[102]」となった。こうして大正十一年（一九二二）一月、雑誌『仏道』が刊行されたが長続きしなかった[103]。

一方、西本願寺は明治三十九年（一九〇六）に上海出張所を開設（昭和六年、別院に昇格）し、布教活動を開始した[104]。大正六年（一九二二）四月、法主を引退した大谷光瑞の別荘「無憂園」が完成したが、同年一月には雑誌『大乗』を創刊し、昭和十八年（一九四三）まで継続した[105]。大正十年（一九二一）には、「獅子吼会」を結成し在留邦人向けに講演などを行っている。

また、日清戦争以降、上海では在留邦人の増加もあり、明治三十六年（一九〇三）井手三郎により日刊紙『上海日報』（～昭和十三年[106]）が、明治四十三年（一九一〇）頃には大日本滬上青年会により雑誌『滬上青年』（～大正二年か[107]）が、明治四十五年（一九一二）には『上海日本人商業会議所週報』（～昭和元年[108]）が刊行されたが、いずれも和文によるもので、在留邦人を対象としたものであった。

おわりに

以上、明治期に中国で行われた東本願寺の出版活動について見てきた。

上海では、維新期にすでにヘボンや岸田吟香による『和英語林集成』が刊行され、上海別院設置後には漢詩集・雑誌の刊行などが確認されるが、いずれも日本人を対象としたものであった。これに対して、同時期の上海別院における出版は漢文によるもので、中国人を対象とした点が特徴である。

しかし、東本願寺が中国人を対象とした出版物は、日清戦争前後で大きく内容が異なる。

明治初期には漢文で仏教に関する記事が書かれていたのに対して、日清戦争後の出版は漢文によるものの、近代知識を啓蒙するような内容が多くなっている。

これは、日清戦争後の布教が通常の布教活動に加え、学堂を中国各地に設置して近代的な知識の啓蒙に重点を置いて教育を行ったからだと考えられる。

その後、中国各地でトラブルが発生したこともあって、中国人への布教・教育活動は停滞し、再び在留邦人を対象とした活動へ移行したことにより、出版も在留邦人を対象としたため和文によるものとなった。しかし、別院の業務の中で出版活動は優先度が低かったためか、いずれも長続きしなかった。

このように、東本願寺による中国での出版活動は、布教活動と大きく関聯しており、中国人を対象として布教を行っていた時期は、漢文による出版活動が行われ、日本人を対象とした時期は、和文による出版が行われていた。

謝辞　本稿執筆にあたって、白山市立松任図書館・本誓寺前住職故松本梶丸氏・常福寺前住職北方匡氏・早稲田大学社会科学総合学術院教授故島善高氏には、資料の閲覧・撮影等に御高配を賜りました。厚く御礼申し上げます。

附記　本稿はＪＳＰＳ科研費22K00085による研究成果の一部をなすものである。

注

(1) 高西賢正編、東本願寺上海別院、一九三七年。

(2) 『山形大学紀要（人文科学）』第五巻第四号、一九六四年。

(3) 日本国際政治学会『国際政治　日本外交史の諸問題Ⅱ』二八号、一九六五年。

(4) 阿部洋編『日中教育文化交流と摩擦』、第一書房、一九八三年。

(5) 小島勝・木場明志『アジアの開教と教育』、法藏館、一九九二年。

(6) 大正大学『日本仏教教育学研究』第五号、一九九七年。

(7) 『岡山大学大学院文化科学研究科紀要』第一〇号、二〇〇〇年。劉建雲『中国人の日本語学習史―清末の東文学堂―』（学術出版会、二〇〇五年）に再掲する。

(8) 小栗栖香頂（一八三一～一九〇五）は、豊後戸次・妙正寺に生まれ、八洲または蓮泊と号し、咸宜園で学んだ。明治六年（一八七三）七月渡清、北京に滞在し翌年八月帰国した。明治九年（一八七六）七月、再渡清し上海別院開設に関わるが、明治十年（一八七七）一月に病のため帰国する。

(9) 松本白華（一八三九～一九二六）は、加賀松任・本誓寺に生まれた。名は厳護、白華・西塘・仙露閣などと号した。幕末期、大坂の広瀬旭荘塾（大坂咸宜園）に入門し、咸宜園門下の長三洲・柴秋邨らと出会う。維新後上京し、江藤新平との関係を構築することに成功した。明治五年（一八七二）から明治十年（一八七七）まで教部省の官吏をつとめたが、この間、海外視察を行っている。明治十年十一月から十一年（一八七八）八月まで上海別院輪番をつとめ、明治十二年（一八七九）二月に帰国した。旧蔵書は、白山市立松任図書館白華文庫に所蔵される。

(10) 北方心泉（一八五〇～一九〇五）は、加賀国金沢の常福寺に生まれた。名は祐必のち蒙《きざし》、心泉・月荘・文字禅室・聴松閣などと号した。慶応三年（一八六七）に松本白華の遙及社に入り、明治二年（一八六九）には石川舜台の慎憲塾に学び、その後は成島柳北から漢詩や英語を学ぶ。明治十年（一八七七）九月、心泉は白華とともに上海別院に勤務する。清末文人達との漢詩文を介した交流の中で北派書風に触れたほか、『東瀛詩選』（一八八三年）の編纂に、岸田吟香とともに関わった。明治三十一年（一八九八）再び渡清し日中双方の政府要人などと会談し、南京に金陵東文学堂を設立する準備を進め、明治三十二年（一八九九）同学堂の堂長をつとめる。

(11) 拙著『東本願寺中国布教の研究』、研文出版、二〇一三年。

(12) 岸田吟香（一八三三～一九〇五）は美作の人、名は太郎・銀次、吟香などと号した。慶応二年（一八六六）、『和英語林集成』印刷のためヘボンとともに上海に渡航し、翌年帰国した。明治八年（一八七五）、銀座に楽善堂を開き目薬「精錡水」の販売を開始した。明治十三年（一八八〇）、上海英租界河南路に楽善堂支店を開き、「精錡水」のほか、日本書籍や銅板袖珍本の販売を行っている。

(13) 拙稿「『東瀛詩選』編纂に関する一考察―明治漢詩壇と日中関係との関わりを中心に―」（『日本漢文学研究』第八号、二松学舎大学東アジア学術綜合研究所日本漢文教育研究推進室、二〇一三年）。本稿は、拙編『浄土真宗と近代日本―東アジア・布教・漢学』（勉誠出版、二〇一六年）に再録する。

(14) 拙稿「白華文庫蔵「真宗説教」について」（公益財団法人大倉精神文化研究所『大倉山論叢』第六七輯、二〇二一年）。

(15) 石川舜台『本願寺宗政論』（四）（一九二五年、一八頁）によると、舜台は文久二・三年（一八六二・六三）頃、丁字屋萬兵衛を通じて十両で漢訳聖書（新旧）を入手して、漢文排耶書「燃犀説」および同書の「和文広義」九巻を著している。

(16) 白華旧蔵の『釈教正謬』（同治五年（一八六六）、香港英華書院、活版）は、関西大学図書館・増田渉文庫（LM2／ほ／38／10）に所蔵する。表紙に「賀陽厳護主催／官／戊辰在京所獲／釈教正謬　完」と墨書され、封面は「同治五年／釈教正謬／香港英華書院活板」とあり、本文中には白華の手によると思われる訓点が附されている。

(17) 本誓寺蔵。
(18) 本誓寺蔵。徳重浅吉編輯『明治仏教全集』第八巻（一九三五）に翻刻される。
(19) 南條文雄『懐旧録』（大雄閣、一九二七年）、一八・四三頁。
(20) 『傑僧石川舜台言行録』（前掲書）、九七頁。
(21) 『松本白華航海録』（以下、『航海録』。『維新期の真宗』（真宗史料集成第十一巻、柏原祐正編、同朋舎、一九七五年）所収）の「白華日記」（九月二十二日）によると、白華は香港の英華書院で書籍「得馬太」・「馬可」・「約翰第一書」・「哥林多前書」・「羅馬書註解」を購入しているが、現在白華文庫に所蔵する『羅馬書註解』（上海、墨海書館、活版、一八五七年）は当時購入したものと考えられる。同文庫に所蔵する漢訳洋書の多くは、上海・美華書館の刊本だが、刊行年が全て幕末なので、明治五年（一八七二）に香港で購入した可能性が高い。このほか、白華文庫には、幕末明治期に刊行された排耶書の刊本や写本などを所蔵する。詳細は、『松任本誓寺　白華文庫目録』（編集松任市中央図書館、漢籍指導大沼晴暉、一九八八年）を参照されたい。
(22) 『航海録』（前掲書、明治五年（一八七二）十一月十一日）。
(23) 多屋頼俊「石川舜台と東本願寺」（『講座　近代仏教』第Ⅱ巻、法藏館、一九六一年）に、当時翻訳局で翻訳したとされる書籍（稿本を含む）名を収録する。
(24) 小栗栖香頂の北京滞在については、陳継東『清末仏教の研究―楊文会を中心として―』（山喜房佛書林、二〇〇三年）・同『小栗栖香頂の清末中国体験　近代日中仏教興隆の開端』（同、二〇一六年）に詳しい。
(25) 小栗憲一（一八三四～一九一五）は、元園のち布岳と号した。豊後・妙正寺に生まれ、兄香頂と同じく咸宜園に学ぶ。幕末維新期にかけて、長崎などで教会に諜者を潜入させるなどの対キリスト教活動に従事した。維新後は宗名恢復（明治四年）に従事し、弾正台・監部・宮内省・教部省・大蔵省で勤務したほか、真宗京都中学校長や善教寺住職をつとめた。明治十一年（一八七八）に琉球を、明治三十一年（一八九八）に韓国を訪れている。
(26) 陳継東「小栗栖香頂『支那開宗見込』解題と翻刻（一）（二）」（『青山国際政経論集』第一一〇・一一一号、二〇二三年）

に翻刻する。
（27）陳継東『清末仏教の研究』（前掲書）二一四頁によると、『真宗教旨』の版本系統は次の通り五種類である。
①一八七八年八月二十日に上海別院で入仏式の際に配布された『真宗教旨』（所在不明）（※筆者註、香頂らは七月十三日に上海に到着していることから、本書は上海別院開設に備え、事前に日本国内で印刷されていた可能性が高い）。
②一八七六年十二月に出版された『真宗教旨』（編集者・小栗栖香頂、校閲兼出版人・石川舜台）。
③一八八三年九月に出版された『真宗教旨』（編集者・小栗栖香頂、校閲兼出版人・石川舜台）。
④一八八三年ごろ蘇州の居士の許霊虚によって刊行された『真宗教旨』（所在不明）。
⑤一九四一年に上海で出版された『真宗教旨』（『真宗十講』＝『清国捕虜説教』の中の附刊）。
（28）陳継東「小栗栖香頂『支那開宗見込』解題と翻刻（一）（二）」（前掲書）。
（29）谷了然（一八四四～一九一九）は加賀小松の来生寺に生まれ、のち同地の教恩寺に養子に入り住職となる。石川舜台が主宰する金沢の慎憲塾で、笠原研寿や心泉とともに学ぶ。上海別院開設に尽力し、同別院初代輪番となり、中国各地を視察した。明治十年（一八七七）には北京教校を開設するも、翌年更迭される。明治三十年（一八九七）、石川舜台の上席参務就任にともない、明治三十一年（一八九八）に中国布教が再開されると、開教事務局長として渡清し、杭州および蘇州日文学堂の設立に尽力した。『六十年史』（前掲書）に「谷了然師日記抜萃」・「谷了然師日記別冊」として鈔録されるほか、槻木瑞生編『アジアにおける日本の軍・学校・宗教関係資料』第四期、「日本佛教団（含基督教）の宣撫工作と大陸」第四巻（龍渓書舎、二〇一二年）に、同日記の筆写本が「滞在支那記」として影印される。
（30）『傑僧石川舜台言行録』（前掲書）、九一・九二頁。
（31）『六十年史』（前掲書）、八・一四頁。
（32）『六十年史』（前掲書）、八頁。
（33）『六十年史』（前掲書）、二〇頁。
（34）『六十年史』（前掲書）、八頁。一方、在留邦人に対しても、日本人布教僧によって説教・仏事・葬儀のほか、医療・教育・

日本人墓地の管理なども行われた。
(35)『六十年史』(前掲書)、二四七頁「資料第六号　入仏式報告書」。
(36) 岳崎正鈍（一八三六～一八八六）は、秋田・浄弘寺十世、速證院正桓の三男として生まれた。字は法泉、自笑人等と号した。明治元年（一八六八）、越前国祐善寺に入寺して、同寺十八世を継ぐ。明治十一年（一八七七）七月から翌年五月まで、三等説教者兼四等教師として東本願寺上海別院に在勤し説教を行うかたわら、中国人向けに「真宗説教」編纂に従事したほか、同別院内に設立された中国語学校の江蘇教校で日本人留学僧に宗乗（真宗学）を教授する。『六十年史』(前掲書)には、上海別院在勤時の漢文日記である「支那在勤襍志」を鈔録し、のちに全文が『維新期の真宗』(前掲書)に翻刻された。
(37)『維新期の真宗』(前掲書)所収。
(38) 岳崎「襍志」(前掲書)、「余「真宗説教」第六号脱稿」(明治十年八月十八日)。
岳崎「襍志」(前掲書)、「余「真宗説教」第七号脱稿」(同年九月四日)。

岳崎「襍志」(前掲書)、「「説教」草稿第八号脱稿」(同年十月一日)。

岳崎「襍志」(前掲書)、「「真宗説教」第九号、松本白華殿草成以求刪補于余成賛而直啓上」(明治十一年一月七日)。
(39) 整理番号206「〔雑録〕〔明治初〕写（白華）」(※表題、縦一八センチメートル×横一二センチメートル)。本資料は、『松任本誓寺　白華文庫目録』(前掲書)に収録せず。
(40) 白華『雑録』(前掲書)「(※明治十年)十一月経費（中略）一、四元　説教第六号五百部出来」。
白華『雑録』(前掲書)「(※明治)十一年一月経費（中略）六元　説教第七八号七百部摺立製本」。
(41) 拙稿「白華文庫蔵「真宗説教」について」(前掲書)に全文を翻刻する。
(42) 吉嗣拝山『骨筆題詠・江南游草』(光緒四年・一八七八)末尾に「上洋馬馥堂刻印」とあるが、この馬福堂を指すものと思われる。同書は光緒四年の清末文人や心泉の序跋を掲載していることから、拝山が上海滞在中（明治十一年二月～六月）に作らせたものであろう。
(43) 陳継東「小栗栖香頂『支那開宗見込』解題と翻刻（一）（二）」(前掲書)。

(44)　岳崎「襍志」（前掲書）、十月十七日（九月十一日）「薄暮銭子琴到余前、城老因輪的之請莅其席。蓋別院有外史翻刻之挙件也」。
岳崎「襍志」（前掲書）、十二月十一日（十一月七日）「銭子琴先生（中略）外史評点及毛対山序文成」。

(45)　蔡毅「頼山陽『日本外史』の中国への流布」（『日本漢文学研究』第十二号、二松学舎大学東アジア学術綜合研究所日本漢文教育研究推進室、二〇一七年）、三二一・三二三頁。

(46)　『六十年史』（前掲書）、二四七頁「資料第六号　入仏式報告書」。また、「河崎輪番日記」（拙稿「〈翻刻〉上海別院「河崎輪番日記」（写本）について」（大谷大学『真宗総合研究所紀要』第三六号、二〇一九年）、三三三頁）に、明治九年十月二十五日（旧暦九月九日）「普陀山観音院南普、来乞助力。銭二百文ト真宗教旨ヲ送ル」とある。なお、本資料は論集には要旨のみを収録し、翻刻は下記URL（二〇二四年八月十七日現在）を参照されたい。
https://otani.repo.nii.ac.jp/?action=pages_view_main&active_action=repository_view_main_item_detail&item_id=7695&item_no=1&page_id=13&block_id=28

(47)　『六十年史』（前掲書）、三五・五八・五九頁。

(48)　前掲書。

(49)　蛯原八郎『海外邦字新聞雑誌史　付海外邦人外字新聞雑誌史』（学而書院、一九三六年）、二七五頁。

(50)　『六十年史』（前掲書）、四三・四四頁。

(51)　布教権問題については、佐藤三郎「中国における日本仏教の布教権をめぐって」（前掲書）・入江昭「中国における日本仏教布教問題」（前掲書）に詳しい。

(52)　常福寺蔵、明治九年（一八七六）九月、（発）真宗東派本願寺住職大教正大谷光勝（宛）教部大輔宍戸璣。拙著『東本願寺中国布教の研究』（前掲書）、一五七・一五八頁に翻刻する。

(53)　竹添井々は、日本人で初めて愈樾に面会している。

(54)　『開導新聞』第二六七号（一八八二年六月二十七日）の「支那通信　杭遊雑記」（在清　白尾義夫郵送）に、杭州を訪問することとなった経緯について記述がある。

(55)　松ヶ江賢哲（一八五八頃〜生歿年不詳）は近江の人、来通寺衆徒。中国における通称は無適《ウーテ》、笙洲と号した。二歳上の松林孝純粋とともに大阪の難波別院教師教校支那語科で汪松坪《ワンスンピン》より南京語を学ぶ。明治十四年（一八八一）本山教学部から留学を命ぜられ杭州で杭州語を学び、のちに上海別院内に設置された小学校・親愛舎の教師をつとめる。日清戦争中は従軍通訳をつとめる。明治三十三年（一九〇〇）、仏教者・張常惺（のち真宗に帰依）を伴って帰国する。

(56)　松林孝純（一八五六〜？）は、東本願寺の僧侶で、越後の人。中国における号は行本《シンペン》。正覚寺に松林得聞の子として生まれ、副住職をつとめ、長圓立に学ぶ。のち松ヶ江賢哲とともに南京語を学び、明治十四年（一八八一）十一月、本山教学部から留学を命ぜられ、蘇州で蘇州語を学ぶ。この間、兪樾撰『東瀛詩選』編纂にあたって聯絡役をつとめ、のち上海別院内に設置された小学校・親愛舎の教師となる。日清戦争に際しては通訳として満洲・台湾に従軍した。戦後、蘇州日文学堂堂長をつとめたほか、上海では古城貞吉らと日本書籍の漢訳を行う。晩年は札幌・了得寺の院代をつとめた。著書に『大日本帝国憲法俗解』（一八八三）・『四大法令俗解』（同）がある。

(57)　『東瀛詩選』編纂については、拙稿「『東瀛詩選』編纂に関する一考察」（前掲書）等を参照されたい。

(58)　外務省編纂『日本外交文書』第十六巻（日本国際連合協会、一九五〇年）、事項五「日清修好条規通商章程改正ニ関スル件」（九〇「日清修好条規通商章程満十ケ年期限到来ニ付追テ改正談判ニ及フヘキ旨総理衙門大臣ニ申入ノ旨報告ノ件」・九一「日清修好条規通商章程期限到来ニ付改正希望ノ意ヲ清国政府ニ申入方訓令ノ件」・九二「日清条約改正ニ関シ上申ノ件」）。

(59)　菊池秀言『亀崎山浄福寺傳燈記』（一九三五年）、二八・六四頁。
『六十年史』（前掲書）、一八八頁。

佐藤三郎「中国における日本仏教の布教権をめぐって」（前掲書）、四四四頁。

奥村圓心「朝鮮国布教日誌」（『維新期の真宗』真宗史料集成第十一巻（前掲書）所収）によると、朝鮮布教に従事した奥村も明治十五年（一八八二）六月に岩倉・井上に陳情を行っている。

(60)　『六十年史』（前掲書）、五四頁。

(61)『六十年史』(前掲書)、五八頁。
(62)『六十年史』(前掲書)、六〇・六一頁・年表。
(63)『六十年史』(前掲書)、二八三頁、「資料第十三号　開堂学堂解説資料」・年表。
(64)『六十年史』(前掲書)、年表。
(65)『六十年史』(前掲書)、七一頁・年表では、卒業生三名の氏名は中尾佐吉・井上広吉・東屋むめとなっている。
(66)『六十年史』(前掲書)、七一頁。
(67) 本資料は、拙著『東本願寺中国布教の研究』一二一～一二三頁に全文を翻刻する。
(68) 本資料は、拙著『東本願寺中国布教の研究』一二三・一二四頁に全文を翻刻する。
(69)『海外邦字新聞雑誌史』(前掲書)、三四二頁・二七〇頁。同書は石川県立図書館に所蔵され、名刺「上海本願寺別院輪番／佐野即悟」を添附する。
(70)『海外邦字新聞雑誌史』(前掲書)、二七一頁。
(71)『海外邦字新聞雑誌史』(前掲書)、二七六頁。
(72) 本願寺史料編纂所『増補改訂本願寺史』第三巻(本願寺出版社、二〇一九年)、二七五～二八〇頁。
(73) 伊藤は当時の状況について、論説「支那の教育に就いて」(台湾教育会『台湾教育会雑誌』第七四号、一九〇八年、一頁)で述べている。
(74) 厦門(明治三十一年七月)・杭州(同年十月、同年十一月、三十二年四月弥陀寺と共住契約、仙林寺の買収も検討)・蘇州(同三十一年十一月、南禅寺に設置)・南京(明治三十二年一月)・漳州(同)・泉州(同)などに布教所などが設置された。
(75)「北方心泉日記」(一八九九年、常福寺蔵)によると、明治三十二年(一八九九)から翌年にかけて、心泉は広東養学堂を設置する準備を進めているが、『六十年史』(前掲書)等に同学堂に関する記述がないことから、設立されなかったものと思われる。
(76)『六十年史』(前掲書)、九三頁。この記述からは刊行が予定された雑誌の言語・内容は不明だが、当時は中国人向けに各地に教堂・学堂を設置していることから、中国人を対象に漢文・中国語での刊行を想定していたものと考えられる。

(77) 伊藤賢道は一高文科に入学後、文藝部に所属し、塩谷時敏や落合直文の指導を受けた。一高の同人誌『校友会雑誌』に伊藤の漢詩が掲載されている。明治二十八年（一八九五）に一高文科を卒業し、東京帝大文科大学漢学科に進学する。野口弌太郎（寧斎）編『大纛餘光』に、漢詩「聞九連城捷報」が採録されている。明治二十九年（一八九六）三月十五日に学礼会によって行われた釈奠に参加したほか、葉徳輝の蔵書目録を作成したとされ、漢学に造詣が深かった。

(78) 伊藤は帝大在学中に、張滋昉らから中国語（北京官話）を習ったと思われるが、「支那の教育に就いて」（前掲書）で、以下のように述べている。

私は学校で北京語をば、官話をばやつたから、是れで分るであらうと支那に行つたのですけれども、杭州へ参つて見ますと、未熟な官話では通じませぬ。少し、物の分つた洋務局の官員連中でも、北京に行つた者でなければ官話は通じませぬ。（以下略）

(79) 「支那の教育に就いて」（前掲書）。

(80) 拙著『東本願寺中国布教の研究』（前掲書）、一三一～一三四頁に全文を翻刻する。本資料は、版心に「上海本願寺別院」と印刷された十三行の用箋に書かれており、伊藤を含む日本人教習の在任時期や、『訳林』・『大日本中興先覚史』刊行に関する記述があることから、明治三十四年（一九〇一）九月十六日から二十三日にかけて作成されており、同時期に杭州を訪れた福島安正に対して提出されたものと思われる。

(81) 伊藤賢道監訳、上海商務印書館。明治三十四年（一九〇一）三月五日（光緒辛丑正月十五日）に創刊され、翌年まで刊行が続けられた。

(82) 『六十年史』（前掲書）、八五頁。

(83) 明治三十四年（一九〇一）刊、跋文に「大日本明治三十四年六月、伊藤賢道識於西湖蓮華巌寓斎」とある。有馬卓也「岡本韋庵『清国遊記』翻刻・訳註稿」（徳島大学『言語文化研究』六号、一九九九年）によると、岡本は渡清に先立つ明治三十三年（一九〇〇）十一月二十日に、東本願寺を訪れ、宗務総長石川舜台や清国別院主幹籠経丸と面会している。また、「石川舜台書翰」（明治三十三年八月十五日、『大隈重信関係文書』第一巻（みすず書房、二〇〇一年）、一一二頁）によると、伊藤は義和団事件で一時帰国した際、大隈重信のもとを訪ねている。

(84) 魏維「清末の日本語学習書からみる日本語教育―『寄学速成法』を通して―」（広島大学国語国文学会『国文学攷』二三〇号、二〇一六年）。同論文によると、同書の題字は同じく明治三十二年（一八九九）十月頃に同学堂に入学し、その後伊藤とともに『訳林』の主編をつとめた林長民によって書かれている。

(85) 『六十年史』（前掲書）、八九頁。同、三一八頁、資料第十七号「儒皮仏宗論（抜鈔）」。

(86) 『六十年史』（前掲書）、八九頁。

(87) 明治三十三年（一九〇〇）八月二十四日、東本願寺厦門布教所が放火され、在留邦人保護のために日本海軍陸戦隊が厦門に上陸した。これは、当時布教所の代理主任であった高松誓が、台湾総督府の指令を受けて自ら布教所に放火して清人の仕業に見せかけた事件だとされている。故谷美子「厦門事件の一考察―日本の南清進出計画とその失敗」（歴史研究会『歴史教育』第六巻第三号、一九五八年）・佐藤三郎「明治三三年厦門事件に関する考察―近代日中交渉史上の一齣として」（『山形大学紀要（人文科学）』第五巻第二号、一九六三年）等に詳しい。

(88) 伊藤賢道は浙江省・江蘇省で中国寺院を東本願寺に帰属させる工作を行っていたが、領事警察が調査を行ったところ、多額の出所不明の収入があっただけでなく、強引な帰属工作を行っていたことが判明した。明治三十九年（一九〇六）八月十三日付をもって、杭州日本領事・高洲太助により、「当地方ノ安寧ヲ妨害セントスル者ト認メ明治二十九年法律第八十号清国及韓国在留帝国臣民取締法第一条ニ拠リ本日ヨリ向フ三ヶ年間清国ニ在留スルコトヲ禁止」（外務省編纂『日本外交文書』第三十九巻、第一冊（巌南堂書店、一九五九年）八二五頁、「事項二一　清国内地布教一件」「七四四　八月十三日大谷派本願寺派遣僧伊藤賢道ニ退清ヲ命シ向フ三ヶ年間在留ヲ禁止シタル事由具申ノ件」（附属書二））する旨の退清命令が発せられ、これにより杭州日文学堂は閉鎖された。

(89) 『六十年史』（前掲書）、一二七頁。

(90) 『六十年史』（前掲書）、一二五頁。

(91)『六十年史』(前掲書)、一三一頁。
(92)『六十年史』(前掲書)、一三二頁。
(93)『六十年史』(前掲書)、一四六頁。
(94)『六十年史』(前掲書)、一四六頁。
(95)『六十年史』(前掲書)、一四一頁・三三八頁「資料十九号　明治四十三年六月上海御渡航日誌」。
(96)『六十年史』(前掲書)、一四六頁・一四七頁。
(97)『六十年史』(前掲書)、一四七頁・年表。
(98)『六十年史』(前掲書)、一四七頁・一四八頁。
(99)『六十年史』(前掲書)、年表。
(100)『六十年史』(前掲書)、三五四頁。
(101)『六十年史』(前掲書)、二〇〇頁。
(102)『六十年史』(前掲書)、三七一・三七二頁。「現配布雑誌」について、『六十年史』からは書名をはじめとする詳細は不明だが、当時何らかの雑誌が刊行されていたと想起される。
(103)『六十年史』(前掲書)、二〇一頁。
(104)『六十年史』(前掲書)、年表。
(105)浄土真宗本願寺派国際部・浄土真宗本願寺派アジア開教史編纂委員会『浄土真宗本願寺派　アジア開教史』(本願寺出版社、二〇〇八年)、二八六頁、「本願寺のアジア開教年表」。
(106)上海市政研究会編『上海に関する文献目録』(華中鉄道、一九四四年)、八二頁。
(107)『滬上青年』は、『井手三郎文庫目録』(東京大学法学部附属近代日本法政史料センター明治新聞雑誌文庫、一九八六年、四頁)によると、明治四十三年(一九一〇)から大正二年(一九一三)までの刊行が確認される。
(108)『上海に関する文献目録』(前掲書)、八二頁。

「日支交通会」およびその機関誌についての考察

王　弘

民国初期の日中経済関係に係る先行研究のうち、李廷江[1]は日中合弁会社「中国興業株式会社」の設立経緯を分析し、日本経済界の中国との関係を解明した。片桐庸夫[2]および周見[3]は、一九一四年に訪中した渋沢栄一が日中間の経済連携を促進させる役割を果たした、としている。また、拙作[4]は渋沢栄一が訪中する前後に関与した両国合弁事業の経緯を考察した。

日中間の経済交流活発化は民国初期の両国関係において注目すべき特徴と言える。中国側は財政難の解決を目的として孫文が一九一三年に訪日し、中国興業株式会社の設立および翌年の渋沢栄一訪中が実現した。中国経済界と言論界もこれらの活動を歓迎し、日中間の人的交流が活発化した。上述の先行研究は、これらの史実に注目している。

本稿は、管見の限りこれまで研究の対象となっていなかった一九一四年に東京で設立された日支交通会およびその機関誌『日支交通会会報』を、この時期の両国経済関係を知る新たな史実として追加することを試みるものである。

一　日支交通会について

日支交通会は、一九一四年開催の東京大正博覧会を機に、同年二月に在日の中国人が設立し、東京市京橋区南金六町十三番地（現銀座八丁目）に拠点を置いた。

同会の機関誌である『日支交通会会報』によれば、設立資金の大部分は**表一**の理事から拠出され、駐日中華民国公使の陸宗輿（一八七八～一九四一）および上海、江蘇省の財界からも寄付を受けている。(5)

理事の属性について筆者が確認した範囲内では、理事長の宓鉄錚は来日した知識人である。蔣錫韓は浙江省海寧県出身で、明治大学商学部を卒業している。潘保之（一八四七～一九二四）は安徽省出身で、江蘇省に豊利学塾（一九〇七）および豊利女子小学校（一九一六）などの教育施設を設立している。

加えて、『日支交通会会報』によると、名誉会長は駐日公使陸宗輿であるほか、**表二**の通り日本の有力財界人および在日の中国人外交官員・企業家が名誉会員となっている。このことから、同会の活動が彼らから相応の認知を得たものであろうことが推測される。

東京大正博覧会は、東京市政府主催で一九一四年三月から七月まで開催された。中華民国も招請されて、日華貿易館を出展した。日支交通会は博覧会会場で事務所を設置して、中国人向けの視察案内書『大正博覧会指南』を刊行したほか、(6)中国からの視察団による日本各地での工場見学や機械設備などの調達を仲介し、博覧会を契機とする両国間の経済関係深化を支援している。

博覧会閉会後、一九一五年二月に日支交通会は中国語による日本産業紹介ハンドブック『日本実業鑑（漢文）』および日本語による中国産業紹介ハンドブック『支那実業鑑（日文）』の出版を計画していたが、対華二一ヵ条交渉による両国関係の悪化により中止に追い込まれた。

表一 日支交通会理事会

宓鉄錚	理事長
張季剛	理事・代理部長
蔣錫韓	理事・編集部長
張伯英	理事・調査部長
施楨	理事
葉経	理事
潘保之	理事

注：『日支交通会会報』第１年第１号、1914年９月、60頁。

表二 日支交通会名誉会員

日本側会員		中国側会員	
渋沢栄一	第一銀行頭取、男爵	郭左淇	駐日中華民国公使館随員
近藤廉平	日本郵船株式会社会長、男爵	林鵾翔	駐日中華民国公使館随員
中野武営	東京商業会議所会頭	王守善	駐横浜中華民国総領事
倉知鉄吉	中日実業株式会社副総裁	孫多森	中日実業有限公司取締役
馬越恭平	大日本麦酒株式会社社長	周晋鑣	中日実業有限公司取締役
白石重太郎	東京商業会議所書記長	胡宗瀛	中日実業有限公司監査役
池田謙三	第百銀行頭取	李文権	中国実業雑誌社社長
		温徳林	留日横浜華商公会長
		張承基	記載なし
		潘文安	記載なし

注：『日支交通会会報』第１年第１号、1914年９月、59～60頁。『日支交通会会報』第１年第４号、1914年12月、１、17頁より。職業は原文のまま。

二　『日支交通会会報』について

『日支交通会会報』は、一九一四年九月から一九一五年一月までの五か月間にわたり発刊された。同誌は月刊の会員向け機関誌であり、発行部数は不明である。

創刊号において日中関係について、「意思を疎通し貿易を促進するを以て主と為し、而して意思上の屏障を撤去して貿易界の蟊賊を芟除するを以て副と為す」ことが日支交通会設立の趣旨であると宣言している。[7]

この趣旨は、『日支交通会会報』の編集構成に特徴的に反映されている。**表三**の通り、同誌は「名論」、「調査」、「紹介」、「雑纂」の四つの部分から構成されており、それぞれ財界人からの寄稿、産業調査報告、技術紹介そして経済動向が内容であるが、いずれも中国語と日本語とで掲載されている。

表三　『日支交通会会報』の内容構成および掲載記事総本数

欄	中国語の部	掲載総数	日本語の部	掲載総数
名論	日本財界人の寄稿	四	中国財界人の寄稿	四
調査	日本産業調査	一一	中国産業調査	一四
紹介	日本の技術紹介	一〇	中国の技術紹介	一二
雑纂	日本の経済動向	七一	中国の経済動向	四二

注：1914年10月号は筆者未見のため、これを除く4回の合計。

特筆すべきは、同じ記事を両国語で掲載したのではなく、日本人からの寄稿・日本の事情紹介を中国語で、中国人からの寄稿・中国の事情紹介を日本語で掲載している点である。翻訳作業は外注ではなく、編集部の張伯英、姚鷹楠および吉田潮舟が行った模様である。

渋沢栄一は「名論」に「遊華所感」と題する文章を寄稿し、以下の通り日中合弁会社の設立が日中間の経済連携に資すると主張し、一九一四年の訪中結果に基づいて中国の財政金融制度改革を提言している。[8]（〔 〕内の内容は引用者による注記である）

> 中国と日本は同文同種の友誼を持っている。〔……〕如何に提携関係を結ぶかというと、忠恕の道に従わなければならない。己の欲せざる所は人に施すことなかれ。〔……〕両国の提携を実行しようとすれば、事業の開拓に注目すべきである。日中両国の合弁事業は最も良い方法である。〔……〕そうすれば、両国の経済が共に発展することができ、提携の成果が実れる。
>
> 中国は財政問題を軽視してはならない。〔……〕財政は脳であり、経済は胃である。脳が弱く、胃がよく働く体が存在しない。〔……〕貨幣の統一は一番目の急務である。〔……〕二番目は中央銀行制度の改正である。〔……〕三番目は財政収入を増加させることである。

中国の経済問題に対して、渋沢は財政を「人間の脳」に喩え、農、工、商などの分野を「胃」に比喩した。「脳が弱く、胃がよく働く体が存在しない」と、中国経済問題の解決は財政から行うべきだと提言している。また、日中提携について渋沢は忠恕の道をもって両国経済の振興を唱え、「己の欲せざる所は人に施すことなかれ」と語り、日中合弁事業における中国の利益を尊重する態度を示した。

一方、中国人側からは李文権が「南か北か」と題する文章を寄稿し、中国で事業を展開する日本の企業家は、中国

の北方と南方の事情の違いを認識すべきだと提言している。(9)

吾人は永く日本に在り、其対支貿易上に就き大いに遺憾とする所ある。〔……〕日本は支那に対しては貿易上最も至便の地位を占めながら、徒らに欧米人の跳梁に委して顧みざるの観ある。〔……〕日本の商人が支那の事情に通ぜざると、信用の観念薄きと、団結心に乏しき等諸多の原因ありて存するなり。〔……〕〔日本商人は〕深く注意せざるべからず。

一九一一年の辛亥革命勃発以降、北方と南方の対立激化を経て中華民国が成立したが、日本社会ではなお革命軍と軍閥とのいずれかという議論に終始していた。李文権は、日本人が中国の実情に対する認識を改めるべきであると主張し、関心を政治から経済へ移すべきだと提言した。日本企業家が中国市場における欧米人の好き勝手な振る舞いを視野に入れることなく、事業活動における自身の弱点を克服し、日中連携を実行することこそ、両国の発展を実現させる道だと、述べている。

このような日中両国からの寄稿は、それぞれの立場から両国間の経済連携の必要性を認識し、実現に期待していることがわかる。

「調査」においては、日本側からは農商務省商工局による調査報告が、中国側からは在日本領事館および税関当局による報告書が中心で、ほかに両国の経済誌からの転載も見られる。「支那の鉄道」(10)は、中国における鉄道整備の沿革および運行状況が、「武漢に於ける機織業の勃興」(11)では、湖北省における紡績業の実態が報告されており、日本人企業家の参考に資することが期待されたものと推測される。

「雑纂」においては、両経済界の関心が強い国際経済動向が報告されている。「欧洲対支貿易日本競争品比較」および「支那に於ける独逸貿易」では、ヨーロッパ諸国の対中貿易の実態から、第一次世界大戦が日中経済界に与えた影響を報告している。(12)

三　李文権と日支交通会

日支交通会名誉顧問の一人である李文権（一八七八〜一九三六）、字は道衡あるいは涛痕、北京の出身である。(13) 一九〇六年に京師大学堂を卒業後、同年に日本国文部省と契約し、東京高等商業学校の中国語教師となった。一九〇六〜一九一七年にかけて一二年間も日本に滞在し、その期間中に彼は仕事の余暇を利用し、東京で中国実業雑誌社を設立し、経済誌『中国実業雑誌』（一九一二〜一九一九）を刊行した。ほかに、文集『他山百家言』（一九一六・一七）を刊行し、日中交流の促進に努めた。

『中国実業雑誌』は中国語の月刊誌で、日本、中国、朝鮮、アメリカなどで多くの中国人読者を有していた。同誌は日本の経済実態を中国に伝え、日中両国の経済連携を支持する立場にあった。その掲載内容は社説、経済調査、経済ニュースなどがあり、その主張は例えば、「貨幣管見」の一文では、日本の貨幣制度の模倣と日本資本の利用を主張し、中国の銀本位制を金本位制に改正することを提言した。(14)「論国民外交之不可少」の一文では、対華二一ヵ条要求が受諾された背景で、日中関係の修復を提言し、日中商人の往来や会館の設立などの主張を述べた。(15)

表一にあげた日支交通会理事長である宓鉄錚もまた、同誌編集者の一人であった。社説および経済調査記事を合計一七編執筆している。理事の蔣錫韓も同誌への寄稿歴があり、中国の企業家には近代経済知識の涵養が必要であるこ

とを主張した。このように、日支交通会と中国実業雑誌社とは関係者が重なっており、活動方針も同じである。

『他山百家言』は、一九一五年に対華二一ヵ条交渉の勃発を背景に編集された。交渉が起こった後、日中関係が冷え込んだ。両国間の交流に関心を持っている李文権は、文集を刊行することで、両国民間関係の修復を求めた。

同書では、両国の政治、経済、教育、言論など広範な分野から二四九編の寄稿を集めた。三冊の上巻には日本人の文章一九九編、一冊の下巻には中国人の寄稿五〇編を収めた。両国人の意思疎通を求めるため、李文権は日本人の原稿を中国語に訳し、中国人の原稿を日本語に訳したのみならず、同書出版後、非売品として社会上層に無料配布した。

同書における寄稿内容は、例えば服部宇之吉は、中国がアメリカに接近して日本を牽制する外交方針を批判し、「遠交近攻」外交策略の撤回および日本との連携を求めた(16)。在日華僑の張友深は、東アジア情勢から日中両国の関係を考え、「唇亡びて歯寒し」の教訓をもって、両国提携の必要性を語った。同書には、日中連携を主張する文章が掲載された(17)。


李文権による『他山百家言』編集については、彼が日支交通会で構築した人脈および経験した編集手法が基礎となって実現した可能性がある。日支交通会名誉会員の渋沢栄一、中野武営および倉知鉄吉が『他山百家言』寄稿募集活動を行っており、李文権は、「渋沢〔栄一〕、中野〔武営〕、倉知〔鉄吉〕の三先生が他の名士を紹介してくださり、数百人の文章を得た。三冊の続編を出版し、『他山百家言』という書物になった」と、一九二五年に回想している(18)。そもそも李文権は在日の一外国人教師に過ぎず、財界の重鎮と接触する機会があったとは考え難く、日支交通会の中核として関与したことにより初めて機会を得たものと推測される。そして、『他山百家言』は日中両国語併載であることは、『日支交通会会報』を参照とした可能性が高い。

このように、一九一〇年代の日中社会では、両国の経済連携に関心を寄せた者が多く現れた。日支交通会はその一つであり、その存続期間は短かったが、『他山百家言』に影響を与え、日中交流の継続を促した。対華二一ヵ条交渉の勃発後、日中関係が悪くなり、両経済界の交流が厳しくなった。中国国内では、反日運動が頻繁に起こり、中国人の対日排斥が次第に高まった。対日排斥認識が主流を占める中、中国社会では対日連携を主張する認識が底流として存在していたことがはっきりした。

注

(1) 李廷江『日本財界と近代中国：辛亥革命を中心に』御茶の水書房、二〇〇三年。
(2) 片桐庸夫『民間交流のパイオニア：渋沢栄一の国民外交』藤原書店、二〇一三年。
(3) 周見著、西川博史訳『渋沢栄一と近代中国』現代史料出版、二〇一六年。
(4) 拙稿「『中国実業雑誌』と『他山百家言』から見る渋沢栄一の対中合弁事業に至った経緯」『ICCS現代中国学ジャーナル』第一五巻第一号、二〇二二年六月、二〇〜三三頁。
(5) 「大正博覧会内特設事務所報告」『日支交通会会報』第一年第一号、一九一四年九月、五六頁。
(6) 同前掲注(5)、五五頁。
(7) 「弁言」『日支交通会会報』第一年第一号、一九一四年九月、三三〜三四頁。
(8) 渋沢栄一「遊華所感」『日支交通会会報』第一年第三号、一九一四年一一月、一〜二頁。原文は中国語、筆者翻訳。
(9) 李文権「南か北か」『日支交通会会報』第一年第三号、一九一四年一一月、一九〜二〇頁。
(10) 「支那の鉄道」『日支交通会会報』第一年第三号、一九一四年一一月、二一〜二六頁。「支那の鉄道（其二）」『日支交通会会報』第一年第四号、一九一四年一二月、二〇〜二四頁。
(11) 「武漢に於ける機織業の勃興」『日支交通会会報』第一年第一号、一九一四年九月、三九〜四一頁。
(12) 「欧洲対支貿易日本競争品比較」『日支交通会会報』第一年第一号、一九一四年九月、五〇頁。「支那に於ける独逸貿易」『日支交通会会報』第一年第四号、一九一四年一二月、三二頁。
(13) 拙稿「李文権研究：対日活動を中心に」二松学舎大学博士論文、二〇二四年三月、を参照。
(14) 李文権「貨幣管見」『中国実業雑誌』一九一七年第二期、一九一七年二月、六〇～六四頁。
(15) 李文権「論国民外交之不可少」『中国実業雑誌』一九一六年第九期、一九一六年九月、六九一～六九三頁。
(16) 服部宇之吉「親善之責在支那不在日本」『他山百家言（上巻第二冊）』中国実業雑誌社、一九一六年、九～一〇頁。
(17) 張友深「中日親交は事半にして功は倍なり」『他山百家言（下巻）』中国実業雑誌社、一九一六年、五二～五三頁。
(18) 李文権「近十年自述」『大連勧業博覧会出品図説』満洲日日新聞社、一九二五年、四八頁。

黒木欽堂と長尾雨山

田山泰三

はじめに

私的なことから書きはじめることお許しいただきたい。

私は香川県の出身。昭和六〇（一九八五）年三月に二松学舎大学を卒業。大学在学中石川梅次郎先生より日本漢文を、松井武雄先生より漢文教育概説を、松下忠先生より日本漢詩を学んだ。卒業後は地元に戻り同年四月より香川県高松市にある当時女子単学校だった香川県明善高等学校に国語科教諭として勤務。採用時には学園史に関してほとんど知識がなく、そのまま世の中の高校教員の例に漏れず教科指導のほかに校務分掌、学級担任、部活動顧問等の業務に従事した。香川県明善高等学校は平成一三（二〇〇一）年四月より英明高等学校と改称し共学校となり、私はそのまま同校勤務を続けた。

平成一六（二〇〇四）年、英明高等学校の法人上部組織である香川県明善学園に黒木矩雄理事長が着任した。黒木理事長は黒木欽堂の孫にあたり、私は黒木理事長の厚意で同家に伝わる資料や情報を得ることができた。また明善学園創立者の山川波次が黒木欽堂と深い縁があること（後述）や、学園に長尾雨山はじめ多くの高松出身の漢学者がかかわりあっていることを知った。

英明高等学校の前身、明善高等女学校の開校が大正六（一九一七）年。平成二九（二〇一七）年が学園創立一〇〇周年になり、私は学園の歴史を総括する記念誌『明善学園百年誌』の編集主幹を務め、刊行できた。思いもかけず自分の専門領域をいかして勤務校に貢献することができ、私は令和五（二〇二三）年三月に教諭の定年を迎えた。

本報告では高松藩出身の近代における二人の漢学者、黒木欽堂と長尾雨山の業績を紹介するとともに、個人的な経験から「教育現場で教育活動に従事する教員が学校史を担当したら」という内容にも触れておきたい。

一　黒木欽堂

中村不折『僕の歩いた道―自傳』に「天才黒木欽堂」という文章がある。

明治二十六年になつた。

或る友人が、香川県人の黒木安雄といふ学者を紹介してくれた。黒木氏は歴史の書物を書いたので、挿画を描いてくれろ、と云はれたので、それを描いた。

神田の旅籠町に集英堂といふ本屋があつて、少しづゝ仕事をしてゐるうちに、大分僕を信用してくれて、それからはずつと引続いて仕事をやらせてくれるといふ事になつて、僕も漸やくトボ〳〵乍ら、衣食が出来ることになつた。

黒木氏は欽堂といふ雅号を持ち、詩文が非常にうまかつた。幼少から天才といはれた人で、その頃もうい〻加滅大家の列に入り乍ら、年は僕と同年であつた。僕は黒木氏から啓発される所が多かつた。氏と僕とは、仕事の上からも共鳴する点が多かつたので、大正十二年に、亡くなられるまで、親密の交りを続けて来た。惜しい人だつたと思ふ。

中村不折（一八六六―一九四三）は明治・大正・昭和期に活躍した日本の洋画家であり書家。本名鈼太郎（さくたろう）。正岡子規の盟友であり、夏目漱石『吾輩は猫である』の挿絵画家としても有名。また書家であり、膨大な中国の書蹟や拓本の収集家でもあった。中村は現存する顔真卿の唯一の真蹟といわれる『建中告身帖』を手に入れて所蔵。昭和一一（一九三六）年には台東区根岸の旧宅跡に書道博物館（現台東区立書道博物館）を開館した。有名な揮毫作品が三鷹禅林寺にある「森林太郎墓」の字。森林太郎はいうまでもなく森鷗外（一八六二―一九二二）のこと。黒木欽堂も森鷗外と交流があった（後述）。この文章は中央美術社発刊『中央美術』一三巻一号―三号（昭和二年一月一日・二月一日・三月一日）に掲載。台東区立書道美術館より平成二八（二〇一六）年六月三〇日に発刊された中村不折『僕の歩いた道―自傳』より引用した。

黒木欽堂（黒木家蔵）

中村不折に「天才」と称され、書家であり漢学者として名を残す黒木欽堂（一八六六―一九二三）。名は安雄、字は武卿。別号に欣堂・蓍園。慶応二（一八六六）年、讃岐国那珂郡良野村（現・香川県仲多度郡まんのう町吉野）大宮神社神官黒木茂矩（一八三二―一九〇五）の子として生まれる。

黒木家には神官ばかりでなく和歌漢学の伝統があった。欽堂の父茂矩は琴平の神官秋山巌山や漢詩人日柳燕石らに学び、「樛舍塾」を開塾し漢学と国学を講義、多くの塾生を集める。この時期琴平周辺の学問水準は非常に高く、同地に開塾していた奈良松荘（国学）や三井雪航（漢学および医学）も多くの門下生を集めていた。ちなみに奈良も三井も菅茶山門下。黒木茂矩は幕末にかけて高松藩藩校講道館学寮教授や教部省の神道教導職、金刀比羅宮の禰宜等を務めた。高松藩校は「講道館」の漢字表記。初代総裁が漢文訓点「後藤点」の考案者として知られる後藤芝山（一七二一―一八二）。

黒木は父茂矩と片山冲堂（一八一六―八八、幕末維新の高松藩教育者として重要な人物、後述の中野武営は高松藩校講道館で片山に学んだ）に教えを受けた後、東京に出て漢学塾二松學舍に進学する。二松學舍は明治一〇（一八七七）年の開塾。創設は備中松山藩出身の漢学者三島中洲。夏目金之助（漱石）の二松學舍入塾が明治一四（一八八一）年。この頃の二松學舍には塾生が三〇〇名程いたという。この規模は当時福澤諭吉の慶應義塾と肩を並べるほど。当時は陸軍士官学校（一八七四年創立）や司法省法学校（一八七五年創立）などが定期試験に漢文を用いたため、二松學舍には司法官や軍人が多く学んだ。また三島は書道興隆に尽力した。黒木より後の世代になるが「現代書道の父」比田井天来は明治三一（一八九八）年に二松學舍に入学し金石文を学んでいる。黒木が学ぶのに最高の学習環境が整っていた。

黒木は明治一七（一八八五）年に東京大学文学部附属古典講習科漢書課後期入学。明治一〇（一八七七）年に東京大学が創設された際、文学部は第一学科が史学哲学及政治学科、第二学科が和漢文学科にわかれて立ち上げられた。そのわずか二年後、東京大学の加藤弘之総理は和漢文学科の学生数の乏しさと凡庸さを憂慮、明治一二（一八七九）年に古典講習科の新設を建言した。背景に当時の現状では日本伝統の国漢学が西洋の学問に対抗できないという危機感があったと思われる。加藤は文部省に明治一四（一八八一）年一二月一〇日に再度建議を上申。翌年五月三〇日に認可が下りた。学生定員は四〇名。三年間六学期にわたる教育課程も発表された。翌年九月に最初の入学試験が実施され、第一期生として三八名を採用。その中には落合直文、関根正直、萩野由之、池辺義象らがいた。漢文学の教授陣は中村正直、三島中洲、島田重礼らが名を連ね、漢文学の学習においては最高の環境が整えられていた。然し古典講習科は長くは続かず、明治一八（一八八五）年には募集停止、二〇（一八八七）年に修業年限一年短縮、二一（一八八八）年に修了生を送り出して廃止された。

黒木は古典講習科を明治二一（一八八八）年七月に修了。二松學舎を経て東大古典講習科に学んだ同級生に長尾雨山、児島献吉郎、山田済斎らがいる。黒木にとってよき師よき友、よき学問環境に出会えた二松學舎および東大古典講習科時代だった。

黒木は古典講習科修了後東京に残り東京府師範学校で教えていた。東京帝国大学理科大学教授で数学者の藤沢利喜太郎経営の借家に居住した。廃藩置県後香川県は幕末に朝敵になったこともあり、維新後も長い間徳島県や愛媛県に併合されていた。黒木の盟友である中野武営（一八四八―一九一八）の尽力もあって明治二一（一八八八）年に香川県が愛媛県より分離独立。これを契機に黒木は香川に戻り香川の教育環境整備につとめるようになる。明治二三（一八九〇）年には設立されたばかりの香川県尋常師範学校（現香川大学教育学部）勤務。香川の歴史をまとめる中心人物となり、後進を導く。黒木欽堂は父茂矩の住まいのあった高松天神前に南北別棟の住居を建てて三世代家族で居住。この時期父茂矩は高松に「盈学塾」という国漢の塾を開塾。多くの塾生が通い、茂矩は朝から晩まで講義していたという。欽堂は香川県尋常師範学校に専念。盈学塾で教えることはなかった。

松平頼壽（後列左端）達と共に富士登山をする黒木欽堂（前列右から二人目）。後列右端が中野武営。（松平公益会提供）

高松松平家は教育者としての黒木を重く用いた。黒木は高松松平家当主の松平頼壽（一八七四―一九四四）の国漢および書道の指南を務める。黒木と前述の中野武営（この人が中心となって高松松平家の再建にあたった）は青年期の頼壽達と共に富士登山を決行。心身共に鍛えられた頼壽は松平家を見事に立て直し、大正一四（一九二五）年に松平公益会を設立し教育財団としての財政基盤を堅固にした。

松平頼壽は貴族院議員を三〇年以上務め、昭和一二（一九三七）年からなくなるまで第一一代の貴族院議長を務めた。能筆でもあった頼壽は香川県内外にある石碑の篆額や碑文を揮毫している。一例が北海道帯広市、帯広ばんえい競馬場内にある「イレネー号の碑」の篆額。北海道の馬の改良のため明治期にフランスより輸入された「イレネー号」は開拓馬の改良に大きく貢献。約六〇〇頭の子供の馬がいたという。明治の終わり頃には馬の価値や力比べ等のための競争が行われるようになる。明治四四（一九一一）年一一月より十勝国産馬組合は競馬場を建設し十勝競馬を開催。現在に続くばんえい競馬のはじまりとなった。後の話だが頼壽は昭和一一（一九三六）年の日本競馬会発足に際しては初代理事長を務め、日本の競馬発展に大いに寄与した。

黒木は明治三五（一九〇二）年より香川県工芸学校長（現香川県立高松工芸高等学校）を務め、漆芸をはじめとする香川の伝統工芸の維持発展をはかった。高松藩の漆芸家は江戸時代より漢詩漢文に通じた人が多く、その意味でも黒木の工芸学校長就任は学校と制作現場を結びつける契機になった。また黒木が校長を務めていた時代にアメリカの著名な建築家フランク・ロイド・ライトが工芸学校を視察に訪れている。建築家ライトを研究してきた谷川正己日本建築学会名誉会員は、ライトが来日時に高松まで足を延ばした理由として黒木の教育理念を知っていたからだとし、「同校では、ユニークな造形教育、あるいは、職能者養成教育が実践されていた。そうした教育システムに、Wrightが深い関心を寄せたのだろう」と推察している（谷川正己「一九〇五年、初来日時にWrightが撮影したとされる写真について」『日本大学工学部紀要　分類A工学編』第三七巻　一九九六）。

少し遡る。有名な明治期の軍人乃木希典（一八四九―一九一二）は明治三一（一八九八）年一〇月三日に香川県善通寺に新設された第一一師団長に就任。乃木の希望で黒木が乃木の漢詩指導をすることになる。乃木は高松天神前にあった黒木の自宅まで赴き詩作の指導を受けた。以後乃木の生涯にわたり黒木と乃木の親交は続く。

明治四〇（一九〇七）年は高松藩出身の儒学者で寛政の三博士筆頭の柴野栗山（一七三六―一八〇七）が没して百年。香川県の教育および学問の伝統を示すため「栗山先生百年祭」という行事が行われた。黒木は栗山の生誕地牟礼の弁護士川口刀水や高松の教育者岡内清太達と「栗山先生百年祭」と名付けた一連の行事を実施。高松松平家当主の松平頼壽が会長を務める香川県教育会が県内の教育機関に積極的参加を呼びかけた。前述の通り香川県は近隣の県に併合されていたため、高松藩校の講道館も歴史が続かず、講道館に祀られていた孔子像も大阪の漢学者藤澤南岳が引き取って藤井寺の道明寺天満宮に祀った（南岳は香川出身。道明寺天満宮では現在もこの孔子像を祀って釈奠が行われている）。黒木らは栗山生家跡を拡充し、あわせて香川の教育の象徴とするため「栗山堂」を建立した（現在栗山記念館）。この年の夏に行われた記念講演には東京帝国大学教授の三上参次、京都帝国大学教授の谷本富（高松藩出身）が務めた。黒木は高松工芸学校の彫刻教員だった頼富新吉に木彫の柴野栗山像をつくらせて栗山堂に奉納。同年一二月一日に「栗山先生百年祭」を行った。以後栗山堂では栗山の命日にあたる一二月一日に「栗山祭」を斉行。釈奠と記念講演が行われている。この「栗山先生百年祭」には当時東京在住だった長尾雨山も高松に戻り行事に協力。のちに明善高等女学校を創設する山川波次と交友を結ぶようになる。黒木は香川の近代教育に大きな功績があり、功績を称えて明治三四（一九〇一）年一一月二七日に黒木は香川県教育会から「教育トシテ表彰」されている。

明治三八（一九〇五）年、父茂矩が死去。この頃には香川の教育界の重鎮だった黒木だが、後進に道を譲る形で東京に活動の拠点を移す。東京での黒木の就職先は東大古典講習科時代より親しかった市村瓚次郎が斡旋。文京区千駄木に居を構える。近くに森鷗外の邸宅があり、黒木は森鷗外と家族ぐるみで交際。大正一一（一九二二）年七月九日に鷗外が没したとき真っ先に鷗外邸を弔問に訪れ「哀悼書軸」に揮毫している。この「哀悼書軸」には弔問に訪れた与謝野鉄幹、永井荷風、芥川龍之介達も揮毫した。

黒木は明治四〇（一九〇七）年より東京帝国大学文科大学講師、また二松學舍、東京美術学校、國學院大学、日本大学等の講師をつとめる。明治四二（一九〇九）年、茂矩五年祭に際し、家に伝わる茂矩の『樛舍和歌集』一巻と『憲圃詩文集』二巻を『樛舍歌集』一巻と『憲圃集』（漢詩集）一巻に編集して出版。さらに大正三（一九一四）年、茂矩十年祭には『東都懐中旅日記』を『鶏鳴雑記』として編集発行した。茂矩の業績は欽堂により後世に伝わった。

明治四四（一九一一）年一一月、黒木は書道界を統括する形で「法書会」を設立、書道誌『書苑』を月刊誌として発刊する。背景に明治期になって中国より大量の石碑拓本の渡来、国内における骨董趣味の広まり、維新後捨て置かれた寺社等に保管される古筆の再評価、それらを取引する市場形成等があり、『書苑』は好評をもって世に迎えられた。『書苑』は犬養木堂（一八五五―一九三二　本名毅。後の内閣総理大臣。能筆で知られた）をはじめ多くの読者を持ち、黒木は鑑定会を開いてさらに多くの法帖等に接し、また書道作品や拓本等の流通の仲介をした。この時代は政治家や財界人が書道作品や碑文拓本、文房四宝や篆刻印材に関心を持ち、現在では考えられないほど盛んに「文人墨客の集い」が開かれた。『書苑』は終刊まで一〇〇号発刊。『書苑』には黒木の文章とあわせ黒木の漢詩が多く収録されている。『書苑』は一九七四（昭和四九）年から翌年にかけて名著出版より復刻出版された。

大正九（一九二〇）年、黒木は犬養木堂との共著で日本および中国の書道史を概説、名筆傑作とあわせ文房四宝収集の楽しみを紹介した『書道及書蹟』を出版。この本も『書道書蹟大観』の題で一九七六（昭和五一）年に東洋書院より復刊された。黒木の著作ではほかに『本邦文学の由来』『讃岐史要』『讃岐史談』『日本史談』『支那歴史』『学書の方法述』『大日本史教授案』『讃岐国十二勝景図』等。また地元の新聞雑誌に多くの文章や漢詩等を発表している。

黒木のユニークな作品で『讃岐の鉄道唱歌』がある。明治三四（一九〇一）年刊の『地理歴史・讃岐唱歌　鉄道之巻』におさめられ、香川県師範学校黒木安雄作歌、香川県師範学校川添安蔵作曲との記録がある。全部で三十八番まであり、高松出発の第一番と琴平の第三十八番を紹介する。

一、栗林公園　屋島山　あなたこなたを眺めつ、
　　名も高松の市を出て　琴平行の汽車の旅
三十八、絵馬堂の額うち眺め　旭の社三拝し

社務所の寶物観覧し　萬歳楽の宮まうで

作曲の川添安蔵は東京音楽学校の卒業生で黒木と同時期に香川県師範学校教諭だった。

黒木は能筆で知られ、多くの条幅や横額揮毫作品を残した。石碑や墓碑の撰文揮毫も数多い。香川県内では高松市牟礼町の「源平合戦総門碑」。明治三六（一九〇三）年の記で、寿永二（一一八三）年九月に平家方が安徳天皇を奉じ屋島内裏を造営したことを示す石碑であり、黒木は撰文と揮毫両方を手掛ける。黒木の特徴的な書法「顔法」で揮毫され（杉村邦彦談）、黒木の香川県師範学校教諭時代の重要な業績である。香川県内ではほかに琴平の「日柳燕石翁之碑」（扁額山縣有朋。撰文は土屋鳳洲で黒木は書）、坂出市にある「済済会記念碑」（扁額徳川家達。黒木が撰文と書）、栗山記念館敷地内の「栗山堂碑」（扁額細川潤次郎。黒木が撰文と書）等が残り、香川県内に今も残る墓碑銘も多く手掛けている。黒木は篆刻もよくした。残念ながら散逸して現存する篆刻作品がほとんどないが、横額や条幅作品におされた印影の美しさから黒木の卓越した篆刻手腕がうかがえる。数少ない現存する作品として松平頼壽のために黒木が彫った印がつたわり、現在香川県立ミュージアムに保管されている。

大正五（一九一六）年秋、黒木は上田萬年（一八六七―一九三七）率いる中国旅行団に参加。約二ヶ月間中国を旅行している（上田の年表による）。黒木と上田は生年がほぼ同じ（黒木が一年上）ながら、それまでの経歴が正反対ともいえるほど異なっている。

黒木が讃岐という田舎生まれなのに対し、上田は幕末の江戸生まれ。上田萬年（本名。読みは本人が「かずとし」と「まんねん」両方使っている）は尾張藩士の息子として江戸大久保（現在の東京都新宿区）の尾張藩下屋敷に出生。まもなく明治維新となり、上田は明治一一（一八七八）年九月に東京府第一中学変則科（現都立日比谷高校）に入学。同校変則科一級下に夏目漱石が入学している（漱石は明治一四年一一月に二松學舎に移っている）。上田の同期には狩野亨吉、幸田露伴、尾崎紅葉らがいた。教育令改正のため上田は第一中学から新制大学予備門へ繰上げ入学し、明治一八（一八八五）年九月に東京大学文学部和漢文学科に入学。バジル・ホール・チェンバレン（一八五〇―一九三五、東京帝国大学文学部名誉講師、イギリス出身の言語学者で三八年間日本に滞在した）に師事する。上田は明治二一（一八八八）年帝国大学和文学科を卒業。この年に黒木が同大学古典講習科を修了している。

上田は大学在学中にチェンバレンから西欧の手法に基づく「博言学」を学び、卒業後ドイツ、フランスに留学し言語学を修める。明治二七（一八九四）年に帰国。上田の言語学に関する帰国報告講演をきいた新村出（当時旧制第一高等学校生徒）が感動し、言語学専攻を決意した話は有名。帰国後上田は直ちに帝国大学教授に就任し博言学講座を担当する。この頃国内では「漢字存廃論争」が活発だった。

上田はそれまでの研究手法をかえ、日本にヨーロッパの言語研究方法を導入。伝統的な従来の研究を再検討し、新しく国語学史、国語音韻、国語史、系統論などの研究を開拓した。上田は行政面でも手腕を発揮し、明治三五（一九〇二）年発足の国語調査委員会（のちに国語審議会に改組。現在は「文化審議会国語分科会」。仮名遣いや常用漢字表など国語政策の中心を担った）の創設に尽力。以後昭和戦前にかけて上田は日本国内（やがて植民地地域も）における国語政策の中心的存在となる。上田が東京大学（東京帝国大学）でみちびいた後進は新村出、金沢庄一郎、保科孝一、金田一京助、伊波普猷、橋本進吉達。上田は東大教授、文部省専門学務局長、神宮皇学館長、国学院大学長などを歴任した。まさしく言語学のみならず「日本語を作った人物」として名を残している。一方の黒木は大学教授という安定した地位で活躍できる機会をもてなかった。

黒木、上田が中国を旅した時期は日中関係が微妙だった。明治四四（一九一一）年に辛亥革命が勃発。同年一二月二九日に孫文が中華民国臨時大総統に選出され、翌年二月一二日に清朝最後の皇帝である宣統帝が退位。清朝が滅亡し中国歴史上はじめて君主制が廃止され共和制が成立する。然し民国政府の地盤は弱く、清朝軍閥出身の袁世凱が実権を掌握し、孫文は一時的に日本に亡命した。諸外国は中国における権益の維持強化を模索。日本では辛亥革命を契機ととらえ、明治四五（一九一二）年一月に居留民保護のため七〇〇〇人規模の日本陸軍中清派遣隊（後に中支那派遣隊）を漢口に派遣した。大正四（一九一五）年に民国は日本の発した対華二十一カ条の要求を承認。黒木と上田が中国を旅行したのが翌大正五年秋。残念ながら詳細を知るための資料が残っていないが、おそらくは日本の中国進出の契機を模索する（特に国語教育面）大旅行ではなかったかと推察する。

国語教育、唱歌教育に多大な業績を残した上田萬年は昭和一二（一九三七）年に七〇歳で逝去。東京在住の黒木を取り巻く著名人として乃木希典、森鷗外、犬養毅、上田萬年の四人を挙げておきたい。

昭和七（一九三二）年刊行の日原辰之助著『楠町の今昔』という資料中に黒木欽堂が乃木希典将軍の肖像画に書した賛が伝わる（原画は戦災で焼失）。

　楠公以前に斯く武人無く
　楠公以後に斯く儔倫見る
　君國有るを知りて身有るを知らず
　忠は忠を維ぎ仁を求めて仁を得たり
　吁楠廷尉吁朶将軍
　燁燁たる二木聯なりて千春に芳らんことを

大正一二（一九二三）年五月、黒木は内務省を介して神戸湊川（現神戸市中央区多聞通）にある湊川神社標柱揮毫の委嘱を受ける（黒木家には乃木将軍の推薦あってのことと伝わっている）。黒木は「学者書家として光栄此に過ぎたるは莫し」と語り、斎戒沐浴して作品制作に取り組む。同年七月に会心の揮毫作品が完成。『楠町の今昔』は黒木の感慨を伝える。「この標石は楠公の忠烈、湊川神社と共に千古に不朽である。思えば五月以来、斎戒沐浴苦心を重ねたのは徒に我が名の不朽を喜ぶが故ではない。我が素懐が一点一画に現れず、楠公の芳声を千古に伝ふるに足らざるを恐れたが為めである。近来宿痾頓に進んで恐らく是が絶筆とならん」。黒木揮毫になる「別格官幣社　湊川神社」の標柱は今は楠公墓地の近くに移設され佇立している。

この黒木の予言は的中し、湊川神社標注が黒木最後の揮毫作品となった。黒木欽堂は同年八月三一日、講演に赴いた富山県高岡市で突然の客死。五八歳だった。翌九月一日が関東大震災。通信交通は混乱し、当時香川の人達は黒木の訃報を知るのに相当の時間を要した。

令和五（二〇二三）年が欽堂百年祭。現在高松市姥が池にある黒木家墓地の墓石の中で、黒木茂矩の墓碑銘は欽堂が、黒木欽堂の墓碑銘は長尾雨山が撰文している。

二　長尾雨山

長尾雨山（一八六四—一九四二）、名は甲、字を子生、通称は槇太郎。号は雨山のほかに石隠、无悶など。斎室名は何遠楼、漢塼斎、艸聖堂など。長尾雨山は明治期の日本の漢学者・書家・画家・篆刻家。狩野君山（一八六八—一九四七、考証学の大家、京都帝大名誉教授）や内藤湖南（一八六六—一九三四　京都帝大教授で「東の白鳥庫吉、西の内藤湖南」と称された大東洋学者）とともに日本で中国学を開花・進展させた大功労者である。

長尾雨山（『中国書畫話』）

讃岐高松藩士の長尾勝貞（竹嬾）の長子として高松藩内に生まれる。長尾勝貞は幕末の高松藩の主君筋松平頼該（一八〇九―六八）の留守居役寄合。頼該の側近を務め兄勝元と共に詩書をよくしたという記録がある。松平頼該、通称左近。幕末高松藩の主君筋にあって重要な人物。藩主に就任する資格がありながら藩主につかず江戸屋敷から高松に戻り屋敷「亀阜荘」に居住。水戸藩主徳川斉昭に傾倒し尊王の志があつく、禁門の変で難を逃れた長州藩士桂小五郎・高杉晋作・伊藤博文らを屋敷内に庇護した。高松藩ゆかりの漢学者藤澤南岳・藤川三渓・日柳燕石達との親交がある。鳥羽・伏見の戦いで高松藩が朝敵になると藩論を恭順にまとめるために尽力した。

長尾雨山は明治二一（一八八八）年に東京帝国大学文科大学古典講習科卒業。黒木欽堂と同期。卒業後雨山は学習院で教えていた。

その頃雨山は岡倉天心（一八六二―一九一三）を知る。天心は雨山より三歳年上。天心は若い頃森春濤（一八一九―八九　幕末から明治にかけての漢詩人。森槐南の父）に漢詩を学んだ。天心は若い頃かなりの数の漢詩を詠んでいる。

天心は雨山の才能を見抜き、学習院から美術学校への「引き抜き」をはかる。東京美術学校は明治二〇（一八八七）年の成立。校長事務取扱が濱尾新（一八四九―一九二五）。天心は同校幹事。天心が当時学習院の教頭を務めていた嘉納治五郎に宛てた明治二一（一八八八）年一二月一七日付の書簡が残る。

拝啓　益御清適欣賀之至に候　陳レハ御院ニテ修学受持相成居候長尾槙太郎氏ハ　美術上の思想モあり　東京美術学校及専門學務局ニハ任用候事好都合ト存候　就テハ御院ニ於て御差支無之候哉　小生より内々相伺候　濱尾君モ右伺度との儀ニ有之　乍御手数御垂示相成度此段御依頼迄

草々頓首

覺三

十二月十七日

覺三は天心の本名。濱尾君とは濱尾新のこと。美術学校の初代校長は岡倉天心。この「作戦」は成功し雨山は美術学校講師を務め、二松學舎でも教えている。雨山と天心との交友は続き、雨山は天心創刊で現在も刊行されている美術雑誌『國華』の編集に加わる。以後天心と雨山は終生の交誼。天心が雨山に宛てた書簡が多く残っている。

この書簡が嘉納治五郎が雨山を知り、雨山がその後熊本にある旧制第五高等学校に赴任する契機となったと思われる。嘉納治五郎は雨山赴任の直前まで五高の校長を務めていた。

濱尾新は豊岡藩出身で、後の文部大臣で東京帝国大学総長。「但馬聖人」池田草庵（一八一三—七八）の門下生。池田草庵を京都で導いたのが高松藩出身の相馬九方（一八〇一—七九）。相馬の師中山城山は泊園書院の祖藤澤東畡はじめ多くの優秀な門下生を育てた。東畡の長男南岳は高松藩校講道館の督学で同校で教授した黒木茂矩と旧知。濱尾は名総長で東大本郷キャンパスに大きな銅像がある。東大銀杏並木は濱尾の発案。

長尾雨山は明治三〇（一八九七）年、会津藩出身の秋月胤永の後任の形で旧制第五高等学校に漢文教師として赴任する。当時の五高は指導者に優秀な人材が集まり、明治二七（一八九四）年まではラフカディオ・ハーン（小泉八雲）

も五高で英語及びラテン語の授業を担当していた。このような雰囲気の中、明治二九（一八九六）年、夏目漱石が五高の英語教師として赴任。雨山が五高を離れる明治三二（一八九九）年までの約三年間、漱石と雨山は五高で教員生活を送る。二人の年齢が近いこともあり（雨山が三歳年上）、屈託のない教師どうしの交友が生まれた。

二人の交友が学校の記録として残るのは明治三一（一八九八）年一一月。雨山と漱石は修学旅行の引率で五高のある熊本市から熊本県の山鹿（山鹿温泉）へ赴く。行程片道約四〇キロ。当時の修学旅行は徒歩。雨山と共にあの出不精の漱石が元気な旧制の高校生（当時は男子単学）と共に山鹿まで歩いて往復したとは微笑ましい。「山道を登りながらこう考えた。（熊本を舞台とした漱石作品『草枕』冒頭）」の発想もここからか。またこの時期寺田寅彦が五高の生徒だった。

後に雨山は漱石のことを回想する。

漢詩の添削　長尾雨山

私は明治三十年に熊本へ赴任したが、夏目君はその以前からゐました。三十年から三十三年まで在任しましたが、夏目君の洋行当時はもう東京に居りました。その後一度会つたことがあります。洋行の途中手紙も貰ひましたが、私が支那へ行つてそれ限り文通もしなければ到頭亡くなる迄会はないで了ひました。幼少の頃から文才があつて、聞けば十代から漢文や詩をを作られたといふことですね。兎に角支那の文学には興味を持って「文選の譜《（ママ）》は六かしくて困るが、何か注釈はないか」と云つてゐられるのを聞きました。丁度好い具合に、譜ばかりの注釈が熊本の古本屋に出てゐたから知らせて上げると「是非買つて来て読む」と云ふことでした。

え丶、たびたびは見ないが、二三度詩稿を見せられたことはあります。至つて物固い、文学を遣る割合に小心翼々の人のやうに見受けました。

（岩波書店『漱石全集』第一七号月報）

熊本時代の漱石が正岡子規に宛てた書簡が残る。

明治三十二年五月十九日付　下谷区上根岸町八十二番地

正岡常規（子規）宛漱石書簡

拝啓本月分ほとゝぎすに大兄の御持病兎角よろしからぬにや記載有之候御執筆もかなはぬ様相見候嘸かし御苦痛の事と奉憫察候目下如何にや御坐候漸々暑気相催し候へば随分御注意御療養専一と存候

俳友諸兄の近況は子規誌上にて大概相分り候いつも御盛の事羨敷小生は頓と振ひ不申従つて俳句の趣味日々消耗致す様に覚申候当地学生間に多少流行の気味有之候（寺田）寅彦といふは理科生なれど頗る俊勝の才子にて中々悟り早き少年に候本年卒業上京の上は定めて御高説を承りに貴庵にまかり出る事と存じ候よろしく御指導可下候

近頃日本の文苑欄は如何致候や湖村先生病気に候や俳句に遠かると共に漢詩の方に少将興味相生じ候処文苑なき為め物足らぬ心地致候

拙作二首御笑覧に供し候批圜は（長尾）雨山道人に御坐候

古別離

楼に上れば湘水緑に

簾を捲けば明月来る

双袖薔薇の香

千金琥珀の杯

窈窕として紫簫を鳴らし

徙倚として暗涙催す
二八纔に眉を画きて
早くも識る別離の哀
再会何れの日にか期せん
江に臨みて思ひ邈かなるかな
徒らに道ふ相忘れず
君が心曷《なん》ぞ回らすを得ん
迢々として此れより去り
前路白雲堆し
君が金錯の刀を撫し
君が奪錦の才を憐れむ
　貂襜《ちょうぜん》褕を送られざるも
却りて英瓊瑰《えいけいかい》を報ず
春風翠鬢を吹き
　悵忉《ちょうとう》高台を下る
君子に佩を遺らんと欲し
蘭渚に起ちて徘徊す（五言古詩の書き下しは筆者。もう一首省略）

右は先日市中散歩の折古本屋で文選を一部購求帰宅の上二三枚通読致候結果に候どうせ真似事故碌なものは出来ず候へども一夜漬の手品を一寸御披露申上候　匆々以上
五月十九日　　漱石
子規庵　坐下

漱石の漢詩制作時期において熊本時代は「古詩」を作った特異な時期。漱石の漢詩詩作に雨山が関わったというのは漱石研究において重要な事項。雨山の功績は強調されるべきである。

明治三二（一八九九）年、雨山は東京高等師範学校に転任。また東大でも教えるようになる。翌明治三三（一九〇〇）年五月より漱石は英国留学に旅立つ。さらに二年後の明治三五（一九〇二）年九月に子規が没している。

漱石が英国より帰国した明治三六（一九〇三）年、雨山は東京高等師範学校を退官し上海に移住する。雨山は当時中国最大の出版社であった商務印書館の招聘に応じて編集顧問となり、上海滞在中は中国最初の中等教科書の編纂に従事した。大正元（一九一二）年には岡倉天心の紹介でボストン美術館の監査委員を委嘱され美術品の選別にも携わっている。民国二（一九一三　大正二）年、呉昌碩が西泠印社の社長に就任すると、呉昌碩を慕う河井荃廬（一八七一―一九四五、篆刻家）とともに同社の同人となった。

またこの年の干支は王羲之が『蘭亭序』を揮毫した「癸丑」にあたる。京都では王羲之と『蘭亭序』にちなむ催し「大正蘭亭」が開かれ、雨山は浙江の蘭亭で汲み上げた水を京都に送った。

大正三（一九一四）年に帰国。以後京都に居（京都市上京区西洞院丸太町上ル）を構え、在野の学者として研究と講学をしつつ文人として詩書画三昧の暮らしを送った。駐日清国公使の黎庶昌・書記官鄭孝胥・呉昌碩・羅振玉・内藤湖南・狩野直喜（君山）・犬養毅（木堂）・副島種臣（蒼海）などの当時一流の日中の学者や文人と交遊をひろめた。大正八（一九一九）年に行われた羅振玉（一八六六―一九四〇　甲骨研究者で書家。多くの墨跡拓本等を日本にもたらした）の帰国記念の写真が残る。

また大正一一（一九二二）年の干支は「壬戌」。蘇東坡の『赤壁賦』にちなみ宇治川で赤壁雅会を主催している。この催しにも多くの漢学者が集った。

雨山は京都在住中漢学者や東洋学者、また書画骨董に関心を抱く財界人と交わった。「京都学派」という言葉がいまだに使われる中、雨山の知名度が低いのが残念である。また京都在住時代に今も京都に残る老舗の看板を揮毫している。

雨山の書風は法帖を重んじ、篆隷楷行草すべての書体をよくした。詩文ははじめ国分青厓と同じく「明の七子の風」を標榜したが、のちに独自の詩風を確立した。画は墨竹図を得意とし、書画の鑑定に精しかった。平安書道会副会長、日本美術協会評議員を務め、他に泰東書道院・日本南画院などに参加した。

また雨山は昭和になってからかなり頻繁に香川に戻っている。香川に残る多くの記念碑、墓地等の碑文を撰文揮毫。漢詩の添削をしたり漢詩の会に呼ばれたりした記録が残る。香川の人達とも交流を持ち明善高等女学校にも開校にあたっての祝辞をもらっている。多くの揮毫作品、そして人脈を残した長尾雨山は昭和一七（一九四二）年四月に京都の自宅で没した。享年七九。雨山の交友を特徴づける著名人として岡倉天心と夏目漱石を挙げておきたい。

雨山のまとまった著作は一冊しかない。昭和四〇（一九六五）年筑摩書房より刊行された『中国書画話』（筑摩叢書）のみ。厳密にいうと書画についての講演を集成したもので「著作」とはいいきれない。跋文は吉川幸次郎の手になる。雨山の文章は多く残る。整理出版の必要を感じる。

黒木欽堂と長尾雨山は生涯文人墨客として交わった。然し黒木は『國華』とそこでの雨山の業績を全く論じておらず、雨山も『書苑』に全く関わっていない。微妙な距離を保ちつつ、お互いを尊敬して活動した二人の漢学者。香川出身の二人の傑人をこれからも調査顕彰していきたいと思っている。

三　学園史研究に関する考察

ここから私の勤務する英明高等学校の母体、香川県明善学園の学園史と私の経験を報告しておきたい。

近代における明善学園史は大正六（一九一七）年、明善高等女学校の開校から始まる。学校の名はいうまでもなく『大学』の冒頭から。明善高等女学校の設立者および初代学校長（のち理事長兼任）は山川波次（一八六七―一九三九）。山川家は江戸時代より続く漢学および医学の家系。この山川家が黒木家と姻戚関係を築く。黒木欽堂の長男典雄（一九〇六―四四）に山川家の長女山川節が嫁ぎ、山川波次の長男敏夫（のち父波次の跡を継ぎ、香川県明善学園第二代理事長に就任。太平洋戦争で戦死）に欽堂の四女黒木正子が嫁ぐ。両家の強力な姻戚関係が成立する。

黒木典雄はすぐれた漢学者・中国文学者であり教育者だった。典雄出生にあたり欽堂は乃木将軍から「典」の字を拝受して「典雄」と命名。将軍から「克忠」「克孝」と揮毫された一対の軍旗を推戴した（戦災で焼失）。典雄は旧制浦和高等学校から東京帝国大学文学部支那文学科に進み、塩谷温教授（号節山）のもとで学ぶ。学部の卒業研究は『林羅山の研究』（題目のみが記録に残り論文は所在不明）。塩谷教授門下で「節門の四学士」として斎藤護一、豊田穣、松平定光とともに記録される。卒業後も塩谷教授の下で研鑽に励み、やがて日本大学医学部予科講師、中央大学講師を経て陸軍予科士官学校の講師に就任する。

典雄は斯文会において要職を歴任。昭和一三（一九三八）年度まで編集委員、一三年度から一五（一九四〇）年度までは教化部委員、一六（一九四一）年度には総務部委員、この年度より斯文会常議員にあった。

然し戦局は悪化。典雄は昭和一九（一九四四）年に応召される。出征した典雄は同年四月六日、ニューブリテン島トリウ沖にて戦死を遂げた。

訃報を知った恩師塩谷温教授は典雄を悼む七言律詩を作った。

　　黒木大尉の拉暴俔に戦没するを望祭す　　塩谷節山

　文を善くし武を能くし令名喧し
　筆を投じて軍に従ひ臣節尊し
　海に航し南征して終に返らず
　觴を傾け望祭して忠魂を慰む

この詩は高松市姥が池にある「黒木家墓」の墓碑に刻まれている。

黒木典雄と節（明善短期大学教授）の長男が黒木矩雄学園理事長。矩雄理事長からすると父方の祖父が黒木欽堂、母方の祖父が山川波次。冒頭に触れたように私は黒木理事長のもとで欽堂や山川家、学園の歴史を調査した。そんな中で矩雄理事長は幼少期に死別した黒木典雄の情報を知りたがった。

黒木家は典雄の三十年祭を昭和四九（一九七四）年三月二一日に東京の乃木会館で開いていた。そのときの記念写真を見せてもらうとそこには二松学舎でお世話になった石川梅次郎先生や松井武雄先生、斯文会でお世話になった麓保孝先生らの姿があった。黒木家には麓先生から典雄三十年祭に賦した漢詩を揮毫した書軸も伝わっていた。

甲寅春日陸軍大尉黒木学士三十年祭賦奠　　麓寒泉
水に逝きて已に経たり三十霜
栄枯興廃人の腸を断つ
壮年国に殉ず惜しむに堪え難し
文武両全千古に香し

私がこれらの資料の存在を知ったとき、記念写真に写っている先生方はみな物故されていた。初台のご矩雄理事長の気持ちを胸に、私は大学時代お世話になった宇野精一先生、石川忠久先生に相談に赴いた。自宅でお会いした宇野先生は典雄を覚えておられた。石川先生からは当時斯文会の最長老的な存在だった東京教育大学名誉教授の鎌田正先生を紹介してもらえた。「鎌田先生は戦前陸軍予科士官学校に勤められたはずだ」とも語ってくれた。

平成一八（二〇〇六）年秋、黒木理事長と私は文京区大塚の鎌田先生宅を訪ねた。「志は春秋に在り」（鎌田先生は春秋左氏伝研究の大家）と揮毫された鎌田先生の師諸橋轍次博士（一八八三―一九八二『大漢和辞典』の著者）の横額が掲げられた部屋で、鎌田先生は我々を迎えてくれた。ご高齢にもかかわらず鎌田先生はお元気で、しかも典雄のことをはっきりと記憶しておられた（欽堂のこともご存じだった）。我々は厚かましくも鎌田先生に典雄に関する思い出を執筆してもらえないかと依頼した。「いいですよ。黒木典雄学士のことを後世に伝えましょう」とうれしい返事をもらうことができた。

翌年春、再び二人で鎌田先生を訪ねた。鎌田先生は原稿用紙数十枚に及ぶ自筆原稿を完成されていた。我々は驚くと共に感激し、受け取った原稿を胸に抱いて（矩雄理事長は本当に胸に抱いていた）すぐさま斯文会に石川忠久先生を訪ねた。石川先生も驚かれ、「この原稿は単行本として出版すべきだ」と助言してくれた。石川先生からは典雄を悼むとともに鎌田先生の義挙をたたえる七言詩を戴いた。

追憶黒木典雄学士　　石川岳堂

将軍筆を揮つて心期有り
忠孝両全素旗に書す
身は南溟に没して功没せず
如今百世に堂基を立つ

「典雄三絶」。塩谷・麓・石川の各先生から寄せられた三首の七言絶句は是非後世に伝えるべきと思っている。

平成一九（二〇〇七）年秋、石川忠久先生の序文と鎌田正先生執筆になる『忠孝両全の黒木典雄学士を偲ぶ』は刊行された。我々は上京し（このときは理事長の奥様倪子さんも同行した）鎌田先生にお礼に赴いた。鎌田先生は「典雄は生きていたら東大で教えていたよ」と大きな声で語ってくれた（このお礼のご挨拶が鎌田先生にお会いした最後の機会になった）。斯文会からのご配慮で矩雄理事長は斯文会の行事「先儒祭」の講演後に挨拶の機会をいただけた。矩雄理事長は涙で声を詰まらせながら列席の先生方に挨拶した。

黒木矩雄理事長はまもなく体調を崩して入院。それから数ヶ月後、矩雄理事長は病院のベッドで『忠孝両全の黒木典雄学士を偲ぶ』の本に手を添えつつ息を引き取った。宇野先生も鎌田先生も相次いで冥土へと旅立たれた。石川忠久先生は『斯文』誌に「奇蹟ということは、あるものだなあ」と矩雄理事長（斯文会名誉会員だった）を追悼する文章を載せてくれた。

まだ話は続く。平成二〇（二〇〇八）年春、矩雄理事長が高松市に開催をはたらきかけ、柴野栗山の出身地である高松市牟礼町の石の民俗資料館で実現した「偉大な高松の漢学者達」展が開会した。本来は矩雄理事長がテープカットするはずだったがかなわず、テープカットは記念講演のために高松に来られた石川忠久先生、大修館書店の鈴木一行社長達によって行われた。大修館書店からは鎌田正先生ご縁（鎌田先生は大修館書店発刊『大漢和辞典』の編集を手伝い、諸橋先生没後同辞典の修訂を担当。また同社刊行の国語教科書や漢和辞典等を執筆。研究書も出版されている）の展覧会ということで戦前出版の『大漢和辞典』第一巻初版本等貴重な資料の出展をいただけた。石川忠久先生の記念講演「柴野栗山と頼山陽」は満席の盛況だった。

実は鎌田先生にはじめてお会いしたとき、挨拶を終えるとすぐに鎌田先生から「君は香川か。香川には倉田君がいる。素晴らしい友だ。」と言われた。冒頭に触れた松下忠先生（松下先生は『江戸時代の詩風詩論』で学士院恩賜賞受賞。在学中川崎のお宅にも伺った。書斎には昭和天皇との記念写真に並べて諸橋先生の「読書して外慕する無し」の色紙が飾られていた）からも「香川には倉田君がいる。立派な研究者であり友人だ。」と何度も聞かされていた。

展覧会のオープニング式典に倉田定宣さんと仰る方が来られた。倉田さんは家に伝わる諸橋先生揮毫の書軸を持ってこられた（定宣さんの御厚意で展示させてもらえた）。定宣さんにお聞きすると定宣さんの父君は中国文学研究者で香川大学の学長を務められた倉田貞美博士（一九〇八―九四）だという。倉田博士は諸橋先生門下で清末期から民国にかけての中国文学の研究者。鎌田先生とは（米山寅太郎先生とも）東京高等師範学校同期で松下先生の後輩にあたるという。「倉田君とは倉田貞美博士」。鎌田先生、松下先生から戴いた言葉の謎が解けた。

こうして倉田貞美博士とのかけがえのないご縁が生まれた。私は倉田さんの家に保存されていた博士の未発表原稿の整理を任され、『倉田貞美著作集』の刊行を実現することができた。この著作集には香川大学における倉田博士の筆頭弟子であり、漱石研究で有名な平岡敏夫博士が倉田博士をしのぶオリジナルの文章も収録できた。

結び

二松学舎大学で戴いたご縁がここまで広がるとは香川県明善学園奉職当時全く思わなかった。大学でお世話になった先生方に心からの謝意を申し上げたい。今回の報告のかなりの内容が文献よりも特に黒木家の「伝承」によっている。このような話に接することができたのも勤務学校からの「恩恵」である。

東京にあった黒木家の資料は関東大震災と東京大空襲でかなり散逸。長尾雨山の資料は遺族により京都国立博物館におさめられているがまだ手つかずの状態である。

黒木欽堂、長尾雨山ともに二松学舎の大先輩。大学に敬意を表し、これからもお二人の顕彰活動につとめていきたい。

参考文献
黒木欽堂
黒木欽堂「黒木茂矩墓碑銘」
長尾雨山「黒木欽堂墓碑銘」
エマニュエル・ロズラン『文学と国柄—一九世紀日本における文学史の誕生』岩波書店　二〇二一年（東大古典講習科に関する論考あり）

『二松學舍百年史』二松学舎　一九七七年
谷川正己『フランク・ロイド・ライトの世界』技報堂出版　一九七六年
『鷗外全集』岩波書店　一九七一年
『書苑』法書会　一九一〇年発刊　全一〇〇冊
犬養木堂・黒木欽堂『書道書蹟大観』書画骨董叢書刊行会　一九二一年
『栗山先生の面影』六盟館　一九〇七年
『松平頼壽伝』松平公益会　一九六四年
山口謡司『日本語を作った男─上田万年とその時代』集英社　二〇一六年
『讃岐人物風景』大和学芸図書　一九八〇年
『欽堂學人』私家版　一九七二年
『黒木安雄（欽堂）翁五十年　茂矩（蕙圃）翁六十八年敬慕祭記念会誌』私家版　一九七二年
藤澤保『黒木欽堂讃岐の碑文集』塩江町歴史資料館　二〇二三年
逐次刊行物　書論研究会『書論』公益財団法人斯文会『斯文』中野武営顕彰会『ＢＵＹＥＩ』ほか
※この章をまとめるにあたり、黒木家の皆様方より同家に伝わっている情報を語っていただいていた「オーラルヒストリー」の蓄積が役立ちました。黒木家の皆様に深い謝意を表します。

長尾雨山

牧野謙次郎「松平左近君紀功碑」
長尾雨山『中国書畫話』筑摩書房　一九六五年
『岡倉天心全集』平凡社　一九七九年
下村英時『天心とその書簡』日研出版　一九六四年
『漱石・子規往復書簡集』岩波文庫　二〇一〇年

『漱石全集』岩波書店　一九八四年
荒正人『増補改訂漱石研究年表』集英社、一九八四年
藪田貫・陶徳民『泊園書院と大正蘭亭会百周年』関西大学出版部　二〇一五年
逐次刊行物　朝日新聞出版『國華』　書論研究会『書論』　ほか
※香川県内には長尾雨山に関する資料がここに紹介した以外に石碑、墓碑、書簡、書軸等の形式で残っています。これらを集約するため二〇一八（平成三〇）年八月二五日に高松市にあるサンクリスタル高松で第四〇回書論研究会の大会を「長尾雨山とその交友」と題して杉村邦彦会長と私とで開催しました。活字になっていない雨山情報がもたらされました。今回の報告にも個人から寄せられた情報等が役立ちました。御礼申し上げます。

学園史研究に関する考察

鎌田正著・田山泰三編『忠孝両全の黒木典雄學士を偲ぶ』私家版　二〇〇七年
鎌田正『大漢和辞典と我が九十年』大修館書店　二〇〇一年
松下忠『江戸時代の詩風詩論』明治書院　一九六九年
塩谷温『天馬行空』日本加除出版　一九五六年
岡本文良『ことばの海へ雲にのって』ＰＨＰ研究所　一九八二年
『大修館書店一〇〇年』大修館書店　二〇一八年
倉田貞美『清末民初を中心とした中国近代史の研究』大修館書店　一九六九年
『倉田貞美著作集』明徳出版社　二〇一九年
『明善学園百年誌』香川県明善学園　二〇一七年
逐次刊行物　大修館書店『国語教室』『漢文教室』　ほか

南拝山と東洋医道会

――台湾における漢方存続運動への影響――

山形　悠

南拝山は、備後福山（現在の広島県福山市）出身で、森立之の門に七年間学んだ後、小畠玄鼎に三十八歳まで師事し漢方を学ぶ。時勢の変化にともない漢方から哲学に転向し、哲学博士と名乗った。貝原益軒『養生訓』を愛読し「養生訓普及会」を組織してその普及に努めた。南の経歴には不明な点も多いが、「東洋医道会」の理事長として漢方復興運動に関与していたことは確かである。本稿では、従来研究蓄積の少ない大正から昭和初期における漢方復興運動の事例として、南拝山の例を取り上げたい。

一　東洋医道会とは

明治政府による西洋医学の採用・導入に対して、漢方医たちが漢方存続運動を起こした。その発端は明治七年の医制発布に遡る。深川晨堂『漢洋医学闘争史』に従えば運動は次のように区分される。漢方六科、七科の提唱が行われた「理論闘争期」、漢方流の治療機関が設置された「治療闘争期」、幕府医学館の子弟や流派を超えた混合団体「温知社」による活動期、帝国議会に働きかけることで法改正による存続を図った「帝国医会」による活動期。しかしながら、漢医存続を盛り込んだ医師免許規則改正法案が明治二十八年二月に帝国議会で否決されて運動は失敗に終わり、帝国医会も解散となり漢方の衰退は決定的となった。

それから四半世紀以上後の昭和三年一月二十九日に、漢方医たちが芝公園明照会館に結集して結成した団体が東洋医道会である。東洋医道会は会誌として『皇漢医界』を発行しており、同誌によれば理事長は南拝山、副理事長は原田稔甫、会員に白井光太郎、牧野富太郎、朝比奈泰彦、湯本求真、田代豊吉郎、奥田謙蔵、木村博昭、中野康章、矢数格、加藤玄伯、名和達夫、中山忠直、佐野忠三、高橋清元、笹川智興、宇和川義満、山見長次郎、鈴木喜市、腰塚文作、金須龍三、今井寅吉、岡不崩、米津逸三、小田網太郎、櫻澤如一、西端学、青山潔、佐多愛彦、久米宕、小林宜園ら、斯界の著名人が名を連ねている。発起者には医師や鍼灸師に混じって頭山満や高山公通らの名も見える。

『皇漢医界』第一巻第一号に掲載された「皇漢医界発刊の辞」によれば、「本誌は主として深遠雄大なる皇漢医道の根本原理、世界医界の妙趣として礼讃されつつある皇漢薬方療法、世界の医界を驚嘆せしめつつある鍼灸療法などのことを通俗的に論講」し、「又本誌は一切の衛生、食物の研究其他参考として西洋医術のことも掲載」するものであるとある。湯液・鍼灸の理論や療法を一般に普及し、衛生や食物、西洋医学についても幅広く扱うとしていた。実際には漢方を中心とした皇尊洋卑の論調が目立つけれども、湯本求真の「傷寒論講義」、奥田謙蔵の「温疫論講義」、白井光太郎の「本草学講義」など当時一流の執筆者による意義ある講義が掲載された。一巻一号・二号の表紙に書かれている「皇漢薬方は世界医界の妙趣なり　皇漢鍼灸は世界医界の妙術なり」という標語は、『皇漢医界』の世界観を的確に現している。

東洋医道会の目的としては、第一巻第一号の「宣言」に「何事ゾ明治維新ニ際シ、徒ラニ外国ニ憧憬シ、長短ヲ度ラズ唯採納ヲノミ是レ事トシ、我固有ノ美俗良風ヲ棄ツル事猶ホ弊履ノ如ク、其文化輸入ニ急ナル恰モ角ヲ矯メテ牛ヲ殺スノ歎アリ、皇漢医道ニ於テ殊ニ然リトナス」、「我皇漢医道ヲ復興シテ、現行医道ノ否塞ヲ展開シ頑健ナル体軀ヲ造リ以テ潑溂タル和魂ヲ養フニアリ」とある。第一巻第二号「東洋医道会発会式并に医祖祭典の記」ではより具体的に「一、明治十七年一月十四日発布の布告三十五号発止請願の件。二、東洋医術講習所へ国庫補助請願の件。三、皇漢医、鍼灸医を侍医採用請願の件。」を掲げている。

この「宣言」の思想的背景には、安西安周に「儒医は国家を治するの志をもつて医を行ずるの士である」と書かしめた伝統的な儒医思想が流れている。「国家的より之を観察するに和漢医道は皇国固有の医方に漢土固有の医学を加へ天然の地勢気候風土と相随伴して融化し自ら一種特性を為し固より満清の医方にあらす又た方今行はるる所のものと機軸を異にせり故に日本特有の医道と謂ふも不可なきなり」とも語っており、漢方医の多くは漢方は日本固有の医学であり、それ故に経世済民や文化的、風土的観点から漢方の保存が国家にとって重要であると主張していた。先に『和漢医林新誌』の責任者である太田正隆は、「夫レ我道ヲ以テ末技トナシテ之ヲ軽視セシモノハ儒家ニアラスヤ而シテ儒家則チ大学一タヒ儒籍ヲ廃シテヨリ一敗地ニ墜チ息軒鶴梁諸老ヲ除クノ外一人モ世教ヲ以テ自任スル者アルヲ見ス」と明治初期における儒学の現状を嘆き、漢方には浅田宗伯、今村了庵、岡田昌春、清川玄道、浅井篤太郎、飯田隆安、岡正吉、福井貞憲、村井雲台、高岡元真がおり、「古ノ大儒ハ必ズ医ニ通ス名医ハ必ス儒学アリ医儒ノ相須ツ車ノ両輪ノ如シ故ニ医ノ盛衰ハ即チ儒ノ盛衰ナリ儒ノ盛衰ハ即チ医ノ盛衰ナリ側カニ聞ク近コロ聖上儒臣ヲ召シ仁義道徳ヲ講セシメ而シテ官立諸学校亦タ大ニ漢籍ノ科ヲ増加シ駸々乎トシテ復古ノ勢アリ然ラバ則チ儒学亦タ将ニ吾道ト並ヒ興ラントス」と、儒学と漢方の復興を重ね合わせて論じていた。一見すると、東洋医道会が掲げる目的は、伝統的な儒医思想そのものであり、従来の漢方医による漢方は日本固有の医学であるといった論調を踏襲したようにも見える。しかし、その論調は国体と漢方を同一視する思想を全面的に押し出していて、その様相を示す最も特徴的なものが「皇漢」の字句である。

東洋医道会では、「皇漢医道ヲ復興」するために、「明治十七年一月十四日発布の布告三十五号発止請願の件」、つまり漢医存続の道が決定的に閉ざされることになった医術開業試験規則及医師免許規則（太政官布告三十四号・三十五号）の廃止を目標に掲げていたが、より現実的な運動として「東洋医術講習所」「東洋医術病院」の開設とその費用の公費負担を求めている。ただし、本会には様々なバックグラウンドを持った人物が参加しているため、それぞれの信条に従って好きなことを好きなように行っている印象も受ける。第六号「雑報」から抜粋しただけでも、湯本求真による「皇漢医法夏期講習会」、中野康章による講演、南による仏教医学の講習会、吉岡弥生による太平洋婦人会議出席など、統一性はないものの活気には溢れていたようだ。

また同号には「洋医は食養生を知らない」「洋医はいわゆる「小薬」の医術である」等々の記事が載っていて、西洋医学を矮小化する傾向が強いため、『皇漢医界』は創刊以来半年ほどであるが、反発する会員も多かったと考えられる。同年十二月、木村博昭と原田稔甫らは方向性の違いから東洋医道会を早々に脱会し、昭和三年五月に「皇漢医道会」を結成し、雑誌『医道』を刊行するに至っている。会名からも明らかなように木村らは皇漢医道自体を否定しているわけではなく、あくまで分裂の理由は編集方針の対立だったとされる。木村は「周り全てが敵（皆敵斎）」を自称し、南も主張が強く、協調は難しかった。南と木村の外にも会員同士の内部対立は生じがちで、中山忠直も孤立していった人物の一人である。木村は皇漢医道会結成後は後世の育成に努め、『医道』執筆陣が講師となって附属講習所「済世塾」を開設した。昭和六年の第一回附属講習所修了生には安西安周・高橋半栄（道史）・木村長久・小出寿・田口楗次郎、昭和八年五月の第二回附属講習所修了生には那須（長谷川）彌人・高橋順益・堀内慶三郎・平堀藤吉らを輩出した。

二　台湾における漢方復興運動

明治二十七年に日清戦争が勃発し、翌年三月に停戦、四月には日清講和条約（下関条約）が調印され、台湾、澎湖島およびその付属島嶼を日本に割譲することが合意された。明治二十八年三月二十三日に澎湖島に日本陸軍が上陸し、台湾は大日本帝国の一部となった。日本政府は翌年五月に「台湾医業規則」を公布して台湾における「医師」を規定し、西洋医学導入を推進した。しかしながら、台湾医業規則には「医生」に関する関連規定が含まれず、法制度上、医生の地位が不明確であるため、医師以外の医療行為が暫定的に認められていた。医生とは台湾在住の漢方医たちのことである。その後、数年間で「台湾医業細則」「医学校官制」「医学校規則」などが公布されたものの、新たな医療制度によって十分な数の医師を短期間で育成することは容易ではなく、漢方治療に慣れている台湾人の反発を招くとも懸念された。さらに、台湾の伝統的な社会では「医師」の社会的地位が低いため当初は学生募集も困難であった。そこで明治三十四年七月「台湾医生免許規則」が公布され、医療行為の範囲を証明書を申請した地方自治体の管轄内に限定し、廃業すると再度証明書を取得することはできない、停職などの権限が地方長官にあるなどの条件付きではあるが医生が合法的に認められることになった。最終的に一九〇三名に医生免許が付与され、そのほとんどが漢方医だった。だがこれ以降、原則として免証は付与されなかったので、医生の数は年々減少することになった。漢方医の自然減少を待ち、最終的には西洋医学に切り替えていくことを狙ったのである。台湾への西洋医学導入の過程は、台湾人医師の日本留学、各地での西洋式病院の建設、漢医の特例的認可など日本の西洋医学導入の過程とよく似ている。

東洋医道会が設立されるとそのニュースは台湾にも伝わり、すぐに台湾の漢方医から支部設置の申し込みがあった。

台湾の皇漢医道存続運動の中心人物となるのが乾元薬行の陳茂通である。温厚で商才に恵まれた陳は、十七歳で商売を始め、明治八年（一八七五）に二十歳で漢方薬店「乾元（乾元薬行）」に入り、大正七年に店主となり、台北の大商人として全島に知られるようになる。台北市協議会長、本島人薬業組合長、台北税調査委員長などの要職に就く傍ら、慈善事業も進んで行った。

『皇漢医界』の兄弟雑誌として、台湾で出版された『漢文皇漢医界』がある。台湾での東洋医道会や南拝山の動向は『漢文皇漢医界』（国立台湾図書館所蔵）に掲載されている。近年台湾では日本統治時代の研究が盛んに行われており、台湾の皇漢医道復興運動について取り上げた研究もある。特に『日治時期台湾皇漢医道復活運動』は『漢文皇漢医界』をはじめとした台湾側の資料を全面的に利用した研究であり、本稿でも活用した。ただし、『日治時期台湾皇漢医道復活運動』は日本側の『皇漢医界』を参照していない。日台両方の資料を参照して研究を進める必要がある。

昭和三年八月発行の『皇漢医界』第七号の時点で、東洋医道会「台湾台北支部（以下台湾支部）」が台北に設置され、第十号では十月三十日までに台北支部に加わったのは「累計三百四十六名」と報告されている。台湾の入会者は増加し続けており、「東洋医道会台湾支部新入会正会員」によれば台北市、彰化郡、新竹郡の数が目立つが、台湾全土から入会があったことが分かる。漢方医の組織化にともない「漢方医術開業試験法制定」、つまり台湾における漢医存続のための請願運動が活発化しており、集められた署名は台北五二〇名、新竹二一七名、台中二五〇名、台南一四九名、高雄九一名、花蓮・台東・澎湖二三名、総計一二五〇名に上った。嘆願書は陳茂通が役員を務める台北漢薬業組合によって十八冊にまとめられ、昭和四年一月二日に日本の本部に郵送された。時を同じくして東洋医道会は議会に「国立皇漢医方研究所設立」の請願を行っており、同年二月七日に南拝山が本部と台湾支部を代表して「漢方医術開業試験法」を提出している。昭和四年三月の『皇漢医界』第十四号によれば、審議の結果、「国立皇漢医方研究所設立」

は採択、「漢方医術開業試験法」は参考送付となった。

請願の後、五月三日に台湾支部は乾元薬行店の事務所で役員会を開催し、陳茂通が議長となって東洋医道会と台湾支部の関係や支部の設立過程や具体的な活動などについて説明した。そして理事長の南拝山を台湾に招待する計画が浮上した。南自身は六月五日から七月二十四日まで静岡、名古屋、京都、大津、大阪、奈良、神戸、赤穂、丹波亀岡と、精力的に全国講演を行っていたため、渡台の計画は南の講演後になった。この間も支部の入会者は順調に増加しており、台湾支部の役員の新規任命も行われている。

その後も南は多忙を極めており、結局、翌昭和五年三月にようやく渡台が決定し、四月十日に大和丸で東京から神戸へ出航し、十四日に台湾到着の予定となった。南の渡台に先立ち、台湾側では業界の結束と研究機関設置のため陳培雲による東洋医道会巡廻講演が行われた。その後、台湾全土の漢方医の結束や復興運動を牽引すべく「全島医薬総会（全島医薬大会、東洋医道全島大会）」を計画し、ここに南拝山を招く段取りとなった。また次なる請願のため「漢方医術継続試験法制定請願書」を作成して、請願書を正式に総督府に提出する前に全島医薬総会において参加者からの承認を求めることとした。日本側でも台湾支部の重みは増しており、昭和五年一月の『皇漢医界』第二十四号ではついに台湾の漢方存続が課題として取り上げられている。この時期、顧問として頭山満だけでなく、黒龍会の内田良平、浪人会の田中弘之、頭山に資金援助を行っていた肥田景行らの名も記載されている。

ここで注意しておきたいのが、台湾では医生（漢方医）が減少する一方で薬種商の数は増加していたことである。明治二十九年「台湾薬剤師、薬種商、製薬者取締規則」、明治三十三年「台湾薬品取締規則」、「台湾薬剤師、薬種商、製薬者取締規則施行細則」によって「薬種商」が独自の試験制度を維持していた。薬種商は医薬品の販売だけでなく漢方医の処方も受け付けていた。そのため医生が年々減少する一方で、豊富な医薬品や医薬材料、漢方需要に支えられて薬種商の数は増加するという特殊な現象が生まれ、台湾の漢方界は「薬種舗ハ医生沈衰ノ結果其ノ処方箋ノ漸減トナリ此儘現在ノ趨向ヲ趁フモノトセハ必スシヤ経営難ニ陥リ失業者ヲ続出スルハ火ヲ賭ルヨリ明ナル事実」となっていた。この歪な状況はその後も続き、明治三十四年に一九〇三名いた医生は、昭和三年の時点で四二二名に減少し、台北市内には十二名しか残っていない。対して薬種商は同じく昭和三年時点で三一八七軒、台北市内には一二六軒となっていた。前述のように日本における漢方復興運動（皇漢医道復興運動）は漢方の医学的価値や思想的な部分から主張されることが多かったが、台湾の復興運動ではこの薬種商救済や薬種商の有効活用の観点も強調されている。台湾人の漢方への親近感に加えて、植民地における経済合理性が運動を後押しした。

南拝山は四月十三日午後一時、予定日より一日早く基隆に入港し、陳茂通ら会員数十人に歓迎を受ける。昭和五年五月『皇漢医界』第二十八号「東洋医道会台湾支部大会」に、石塚英蔵台湾総督、片山三郎台北知事、増田秀吉台北市長の「祝辞」が掲載され、第二十九、三十号に秘書として同行した松尾淵龍による「常夏の台湾の旅」が掲載されている。台湾における南の具体的な活動に関しては、台湾側の『漢文皇漢医界』により多く残っており、南は石塚総督、石井警務局長、幣原坦大学総長、杉本文教局長、堀内医学校長、倉岡台北医院長、片山台北知事などを訪れて皇漢医道の優れた点とその復活が必要な理由、実践的な価値を強調している。五月四日に開催された全島医薬総会には、支部会員だけでなく、政府、自治体の高官や辜顕栄、黄純青、黄欣などの「御用紳士」も参加している。

総会終了後、南一行は桃園、新竹、台中、高雄と島を南下し、台湾南部への講演が終わると基隆まで引き返しながら各地で講演を行った。その途中、六月三日に台中で林献堂と面会している。林献堂は光緒七年生まれの台湾の実業家であり、台湾議会設置運動や、台湾文化協会の設立などを指導した民族運動家として名高い。林の同日の日記には「王添灯引東洋医道会理事長南拝山来訪、談漢医復興之必要、約二時間之久。余請其診察垂明之神経病、有無治療之方。」

とあり、復興運動のほか、林垂明（林献堂の四番目の弟、林澄堂の長男）の「神経病」について南に診察と治療法を請うている。『漢文皇漢医界』には詳細が記載されており、林は全面的に賛同することはなかったものの、南の労を認め、「余敢不勉尽微力乎」という態度を示した。各地における講演内容に多少の差異はあるものの、主に南は「漢医の真価」について講じ、会員であり数少ない医生でもあった葉錬金は「（台湾の）風土上の漢方と必要性」を説いている。先に見たように日本でも西洋医学に対して漢方を「日本固有の医学」として主張する論調がよく見受けられたが、台湾でも漢方医によって類似の主張がなされていたのである。

巡廻講演を終えた一行は、支部顧問でもあった辜顕栄をはじめ役人や貴族を訪ねて全島の状況と請願書の提出方法を確認した。八月二十三日に「地方分部長会議（台湾支部第一回代表者会議）」が開催され、台湾各地の部長が出席し、まだ部長がいない地域は代表者が参加した。この時に、請願書を二十五日に南拝山や辜顕栄・陳茂通らが総督に提出すること、漢医病院の建設計画やその予算、復興運動の更なる推進、南拝山の送別などが話し合われた。

八月二十五日、南は総督府執務室において石塚台湾総督と面会し、七冊に綴じられた一六、五九二名の署名を添えて請願書を提出した。南は総督への請願を終えた後、陳茂通らとともに石井警務局長、堀内医校長、倉岡病院長を訪問し、各地での講演会の状況を報告し、請願への「特別な支援」を希望して別れを告げた。この時に堀内から、「漢方薬」には特有の効果があり廃止すべきではないが、漢医試験制度の問題は関係部局において熟考し可否を決定すると返答があった。九月五日、台湾支社と業界関係者は南の送別会を開催し、八日、南は台北駅から基隆港へ向けて出発。翌九日、吉野丸で東京に帰り台湾の行程を終了した。南拝山の訪台は台湾各地で皇漢医道復興の気運を盛り上げた。講演会や政府への陳情請願などを主導して、復興運動は最高潮に達していたと言える。

しかしながら、その後の台湾支部の活動は順風満帆であったとは言い難い。台湾での復興運動の具体策は、従来要求してきた「漢医存続」と、地方分部長会議で決議された「漢医病院」設立である。「漢医存続」については、昭和六年三月、「台湾漢方医生存続陳情文」が台北帝国大学における「皇漢医学講座設立」の要望とともに議会に伝えられた。その結果、「皇漢医学講座設立」は通過、「台湾漢方医生存続」は調査研究中となった。その後「漢医病院」は景気の悪化と米価暴落により計画は停止、景気好転後に再度進行することとなった。そして『台湾皇漢医界』では和文編務係だった王添灯が辞職し、「自治聯盟の運動」に傾注する。

九月十八日、停滞気味であった復興運動にとどめを刺すこととなった事件が勃発する。板垣征四郎、石原莞爾ら関東軍が奉天郊外の柳条湖村で満鉄線路を爆破。これを張学良軍の仕業と称して軍事行動を起こした。日台それぞれ復興運動を続けるものの、満州事変の勃発にともなうアジア情勢や経済状況の悪化により復興運動は徐々に下火になってゆく。十二月中旬、南は拓務大臣秦豊助を訪問し漢医関連問題について懇談。同十二月の『皇漢医界』第四十七号において、約四年間の東洋医道会の活動を振り返り、台湾では一千余名の正会員を有し、六月の議会で皇漢医学講座の請願が通過したことを自讃している。実際にこれらの功績は日本漢方医学史において特記すべき点と思われる。

三　満州事変後の動向

満州事変から国際連盟脱退までの一連の出来事は、漢方に良くも悪くも影響を与えることになった。日本では満州事変を契機とした復古思想の高揚や、国連保健委員会による「漢方薬」の評価も影響し、また、中国大陸においては日本国内とは異なる事情のもとで漢方存続の必要性が議論されたが、この点については別の機会に譲りたい。

話を台湾支部に戻すと、昭和七年二月、台湾支部竹東地方委員の蘇錦全と彭汝澍は、屏東の義安薬房の主人に任命され中南部で宣伝活動を行う。十一月、陳茂通は「台湾本草座談会」計画を立てる。昭和六～七年に皇漢医道復興活動は継続されているが、衰退は止められず、昭和八年二月に台湾支部は定例会中に突然支部事務の停止を決定し、その月は雑誌も発行されず解散に等しい状況となった。蘇錦全は台湾支部の停止を聞いて長年の活動が水泡に帰すことを危惧し、陳茂通と協議して事業を継承しようとし、雑誌を『台湾皇漢医報』に変更して、「台湾漢医薬研究室」から発行し続けた。

蘇錦全が会務を引き継いだ後の運動路線は以前とは異なった。台湾で署名活動を立ち上げることはなくなり、日本の医学界の消息を受動的に待つようになった。また海外、特に中国医界との繋がりを重視し、交流が強化された。これは蘇錦全自身が浙江中医専門学校の学生でもあったことも無関係ではない。また、会誌における医学研究の内容が増加した。夏には「漢医無料診察所」設立を計画しており、将来建設される漢医病院の準備とするつもりだったようだ。同年九月、廈門に「華南中西医学専門学校」が設立されると蘇錦全は同校で事務として働く予定だった。だが陳茂通の説得もあって台湾に残留し、その後「台湾薬学講習会」を設立することとなる。この「台湾薬学講習会」を修了すると、その紹介で中国の漢医学校に編入することができ、蘇自身も将来性のある台湾人学生に対して編入を推奨していたようである。

日本国内では、東洋医道会の発足以来、本草学を担当していた白井光太郎が昭和七年五月三十日に没する。同年十月の『皇漢医界』第五十七号によれば「東洋古典医学校創立」と「民間治療法伝教所」の設立を二大事業として据え始める。台湾の漢医存続に関しても「台湾医生問題と拓務省」と題して、南が繰り返し拓務省に出頭して「台湾医生制度」を確立するよう陳情している。東洋古典医学校は朝鮮および満州の経営のための医家養成を第一条に掲げており、校長は南拝山で「漢薬医方、鍼灸医方」を学ぶことができた。このころから皇漢医道と漢方の語句の区別は曖昧になっており、本誌上では「東洋古典医学」という語も頻用される。日本国内における活動の行き詰まりを感じる一方で、国連による漢方の評価や中国大陸における漢方存続を意識した動きであると思われる。民間治療法伝教所も南が管轄していたようであり、南は東洋医道会発会以前から食事や民間療法を我が国の生活に根付いた医学として評価しており、会誌上でも積極的に発信してきた。

上述のように、日本国内の東洋医道会の活動は、台湾における漢方復興運動と切り離すことはできないが、この運動は頓挫してしまった。これ以降、日本の漢方医による漢方存続運動の視線は満州国へと向けられることとなる。

参考文献一覧

書籍

深川晨堂『漢洋医学闘争史』（旧藩と医学社、一九三四年十一月）
藤村表英『病因診候』（耆活堂漢医方伝習所出版部、一九三五年五月）
安西安周『日本儒医研究』（龍吟社、一九四三年六月）

論文・記事・ウェブサイト

中山忠直「漢方医学復興論」、『日本及日本人』一〇九号（秋季増刊号）、一九二六年。

「地方通信　漢方医の復活運動」、『日本之医界』一七巻八七号、一九二七年。

「せつぺん函」、『医界時報』一七四七号、一九二八年。

「関東鍼灸師会の活動」、『日本鍼灸雑誌』二八四号、一九二七年。

矢数道明「温知荘雑筆　日本漢方現代史余話（二）南拝山翁と東洋医道会」、『漢方の臨床』三八巻一〇号、一九九一年。

矢数道明「思い出のアルバム（五）」、『漢方の臨床』一三巻五号、一九六六年。

「和漢医道継続請願要旨及理由の梗概」、『継興医報』一二号、一八九四年。

太田正隆「須弘競争」、『和漢医林新誌』三八号、一八八四年。

渡辺浩二、小曽戸洋、星野卓之、天野陽介、花輪壽彦「戦前の雑誌『医道』について」、『日本医史学雑誌』五五巻二号、二〇〇九年。

木村博昭「皇漢医道に就て」、『医道』一巻一号、一九二九年（復刻版、たにぐち書店、二〇一二年）。

鈴木哲造「日本統治下台湾における医療施設の形成と展開―台湾総督府医院を中心として―」、『中京法学』五一巻二・三号、二〇一七年。

陳昭宏『日治時期台湾皇漢医道復活運動』、台湾史研究所、二〇一五年。

林献堂、中央研究院台湾史研究所、https://taco.ith.sinica.edu.tw/tdk/灌園先生日記、二〇二四年四月二十一日確認。

陳茂道、国家文化記憶庫、https://memory.culture.tw/Home/Detail?Id=508295&IndexCode=Culture_People、二〇二四年四月二十一日確認。

津谷喜一郎「幻に終った国際連盟の漢方薬研究（第一報）―国際連盟保健委員会における漢方薬に関する討議―」、『日本医史学雑誌』三六巻一号、一九九〇年。

津谷喜一郎「幻に終った国際連盟の漢方薬研究（第二報）―漢方薬研究の決議が日本で引き起こした反響―」、『日本医史学雑誌』三八巻二号、一九九二年。

「各地ニュース　東洋医道会巡回講演」、『日本之医界』一九巻四九号、一九二九年。

補足

○『皇漢医界』第五号に「東洋医道会特別会報」として陳茂通と黄金水の取り組みが掲載されている。「本会特別会員台北漢業組合長陳茂通氏は本年三月以来本会宣言文（漢訳）配布新聞広告等に依り同士糾合に努力せられ其結果直接同氏の手を経て入会せられし正会員百七十名に達し候。台中の黄金水医伯も亦正会員三拾名を得て之を本部に報告せらる」。黄金水は大正十四年に顔椿、張栄禄らと共に台湾漢医薬新報社を設立し『台湾漢医薬報』を発行している。台湾漢医薬新報社は巨額の損失により一年後に解散したが、台湾の皇漢医道復興運動の先駆的活動として挙げられる（陳昭宏『台湾文献』七一巻四期、国史館台湾文献館、二〇二〇年十二月一日、一二二頁を参照した）。

○台湾の漢方といえば、まず初めに杜聡明の名が思い浮かぶが、杜は東洋医道会とは距離を取っており本会の活動に関与していない。しかしながら、漢方病院の提案や生薬研究などを通じて漢方存続に寄与し、戦後も漢方診療科を構想するなどその功績は明らかである。日本の漢方医とも交流があったようで、戦後、木村雄四郎、武正一、細野史郎、山田光胤、大塚敬節らとの座談会も行われている（『漢方の臨床』一〇巻七号、三九一頁など）。一方で、杜が当初は陳茂通らと協同して漢医病院の建設を計画していたことも事実である（『皇漢医界』第七巻、一六頁「杜博士は次の如く語つた「漢医学を研究する必要がある事は、我々の夙に感ずる所である。（略）今の所、計画の中心になつて居るのは、私と葉錬金氏、陳茂通氏の諸氏である」と」）。

Ⅱ　思想の変容と漢学

『本朝通鑑』及び『大日本史』歴史観の変遷

徐　興　慶

はじめに

日本人による歴史書の編纂は、中国や朝鮮が日本や日本人に関する記録を残したことに遡ることができる。外交史の視点からの史書は、日本の外国史を検討する場合は、京都の儒医、松下見林（一六三七―一七〇三）による『異称日本伝』(1)、国学者の本居宣長（一七三〇―一八〇一）による『馭戎概言』(2)（寛政八年、一七九六）、伴友信による『中外経緯伝』(3)、また、水戸彰考館の儒学者、小宮山楓軒（一七六四―一八四〇）が日本史書に見える外国人の事跡を整理した『西州投化記』（寛政六年、一七九四）などがある。これらの外交史の歴史書は、古代から近世にかけて、邪馬台国、倭五王、九州博多の志賀島から出土した金印、神功皇后の三韓進出、遣隋使、遣唐使、元寇、倭寇などの事跡に関する記録を含んでいる。

日本の歴史書の編纂は、古代には『日本書紀』『続日本紀』、『日本後紀』、『続日本後紀』、『日本文徳天皇実録』、『日本三代実録』などのいわゆる六国史があり、中世には『吾妻鏡』(4)などがあった。しかし、これらの歴史書の多くは、特定の政治勢力を擁護するために書かれたきらいがある。日本の歴史を通して、比較的に客観的に叙述された歴史書は、徳川時代初期の『本朝通鑑』である。これは江戸幕府の命により編纂された公撰の歴史書である。また、延宝九年（一六八一）に山鹿素行の撰になる『中朝事実』[5]や、水戸藩の徳川光圀が一六五七年から編纂を始めた『大日本史』[6]もある。この種の歴史書は、鎖国時代の東アジア国際社会における華夷思想や、ヨーロッパ諸国の進出に対峙する中で、日本の歴史を見直すものとして生まれたものといえるだろう。

本論では、『本朝通鑑』と『大日本史』の編纂の背景と内容を分析することで、この二つの歴史書の歴史観の変遷や、政治家たちの儒教受容の過程での共通点と相違点、人倫主義の内包などについて探究する。さらに武断政治から文治政治への社会的な転換や動向を分析する。また、この二つの歴史書が南北朝正閏論に対する見解の相違や共通点をどのように示しているか、加えて、これらの歴史書が日本の近代化や明治維新とどのように関連しているかについても論じる。

一　『本朝編年録』、『本朝通鑑』編修の起源と背景

『本朝通鑑』の編纂は、慶長九年（一六〇四）の藤原惺窩と林羅山の対話にまで遡る。これは林羅山の史書編纂の動機に間接的な影響を及ぼした。林羅山は一七歳で朱子学を志し、『史記』『漢書』『後漢書』を熟読し、さらに『通鑑綱目』を熟読した。彼はその歴史観や正統論に影響を受け、朱熹（一一三〇―一二〇〇）に倣って『国朝綱目』を編纂した。その後、林羅山は五〇歳過ぎに『資治通鑑』を熟読し、『綱目』を朱子学の立場から評価した。その焦点は、正統論や閏正論に関する問題にあった。

『本朝通鑑』の最初の書名は『本朝編年録』であった。その書名について、羅山の子、林鵞峰（春勝、春斎、一六一

八―一六八〇）は、「寛文甲辰（一六六四）の秋、今大君の下で、命じて私が続篇を修めるようにし、先人たちが編纂したものと共に、『本朝通鑑』と名付けられた」と述べている。[7]中国の宋代の歴史書『資治通鑑』や朝鮮の『東国通鑑』に倣って『本朝通鑑』と改名されたのである。林羅山の『本朝編年録』は寛永二一年（一六四四）から寛文一〇年（一六七〇）までの記録を含み、『旧事記』『古事記』『日本書紀』に加えて、公家の日記、野史、和歌、中国の歴史書の日本の出来事に関する記述など、七〇種以上の資料を参照した。残念ながら『本朝編年録』は明暦三年（一六五七）の大火で焼失した。[8]寛文二年（一六六二）一〇月以降、林守勝、[9]林鵞峰、林春信ら三代にわたる官学の執筆により、[10]寛文三年（一六六三）八月、幕府の老中の連署による奉書が下され、上野の忍岡にある林家で「神武天皇」から「持統天皇」までの年代記の編纂が開始された。[11]日本には延喜以降の正史は存在せず、史料収集などの編史事業が停滞していた。林鵞峰は「延喜以來至冷泉帝、則國政多是出藤氏」（藤原氏族）、「自後三條帝至近衛帝、則多是太上皇之政也。保元以後政權移於武家、此是國家之變、操筆者不可不知焉！」[12]と述べ、将来的な日本の政権は朝廷から幕府へ移ることを示唆している。したがって、寛文四年（一六六四）に編史の初めに、林鵞峰は老中の酒井忠清（一六二四―一六八一）に古記録などの必要な支援を求めた。同年七月、大名の永井尚庸（伊賀守、一六三一―一六七七）が編集を担当するよう任命され、大名、朝廷、寺社などの各種の記録を提出するよう命じられた。同年八月、幕府は予算を組んで、林家で国史館（弘文院）の建設を決定した。『本朝通鑑』は寛文一〇年（一六七〇）に全体が完成し、将軍家に稿本（中書本）を提出するだけでなく、清書本（定稿）は「紅葉山文庫」[13]や日光東照宮に保管された。また、『本朝通鑑』は合計五部複写され、前述の三部の他に、足利学校や林家の蔵書にも存在している。当時の国史館は「弘文院」とも呼ばれるが、それには歴史的背景があった。「弘文院」は平安時代に存在した大学の別曹の名で、幕府の権威を示すために用いられた。林鵞峰は一六六三年に五経を講じた後、「弘文院学士」[14]という称号を得て、その後も父の林羅山が統率した日本儒教の政策を順調に受け継ぎ、朝廷や公家に対して、指導的地位を明示した。その後、林家は「大学頭」として湯島聖堂を管理するようになった。[15]古代の唐朝でも門下省に「弘文院」があり、歴史書の編纂に従事していたが、林家はこの称号を受け継ぐ形で「弘文院学士」を称した。

『本朝通鑑』には提要三〇巻、附録五巻、前編三巻（神代）、正編四〇巻（神武天皇—宇多天皇）、続編二三〇巻（醍醐天皇—後陽成天皇）、『国史館日録』一八巻が含まれ、合計三二六巻からなる。全体の編纂には二六年の歳月がかかった。この書は写本であり、印刷本は存在していない。『本朝通鑑』は宇多天皇（八六七—九三一）の時代までは『本朝通鑑』と称され、その後は『続本朝通鑑』と称されていたが、最終的には後陽成天皇（在位一五八六—一六一一）までの時代を含む『本朝通鑑』と総称されるに至った。

坂本太郎は、『本朝通鑑』が日本の萌芽期の歴史書であり、修史事業と歴史観、思想が密接に関連していると指摘している。日本の学界は一九六〇年代以降、『本朝編年録』および『本朝通鑑』の内容を研究し始め、その結果、林家の父子の思想には違いがあると考えられるようになった。[16]『本朝通鑑』は全ての武士や民衆に対し、徳川家康を「神君」「大君」と称えて忠誠を尽くすよう求めている。[17]したがって、『本朝通鑑』は幕府にとっては政治宣伝の大作であり、同書の叙述には大きな関心をもっていた。

当時の幕府の老中、阿部忠秋（一六〇二—一六七五）は、「この本が現代に完成すれば、大君の美徳と評判になるであろう」と述べている。[18]実際、『本朝通鑑』の編纂作業は常に幕府の意思決定グループによる監視を受け、官吏を派遣して執筆を監督させるだけでなく、老中たちも頻繁に関与し、史館に足を運んで草稿を持ち帰って審査していた。[19]本書に対する幕府の注目度の大きさを物語っている。

（一）史書に対する林鵞峰と徳川光圀の編纂理念の異同

『本朝通鑑』の編纂計画段階において、林鵞峰と光圀の間で編集方針について頻繁に意見交換が行われたことが注目される。寛文甲辰年（一六六四）一一月二八日の『国史館日録』には、いくつかの関連する対話が記録されており、以下では、その重要な対話について分析する。

一．
余以兼約、故赴水戸參議（光圀）邸、及秉燭詣參議（中略）參議曰：今度『通鑑』編爲國爲家爲後世、文物盛時何以加之。珍重！珍重！其編輯之趣如何？余具陳之、參議曰：『通鑑』之名固重、伊賀守頗志文字之効也。余曰：此非所望、執政寛台命決之、然其發言者、伊賀守志也。然世人或以温公、文公之例、於我輩爲太過、余於馬、朱二公不可企望焉。然元、明之間所修稱『通鑑』者多、且朝鮮亦有『通鑑』、彼等何必以馬、朱二公自比乎！唯是當時相應之、才倣先輩、例記實事則善惡自知、以爲勸懲則此亦『通鑑』而已。(20)

ここでは、「伊賀守」という言葉が何度も言及されるが、これは前述した大名永井尚庸を指す。彼は『本朝通鑑』の編纂奉行に任命されている。彼らは過去の中国や朝鮮で既に編纂された通鑑について議論し、それらを参考にしている。

二．
然凡稱『通鑑』者、文段有議論、此度不有教命則不加議論、非無遺恨。然編修功成則倣『胡氏管見』之例、聊擬范氏『唐鑑』之例、表出件件雖議論之亦不爲難乎。參議曰：然抑安徳西狩之後、正統猶在安徳乎！　然平氏之所立則以在洛帝爲正統乎！　後醍醐不傳位、高時立光嚴、尊氏立光明、此等之所執以爲正統乎！　余（鵞峰）曰：此是本朝之大事、然非微意、先父曾於大友・天武事亦有所思、然上覽之書非無遠慮、故以大友不爲帝、唯不準叛臣之例、亦馬子弑逆、厩戸不逃其罪、先父想可記、厩戸弑天皇、其事見文集、然於上覽之書則不能如意。今於某亦然、曾私修治承以來百餘年之事、於安德未崩之時、繫正統於此、分註記元暦年號、若夫於吉野事則未決考、帝統二流之本則光嚴・光明爲嫡、後醍醐爲庶、然光嚴・光明即位出賊臣之意則熟思以定之。(21)

「胡氏管見」は『資治通鑑綱目』(22)を指し、「范氏唐鑑」は范祖禹の『唐鑑』を指す。これらの中国の歴史書の編纂スタイルは、当時の参考として模倣された。ここでの「参議」は光圀を指しており、彼は日本の北朝と南朝のどちらが正統かを問うている。これが、史書編纂会談の重要なトピックであった。光圀は、鵞峰に、安徳天皇（一一七八―一一八五）と後鳥羽天皇（一一八〇―一二三九）の東西両立および南北朝の共存といった問題を歴史編纂の際にどのように扱うか尋ねた。光圀の質問に対して、鵞峰は考慮していないわけではなく、先父羅山が大友と天武（壬申の乱）のことについて思うところはあったけれども、将軍へ上呈するため遠慮があり、大友を天皇または叛臣として扱うことはできないとの判断を下した。また、安徳天皇と後鳥羽天皇の問題に関しては、鵞峰は私的に頼朝が兵を挙げてから百余年の出来事を考察し、安徳天皇の崩御前を正統とみなし、後鳥羽を元号「元暦」で年代を分けて記載することを検討した。さらに、鵞峰は光厳帝と光明帝を嫡流として挙げたが、いずれも賊臣による即位だったため、後醍醐帝を庶流として挙げ、慎重に考慮して決定を下すことを述べた。『本朝通鑑』本文の最初の巻を見ると、鵞峰は後鳥羽天皇を重視し、「新帝」と称し、安徳天皇を軽視し、「先帝」と称している。これは安徳天皇を支持していた平氏が源氏に敗れたため、北朝を正統とし、事実としては皇統が北朝系統に移ったためであった。(23)

三、
馬公以曹魏爲正統、其論世儒以爲不正、然今所修妄以當時帝王之祖爲僭、以南朝爲正則書出之後未知朝議以爲奈何、是非公命則所難私議也。若夫國老執政如君侯（光圀）、知倭漢先例則余亦可開口、今以如此事妄與權臣議、則此度編修半塗廢亦不可知也。某自年少好倭朝事、而世人所不知者非無所發開、今幸承此命、欲使七百年來之治亂興廢以著於後世、故聊記事實以倣『通鑑』之體、於筆誅謹嚴之事則未能太快。然書成而如君侯之人見之、則或夫知某所有微意乎！　叅議完爾！　又告曰：近世事者直書則有障、曲筆則有意者嘲之、不如與伊賀守議而留筆於百餘年以前而可也。余對曰：官議決以後陽成讓位爲限、則今難辭焉！　且當時事嫌憚亦非無先例、唯記實事則必無妨乎！　叅議黙然！〔……〕叅議曰：『本朝文粹』所載者、雖記於『通鑑』可也。『續文粹』以後稍劣、用捨而可也。(24)

鵞峰は、司馬光（一〇一九―一〇八六）が曹操の魏を正統とみなしているが、世の儒者はその史観に同意していないと説明した。また、いま編纂している史書が今日の天皇の祖（北朝）を偽物とみなし、南朝を正統とすれば、どのような議論が起こるか、わからないと述べた。この問題については、公式の命（公命）がなければ、「私議」となるので、公共的な議論が必要であると提案した。さらに、鵞峰は自身が命じられた七〇〇年の治乱興廃の歴史を編纂する作業について説明し、『通鑑』の体裁を模倣し、史実に基づいて編纂することを述べた。ただし、道徳的な判断を記述することについては、まだ考慮していないと述べた。鵞峰の修史作業において、老中や執政の干渉に対する無力感が随所に見受けられ、編纂の問題に対する彼の葛藤の様子が見て取れる。羅山と鵞峰の父子が南朝の正統性を明確に主張できなかった理由は、その理論的な根拠の必然性が見出せないためであった。

この問題に関して、両者の対話は数年にわたって続いた。『国史館日録』（寛文九年（一六六九）五月七日）には、次のような記録が残っている。「相公在焉。先進膳、而談『本朝通鑑』之事、疑問數條、聊辨解之。相公快然。其餘或及漢朝歴代事、論高祖光武優劣、或辨曹操、劉備正僞、或議韓、柳、宋元明文章、或談本朝神道佛者事、或窃及當時事。其中有相合者、或有執拗者、是此公之癖也。」これにより、二人の史観が異なることが窺える。

『本朝通鑑』巻一三二では、後醍醐天皇（一二八八―一三三九）の死後、暦応三年（一三四〇）から記述が始まり、北朝を正統とする内容は以下の通りである。

按後醍醐帝延元元年遷幸吉野。自是有南朝、南帝之稱。然後醍醐無讓位之儀。光明帝爲尊氏被立。則終後醍醐之世。乃帝統之正。可在吉野。至後村上則不可無都鄙之辨。况北帝運、傳至今日哉。故至此、以北朝爲止。附南朝於其間。

後醍醐天皇は皇権の統一を達成するため、数回の倒幕運動を経て、日本史上で最も強固で屈しない倒幕の天皇として知られている。彼は鎌倉幕府の終焉後、「建武新政」を実施した。しかし、足利尊氏の反乱により大和吉野に逃れ、南朝政権（吉野朝廷とも呼ばれる）を樹立し、南朝初代の天皇となった。しかし、彼は光明天皇（光明天皇は足利尊氏に支持された）に譲位せず、したがって正統な天皇は吉野にとどまったと言える。[25] 後村上天皇（一三二八―一三六八）が南朝の第二代天皇となった後、その正統性には異なる解釈が存在した。現実的には、南朝は地方政権に属していたが、北朝が国全体を支配し続けた。このため、『本朝通鑑』では後醍醐天皇の代を正統とし、その後は北朝を正統として「両統」を併記する歴史書となっている。

（二）呉太伯論を採用する『本朝通鑑』の真相

第四代将軍徳川家綱（一六四一―一六八〇）が寛文一〇年（一六七〇）六月一二日に就任する際、御三家の水戸の光圀、紀伊の光貞、尾張の綱誠などの諸侯を将軍府に招き入れた。正史には記載されていない日本の国祖ともされる呉太伯と神武天皇との関連について議論した。北畠親房（一二九三―一三五四）の『神皇正統記』（一三四三）によれば、太伯が日本の祖先であるという説は、応神天皇の時代に『晋書』から伝わったものである。[26]羅山と鵞峰父子は「呉太伯論」は事実だと肯定しているが、これは個人の意見にとどまるもので、結果として幕府の修史事業では「呉太伯論」は採用されなかった。林羅山は「太伯は至徳であり、仲尼の言葉とも言える。後世、彼を国の始祖とする者は、俗説する東海姫氏国のようなものを信じる者である。なんという誤った認識だろう！　日本はもともと神霊の国である。なぜ誤って祖とされるのか！[27]」と述べている。つまり、江戸時代の知識人の多くは、太伯を中国の聖人として受け入れたが、彼は神霊の国や日本の皇室と何の関係もないと信じていた。林家の「呉太伯論」は他の儒学や歴史家の派閥に不満を引き起こしたが、事実であった。特に兵学者の山鹿素行はこれに強く反対し、「仏教は上から下まで異教である。（中略）この世は異教で終息するが、腐儒は太伯を祖とすることで神聖なる仏の垂跡を引き合わせているのだ。[28]」と述べ、太伯を日本の神武天皇とすることは「腐儒」の行為だとしている。また、崎門学派と水戸学派の反応も強いものであった。山崎闇斎と彼の崎門学派は太伯の徳行を称賛はしたが、彼が日本の皇室と関連しているということは否定した。[29]呉太伯と日本の神武天皇の関連性について、水戸学派の藤田東湖は光圀の以下の見解を指摘している。

公（光圀）嘗與尾（尾張）、紀（紀伊）二公在幕府、適有撰一史請刊行者、公繙閲、至於以呉太伯爲神州始祖、大駭曰：「此説出於異邦附會之妄、我正史所無。昔後醍醐帝時、有一妖僧、倡斯説、詔焚其書。方今文明之世、豈可使有此怪事、宜命速削之。」二公左袒其議、遂停刊行。[30]

光圀は、幕府によって編纂された『本朝通鑑』が多くの無稽な説を採用していると考えており、もし広く普及すれば代々にわたって誤解を招く可能性があり、その史書の刊行は将軍家の恥となるであろう、この国の恥を他国に流布させることになると述べ[31]、林鵞峰や他の多くの幕臣の前で、編集内容に誤りがあることを指摘し、修正を提案した。林鵞峰も寛文九年（一六六九）の『本朝通鑑』の神代紀跋文で、「若夫少康、泰伯之事、則異域之所伝称、今不取焉！[32]」と述べ、「呉太伯論」を否定している。一方で、内藤燦聚、内藤耻叟、栗田寛、木村正辞などの学者は、徳川光圀が「呉太伯論」を批判したことが、『本朝通鑑』がそれを削除した理由だと考えている。呉偉明は、「呉太伯は徳川時代の日本において特異な位置にあり、彼は中国の古代聖人として受け入れられただけでなく、一部の日本人は彼を日本皇室の祖先とみなしている。このような中国とは異なる価値観は、呉太伯伝説が日本の風土の中で発展し、取り入れられた論述であることを反映しており、中国からそのまま取り入れた外来の文化ではない[33]」と述べ、実際に太伯伝説を支持するか否定するかにかかわらず、この論述を使用して日本人のアイデンティティを確認し、強い国民主義の色彩を持っていると述べている[34]。呂玉新は、「林家が『本朝通鑑』を編纂する際には、武士階級が学問を修める模範となるように意図しており、主に武士たちの忠君尽責の精神を育てることを目的としていた。その綱領の執筆において、彼らの儒学的視点が現れている。『本朝通鑑』は神道や京都朝廷が国教とされていた仏教に対しては重要視せず、神社や寺院などの事柄には重点を置かず、必要な箇所のみ触れている[35]」と述べている。

張崑将は「呉太伯を神武天皇の始祖とすることは、最初は儒学者ではなく、むしろ仏教学者であり、その後も私家修史者が呉太伯を日本の神武天皇として続けてきた。僧侶の中巖円月（一三〇〇―一三七五）が『日本紀』（『日本書紀』）を修め、日本の神国の禁忌に触れて焼かれる事件を引き起こし、中国の至徳の人物が神武天皇に取って代わるという修史の問題を日本の学界で議論した。これが真実であれば、日本文化のテーマ性を喪失し、発生し難いことである[36]」と判断していたという。

『本朝通鑑』が完成した後、林鵞峰は「余曰中華『通鑑』名聞於世、朝鮮亦有『東通鑑』、則我國之史、稱『通鑑』而可也、先父謙而假稱『編年録』、今若官議決而稱『通鑑』、則先父之志也[37]」と述べ、林羅山の遺志を実現した。この年代記は、史の体裁、文体、武家の権力移動に関する視点や史論などにおいて、後世の日本史学の発展に示唆と基範を提供し、江戸時代の公式な修史の中でも最も影響力のある年代記体の総合史となった。また、これは近世の日本史学が芽生えから繁栄へと進む道を導くものであり、林鵞峰が林羅山の遺志を完成させたものであると述べている。

『本朝通鑑』の完成から十年後、延宝八年（一六八〇）に林鵞峰は六三歳で亡くなった。林家の第三代である林鳳岡は三七歳で家督を継ぎ、大蔵卿法印や弘文院学士に任命された。第五代将軍徳川綱吉（一六四六―一七〇九）の信任を受け、元禄四年（一六九一）に四八歳で「大学頭」の職を受け、湯島聖堂や上野忍岡の家塾を拡充した。また、綱吉によって殿中諸士に儒学を講義するよう命じられた。第八代将軍徳川吉宗が即位すると、林鳳岡は再び信任を受け、幕府の文書行政に参加し、朝鮮通信使の接待を担当した。

二　『本朝通鑑』の儒教思想の内容

周知のように、儒教が日本に伝来したのは五世紀初頭のことである。『古事記』には、百済の王仁が『論語』や『千字文』を日本に持ち込んだのは、応神天皇一六年（二八五）のことであるとされている。日本にとって儒教は元来、伝統的な神道文化と相互に排他的な外来文化であったが、中世以降、両文化の融合によって平和共存の思想が生まれ、「和魂漢才」の思想が生まれた。日本における儒教の発展は、時代の変化とともに質的な変化を遂げてきた。特に一一八五年に鎌倉幕府が成立して以降、日本では武士階級の台頭によって儒教的政治倫理が大きく進展していったという。儒教は、老若男女の優劣や忠君服従といった社会秩序を重視する中国伝統の思想であったので、幕府が自らの権力を固め、上下支配体制を敷くための模造品となり、江戸時代には国家の公式理念となり、前述の藤原惺窩や林羅山の師弟が日本における儒教発展の担い手の役割を果たした。

藤原惺窩は、かつて宋明理学の「理一分殊」の理論を用いて、封建制度の合理性を説き、君主と大臣がそれぞれの義務と責任を果たすべきだと主張した。彼曰く「日本の神道は我が心を正し、万民を憐れみ、慈悲を施すことを奥秘とする、堯、舜の道もその奥秘である」と語ったこともある。唐土は儒教といい、日本は神道という、名前は違っても心は同じである。[38] これは名前は違っても心は一貫していることの重要性を強調している。林羅山は「わが王朝は神の国である。神道は王の道である。（中略）神道と儒教をどのように区別するのかと問うた。自己観の真理は一つのみである。（中略）王道は一変して神道となり、神道は一変して道となる。道とは、私が儒道と呼ぶ、いわゆる外道のものではない」[39] と非外道としての儒教の性格を分析する。先に述べたように、林羅山は朱熹の『資治通鑑綱目』を真似て『本朝編年録』を編纂し、上下階級の重要性を宣伝した。

（二）鎌倉時代の儒教の徳治論

日本では、鎌倉時代中期以降、宋学が伝わり、中国の禅僧や日本の僧侶たちによって多くの中国の儒教の書籍が日本に持ち込まれた。中国の禅僧たちは、日本に儒教の普及と発展をもたらしたといってもよい。鎌倉時代と室町時代の南北朝時代の支配的な社会関係は、儒教を支配的なイデオロギーとすることを必要とせず、神道や老荘思想とともに、仏教の従属的な教えとして儒教を受容したにすぎなかった。しかし、「承久の乱」（一二二一）以後、儒教の政治論は、有徳者君主論、致世安民論、易姓革命などの概念から構築され、儒教の徳治主義思想ともいうべきものが形成されてきた。「承久の乱[40]」は、伝統的な公家権力と新興の武士権力とが武力で対決した戦いで、最終的に武士階級が勝利した。その結果、神の孫とされた天皇と、天皇を中心とする不可侵の権力であった公家政権の神話が崩壊し、「神の孫を支配者とする」儒教の道徳主義が、日本社会でその役割を果たすようになったのである。

東アジアにおける儒教の発展を見ると、儒教は常に教育問題と密接な関係があり、儒教が日本に伝わった後、徳治主義が日本社会に与えた影響も深いものであった。後嵯峨天皇（一二二〇―一二七二）以後、皇統は後深草天皇の持明院統と亀山天皇系の大覚寺統に分かれ、両統が交互に皇位を継承した[41]。その際、両系統が皇位継承の資格を得るためには、「正しい政道」を行い、積極的な善政を推進することが求められた。そこで、亀山院・伏見院・後宇多院は、いずれも制度の改革と政治組織の再編成を決定した。一方、武家体制は、儒教を吸収して世を治め、民衆に善政を施すことを存立の基礎とした。この時代の統治者は、その多数が儒教の徳治思想に基づき、統治者の徳の涵養を普及させようと務めた。たとえば、花園天皇（一二九七―一三四八）は、正和六年（一三一七）三月三〇日の『花園天皇宸記』の記載で、「古今を究め、学ばざること多しといえども、徳と仁に励む心を励まし、これはただ天の御心なり」と述べている。これは儒教的徳治主義を自覚した為政者のことばである[42]。

（二）室町時代における儒教の展開

室町政権が建武三年（一三三六）に成立し、南朝の北畠親房（一二九三―一三五四）や北朝の二条良基（一三二〇―一三八八）が大臣や公卿と接触していた時期には、儒教の徳治思想の政治概念をそのまま受け入れたのではなく、武家政権の上に存在した天皇君主の形態、すなわち徳のある者による統治の形態を認める「有徳者執政論」という形で儒教的な道徳のイデオロギーを採用した。つまり、南北朝時代、初期の室町政権は、幕府が儒教的な徳治思想に関わる政令を推進することによって自己の政権正当を図ったのである。

一方、北畠親房が著した『神皇正統記』(全六巻)では、三種の神器、すなわち鏡、勾玉、宝剣を室町政権の存在を合理化するために用いた。三種の神器はそれぞれ正義、慈悲、知恵の徳の象徴とされた。この三徳は君主にとって必要不可欠なものであり、君主はこの三つの徳があってこそ初めて君主と呼ばれるのにふさわしいというのである。日本は神々が創造した国家であり、王室は神格化されている。神格化された王室の統治する日本は、他の国家には前例のないもので、それが南朝の正統性の根拠に据えられ、後世の歴史観や国体観に大きな影響を与えることになった。

日本では戦後、『神皇正統記』の歴史観を道徳的歴史観とみなした。すなわち天と人が交錯する儒教的な歴史観ととらえる研究が盛んであった。しかし、玉懸博之は異なる見解を持ち、北畠親房は神と人との交錯の歴史に置き、親房の歴史観は神道的な歴史観と呼ぶべきであると主張している(43)。また、南北朝初期の軍事政権、北条氏の治世から南北朝の動乱、足利尊氏・直義による幕府成立までを記した『梅松論』(全二巻、著者不詳、一三四九年)がある。それは主に室町初期の政権の正当性を強調し、関連する武士の功績を讃えるものであった。そのため、南朝政権の立場から語られている『太平記』とは異なっている。

『梅松論』の「政道論」は、「有徳者は君となる」の仁政主義と「神孫が君となる」の血統主義の双方を認めるが、主として徳治主義の立場から朝廷に反抗し、「承久の乱」の原因と結果を明らかにし、安民を実現するために為政者に徳があることを要求し、これを満たさない者は強制的に交代させることを主張している。『梅松論』は、歴史と天意歴史観を併せ持つ歴史書とされている(44)。武家政権にとって、儒教的な徳治思想が公家政権に対抗する武器となったことは紛れもない事実である。玉懸博之によれば、北畠親房の政道論は君徳論と安民論とを構成したもので、儒教の政治論や徳治思想に似ているという。

軍事政権を合理化すると同時に公家政権を擁護する政治思想も展開した。北朝公家の最高位であった二条良基は、従来優柔不断な政治思想の持ち主とされていたが、儒教の徳治主義思想も積極的に取り入れた(45)。

寛文六年（一六六六）に林鵞峰の弟子が著した『史館余話』(46)では、林鵞峰は内々に「二人の天皇は互いに重要ではない」と述べただけで、この時点でどちらが正しい天皇とみなすべきかをおもてむきには述べていない。一方、光圀は、足利尊氏が鎌倉で醍醐天皇に叛旗を翻し、京都を攻めて天皇を追放したことで、尊氏を叛臣とみなし、南朝を正統と考えた。「南朝正統論」として、王を尊び、覇権思想を排斥する明治維新のイデオロギーは、北朝政権の正統性を否定した。その理由は二つある。(1)前述の後醍醐天皇の吉野朝廷は光明天皇に譲位しなかった。(2)光圀の系譜に連なる水戸学派は、足利尊氏の後醍醐天皇に対する謀反を極めて覇道的な行為であって叛臣とみなし、水戸藩の儒教的倫理思想の大義名分を顕彰するようにした。

三　『大日本史』の編纂背景とその中核史観

『大日本史』は、水戸藩の二代藩主光圀が漢文で編纂した記伝体の史書である。彼は明暦三年（一六五七）に小石川藩邸が焼失した後、駒込別邸に移り、史局を設置して編纂作業を開始した。寛文一二年（一六七二）には再び駒込別邸から小石川藩邸に移転し、「彰考館(47)」と命名した。その後、光圀は水戸藩の儒者である佐々宗淳、栗山潜鋒、三宅観瀾、安積澹泊らを招集して史書の編纂を進めた。編纂の過程では、佐々十竹らを京都、奈良などに派遣して古文書や記録などの史料を探させた。その中には「高野山文書(48)」、「東大寺文書」の朝廷「公家」や寺院などに保管されているものもあった。光圀は自ら調査員に書簡を送り、書写のための関係資料の借用の便宜を図るとともに、関係史料の内容について厳密な校正を依頼した。

『大日本史』は漢文で書かれ、光圀の死後、朱舜水の弟子である安積覚の指導のもとに編纂が続けられ、三代藩主徳川綱條によって『大日本史』と命名された。正徳五年（一七一五）、本紀七三巻、列伝一七〇巻、目録四巻、計二四七巻からなる『大日本史』（正徳本ともいう）の写本が光圀の墓前に納められた。さらに享保五年（一七二〇）、本紀七三巻、列伝一七〇巻を校訂し、序文・修史例・引用書目を加えた二四〇巻が幕府に献上され、「享保本」と呼ばれた。天明六年（一七八六）、再び『大日本史』の編纂が始まり、塙保己一[49]（一七四六—一八二一）の助力を得て『本紀』『列伝』の校正が行われ、嘉永二年（一八四九）、『本紀』七三巻、『列伝』一七〇巻が幕府・朝廷に献上された。幕末から明治期にかけても、豊田天功（一八〇五—一八六四）や栗田寛（一八三五—一八九九）を中心とする学者たちによって、制度史に相当する『志』や『表』の編纂が続けられ、十志（神祇・氏族・職官・国郡・食貨・礼楽・兵・刑法・陰陽・仏事）と五表（臣連二造・公卿・国郡司・蔵人検非違使・将軍僚属）の編纂が完成した。『大日本史』は、神武天皇の時代から南北朝が滅亡した一三九二年まで、本紀七三篇、列伝一七〇篇、志一二六篇、表二八篇、計三九七篇からなる。明治三九年（一九〇六）に全書四〇二巻、二二二冊が二四九年の歳月をかけて完成した。

（一）徳川光圀の中核史観

光圀は『大日本史』を編纂していた時期、主に『本紀』と『列伝』の項を完成させた、つまり伝記の記述を中心に、歴史上の人物を儒教道徳の観点から論評した。光圀は自伝『梅里先生碑文』の中で、「天皇の治を正し、民の過ちと悪を正し、一族の言葉を編纂した」と述べている。つまり、自らの考えを歴史叙述という形で表現しているのである。『大日本史』の三大特筆は、⑴『皇妃列伝』に神功皇后を載せたこと、⑵大友皇子の即位を認め、『本紀』に載せて『大友皇子本紀』一篇としたこと、(3)『本紀』に南朝の天皇を載せて南朝を正統としたことである。[50]
また、寛文元年（一六六一）、光圀は初代藩主徳川頼房の後を継いで二代水戸藩主となった。しかし、光圀の上に兄の松平頼重（一六二二―一六九五）がいる。兄を差し置いて藩主の座を継いだことに後ろめたさを感じ、寛文一一年（一六七二）六月、光圀は兄の子・綱條を養嗣子とし、元禄三年（一六九〇）一二月、家督（藩主）を綱條に譲った。これは政権の「嫡脈」である水戸家系の正統と血統を長兄に返す厚意であり、水戸藩の譲位の徳政として取り上げられるストーリーである。また、南朝の正統を認めた『大日本史』の編纂にも、「長幼有序」という思想脈絡の道徳規範が反映された。このように、三大特筆、「長幼有序」及び君主への忠誠と絶対服従の道徳規範は、光圀の歴史観の中核をなすものである。

（二）安積覚『論賛』の史観

寛文五年（一六六五）、朱舜水が江戸に招聘された際、安積覚は一一歳で江戸に入った。天保三年（一六八三）、安積覚は編者として彰考館に入り、光圀の招きで『大日本史』の編纂に協力し、元禄六年（一六九三）から『大日本史』が編纂された正徳四年（一七一四）まで彰考館の館長を務めた。この間に『大日本史』の紀伝の編纂を完了した。宝永五年（一七〇八）、光圀の死後、安積覚は光圀が生前認めていなかった「将軍伝」を適切に増補し、将軍伝に足利尊氏・義弘の子息を加えることで、南朝に任じられなかった将軍の特別な地位を認めた。これは、将軍を表記するこの歴史書をスムーズに朝廷や幕府に贈呈するためであり、ここでは安積覚の折衷思想が反映されていた。

安積覚が記した『論賛』には、持明院統初代の後深草天皇（一二四三―一三〇四）が聖人の周文王と比較して高く評価され[51]、大覚寺統の皇系始祖である亀山上皇[52]（一二四九―一三〇五）は徳が足りないと厳しく評価されるなど[53]、両系皇統の対立の過程が描かれている。

表面的には南朝が最も正統と光圀に認められたが、全体としては道徳的に優れた持明院統（北朝）が皇統の中で最も正統であった。吉田俊純は、道徳的に優れた北朝こそが天皇制の統一であり、軍事政権の揺るぎなさを確立したというのが『大日本史』の結論であったと指摘している。つまり、光圀の『大日本史』編纂の目的は、そもそも存在しないはずの武家政権の成立を、名分論の立場で合理化することにあった(54)。光圀が南朝を正統な統治者と認めたのは、現職の後醍醐天皇が王朝の復権のために戦い、その地位を持明院統に譲らなかったからであり、名分論、君主への忠誠の儒教的価値観に基づくものであった。

また、後醍醐天皇が外に逃亡する際、天皇の権威を象徴する三種の神器（八咫鏡、八尺瓊曲玉、草薙剣）を持ち去ったことから、南北朝の対立時に三種の神器は南朝が保持していたことも、正統性が南朝にあったというのである。しかし、前述した光圀が信奉していた「長幼有序」の道徳規範は北朝の正統性とは矛盾している。兄の子に家督を譲った以上、兄一族の南朝の大覚寺統を認めるはずもなく、この時点では理論よりも信念の方が強かったとしか言いようがない(55)。

安積覚の修史概念には、儒教的な普遍主義の光圀の思想が含まれているが、歴史のプロセスに基づく歴史学の編纂の脈絡では、この概念には依然としてこの矛盾が存在している。晩年の光圀は、南北朝の認識に矛盾が生じたため、彼の厳格な名分論は緩和の兆しを見せた。つまり、表面的には日本の道徳は南朝を正統と認めるが、心の根底に潜在する儒教道徳観は北朝を正統と認めざるを得ず、この矛盾を如何に調和する形で表現するかが、光圀にとって大きな問題であった(56)。この点、吉田俊純は、いわゆる「儒教正統論」は正しい道徳行動と大一統の概念からなる。すなわち国の安定と統一の二つの項目にあると指摘している。もしそうであるとすれば、当時の二つの系統が争うようなことはなく、大一統の問題を考える必要はなかった[57]。

また、『大日本史』は神武天皇から始まり、南北朝の統一で終わるが、これは『神皇正統記』の精神に沿ったものである。前述したように北畠親房[58]が後醍醐天皇の崩御後も足利幕府の賊軍と戦い、吉野で王朝の統一を維持し続けた。光圀がその王朝復興の道徳精神に感化されたことを示している。

何故光圀は『神皇正統記』を重視したか。彼は朱子学を用いて神道思想を説き、天皇を尊崇する山崎闇斎の学派と関係があったからである。林鵞峰とは異なる皇国史観を持つ水戸藩の編史者である鵜飼真昌、栗山潜鋒、三宅観瀾らの崎門弟子[59]を起用したからである。

皇国史観とは、日本の中心は天皇であり、歴史上の人物や出来事について天皇に忠実であったか、反抗的であったかを基準に善悪の評価を下す歴史観である。この考え方の元祖は、南北朝時代の南朝に属した北畠親房であり、彼は南朝の正当性を訴えるために『神皇正統記』を著した。『大日本史』もその視点を受け継ぎ、叛臣、逆臣、瘏罰謀逆之人などを設けている。例えば、『大日本史・逆臣』の序文には、「弑逆、人神所共憤、而天地所不容也。一有弑逆之臣、則人人得而誅之。其得保首領、老死牖下、乃幸而免耳。異邦之史、臣弑其君者、歴世不絶[60]」。天皇に対して忠誠か裏切りかは、正統性の指標のひとつとなった。

(三)『大日本史』南北朝正統、閏統の史観

鎌倉時代以降、実際に国を治めたのは天皇でも朝廷でもなく、国家の公権力を推し進めた軍事政権を握る幕府であった。この歴史的過程をいかに理論的かつ一貫性を持って論じるかは、前述の林家の『本朝通鑑』や水戸家の『大日本史』などの修史者が直面しなければならない問題である。光圀の生前、『大日本史』編纂の中心は、「百王本紀」（巻一・

神武天皇から巻七二・小松天皇まで）の編纂作業であった。江戸・小石川に彰考館を創設（光圀が三〇歳の時）し、寛文年間に完成した「享保本」を幕府に献上し、さらに元文二年（一七三七）に「元文本」を完成させたが、この時期が、「前期水戸学」である。寛政以後、幕末から明治にかけての二百数十年間が「後期水戸学」と呼ばれている。ただ、「前期」と「後期」の水戸学の間には「南朝正統論」をめぐる歴史編纂に大きな隔たりがあり、『本朝通鑑』と『大日本史』でも、どちらが正しい王朝なのか認識には大きな違いがあった。

『本朝通鑑』の歴史観は『資治通鑑』を範とし、『大日本史』は『通鑑綱目』に準拠して編纂されたとするのが、中国や日本の学界の一般的な見方である。しかし、栗原茂幸は藤田幽谷の『修史始末』巻の下に引用されている「日本史は実録と『資治通鑑』の文体を参考にしたものである」という安積覚の言を根拠に、やはり『大日本史』は『資治通鑑』に準拠して編纂されたと指摘している。(61) 安積覚は前期水戸学派の『大日本史』編纂の中心人物だったからである。しかし、波田永実は『大日本史』が南朝を正統支配と認めていることは、『資治通鑑』の魏を正統支配とする見解とは結びつかない、やはり問題になると主張した。

後醍醐、後村上、長慶、後亀山など、吉野一隅で衰退した地位に追い込まれた南朝の天皇を正統と認める『大日本史』は、『通鑑綱目』の視点を取り入れているのである。しかし、なぜ正統派の天皇の王権は、衰弱、滅んだりしたのだろうか。不正な武臣が擁護する非正統派の王権が現在まで存続しているのはなぜなのか。この疑問は論証しなければならない。つまり、安積覚、栗山潜鋒、三宅観瀾らは、『易伝・文言伝・坤文言』の「積善之家必有余慶、積不善之家必有余殃」という論理に基づき、その成り行きを歴史物語として判断したのである。(62) 言ってみれば、『大日本史』は「徳と仁を積む」という儒教の考え方に基づき、南朝を正統な支配者と認めたのである。

（四）『大日本史』は何故漢文で編纂したか

なぜ『大日本史』は漢文で叙述されたのか。なぜ日本語を使わなかったのか？ 周知のように、光圀の主導による『大日本史』の編纂は、「正閏皇統、是非人臣」ことを目的としたものであり、その主な思想は王を敬うことであった。したがって、水戸学は、明治維新の実現、王政復古、尊王攘夷運動の思想の原動力となったと考えられる。藤田幽谷[63]、東湖父子、会沢正志斎（一七八二―一八六三）といった後期水戸学の中心人物は、国家論の形でその政治・経済思想の特質を論じ、幕末の尊王攘夷運動の思想体系に影響を与え、かつては日本社会から高く評価されていた[64]。日本近代化の過程で、天皇制国家のイデオロギーが「ナショナリズム」を過度に助長したが、漢文で叙述された『大日本史』は、わかりやすい大衆的な歴史書ではなかった。

近世社会は後期になるほど、文字の普及とともに読書や出版が盛んになり、天皇や公家、さらには武士などの知識人の中にも漢字や漢文で書ける人が増えてきた。そのため、『大日本史』の読者の中心は庶民や女性ではなく、漢字や漢文に堪能な貴族階級やエリート階級の男性であり、階級的な偏りがあった。江戸時代の漢学が盛んであったことを背景として『大日本史』は日本の高層知識人向けの書物として叙述されたが、それだけでなく、漢文を使うことで歴史概念を対外的に伝播する役割も果たしている。

（五）『大日本史』の編纂は朱舜水と関わっていたのか

寛文五年（一六六五）三月二八日、朱舜水が江戸の水戸藩邸に到着した後、光圀と鵞峰は再び会って『本朝通鑑』の編纂過程について話し合った。鵞峰は「本朝聖堂以本朝儒者爲配位而可也。然本朝無眞儒、唯藤原惺窩、林羅山而已、以二人神主爲配位」[65]と光圀が語ったことを記録している。同年七月に朱舜水が江戸に到着すると、光圀は学問の発展や歴史の編纂の方向性について新たな考えを持つようになった。朱舜水の弟子であった安積覚は、「文公（朱舜水）好看『陸宣公奏議』『資治通鑑』、及來武江、方購得京師所鋟『通鑑綱目』。至作文字、出入經、史、上下古今、娓娓數千言、皆其腹中所蓄也」と述べている。[66]

寛文七年（一六六七）七月一四日の夜、鵞峰は光圀の招きで水戸邸に赴いた。「君問國史編輯幾代、幾年成。余詳陳其趣。」その後、光圀は小宅生順が執筆した『常陸国風土記』[67]を鵞峰に提示した。この書物には朱舜水が注釈をつけており、その文体も明代の『大明一統志』を模したものであった。朱舜水はまた、この本の綱目や体裁について修正の意見を提案した。その目的は後日水戸藩の編纂者に選ばれることを意図していた。[68]

延宝元年（一六七三、光圀四六歳）の『水戸義公年譜』には、次のような一節が記されている。

公（光圀）將造大成殿於府下、假設殿堂於江戸駒籠別莊。使臣僚就舜水習釋奠・啓聖公祭及祠堂墓祭儀節。又使梓人受舜水説、摸倣闕里之制。自殿堂廊廡、至門牆器物、約而刻之。藏諸府庫、使有志於制作者取法焉。『行實』。公曰：邦設學校、三代之遺法、而王道之本也。講書弘道、訓蒙化俗、莫善於斯。今諸侯府城下、營建聖廟、設庠序、招儒士、下令勸督、有二業成行立者一、褒諭進其品秩。[69]

朱舜水は、当時の日本社会が儒教的な聖学の道を実践していないことを嘆いた。水戸藩において、釈奠、礼儀、聖廟の建立、特に「庠序（学校）を設立し、儒士を招く」など、ほとんど孔子の教えを全面的に推進しているが、それらは明らかに朱舜水の教育方針の影響を受けていると見て取れる。特に、朱舜水は水戸藩の儒臣武士を率いて、先秦の儀制を以って釈奠を習わし、礼楽の秩序を正そうと務めた。[70]しかし、彼は春秋時代以降の一部の聖賢の君子を褒め称えることはしなかった。[71]安積覚は先秦の儒家の是非の概念に基づいて『論贊』を書いている。歴代皇帝の行為に対する彼の是非の判断も朱舜水の教えの影響を受けている。「尊王敬幕」、「大義名分」の重視は光圀の歴史観の中核思想であったため、その思想は水戸藩における漢学教育の浸透に大きな影響を与えた。朱舜水と光圀の水戸学の概念や歴史書の編纂方針の確立については、拙著[72]、銭明[73]、呂玉新[74]が詳しく論じているので、本稿では繰り返さない。

結　論

一九一〇年以降、日本の学界で南北朝正閏論争が表面化した。林羅山と林鵞峰の親子二代によって育まれた徳川儒教の教育系統が、長い間幕府によって保護されてきたことは間違いない。徳川時代の日本社会では、朝野あらゆる階層で儒教理論が重視され、学問や文化事業を展開する上で欠くことのできない雰囲気であり、『本朝通鑑』の編纂は徳川幕府の老中や幕閣の要求に従って進めなければならなかった。ここまで論じてきた点をまとめると、林家親子自身には歴史概念を論じる権限が限られていたことは明らかである。自らの歴史観を語る自由はなかった。何故林家親子は、南朝を正統と認めなかったのか。それは事実において北朝が当時の皇室の祖先であり、持明院統が皇統の嫡流だったからである。両皇統の更迭後、大覚寺統の後醍醐天皇が持明院統の量仁（光明）に譲位することを拒否し、皇位を受けた後村上天皇（南朝）が正当な天皇であるはずである。羅山個人の意見としては、南宋のように、南朝が正統であった。朱子学の正統論から、羅山は南朝に同情しながらも、『綱目』の歴史観からみる正統政権に対し、正面からの評価を与えない。この矛盾の問題を解決するために、『通鑑』の史観を受け入れることが林羅山の決断の要因となった[75]。しかし、歴史書編纂の思想（理論）において、次世代の鵞峰には難しい選択を迫ることになった。

光圀にとって羅山は師であり、鵞峰は先輩であり、年齢も近い親しい友人でもあった。しかし、寛文三年（一六六三）

の「武家諸法度」是正後に行われた『本朝通鑑』の編纂作業の過程で、「儒者」の理念に対する認識、歴史観、学問に対する基本的な姿勢などの点で折り合いがつかず、二人の歴史観は大きく異なっていった。南朝正統論は、北畠親房の『神皇正統記』や徳川光圀の『大日本史』など、南北朝時代の歴史思想に端を発している。天皇を尊び、覇権主義を否定し、儒教の正統性を強調する南朝正統論は、明治維新の主軸思想の一つであり、北朝正統論を否定するその論理は次の二つであった。(1)後醍醐天皇は足利尊氏が支持する光明天皇に譲位しなかった。(2)近代の水戸学派が足利尊氏を極端な不道徳者、裏切り者と称し、天皇に対する絶対忠誠、服従を求める大義名分論が後世の日本社会に浸透し、教育の面では、その解釈が今も問題の核心である。

『本朝通鑑』と『大日本史』の最大の違いは、林鵞峰が歴史の編纂に自分の意見を加えず、批判もしなかったことである。このことは『本朝通鑑』上巻の「続本朝通鑑序」にも次のように記されている。

若夫一字褒貶、勸善懲悪、則非所企望。然據事直書、其義自見、則豈其不爲後代之鑑戒哉。由是觀之、則治世之盛事、洪業之餘烈、不在茲哉。(76)

この内容から鵞峰の歴史の編纂の立場が裏付けられる。

『本朝通鑑』は徳川幕府の正史とされ、将軍の名声を高め、幕府の正統性を肯定し、政権を固めることを目的としていた。一七世紀における日本の武家社会の変遷の歴史記述は、将軍を賛美し、大名のリーダーである将軍を最高権力者とみなすことを求められた。それが『本朝通鑑』の主旨となったことは紛れもない事実である。つまり『資治通鑑』を範とする『本朝通鑑』で強調される核心思想は史実優先（「據事直書」）であり、道徳的な価値判断に基づく歴史書の編纂ではなかった。幕府の援助と政治的要求によって編纂され、主な読書対象は将軍であり、またその目的は幕府の政治運営を正当化して宣伝すること、ひいては幕府の歴史的立場を是認し、武家権力の所在の歴史書を示すことにあった。一方、水戸藩が『大日本史』を編纂した目的は、藩政の立場から考量し、水戸学の発展と密接に関連していた。大義名分と尊王を中核思想として強調したため、幕府の政治目的を示すことを前提とした『本朝通鑑』とは異なる。

劉暁峰と龔卉は「水戸の歴史修正の初期において、日本の朱子学を中心とする史臣は、依然として中国の伝統を日本の国史構築の指針としていたため、各地の史料の収集、整理において、日本にも中国式の正史的伝統があることを強調した」と指摘している。つまり、『大日本史』の内容は、漠然と司馬光の『資治通鑑』と朱熹の『資治通鑑綱目』二つの歴史書の構想様式を踏襲していると見てとれる。その歴史編纂の姿勢は、治乱を記録し、善悪を提示し、善を戒め悪を罰する規範を整え、春秋の筆法を用い、道義に従うことである。善は善、悪は悪、その原則をもって後世の鏡とする。それが水戸藩の独特の学風を構成している。(77)

光圀が綱條に宛てた詩の中で「治國必依仁、禍始自閨門、愼勿亂五倫。朋友盡禮儀、旦暮慮忠臣。古謂君雖以不君、臣不可不臣」(78)といい、彼は儒者の廃止を唱え、主従関係を明確にし、主従一体を否定し、その代わりに仁、義などの五倫教育を推進し、さらに後世の人々に歴史の編纂は倫理に従うべきであることを呼びかけた。

呂玉新は『大日本史』が孔子の『春秋』を歴史編纂の理論的指針としており、孔子が『春秋』を著したのは、「克己復礼」という政治理念を提唱する手段であり、実際には「虚王を尊ぶ」という封建制度を強固にする役割を果たしたと指摘している。(79)また、後に編纂された『大日本史』は、古文辞学派の荻生徂徠（一六六六―一七二八）の思想にも影響を受けており、林家が強調する「儒者」について、徂徠は朱舜水の弟子である安積覚への返書に次のように指摘している。

西山先侯（按：光圀）、首革儒者陋習、且曰：有民人焉、有社稷焉、寡人亦儒者也。是自非常之君所見、迥踰流俗萬々、因又憾時相及而遇不及、恍如異代、徒爲之悵望已。不佞經術、亦由聖人之道、即人君之道起見、是其根本也。雖宋儒豈不然哉！[80]

徂徠の思想脈絡は林鵞峰とその息子の林鳳岡から学んだが、当時の日本における程朱理学の支配と決別した。彼は徳川幕府の封建制度は神が定めたものではなく、人間が作り出したものであり、「理」は神が作ったものではなく、聖人が定めたものであると指摘した。聖人の道とは、民衆のことを考え、社稷のことを考え、民衆の生活に関心を持つことであった。光圀の死後も『大日本史』は後期水戸学に大きな影響を与えた。水戸学の発展の過程で、「南朝正統論」はさまざまに変容していくが、彰考館総裁であった藤田幽谷もまた、光圀の学問と制度作りを深く研究し、いわゆる林家の「儒者」に納得がいかず、『封事』の中で「儒者が道をいうのは、堕落するものである」と述べ、現代日本の儒者を次のように批判している。

以爲讀書學古、無補當世之物修身愼獨、不能格君心之非、小廉曲謹、沽名釣譽、使人謂儒者獨善其身、而無益國家、是可羞也。[81]

藤田幽谷は、売名行為をすること、または協調精神に欠け独りよがりになることが儒者の道ではないといい、国の社会福祉に貢献する光圀の核心原理を強調している。幽谷がかつて「青藍舎」を開設した際、会沢正志斎は自らの師について「幽谷は一八歳で『正名論』を著し、子弟には忠孝の教えをもってその基礎となした」と述べている。また、先生は常に「学者は儒者になるのではなく、君子になることを学ぶべきだ」と言った。したがって『論語』は「君子」という言葉で終始し、「道は人の道であり、儒者の私業にあらず」とも言っている。[82] また会沢は「後學者當以成人自期、不必要爲儒者、學而爲君子、是則孔門之學也」[83]。さらに義公（光圀）が士臣を諭した言葉を引いて「士不可以不學道、知人倫之義、匹夫之勇非所貴、學道知義、雖寡人亦儒也。此以儒自處、似不與先生之意同」と提起している。[84] これは師の幽谷の「非學爲儒者、非儒者之私業」を教育理念とし、また「述及光圀勸士大夫做學問主要在明人倫之道、其精神有別於以私業爲主的儒者行為」を明らかにしようとするものである(85)。ここでは藤田幽谷の教育理念が、光圀の人倫の道の教えの中核精神を受け継いだものであったことがわかる。

水戸藩第九代藩主の徳川斉昭は、藩校弘道館を設立した際、『弘道館記』の中で次のような教育理念を記している。

嗚呼我國中士民、夙夜匪解、出入斯館、奉神州之道、資西土之教、忠孝無二、文武不岐、學問事業不殊其効、敬神崇儒、無有偏黨、急衆思宣群力、以報國家無窮之恩(86)。

「神儒一致、忠信一致、文武不岐、学問と事業一致」を弘道館のモットーとした。館内には日本建国神話の伝統を伝える鹿島神社があり、同時に古来よりの聖人の道を伝える孔子廟とその祭祀とを見ることができる。水戸藩は「敬神崇儒、無有偏党」し、「神道と儒教」を並存する光圀の国民教育の精神を受け継いでいたことが窺える。

また、光圀は林家史学とは異なり、前述の「三特」の歴史概念にこだわり、崎門学派の理念を背景に、特に本紀の開篇には、新たに天神の継承の序列を再解釈し、万世一系の国体と尊皇の思想体系を国家発展の基盤としている。中国の伝統的な歴史学の影響を受けた『大日本史』もまた、神道的な考え方を用いて「皇国史観」を構築し、幕末の日本の知識人社会に影響を与えるとともに、明治維新の原動力を喚起し、現在も歴代の天皇が日本の歴史書を書き換える際に影響を与えている。波田永実は、一九四〇年代の太平洋戦争まで維持されてきた国体論と「皇国史観」を牽制したことが否定されるにもかかわらず、なぜこのイデオロギーが今日まで維持されているのかに疑問を投げかけた。日本の学校教育では、南朝の天皇は後醍醐、後村上、長慶、後亀山など歴代の天皇である(87)（大覚寺統、一三三六―一三九二年、五六年間）。南北朝時代のどちらが正統だったのか。教育上、なぜ生徒たちにはっきり「南朝が正統である」と言えないのか。長期にわたって日本の小学校の教科書や教師用テキストでは、「南北朝並立論」と表現されている(88)。

つまり、日本の朝廷が南北朝に分裂し、持明院統（北朝・明徳三年）と大覚寺統（南朝・元正九年）が統一されたのは、一三九二年のことである。南北朝分裂の際、どちらが正統とされるべきかという問題はなお未解決のまま残された。

南北朝の正統の認定問題は、近現代になって日本の歴史教科書の編纂責任者であった喜田貞吉が、歴史学の公平な判断に基づき、世に「両王朝並立」と発言し、政治問題となったが、問題は解決されないままであった。しかし、この記述に対して、日本の中等学校の教師や野党は、「二つの王朝」という表現は日本に二つの国家があったとして、「偏向教育」であると反発した。日本政府は一九一一年になって、ようやく南朝を正統とすることを公式に公布し、南北朝時代の歴史変遷に関する「正統論」の論争は終止符を打った(89)。

注

（1）『異称日本伝』は元禄三年（一六九三）に出版された編纂作品で、三巻一五冊からなり、中国の書物に見られる日本に関する記述をまとめたものである。

（2）『馭戎慨言』計二巻四冊、日本の古代及び豊臣秀吉の朝鮮出兵の外交史を叙述している。

（3）『中外経緯伝』は伴信友が一八三八年に書いたもので、六巻からなり、『伴信友全集』第三巻に収められている。万暦王朝を支援するための戦争であった一五九二年の平壌攻略戦における日本の軍事力と武器について言及している。日本兵の数は誇張されているが、基本的な軍事兵器はほとんど捏造されていないことは、他の史料からも明らかである。

（4）『吾妻鏡』、通称『東鑑』、「吾妻」は関東地方の総称で、編年体の歴史書である。全五二巻からなる（一一一八―一二六六、第四五巻は欠落）。主な内容は、治承・承永の乱と平家政権の滅亡、鎌倉幕府の成立、承久の乱、執政の始まりなどである。本書は編年体で書かれているが、日記のような文体で、変体漢文の一種となり、「吾妻鏡体」とも呼ばれる。

（5）『中朝事実』は寛文九年（一六六九）に完成した漢文の歴史書で、付録の巻を加えた二巻からなる。この歴史書は、日本の宮廷を世界の中心とし、日本を「中華」「中朝」「中国」と呼び、漢の地を「外朝」と呼び、日本だけが「中華文明の国」と呼べると考えている。山鹿素行によれば、「外朝」は何度も蛮族に征服され、文明を失い、春秋時代以降、僭位、弑君によって何度も王朝を変え、君臣の義を守らず、「礼儀」を失っていたため、「中国」と呼ぶに値しないという。一方、日本は蛮族に侵略されたこともなく、古来から万世一系の天皇のもと、礼と義を守っていたので、「中国」と呼んでも差し支えないという。

（6）御三家の一つである尾張藩主の徳川義直（一六〇〇―一六五〇）も菅原道真（八四五―九〇三）の『類聚国史』を模倣して『類聚日本紀』編纂した。

（7）林鵞峰『本朝通鑑』、首巻（東京：国立国会図書館所蔵）一九二〇年、五頁。

（8）林羅山は、幕府の命を受けて『本朝編年録』（神武天皇から宇多天皇までの年代記、年代不明、家康の時代に完成したと推測される）を編纂した。詳しくは安川実「本朝編年録の研究」、『歴史教育』第一〇号（一九六二）。また安川実『本朝通鑑の研究―林家史学の展開とその影響』（言叢社、一九八〇）を参照。焼失したと思われた内閣文庫（官蔵）の草稿を調査したところ、林羅山の『本朝編年録』の内容は、林鵞峰が校訂した『本朝通鑑』の正編とは異なること、林羅山の神武から宇多までの記述は『六国史』とほぼ同じであることなどが判明した。

（9）林守勝、林羅山の四男、林鵞峰の弟、号は読耕斎、江戸前期の儒学者。一六四六年（正保三）幕府の儒官となり、林家二代を創立した。著作は『読耕先生全集』がある。

（10）林鵞峰は編輯責任者のほか、長男梅洞（二三歳）、次男鳳岡（二一歳）、林羅山の門人で朱舜水と親交のあった人見竹洞（一六三八―一六九六）及び儒者の坂井伯元（一六三〇―一七〇三）などの四人が時代ごとに執筆を分担している。その下に諸生、侍史、筆吏などの編輯員を置いている。またその下に一四名の傭書がいる。合計編輯員は三十数人に達し、報酬を支給する編集チームとなっている。詳しくは揖斐高「林家の危機―林鵞峰と息子梅洞」、『成蹊国文』第四八号、二〇一五年、五頁を参照されたい。

（11）上野山は、戦国時代には「忍岡」と呼ばれ、江戸城の比較的未開の地であったが、徳川幕府が開かれた一六〇三年、忍岡は家臣藤堂高虎の居城であったため、徳川幕府は寛永寺を建立し、門前町と寺を設置した。藤堂家の領地であった伊賀国上野と地形が似ていたことから、寛永寺の付近は「上野」と呼ばれるようになった。寛永寺が代々の将軍の墓所であったことから、門前町の上野は徳川幕府の保護を受けた。

(12)『本朝通鑑』の編輯方針は林鵞峰が一六六四年一一月朔日に創った。詳しくは林鵞峰の『国史館記並条例』に記している。

(13)徳川時代に幕府が江戸城内に設置した蔵書「駿河御文庫」とも呼ばれ、慶長七年（一六〇二）六月、徳川家康が江戸城内の富士見亭で古今の漢籍、和書、古記録などを収集したことに由来し、明治以降は「紅葉山文庫」と改称され、歴代将軍の重要な蔵書を収集し続け、現在は「内閣文庫」の一部となっている。

(14)弘文院学士について高橋章則「弘文院学士の成立と林鵞峰」、『東北大学日本語学科論集』第一巻（一九九一）、一四七―一五九頁を参照。

(15)湯島聖堂は、寛永九年（一六三二）に林羅山が上野忍岡（現在の東京都文京区）に創建した孔子廟で、元禄年間に幕府五代将軍徳川綱吉の命により移築され、現在に至っている。湯島聖堂は、明治時代には学校、議会、教育博物館として使用されていたが、一九二三年の関東大震災で木造の門と本堂を焼失。昭和九年（一九三四）、日本の著名な建築家、伊東忠太によって鉄骨鉄筋コンクリートと木造で再建され、入口は「入徳門」と名付けられた。本堂は「仰高門」、「杏壇門」、「大成殿」及び「東西廡」からなり、中国の伝統的な孔子廟の空間と似ており、庭園には彫刻の孔子像もあり、聖堂には「日本学校教育発祥の地」の石碑もある。

(16)藤實久美子「『本朝通鑑』編修と史料収集：対朝廷・武家の場合」、『史料館研究紀要』第三〇号、一九九九年、一一六頁。

(17)坂本太郎『日本の修史と史学（日本歴史新書）』（東京：至文堂、一九六六年）、一五八頁。

(18)林鵞峰「寛文二年（一六六二）一〇月三日條」、『国史館日録』巻一、抄本（東京：国立公文書館の内閣文庫所蔵）、請求記号八六二―一二七、コマ五。

(19)『本朝通鑑』編纂の際、幕府は役人の松信重を派遣し、作業を監督させた（林鵞峰『国史館記並条例』参照）。幕府の重臣たちが随時写本を取り上げて閲覧し、たびたび尋ねてきた記録が残されている。例えば、寛文八年（一六六八）一一月二九日、同年一二月二日、一二月三日には、幕府老中が史館に赴き、写本の進捗状況を尋ね、閲覧している。

(20) 林鵞峰「寛文四年(一六六四)一一月二八日条」、『国史館日録』巻一、抄本(東京:国立公文書館の内閣文庫所蔵)、請求記号八六二―一二七、コマ六三。
(21) 同上注、請求記号八六二―一二七、コマ六四。
(22) 『資治通鑑綱目』は、朱熹とその弟子たちによって編纂された中国の伝統的な歴史書(以下、『通鑑綱目』という)で、『春秋』経伝と編年体の「綱目体」との歴史書を組み合わせたものである。『通鑑綱目』第一巻から第三五巻まで、胡寅の歴史注釈(すなわち「胡氏曰」下の歴史注釈)を研究対象とし、胡寅の『読史管見』の再選択・切断・並べ替えを通して、『通鑑綱目』が追求する意味の世界を分析する。
(23) 武田祐樹「林家の学術と歴史書の編纂」、『国際日本文学研究集会会議録』(東京:国文学研究資料館、二〇一四年)、七、一三頁。
(24) 林鵞峰「寛文四年(一六六四)一一月二八日条」、『国史館日録』巻一、抄本(東京:国立公文書館の内閣文庫所蔵)、請求記号八六二―一二七、コマ六四。
(25) 後村上天皇は第九七代天皇で、南朝の第二代天皇である。初名は義良、後に憲良と改めた。彼は後醍醐天皇の第七皇子で、阿野廉子との間に生まれた。明治四四年(一九一一)、日本政府は南朝朝廷系統の天皇を正統な天皇と認め、後村上天皇は後に日本歴史上九七代の天皇とされた。
(26) 北畠親房(著)、佐藤仁之助(校訂)『新註神皇正統記』(東京:青山堂書房、一九二七年)、四五―四六頁。
(27) 林羅山「太伯」、京都史蹟会(編)『林羅山文集』巻三六(東京:ぺりかん社、一九七九年)、四〇八頁。
(28) 山鹿素行『中朝事実』、広瀬豊(編)『山鹿素行全集』第一三巻「附録・或疑」所収(東京:岩波書店、一九四一年)、三七〇頁。
(29) 呉偉明「日本徳川前期呉太伯論的思想史意義」、『新史学』二五巻三期、二〇一四年九月、一五六頁。
(30) 藤田東湖『弘道館記述義』、菊池謙二郎(編)『東湖全集』(東京:博文館、一九四二)、一七五―一七六頁。
(31) 村上元三『水戸光圀』(中巻)(東京:学陽書房、二〇〇〇年)、二一五―二一六頁。

(32) 林鵞峰『本朝通鑑』三巻（東京：国立国会図書館所蔵、一九二〇年）、四五頁。
(33) 呉偉明「日本徳川前期呉太伯論的思想史意義」、一四六頁。
(34) 同上注。
(35) 呂玉新『政体、文明、族群之弁：徳川日本思想史』（香港：中文大学出版社、二〇一七年）、七二―七三頁。例えば林鵞峰の編史条例（共十条）には「一、執柄並諸廷臣行實、據事直書、則其跡之善悪自見焉。善以可勸、悪以可懲者、雖小官可豎焉。〔……〕一、學校之興廢並儒家之博覧文藝詩才、及達倭歌者可載之。忠臣、孝子、貞女、雖微賤不可漏焉。一、神社、佛閣之經營及僧徒之事、其大者載之、其小者可略之」と指摘している。
(36) 張崑将「日本徳川時代神儒兼摂学者対「神道」「儒道」的解釈特色」、『台大文史哲学報』第五八期（二〇〇三年）、一五三頁。
(37) 林鵞峰「寛文四年（一六六四）一〇月一九日条」、『国史館日録』巻一、抄本（東京：国立公文書館の内閣文庫所蔵）、請求記号八六二―一二七、コマ一一。
(38) 藤原惺窩（著）、林道春（編）『惺窩文集』、巻四（京都：田原仁左衛門尉出版、一六五四年）。
(39) 林羅山著、京都史蹟会編『林羅山文集下巻』、巻六六（一九一八年平安考古学会版・一九三〇年弘文館社復刻版（東京：ぺりかん社、一九七九年））、八〇四頁下。
(40) 承久の乱は、後鳥羽上皇が鎌倉幕府を倒すために、鎌倉時代の承久三年（一二二一）に起こした戦争である。幕府は敗北し、後鳥羽天皇は隠岐に送られた。その結果、幕府の優位が確立され、朝廷の権力は制限された。幕府は京都に「六波羅探題」を置き、朝廷を監視し、実質的に皇位継承の決定権まで持った。
(41) 後嵯峨天皇が皇位を息子の後深草天皇に譲位させたが、その後、後悔して皇位を退位させ、最愛の息子である年下の恆仁の亀山天皇に据えたため、二系統の皇統が対立することになった。後深草天皇の子や孫を称する持明院統と亀山天皇の子孫を称する大覚寺統とが鎌倉幕府の調停によって、二系統の皇統は別々に継承するようになった。これを「両統迭立」と称す。
(42) 『花園天皇花園天皇宸記』正和六年（一三一七）三月三〇日の条目。
(43) 玉懸博之『日本中世思想史研究』（東京：ぺりかん社、一九九八年）。

（44）同上注。

（45）玉懸博之「南北朝期の公家の政治思想の一側面—北畠親房・二条良基における儒教的徳治論への対応をめぐって—」、『日本中世思想史研究』（東京：ぺりかん社、一九九八年）、一七六頁。

（46）林鵞峰『本朝通鑑』、首巻（東京：国立国会図書館所蔵、一九二〇年）、一五九—一六一頁。

（47）「彰考」の出典は『易・繫辞下』「『易』は過去を顕し、未来を診る。孔穎達の注釈「過去を記録することは過去を彰らかにすることであり、未来を観察することは未来を考察することである」。高亨の注釈「過去を彰らかにすることは、過去に起こったことを示すことである。未来を観察することは、これから起こる出来事を観察することである」」。

（48）久保田収「高野山における歴史研究」、『密教文化』三六—三七号、一九五六年、二二—四二頁。

（49）江戸時代の国学者。幼名は丙寅、失明後に辰之助と改める。また、一時期、多聞房とも名乗る。雨富検校に入門してからは、千弥、保木野一、保己一と改名した。『群書類従』（六六六冊）、『続群書類従』の編纂者である。

（50）『大日本史』では、三種の神器を継承した正統な支配者は南朝の天皇としているが、南北朝の天皇は、ともに皇族の血脈を受け継いでいたため、南朝の天皇を「本紀」に入れ、南北統一を実現した後小松天皇は北朝天皇の「本紀開篇」に付けて記載している。南朝の天皇と区別するために北朝の天皇を「帝」と表記している。しかし、いわゆる「三大特筆」は、光圀の創作ではない。林羅山はすでに『羅山文集』の中で、女系天皇を否定し、大友の治世を正統なものとして認めるべきであると提言しているが、南朝を完全に認めたわけではなかった。詳しくは安川実『本朝通鑑の研究—林家史学の展開とその影響』（言叢社、一九八〇年）、三五—三八頁を参照されたい。

（51）詳しくは安積澹泊「後深草天皇紀の賛」、『大日本史賛藪』。松本三之介、小倉芳彦（校注）『近世史論集』、『日本思想大系』第四八巻（東京：岩波書店、一九七四年）、六二—六三頁を参照されたい。

（52）大覚寺統（南朝）は、鎌倉時代後期の皇室の家族の一つであり、北朝を創始した別の一族である持明院統と対立している。大覚寺統は第九〇代亀山天皇の子孫である。両家の争いは、日本の南北朝時代の誕生にもつながった。

（53）前掲安積澹泊「亀山天皇紀賛」、『大日本史賛藪』、六三—六四頁。

(54) 吉田俊純「徳川光圀の『大日本史』編纂の学問的目的―北朝正統論をめぐって」、『東京家政学院筑波女子大紀要第二集』、一九九八年、二頁。
(55) 前掲吉田俊純論文、一二頁。
(56) 同上注。
(57) 前掲吉田俊純論文、八頁。なお、大統一の要素については、後醍醐天皇までを南朝正統、その後を北朝正統とする林家の『本朝通鑑』が正統説の論拠の一例である。
(58) 北畠親房は、鎌倉時代初期の源通親を祖とする村上源氏に由来する。後醍醐天皇が皇位を継承すると、吉田定房、万小路宣房、北畠親房は皇室再興と鎌倉幕府打倒を企て、後醍醐天皇の最後の三近臣と呼ばれた。正中三年（一三二六）、後醍醐天皇は次男の世良親王を親房に託して養育させた。しかし、世良親王は急死し、親房はその責任を取って宗玄と名乗り出家した。元弘三年（一三三三）、鎌倉幕府が滅亡すると、後醍醐天皇は京都に戻り、北畠顕家を陸奥守に任じ、東北地方の守備についた。足利尊氏の乱が起こり、南北朝時代が始まると、親房は「東国経営」を提唱した。その後、親房は関東各地へ出兵した。興国四年（一三四二）、親房は吉野に強制帰還させられ、村上天皇に従った。正平九年（一三五四）、六二歳で病に倒れる。明治四一年（一九〇八）九月九日、正一位を追贈された。
(59) 詳しくは名越時正「水戸藩における崎門学者の功績」、『水戸光圀とその余光』所収（東京：錦正社、一九八五年）、一六三頁。内田周平「崎門学者と南朝正統論」、平泉澄（編）『闇斎先生と日本精神』所収（東京：至文堂、一九三二年）、九七―一七八頁。鳥巣通明「大日本史と崎門史学の関係」、日本学協会編『大日本史の研究』所収（東京：立花書房、一九五七年）、二三五―二八〇頁など合わせて参照されたい。
(60) 栗山潜峰は、保元から建久までの伝記と、最も尊敬していた北畠親房の伝記をまとめた。その際、栗山は『神皇正統記』の写本をよく読み、「国体」に関する内容に朱印を押している。現存の「手沢本」は東京大学図書館に所蔵している。また、名越時正「北畠親房と水戸学の道統」、平泉澄（監修）『北畠親房公の研究』所収（東京：日本学研究所、一九五四年）、四一七―四四八頁を合わせて参照されたい。

(61)　詳しくは栗原茂幸「徳川光圀の政治思想」、『東京都立大学法学会雑誌』第一八巻一・二合併号（一九七八年）、一九六一一九八頁参照。

(62)　波田永実「国体論形成の歴史的前提―近世儒家史論における正統論の位相・『本朝通鑑』と『大日本史』を中心に」、『流経法学』第一七巻第二号（二〇一八年）、二九頁。

(63)　藤田幽谷は東湖の父で、水戸藩の儒学者。幼くして立原翠軒に学び、一五歳で彰考館に入り、一八歳で『正名論』を著した。かつては彰考館を主宰し、『大日本史』の編纂に尽力した。朱子の学問をもとに、大義名分、尊王、海防強化の思想を説き、水戸学成立の基礎を築いた。また『修史始末』や『勧農或問』の著者でもある。

(64)　本郷隆盛「藤田幽谷『正名論』の位置付け―水戸学研究の現況」、張宝三、徐興慶編『徳川時代日本儒学史論集』（台北：台大出版センター、二〇〇四年）、二〇三―二四二頁。

(65)　林鵞峰「寛文五年（一六六五）三月二八日条」、『国史館日録』巻二、抄本（東京：国立公文書館の内閣文庫所蔵）、請求記号八六二―一二七、コマ六一―六三。

(66)　安積澹泊「朱文恭遺事」、朱謙之編『朱舜水集』（北京：中華書局、一九八一年）、六二五―六二六頁。

(67)　林鵞峰「寛文七年（一六六七）七月一四日条」、『国史館日録』巻八、抄本（東京：国立公文書館の内閣文庫所蔵）、請求記号八六二―一二七、コマ一四―一五。

(68)　朱舜水「批常陸国誌」、朱謙之編『朱舜水集』（北京：中華書局、一九八一年）、五五四頁。

(69)　小宮山昌秀『水戸義公年譜』、常磐神社、水戸史学会（編）『水戸義公伝記逸話集』（東京：吉川弘文館、一九七八年）、二九六、三〇四頁。

(70)　朱舜水「答加藤明友書二首」、朱謙之編『朱舜水集』（北京：中華書局、一九八一年）、七四頁。

(71)　徐興慶『朱舜水与東亜文化伝播的世界』、東亜文明研究叢書七八（台北：台大出版センター、二〇〇八年）、一〇五―一一六頁。

(72)　前掲徐興慶『朱舜水与東亜文化伝播的世界』、一〇五―一一六頁。

(73)　銭明『勝国賓師：朱舜水伝』（浙江：浙江人民出版社、二〇〇八年）、二〇五―二一二頁。
(74)　呂玉新『政体、文明、族群之弁：徳川日本思想史』（香港：中文大学出版社、二〇一七年）、八〇―一〇〇頁、一五二―一六七頁。
(75)　波田永実「国体論形成の歴史的前提―近世儒家史論における正統論の位相・『本朝通鑑』と『大日本史』を中心に」、八頁。
(76)　林羅山、林鵞峰「続本朝通鑑序」、『本朝通鑑』、首巻（東京：国立国会図書館所蔵、一九二〇年）、五頁。
(77)　劉暁峰、龔卉「江戸時期日本対中国伝統史学的吸収与改造―以『大日本史』編纂為例」、『南開学報（哲学社会科学版）』（二〇一九年二期）、六三―七〇頁。
(78)　安積澹泊『桃源遺事』巻之二、常磐神社、水戸史学会（編）『水戸義公伝記逸話集』（東京：吉川弘文館、一九七八年）、一一二頁。
(79)　呂玉新『政体、文明、族群之弁：徳川日本思想史』（香港：中文大学出版社、二〇一七年）、九五頁。
(80)　荻生徂徠（著）、平石直昭（編）『徂徠集・徂徠集拾遺』（東京：ぺりかん社、一九八五年）、三〇四頁。
(81)　藤田幽谷「丁巳封事」、今井宇三郎、瀬谷義彦、尾藤正英校注『水戸学』、『日本思想大系』第五三巻（東京：岩波書店、一九七三年）、三七五頁。
(82)　会沢正志斎『及門遺範』、雄山閣編『日本學叢書』第八巻（東京：雄山閣、一九三八年）、三七―九〇頁。
(83)　会沢正志斎『及門遺範』、三七―九〇頁。
(84)　前掲会沢正志斎『及門遺範』、三七―九〇頁。
(85)　会沢正志斎の「道」論について、藍弘岳「会沢正志斎的歴史叙述及其思想」、『中央研究院歴史語言研究所集刊』第八九本、第一分（二〇一八年）、一六五―二〇〇頁を参照されたい。
(86)　水戸市史編さん委員会編『水戸市史　中巻（三）』（茨城：水戸市役所、一九七六年）、九四〇―九四二頁。
(87)　波田永実「国体論の形成Ⅰ―南北朝正閏論争からみた南朝正統観の歴史認識」、『流経法学』第一六巻第二号（二〇一七年）、一一六頁。

(88) 前掲波田永実「国体論の形成Ⅰ―南北朝正閏論争からみた南朝正統観の歴史認識」、一六頁。
(89) 小島毅『天皇と儒教思想　伝統はいかに創られたのか』(東京：光文社、二〇一八年)、一九五頁。

◎後記：本論の中国語版は、『台湾東亜文明研究学刊』第十九巻第二期(二〇二二年十二月)、七九―一一三頁に刊行されている。

「漢学」を参照系とした日本自然誌の成立
――『多識編』から『大和本草』、そして『遠西独度涅烏斯草木譜』へ――

謝　蘇杭

はじめに

木村陽二郎は自著『日本自然誌の成立―蘭学と本草学―』[1]（中央公論社、一九七四）のなかで、日本自然誌の時期区分を以下のように三期に分けている。

「わたしは蘭学の発展の歴史をとらえるのに、これを三期に分けて考えている。第一期は、オランダのリーフデ号が豊後に漂着した一六〇〇年に始まり一七一五年まで、第二期は、吉宗が将軍となった一七一六年から一八二二年まで、第三期は、シーボルトが来日した一八二三年から幕末の一八六七年までである」

以上の時期区分にしたがって、日本本草学の発展状況を合わせて見ていくと、第一期は、おおよそ『本草綱目』の日本伝来（一六〇七年）から、日本本草学の土着化が実現した元禄期までに、第二期は享保期の吉宗による「和薬開発」（一七二二年）から小野蘭山『本草綱目啓蒙』の刊行（一八〇三年）、それから宇田川玄真・榕庵に『遠西医方名物考／

補遺』の刊行（一八二二年）までといった、いわゆる「伝統本草学の総清算と洋学導入の草創期」までに、第三期は、伊藤圭介『泰西本草名疏』の刊行（一八二九年）から飯沼慾斎『草木図説』の刊行（一八六二年）までといった「西洋科学理論体系の正式導入期」に、おおむねそれぞれ当たることになる。

このように見えてくる日本本草学の歩みが、洋学（蘭学）の受容と発展ときわめて密接な関わりを持っているのは、たしかに否定できないことである。中国から伝わった伝統的本草学は、日本における洋学の浸透によって、次第に漢方医学の傍流である薬学や、商業的利益を重んじる物産学、整然とした理論体系を持つ西洋植物学のなかに解体されていく。このような観点は、日本本草学史に対する一般的な理解になっている。まるで、本草学という戦場で展開された「漢学」と「洋学」との戦いにおいて、「洋学」が次第に優位に立ち、最終的に勝利を収めたように見える。

しかし、果たして日本本草学と儒学、および洋学との関係は、以上のような単純な一方向的な関係として考えてよいのだろうか。以上のような考え方で本草学史を検討する場合、近世本草学と近代科学の間に、どうしても「断絶」が現れてくるのではないだろうか。

従来の本草学史に対する考え方のほかに、少しでも別の視点を提供するために、本稿では、『多識編』・『大和本草』・『遠西独度涅烏斯草木譜』を対象に、日本本草学の自立および洋学の導入の過程における、「漢学」が果たした「参照系」としての役割を明らかにすることを目的としている。それを通して、日本本草学史における「漢学」の意義と重要性を唱えたい。

一　『多識編』――名辞・名物研究から始まった「漢学」に対する学習

慶長一二年（一六〇七年）、林羅山が長崎で『本草綱目』を入手し、それを徳川家康に献上した。そこから、同書をめぐる注釈と考証を土台とした近世本草学の多彩なる展開が始まった。

『本草綱目』に対して考察を加えた最初の書物は、まさに羅山本人が執筆し、寛永六年（一六三〇年）に刊行した『多識編　一名、古今和名本草幷異名』である。そして翌年の寛政七年、同書の補訂版として、『新刊多識編』が出版された。

同書の全体的構成は基本的に『本草綱目』を参考にしているが、巻五の「支躰部第一」は『和名類聚抄』に拠る可能性が大きく、巻五の「田制部第三」以降は王禎の『農書』を底本としている。

『多識編』という書名における「多識」の語は、一般的に、『論語』の「陽貨篇」にある「多ク鳥獣草木ノ名ヲ識ルベシ」からとったものであるとされているが、杉本つとむ氏の分析によれば、「多識」という語の出典を「陽貨篇」と考えて大方問題ないが、「多識編」という書名が必ずそこから出ているかというと、そうでもないようである。[2]

中国から日本に伝わった漢籍の中には『詩経多識編』というものがある。内容として、『詩経』に出てくる草木虫獣などを分類し、これに解説を加えたものである。この本の巻一の「題辞」冒頭に「性天溥塞萬彙鎮紛即一卉一木一毛一羽靡非載理以運故謂多識為文士資也仲尼其以文命小子也」という文が見られる。また、近世中後期に刊行した本草書『本草和名』や『俳諧多識編』の序においても、「多識」という語が見られる。いずれにせよ、「多識」という語は、「鳥・獣・草・木」という本草の類に密接な関連があることがしられる。[3]「多識」という語は、儒学的な「格物致知」という思想的な意味合いというより、むしろ形而下的な「物類」に対する「名物」的な文脈で使われることが多くなっているだろう。

実は、中国において古来より、薬学としての本草学とは別に、もう一つの「博物学的伝統」があった。[4]それは、名物・名辞学、訓詁・考証学である。その代表的書物として、類書と称する編纂物がある。それは、個々の名目ごとに、関連する文章を古典的な著作から引用し、一定の序列にしたがって配列し、それらの項目を部に類別した、一種の百科全書である。類書の代表として、唐の『芸文類聚』が挙げられる。類書のほかに、辞書や地誌なども同じような性質のものである。言うまでもなく、類書は「知の集まり」のようなものであり、物理的世界と生活世界が未だに区別されていなかった当時の人間にとって、その「知の集まり」はある種の「世界像」として受け止められていたのである。

日本の自然誌の発足は、何よりもまず、現実に存在する「物」に対する名実考証、つまり「名物学」の研究から始まらなくてはならない。そしてその研究過程で参考となったのは、ほかでもなく『本草綱目』を代表とした「中国の本草書」である。

「物」の名に厳密な考証を加えた本草書は百科事典編集に欠かせぬ書物であり、近世初期の漢学の受容、そして当時の学問、研究におけるディシプリンの構築、また、辞書・事典の史的考察の上で重要な存在であるといえよう。そして『多識編』はまさにその典型的な研究書物となる。『本草綱目』に所載する品物の薬性や効能を省き、単にその項目名称と分類体系を導入した羅山の『多識編』は、名物学の研究に土台を築いたとともに、本草学をいわゆる博物学への展開に導かせたものである。

『多識編』の編纂の中心となっていた目的は、中国の古典から、名（知）を「蒐集」することにあるといえよう。そして「蒐集」された名を考証し同定することで、「知の日本化」を目指すのである。中国古典からの「知の日本化」という目的意識と手段こそ、江戸時代の本草学を構築する基盤となっていたかもしれない。(5)

二 『大和本草』――「漢学」の吸収と学問の自立

近世の元禄期になって、日本自然誌の研究は、自立した兆候を示し始める。この段階では、本草学者が参照系としての「漢学」に対する学習は、単に語彙上の同定と考証に満足せず、その背後にある体系構造や思想性、世界観との関わりをも視野に入れて吸収しようとしたものになった。例えば『本草綱目』の場合、それを単なる一冊の「薬学書」として扱い、その形而下的なもの（薬性薬用など）に対する単純な学習にとどまるのではなく、その形而上的な枢要への理解も重視されるようになった。

その際、手がかりの一つになるのは――林羅山の『多識編』においてもすでに導入されているが――『本草綱目』の分類法である。以下では、元禄期の儒学者・貝原益軒が著した、日本本草学の自立の象徴である『大和本草』を取り上げて、それが『本草綱目』の分類法をいかに参照しているかを、具体的に検討する。その前置きとして、中国本草書の分類法の説明から入りたい。

中国本草書の分類法は、前述した「類書」の分類カテゴリーを踏襲している。たとえば、『芸文類聚』の分類体系をカテゴリー化して並べてみると、「帝王」→「人・道徳」→「官僚制・政治」→「習俗・技術・生活」→「宗教・医学」→「動植鉱物」というようになる。この分類カテゴリーは、人間の世界に対する認識カテゴリー、すなわち「世界像」に基づいて世界全体の物事を分類する分類法である。山田慶児はそれを「世界分類」と呼び、「世界分類」の一部を成す特定部類の分類を「共世界分類」と定義している。(6) 言うまでもなく、「共世界分類」は、儒教の階層秩序意識に裏付けられた、中国古代知識人の世界に対する基本認識を反映したものである。

さらに、中国最古の本草書――『神農本草経』に見られる、薬を「上薬」・「中薬」・「下薬」と三分する方法は、「三品分類」と言い、それを支えていたのは道家の養生思想、あるいは不老長寿を目指す神仙道教の思想である[7]。『本草綱目』以前の中国の本草書の分類法は、基本的に「共世界分類」と「三品分類」を複合したものであった。前者は儒教的秩序構造を背景にした世界像を示し、後者はさらに「上」「中」「下」という序列で薬の効能の良し悪しを表す。ところが、このような分類方法は、『本草綱目』に至って大きな変革が発生したのである。

『本草綱目』の分類体系

綱	目
水	天水・地水
火	
土	
金石	金・玉・石・鹵石
草	山草・芳草・隰草・毒草・蔓草・水草・石草・苔・雑草・有名未用
穀	麻麦稲・稷粟・菽豆・造醸
菜	葷菜・柔滑・蓏菜・水菜・芝栭
果	五果・山果・夷果・味・蓏・水果
木	香木・喬木・灌木・寓木・苞木・雑木
服器	服帛・器物
虫	卵生・化生・湿生

鱗	龍・蛇・魚・無鱗魚
介	亀鼈・蚌蛤
禽	水禽・原禽・林禽・山禽
獣	畜・獣・鼠・寓・怪
人	

以上の分類表に見られるように、『綱目』の大綱は共世界分類にしたがって構成されているが、細目は従来の本草書における薬効を示す三品分類を放棄し、実用分類（自然群・発生・生態・形態・産地などという「物の視点」と有用性・感覚的性質・可食性・薬性・技術などという「人の視点」の並立）によって編成されている。体系としての共世界分類は本草を存在論的に根拠づけ、そのなかに包摂された非体系的な実用分類は検索容易にして技術書としての要請に応える。実用分類は技術的思考から生まれたものである。

そして、このような技術的思考が生まれたのは、以下に並ぶ四つの社会背景と深く関わっていると考えられる。それは、一、明代における学問の社会下層部への浸透／二、科学・技術における民衆性と実用性への重視／三、商工業都市の発展による商人階級を基盤とする都市文化の出現／四、商業出版の繁盛、という四つである。

『本草綱目』の大綱の共世界分類は従来の本草書と大した変化はないが、その細目における実用分類の導入は、従来の本草書が含めている強い政治性と宗教性を薄め、代わりに博物学的な性格を付け加えさせた。このような分類体系上の変革は、これまで中国を踏襲してきた日本本草学の自立的発展と土着化の可能性を与えた。

以下は『大和本草』の分類を見てみよう。

『大和本草』の分類体系

	水類・火類・金玉土石
	穀類・造醸類
草	**菜蔬類**・**薬類**・**民用草類**
	花草類・**園草類**・蓏類・蔓草類・芳草類・水草類・海草類・雑草類
	菌類
	竹類
木	**四木類**・果木類・薬木類・**園木類**・**花木類**・雑木類
魚	河魚・海魚
虫	水虫・陸虫
	介類
	水鳥・山鳥・小鳥・家禽・雑禽・異邦禽
	獣類
	人類

『大和本草』の分類体系を見ると、そこで、『本草綱目』における共世界分類に実用分類という複合分類から共世界分類が放棄され、実用分類のみが採用されている。その理由は、そもそも『綱目』の共世界分類は日本において存在論的に根拠づける意味がないので、共世界分類は日本の本草学者にとって単なる一種の自然分類に過ぎない（したがって体系的にはならない）からである。それが同時に意味するのは、『大和本草』の世界観が、中国知識人の伝統的世界

像から自由になったということである。それをきっかけに、日本の本草学者たちの目線は、ようやく日本の自然風土に向けられるようになり、自立した自然誌研究を展開できた。

また、『大和本草』の分類から見られる「技術的視点」（たとえば、草の中に草類と民用草類を設け、花草と園草とを区別し、また木を四木、果木、薬木、園木、花木など、利用目的によって分けるなど）は、儒学に唱えられている「経世済民」や「民生日用」の思想と強く結ばれており、宮崎安貞の『農業全書』の分類と似ているところが多く、元禄期に発生する「啓蒙と実学」の表れだと考えられる。(8)

一方、魚を河魚と海魚、虫を水虫と陸虫といった具合に、生息ないし採捕される場所によって分類するなどといった「生態学的視点」は、『本草綱目』批判として自覚的に選んだ視点で、それをもって益軒は物の生息を実証的かつ合理的に把握し、『綱目』分類の問題点に対して考証・訂正を行っている。生態学的視点への固着は朱子学的な窮理精神の一つの表れであるが、生息を正確に把握することは民生、実用を重視する技術的な一面もある。

このように、それ以前の本草書に見られない開放的な視野を持つ『本草綱目』の分類体系は、一つの参照系になり、それに対する考察と修正のなかで、『大和本草』およびその後の日本本草書は、分類体系を考案し、日本の風土に即した自然誌の面影を描きながら、日本本草学の骨格を作り上げていくのである。

『大和本草』の分類は自然分類と言い難く、体系化にもなっていない。しかしそれをもって、『大和本草』の方法論や学問観に体系性が欠如していると断言するのは早計である。むしろ、益軒は宋代以降理学によって形成された朱子学的世界観を飲み込んだ上で、それを『大和本草』において実践しようとする試みが認められる。益軒の本草学の要は「物理」――「道理」という二元構造になっている。『大和本草』の凡例には、以下のような文がある。

「天地生物之心。人受之以為心。所謂仁也。仁者愛之理。人須奉若於天地生物之心。而愛育人物。是乃所以為人之道而事天地之理也」（『大和本草・凡例』）

益軒にとって、物に対して「格物窮理」を実践することの先には、最終的に人間界の礼法に通達するという「道徳的帰結」が存在する。益軒の思想は「生物」（生命を生み出すこと）に重きを置き、それに従って、本草学者は「愛育人物」を急務として、念頭に置かなければならないのである。

三　『遠西独度涅烏斯草木譜』――「漢学」を参照系にした西洋学問の受容

木村陽二郎による日本自然誌の第二期（一七一六年～一八二二年）の始まり、あるいは、そこから四半世紀ぐらいを下ったころ、すなわち思想史家・源了圓氏が「第一次啓蒙時代としての十八世紀」(9)と呼んでいるその時期に入ると、学問の世界では、ある種の「転回」が見られた。

この時期、知識人の漢学に対する学習と理解は、一つの到達点に当たったといえる。その反発として、伝統的宇宙観をはじめとする伝統的考え方への根本的批判を行うようになり、また、それ以前に抱えた中華意識から解放され、その代わりに彼らのなかに一種の普遍主義への志向が芽生えた。

そのような知識人の典型として、源氏は平賀源内を挙げている。日本のダ・ヴィンチと呼ばれる源内は、同時に立派な本草学者でもある。この時期の知識人の典型として、源内の言説の中には、確かに『本草綱目』という本草学の「伝統」に対する批判が散見される。

「一　序ながら申上げ候。右申上げ候通り、古人其物ヲ見ずして人の書置きし糟粕ヲねぶり、さまざまの億（ママ）説生じ申し候故、本草綱目と申す古道具屋書物出で申し候故、肝心の薬用ニ相成り候薬相知れ申さず候。幷ニ唐土ニ産せず、外国より渡り候物十ニ三四相見へ申し候。是ハ猶以て唐人どもめつそうの億（ママ）説ヲなし、甚だ憂べき事ニ御座候(10)」

とはいうものの、源内の最も有名な本草学著作――『物類品隲』の分類体系は、やはり『本草綱目』の体系に準じている。

「然レドモ之ヲ諸家本草ニ比スレバ、頗ル博該ト為シ、且ツ学フ者常ニ能ク之ヲ串習ス。故ニ今此ノ書部ヲ分ケ物ヲ列シ一ニ綱目ヲ以テ準ト為ス(11)」

口では『本草綱目』を「古道具屋書物」と貶しながらも、実際には「都合よく」『綱目』の分類体系を援用するのは、やはり当時の源内には、植物学を一つの独立した学科として考えるという認識がなく、源内の抱いた当時日本最大規模の総合大博物誌の編纂構想が、あくまでも「国益」のためであるからだ。

杉田玄白『蘭学事始』に以下のような一節があり、源内と語り合っていた蘭書翻訳をめぐる話題である。

「一、さて、つねづね平賀源内などと出会ひし時に語り合ひしは、追々見聞するところ、和蘭実測窮理のことどもは驚き入りしことばかりなり、もし直にかの図書を和解し見るならば、格別の利益を得ることは必せり。されどもこれまでそこに志を発する人のなきは口惜しきことなり、なにとぞこの道を開くの道はあるまじきや、とても江戸などにては及ばぬことなり、長崎の通詞に託して読み分けさせたきことなり、一書にてもその業成らば大なる国益とも成るべしと、ただその及びがたきを嘆息せしは、毎度のことなり。然れども空しくこれを慨嘆するのみにてありぬ(12)」

両者のやり取りから見れば、両者とも当時オランダから伝来した学術における「実測窮理」、つまり精確な測定や実験などに驚嘆せざるを得ず、そして特に「国益」のために、ひいては産業育成のために、一日も早くオランダの学術書を日本語へ翻訳（和解）しようとしていた。

ここで、引用部分の「かの図書」とは、源内が『紅毛本草』と称した、かの有名なドドネウスの『草木誌』である。同書は西暦一五五四年にオランダ植物学者ドドネウスによって完成され、万治二年（一六五九年）にオランダ商館長の手によって日本に渡来した。また、寛保二年（一七四二年）から寛延三年（一七五〇年）にかけて、将軍吉宗の命により、野呂元丈が部分的に抄訳し、その成果は『阿蘭陀本草和解』として残された(13)。

しかし『阿蘭陀本草和解』の収載種数は、原書の二十分の一に過ぎず、原書にある産地、形態、性状などといった情報も省略され、部分的な薬性のみ記載されている。また、肝心な植物学の理論体系を示す植物総論も省略されたので、『阿蘭陀本草和解』が後世に与えた積極的影響は非常に限られているとしか言いようがない。

ドドネウス『草木誌』の全訳は、松平定信の時代まで俟たねばならなかった。寛政四年（一七九二年）、定信の命により、元長崎通詞の石井常右衛門（庄助、当光、また恒右衛門とも）が翻訳を開始した。役割分担として、石井が直訳したものを、吉田九市（正恭とも）が修定を加えるようになっていた。『草木誌』の全訳はこのように行われ、幕府主催の『厚生新編』翻訳事業と並べて、近世期二大翻訳事業と呼ばれている。

それから三〇年近くかかり、文政四年（一八二一年）に同書の全訳がついに完成したが、一八二三年、一八二九年、二度も火災に遭い、版木を焼失した。そして同年、定信の逝去により、刊行は頓挫した。一八四三年、刊行を再開したが、出版完了には至らなかった。半世紀も費やした近世期の一大翻訳事業にしては、きわめて残念な結果である。

現在早稲田大学図書館所蔵の同書の蔵本を見ると、同書の内容は、漢文訓読調で訳されており、また、同書の題言・序文・著者伝記に当たる第一冊の内容は、全部漢文によって書かれたものである。

興味深いことに、幕府侍医栗本昌臧による序文の中に、「是以謾然看過、唯知東壁之有可貴、而未知涅烏斯之有可取焉」や「嗚呼、東壁涅烏斯之相距如参商事業之相侔、如合符且時世無不斯而偶相及、抑氣運有數欤、可不謂奇哉」など、しばしば『本草綱目』と李時珍を引き合いに出し、一つの評価基準として、ドドネウスとその『草木誌』を評価している。

また、本文の細目における吉田正恭の注釈を読んでいくと、「正恭曰、虋冬ノ名ハ爾雅及山海経ニ出ツ（中略）時珍曰、麦鬚曰虋、此草根似麦而有鬚（後略）」など中国の古典に対する引用と参照が多く見られる。

このように、西洋近代知識の導入（翻訳）において、「漢学」あるいは「漢語」は依然として参照系としての役割を果たしており、新たな知識の受容に、一つの土台または地平を与えているのである。

おわりに

以上のように、日本自然誌（本草学）発展の各段階をたどって、それぞれの時期の代表的本草書における「漢学」の影響（特に『本草綱目』による影響）を確認してきた。

日本自然誌の発展軌跡は、本草学における漢学的要素の脱却と同時進行して、洋学的な色合いが強くなっていくような過程ではない。よく耳にする「日本近世本草学と近代科学の間にある根本的断絶」というような「西洋中心主義的」、もしくは「科学至上主義的」な論調は、実に「木を見て森を見ず」のようなものである。

たとえ両者の理論自体にそのような「断絶」が認められていても、西洋の理論が導入される段階（翻訳の段階）において、「漢語」または「漢文訓読」は、終始その過程に付随しており、衣のように理論そのものに付きまとっている。そこにおいても、「漢学」の存在と影響は看過してはいけないものだろう。

日本本草学の自立と洋学の受容は、いずれも漢学という媒介が必要になり、漢学に対する理解と止揚をもってこそ、日本自然誌が作られていく。

『本草綱目』の場合、同書が伝来しておよそ百年経ったころ、土着化した日本本草学が展開した。『本草綱目』の開放的な博物学的視野が従来の本草書における政治性・宗教性を薄め、日本本草学の自立に可能性を与えた。『本草綱目』（の分類体系）に対する深い理解と能動的修正により、貝原益軒は『大和本草』で日本本草学の新たな体系を作り出し、本草学の土着化に成功した。

やがて近世中期以降になって、儒教的思惟体系に対する反発の動向が見られ、『本草綱目』を代表とする中国伝統本草学の理論体系（分類体系）が乗り越えるべき対象となったが、それでもなお『本草綱目』の体系は常々参照され、その中で止揚され、修正されていく。この時期以降の本草学は、もはや単なる「薬学」や「博物学」ではなくなり、社会の動態的枠組みの中で常に変化していく複合知になっていった。

日本の本草学は、こうした「漢学」との「因縁」のなかで、本草学者たちの「漢学」に対する「ambivalence」（愛憎並存）によって取捨選択され、自らの進化を遂げつつあったものである。

注

（1）木村陽二郎『日本自然誌の成立―蘭学と本草学―』、中央公論社、一九七四年。
（2）杉本つとむ『日本本草学の世界―自然・医薬・民俗語彙の研究』、八坂書房、二〇一一年、一一八頁。
（3）杉本つとむ『日本本草学の世界―自然・医薬・民俗語彙の研究』、八坂書房、二〇一一年、一一九頁。
（4）西村三郎『文明のなかの博物学―西欧と日本（上）』、紀伊國屋書店、一九九九年、二一二頁。
（5）川﨑瑛子『複雑系の学問としての本草学』、法政大学博士学位論文、二〇一四年、二二頁。
（6）山田慶児『本草と夢と錬金術と――物質的想像力の現象学』、朝日新聞社、一九九七年、六九頁。
（7）本草学の分類法および分類思想について、「本草における分類の思想」（山田慶児、一九九五）を参照。
（8）田尻裕一郎『江戸の思想史――人物・方法・連環』、中公新書、二〇一一年、一一一頁。
（9）源了圓『徳川思想小史』、中公新書、一九七三年、一一七頁。
（10）木村陽二郎『日本自然誌の成立―蘭学と本草学―』、中央公論社、一九七四年、三〇一頁。
（11）平賀源内『物類品隲』、二頁。
（12）杉田玄白『蘭学事始』、岩波書店（岩波クラシックス）、一九八三年、三一頁。
（13）日蘭学会編『洋学史事典』、雄松堂出版、一九八四年、五〇六頁。

日本に再上陸したキリスト教の特徴

中村　聡

はじめに

一七世紀に切支丹禁教令が出されて以後、明治六（一八七三）年に禁教令の高札が下ろされるまで、日本では表向きにはキリスト教は存在しなかった。ペリー来航前後にキリスト教は再来日するが、その内容は以前経験したキリスト教とは大きく様変わりしていた。「昔の切支丹、今の耶蘇」と言われるように、かつてザビエルたちが移入したローマン・カトリックに代わって、プロテスタントの宣教師たちがアジア布教の一環として日本にプロテスタント・キリスト教を携えてやって来たのである。世界史的に言えば、スペイン、ポルトガルから、オランダ、イギリス、アメリカへとヘゲモニー国家の交代と歩調を合わせるように、海外に進出するキリスト教の主力も変化していたのである。

するとこの再来日したキリスト教に接近する人々が現れた。幕末から禁教令廃止まではたいした時間ではない。それなのに、その短い時間の中で、なぜ彼らはキリスト教に接近し、キリスト教徒となり得たのか。短い時間の中で何が起こっていたのか。アジアの歴史を考えると、それまでの長い歴史に比べて、短い近代という時間の中にとてつもなく濃厚な変化が見て取れる。その変化を幕末から明治初期の日本に於けるキリスト教に焦点を当てて考えてみよう。

宗教の受容はあくまでも個人的なものである。その個人的な問題を時間の推移の中で全体像として捉えることは、本当は間違っているのかもしれない。それでも一歩さがって、その個人的な行為の集合体をマクロ的に俯瞰してみたい。

まず、幕末から明治初期に至る年表の中からキリスト教関連の事項を抜き出してみよう。

△一八五九（安政六）ヘボン夫妻、神奈川に来航
△一八六四（元治一）新島襄、函館より脱国
▲一八六五（慶応一）長崎大浦に二十六聖殉教者堂（大浦天主堂）完成　潜伏信徒発見
▲一八六八（明治一）長崎で浦上キリシタン弾圧（浦上四番崩）発生
△一八七〇（明治三）キダー女史、横浜のヘボン塾で女子教育開始（フェリス女学院）
△一八七一（明治四）熊本洋学校開校
△一八七二（明治五）横浜居留地に日本初のプロテスタント教会献堂
▼ギリシャ正教会ニコライ、函館より上京して伝道開始
▲一八七三（明治六）キリシタン禁制の高札撤去、浦上キリシタン釈放
△一八七六（明治九）札幌農学校開校、クラーク博士来日

（△はプロテスタント関連　▲はカトリック関連　▼は正教関連）

本来は分けて考えるべきプロテスタント、カトリック、正教会の事項が同列に併記されていることに注目したい。つまり、日本の近代史の中でのキリスト教の取り扱い方は未だに十把一絡げ状態なのである。

幕末開国以降、キリスト教が再布教された当初に於いては、新旧キリスト教の違いを理解することなど、当時の日

本人に期待することは困難なことであった。それゆえ日本の社会の中に、キリスト教的基盤が築かれていくことは至難なことであった。そのような過酷な状況の中を潜り抜け、漸く形成されていった日本のキリスト教会も、異教社会の中に築かれた橋頭保的存在として、常に攻撃の的としてその矢面に立たされ続けたのである。日本に於けるキリスト教は、自ら積極的に社会に働きかけるというよりも、逆に社会の側からの制約と拘束を被りながらも自分たちの教えを守り続けることに力を注がざるを得なかった。さらにキリスト教の外的諸条件による被制約性は、日本社会の近代化の特殊性との関係に於いて、一層大きなものとなっていった。日本のプロテスタントの展開過程を考察するには、その社会的背景としての日本社会の発展との関連を重視しなければならない。キリスト教徒の集団としての教会は、一つの具体的な社会的存在である。その中の個人個人にはキリスト教に触れる個々の経緯があるにせよ、その集団としての動向を知ることは、キリスト教とそれを取り巻く社会との問題として、時代の問題として具体的に捉えることができるであろう。そして、ここに、幕末、明治初期にキリスト教に接したプロテスタントの人々が、世俗的社会の中でどのような社会的・経済的立場の人々であったのかということが、研究課題となって現れてくるのである。

当時の日本人がキリスト教をどのように捉えていたのか。聖公会宣教師ウィリアムス(1)が証言している。

「此地の爲に任定されたる宣教師は、多年間堪へ忍び俟ち望む覺悟を以て來らざる可からず。日本に來る宣教師は、基督者となるは日本人には死なる事と記憶せざる可からず。彼はまた日本人の基督教に關する思想は、彼の十字架の旗下に此國を占領せんと謀りたる西班牙葡萄牙ゼジユイット派に於ける苦き經驗に限られたることを記憶せざる可からず。而して彼等に對する日本人の生來の惡感、先入の思想は一朝一夕に克服する能はざることを記憶せざる可からず。ゼジユイット派に關する傳説は、毫も消失する所なく其儘世々代々傳へられて、今も尚ほ彼等の腦裏に鮮明に印刻せられ居り候。小官等が通過するや、我等をめがけて泣き叫ぶ小兒等は、慥に基督者は猛獸と見做せと教へられたるものに候。(2)」

「或る夜、一人の来客あり、珍らしき事とて監督は之を迎へ来意を問ひしに、彼は恐々手を伸し天井並に四方の壁を指した。之は二階や隣室に誰か人が居りませんかといふ事にて、若し自分が宣教師を訪ひし事が人に知られなば、此を切られると云つて、手を首に當て恐るゝゆへ、監督はどうぞ安心なさい、誰も他人は居りませんと云ふと、彼はやうやう落ち付いて腰を掛け、數本の真鍮の煙管を取り出し、誠に申兼ますが、どうぞ之を本金にして下さいと云ふ。監督は大に驚かれ、私は手品師とは違ひますと斷られた。そうすると今度は某町の財産家は、多くの金庫を持ち居るも、土藏の錠前堅して幾度之を試みるも容易に破れぬ。何卒他人に露顯せぬ様に窓から出入し、その寶を奪つてソツト逃ぐる法を教へて下さいと云ふ。監督は、私はそんな事は知りませんと云はれても、彼はなかなか承知せず、是非教へて下さい、極く内密に致します、誰にも決して話しませんから、キリスタン、バテレンの秘法を教へて下さいと、切りに願つた。(3)」

長いキリシタン禁制によって、江戸時代を通じて日本社会の各層の人々の間には、キリスト教についての無知と偏見とが根強く植え付けられた。日本の社会に於いてキリスト教は、上流社会層にとっては外国の政治的野心を背後に担った「邪教」であり、中流社会層にとっては「異端」であり、下流社会層の者には「魔法」であった。即ちキリスト教に接する禁忌は日本人にとっては当然のことと認識されていたのである。

そのような当時の日本社会に再上陸したキリスト教、即ちプロテスタントの状況を知るポイントとして、次の四項目を取り上げてみたい。

①プロテスタント信仰の根本となる聖書について。

②武士階級の崩壊は何をもたらしたのか。

③キリスト教受容の前提となる思想、主義は日本にあったのか。

④新生日本社会がキリスト教を通して学ぼうとした西洋文明とは何だったのか。

幕末から明治初期にかけての日本で、プロテスタントを受容し、入信していった人々、プロテスタント第一世代と呼ばれるこれらの人々の多くが武士出身であったと言われている。これら旧武士階級の人々、とりわけ旧幕臣や佐幕派藩士たちの動向を追ってみよう。

一　『聖書』について

キリシタン時代には日本語訳聖書が作られなかったと考えられていた時期があった。従来の史家たちが、カトリックは聖書を信者には読ませないのであるから、日本語訳が存在するはずがないと、頭から決めてかかったことから出た誤りである。しかし、現在では部分訳、あるいは教義書の一部として部分訳の日本語訳聖書は存在していたというように研究が進んでいる[4]。ただ、一般のキリスト教信者が完訳の日本語訳聖書を手にするのは明治になってからのことである。従前から言われてきたことだが、カトリック・キリシタンはプロテスタントのように聖書を信仰のよるべき唯一のものとはしないので、それほど聖書の翻訳に熱意を示さなかった。しかしそれは聖書の繙読が主観主義に陥ることを防ぐため、カトリックが伝統的に採ってきた態度であるとともに、ラテン式典礼を用いる布教地区としてウルガタ訳という定本があること、さらに時代の相違と、信者の教育方法の相違という点を合わせて考慮していかなければならないことであろう。

日本に渡来したプロテスタント宣教師たちは、是が非でも日本語版聖書を作らねばならず、それは彼らの中での共通の願いとなっていった。

「遺憾なことにジェスイット教徒は、この国から放逐されたときに、日本に聖書を残さなかったのです。[5]」

「数世紀にわたるキリシタンの人人が日本に聖書を与えていたら、その歴史は、まったく変わっていたでしょう。[6]」

「(日本人たちは) わたしたちの伝えるイエスの教えは、ローマ・カトリックとは、違っているに相違ないと結論しています。ジェスイット教徒と修道僧は、信徒に聖書を与えません。なんとかして、一日でも早く日本人の手に聖書を持たせたいものです。聖書こそ悪魔にたちむかう最上の武器でありますから。[7]」

ブラウン[8]のこのような思いは当時日本に渡来したプロテスタント宣教師皆が持っていた思いであろう。

ブラウンやヘボン[9]を中心とした翻訳委員会が新約聖書の日本語訳を完成させたのは明治一三（一八八〇）年のことである。[10]その後明治二〇（一八八七）年に旧約部分の翻訳が完成し、ここに「明治元訳」聖書がそろうのである。

それ以前、聖書は漢訳に頼るしかなかった。このことは日本語訳に直接携わったヘボンの証言からも分かる。

「わたしどもの日本語の教師が少しの苦労なく読み、そして理解し得る立派な漢文の聖書が手許にあるから、聖書翻訳事業に助けとなっております。ブラウン氏とわたしとは、マルコ伝を翻訳する上に大切な手引きとしてこの漢文聖書を、日本文に訳し直すことによって、さらに多少の進歩をみたのです。[11]」

日本語訳聖書は漢訳聖書に頼っていたことがわかる。もちろんブラウンやヘボンは英語訳、ヘブライ語訳を使用していただろうが、それを日本語に翻訳するには漢語が大いに役立ったのである。

しかし、そこには問題もあった。英語やヘブライ語よりも身近である漢語ではあるが、その漢語を読める日本人は果たしてどのくらい居たのかという問題である。宣教師たちはこのことについても記録を残している。

「このような漢文の本は一般民衆には解らないのです。わずかに教育のあるものだけが読めます。[12]」

「漢籍をよみ得る日本人の数は非常に少数で、その数についての意見はまちまちです。しかし、大人の漢籍読解力から察しても、大体判断して五十分の一に足らないと思います。[13]」

「多分（日本人の）百分の九十五までは漢文の聖書を読むことができません。[14]」

当時の武士の人口比率はおおよそ七％だと言われている。とすると、日本人クリスチャンは漢訳聖書に頼りながらも、聖書を読むことができたのは、ほとんどが漢文を学んだことがある武士階級だったのではないかと推測できる。ここからもプロテスタント第一世代が旧武士層であったという言説を裏付けることができるだろう。

二　武士階級の崩壊は何をもたらしたのか

徳川幕府体制の崩壊過程において、武士の生活は漸次窮乏化していった。その窮乏化を一層促進したのは、開国による外国との貿易の開始であり、維新後の新政策であった。中でも維新後の一連の秩禄処分の政策は、旧武士層の経済生活に最終的な打撃を与えた。その影響を一番直に受けたのは旧幕臣であった。諸藩の藩士の場合には、その家禄が削減されたのは、明治二（一八六九）年の版籍奉還以後であったのに対し、旧幕臣の場合は戊辰戦争の後直ちに家禄の削減が始まった。慶応三（一八六七）年、徳川慶喜の将軍職辞退とともに幕府は廃され、以後徳川氏は朝敵となって城地封邑を没収されてしまった。したがって、幕臣の家禄はこの時点ですべて消滅してしまったのである。その後、徳川家が駿河に封ぜられるにしたがい、旧幕臣は次のようなグループに分解していった。

a．帰順して朝臣となった者。

b．徳川氏に従って駿河に移った者。

c．徳川氏から暇を乞い、農商に帰した者。

これらグループのうち、大きな経済的影響を被ったのは、cの農業や商業に道を求めた者たちであった。彼らは、家禄のすべてを失ってしまったのである。慶応四（一八六八）年五月二四日に、帰順のうえ再び禄に就くことができるというチャンスが与えられたのであるが、彼らの一部には帰順を潔しとせず、農業商業に帰してしまった者がいた。植村正久は、まさにこのような旧幕臣の子弟であった。禄高千五百石の旗本であった正久の父禱十郎は、上総の国東金に近い所領に赴き帰農したのである。横浜游学時代の植村が、学生の中で最も経済的に窮乏していたとよく言われているが、それにはこのような背景があったのである。

旧武士層は、禄ばかりでなく、封建的特権のすべてを失った。このような旧武士層の分解と没落の過程の中で、一部の者たちはその不満を反政府的運動として爆発させた。明治七（一八七四）年の岩倉襲撃、佐賀の乱、九年の熊本神風連、萩・秋月の乱、思案橋事件などがそれであり、西南の役はこのような反抗の最後となった。このような反抗勢力が出てくる一方、旧武士層の没落の過程で、多くの武士階級出身者が横浜をはじめとする各地の開港場で、キリスト教に接する経験を持つことになった。意外なことであるが、プロテスタント第一世代の中核となった武士層の入信の外的条件は、その階級分解であり、彼らの経済的貧困にあったと言ってよかろう。福澤諭吉は、当時のクリスチャン青年を「字を知る乞食」とまで罵倒したと言われている(15)。

維新の後成立した新政府が、藩閥政府とよばれる性格を持っていたがゆえに、薩長出身以外の士族にとっては、中央で良い地位を得ることはきわめて困難であった。特に官僚への道はまったく閉ざされていたと言ってよい。これがために、旧幕臣や旧佐幕派小藩の出身者は、学問・教育の分野に自らの進路を開拓しなければならなかった。当時の青年における英学修業は、官僚への道を閉ざされた士族にとっての、一つの有力な立身出世の道に他ならなかったのである。経済的に窮乏した旧藩失禄の子弟は、当時の英学の中心地であった横浜に集まり、その地でプロテスタント宣教師たちとの接触のチャンスを得たのである。当時の英学修業のための月謝は、貧乏士族にとっては大きな負担であった。第一世代のクリスチャンの中には宣教師たちの日本語教師となって、この月謝を賄った者もいるが、このようなチャンスはそうそうあるものではない。多くの者は、経済的貧困の中で自主的に勉学を続けたのである。貧困の中にも自給自活の道を立てながら、英学修業に努め、さらにキリスト教信仰に接近していった。それは、おそらく社会身分上の一大変革によって被った経済的貧窮のゆえに、旧武士層出身者たる彼らが宗教的な慰藉と安心とを多少なりともキリスト教に求めた結果だったのではないだろうか。

自らもクリスチャンであり、評論家としても知られる山路愛山は次のように言う。

「最初の教会に於て青年の多かりしは固よりなり。そは青年に非れば大胆に新しき信仰を告白すること少きは古今の常態なればなり。されど総ての種類の青年が悉く新しき信仰に動きたりと思はゞ是れ事実の重要なる性質を看過したるものなり。試みに新信仰を告白したる当時の青年に就いて其境遇を調査せよ。植村正久は幕人の子に非ずや。彼れは幕人の総てが受けたる戦敗者の苦痛を受けたるものなり。本多庸一は津軽人の子に非ずや。維新の時に於ける津軽の位地と其苦心とを知るものは誰か彼れが得意ならざる境遇の人なるを疑ふものあらんや。井深梶之助は会津人の子なり。彼は自ら国破山河在の逆境を経験したるものなり。押川方義は伊予松山の人の子なり。松山も亦佐幕党にして今や失意の境遇に在るものなり。新信仰を告白して天下と戦ふべく決心したる青年が揃ひも揃ふて時代の順潮に掉すものに非ざりしの一事は当時の史を論ずるもの、注目せざるべからざる所なり。彼等は浮世の栄華に飽くべき希望を有せざりき。」(16)

このように幕末の受洗者が武士層に始まったことには理由がある。第一、前述したように当時の日本には未だ完訳の聖書がなく、聖書といえば中国からもたらされた漢訳聖書であった。それ故、漢訳聖書やキリスト教書を読み理解できるのは、漢学の素養を持った武士の子弟であった。第二、鎖国以来のキリスト教に対する偏見に批判的思索を持つことができたのは、多少なりとも海外の学問や事情に通じている、言うなれば国際的知識を持った者でなければならなかったからである。このような人物は、当時にあっては武士以外には見出し得なかったのである。

明治に入ってからも、旧武士層の受洗者が続いたわけであるが、これらの武士出身者は、どのようにしてキリスト教信仰に入ったのだろう。入信とはあくまでも個人的なことであるから、本来ならばその一つひとつを解明していかなければならないが、先の山路愛山の言から推測して、おおよそ次のように捉えることができよう。維新の変革に於いて薩長土肥の諸藩の出身者には新政府の官僚として旧幕府時代に勝る栄達の道が与えられた。これに反して、幕臣や佐幕派藩士の子弟たちは、政治的に立身出世の道は塞がれ、経済的、社会的にいち早く窮乏と転落の明日を待つしかなかった。このような士族の中でも、特に春秋に富む青年たちは、独力で自らの進む道を切り開く必要に迫られていた。彼らに新政府への仕官の道は全くと言ってよいほど閉ざされている。そうなれば、彼らに残された一つの可能性は、他に先駆けて自ら西洋文化に関する知識を手に入れ、独力でその進路を切り開いていくことであった。言うなれば、開港地型新知識人となることである。苦しい境遇の中でも青雲の志を抱く青年たちが、洋学の取得を目指して渡来宣教師の周辺に集まったのは、このような事情があった。そして、失意の中にある士族青年たちが、宣教師を媒介としてキリスト教に接し、それを受容するようになっていったのである。山路愛山は次のように総括している。

「かくて時代を謳歌し、時代と共に進まんとする現世主義の青年が多く其同趣味の間に出で、時代を批評し、時代と戦はんとする新信仰を懐抱する青年が多く戦敗者の内より出でたるは与《とも》に自然の数なりきと云はざるべからず。総ての精神的革命は多くは陰影より出づ。基督教の日本に植ゑられたる当初の事態も亦此通則に漏れざりしなり。[17]」

もちろん、プロテスタント第一世代は武士層ばかりではない。しかし、信者となった人々が主として旧武士層に属する者であることは、プロテスタント黎明期における日本社会の特徴であると考えることができるだろう。

三　キリスト教受容の前提となる思想、主義は日本にあったのか

日本に渡来したプロテスタント宣教師たちが実際に活動を始めた明治初期、それもキリスト教禁止令の高札が下ろされた明治六（一八七三）年前後にプロテスタントを受容した人々の精神的な基盤はどのようなものだったのだろうか。何の精神的基盤も無しにキリスト教を受容れたとは考えにくい。

明治の早い時期にキリスト教に接した人物として、明治七（一八七四）年末、ジョージ・コクラン[18]より受洗した中村正直（敬宇）がいる。その信仰について山路愛山はつぎのように語る。

「彼れは其友人大槻盤渓の所謂二十年の功を以て研究したる漢籍の内に教へられたる性と天道との教理の基督教中に在つて更に活潑なるを見たり。孔子の教の決して陳腐の物に非ずして現に欧米を風靡する基督教はより高く、より大なる孔子の教なるを見たり。[19]」

以前論じたように、中村正直はキリスト教をキリスト教として理解していたのではなく、儒教を媒介としてキリスト教を理解していたと考えられるが[20]、これは中村正直に限ったことではないだろう。当時の多くの信徒が武士階級の出身者であり、江戸時代の日本的儒教の中で育ってきたことを思えば、キリスト教は「より高く、より大なる孔子の教」という理解が、この時期の信徒の一般的な解釈だったのではないかと推察できる。では、その儒教とは何か。ここで、

一言で「儒教」と言われるものが、いかに曖昧であるかを指摘したい。特にキリスト教に対して言われるアジアの伝統的宗教としての儒教は、時代や社会背景によってさまざまに考えられる。孔子の唱えた儒教、所謂Confucianismなのか、朱子学なのか、さまざまに考えられるのである。[21]

江戸時代の文教政策によって、日本的封建社会体制を維持するための御用学問と化した日本的朱子学理解を、市民宗教としてのキリスト教と対比するならば、そこには本質的に相容れない点が多々あったはずである。それにも拘わらず、この二つが日本のプロテスタントの第一世代において接近することができたのは、どのような事情によるのであろうか。

It is still a living object of power and beauty among us; and if it assumes no tangible shape or form, it not the less scents the moral atmosphere, and makes us aware that we are still under its potent spell. The conditions of society which brought it forth and nourished it have long disappeared; but as those far-off stars which once were and are not, still continue to shed their rays upon us, so the light of chivalry, which was a child of feudalism, still illuminates our moral path, surviving its mother institution.[22]

Bushido, then, is the code of moral principles which the knights were required or instructed to observe. It is not a written code; at best it consists of a few maxims handed down from mouth to mouth or coming from the pen of some well-known warrior or savant. More frequently it is a code unuttered and unwritten, possessing all the more the powerful sanction of veritable deed, and of law written on the fleshly tablets of the heart. It was founded not on the creation of one brain, however able, or on the life of single personage, however renowned. It was an organic growth of decades and centuries of military career.[23]

とは、新渡戸稲造の武士道解釈である。江戸時代の儒教は哲学というよりも、むしろ実践的な倫理、道徳として普及してきた。特に武士階級にあっては、倫理主義を強調した「武士道」として脳裏に刷り込まれていった。武士階級出身のプロテスタント第一世代がこのような倫理主義の中で成長し、初めてキリスト教に接したとき、キリスト教を実践的倫理という観点から捉え、そこに「より高く、より大なる孔子の教」を見出したとしても、何の不思議もない。考えてみれば、新渡戸稲造自身もまた盛岡藩士の子であり、札幌バンドのプロテスタント第一世代であった。ではプロテスタント第一世代において、キリスト教と接近した倫理主義とは何であったのか。

　儒教の持つ倫理主義が、キリスト教受容の準備的役割を果たしたのは、朱子学の系統よりも陽明学の系統であったと考えられる。明治初年にキリスト教に入信した儒教青年は陽明学的傾向の者が大多数であり、反対に朱子学的傾向を持っていたのは、中村正直以外には極めて少数であった。[24]

> Thus, knowledge was conceived as identical with its practical application in life; and this Socratic doctrine found its greatest exponent in the Chinese philosopher, Wan Yang Ming, who never wearies of repeating, "To know and to act are one and the same."
>
> I beg leave for a moment's digression while I am on this subject, inasmuch as some of the noblest types of *bushi* were strongly influenced by the teachings of this sage. Western readers will easily recognize in his writings many parallels to the New Testament. Making allowance for the terms peculiar to either teaching, the passage, "Seek ye first the kingdom of God and his righteousness; and all these things shall be added unto you," conveys a thought that may be found on almost any page of Wan Yang Ming. A Japanese disciple[25] of his says— "The lord of heaven and earth, of all living beings, dwelling in the heart of man, becomes his mind

(*Kokoro*); hence a mind is a living thing, and is ever luminous”: and again, “The spiritual light of our essential being is pure, and is not affected by the will of man. Spontaneously springing up in our mind, it shows what is right and wrong: it is then called conscience; it is even the light that proceedeth from the god of heaven.”(26)

新渡戸は王陽明の著作の中に、言葉は異なっていながら、新約聖書と似た点があることを強調し、武士層が陽明学の教えを素直に受容れ、それがキリスト教に結びついていったと語る。

プロテスタント第一世代全員が、新渡戸稲造のように明確に自分たちのエートスが陽明学を基盤としていると意識していたわけではないことは言うまでもない。

「本多庸一は自己の経歴を我等に語りて曰へり、余が藩（弘前藩、津軽氏）は朱子学を以て士人の学と定めたれども、余は朱子学に満足する能はざりき。余は固より朱子学の宇宙観《コスモロジイ》の如き高尚なる哲理に就て深く味ひたるには非ず。さる哲理は余の教へられたるものに非ず。余は唯、洒掃応対の末節に汲々たる朱子学の煩瑣なるに満足する能はざりしのみ。されば余は藩学校の庫中に在りて学生の容易に見ることを許されざりし陽明文集、伝習録等を辛ふじて借り得て之を読みたり。余は又同じ理由に依つて、熊沢蕃山の集義内外書を読みたり。而して陽明学の朱子学より多く自然《ナチュラル》なるを喜びたり。(27)」

本多庸一に代表されるように、朱子学の煩瑣な教理と形式化した倫理に飽き足りなさを感じている者は、陽明学に走らざるを得なかった。当時、朱子学が正統的な学問であるとされていたがゆえに、陽明学は異端視された。だからこそ、キリスト教に類似するものとして扱われていたのである。本多がキリスト教に近づこうとすると、

「余が基督教徒たるに及んで、藩の古老は曰ひき、果然彼れは陽明学の書を読んで先ず邪径に陥りたるが故に更に基督教に陥れりと。(28)」

と批判されたことを述べている。藩の古老にとっては、陽明学とキリスト教は同一線上のものであり、「邪径」に他ならない忌むべきものであったのだ。

プロテスタント第一世代の一つである熊本バンドは、明治九（一八七六）年に花岡山の結盟によって結ばれたものであるが、この熊本バンドが儒教的には横井小楠以来の実学派につながっていたのも、これと同じ理由によるものだと考えられる。彼らは熊本における正統的朱子学派である学校派の中で教育を受けてきたが、それにしては比較的容易にプロテスタントに入信し得たのは、実学の立場とキリスト教の親近感を拠りどころとしていたからに違いない。後、明治一四、五（一八八二〜一八八三）年ころになって、日本のプロテスタントが史上最初の反動期を迎えることになったことは知られているが、その反動の精神的支柱は儒教的倫理に他ならなかった。この時期に至って、キリスト教と儒教は熾烈な対決を迎えることになるのだが、十年以前の信徒には、この問題の厳しさを予測することはできなかったようだ。第一世代に在っては、儒教的教養とりわけ陽明学的倫理主義が、キリスト教受容の媒介としての機能を果たしつつあり、その倫理が根底においてはキリスト教信仰と相容れないものを持っているということが自覚される段階には至っていなかったのであろう。

四　新生日本社会がキリスト教を通して学ぼうとした西洋文明とは何だったのか

旧社会の中で特権的身分とされ、知識人であると自負していた武士層の一部の人々が、キリスト教に接近していった外的要因は明治維新そのものであった。そして彼らをキリスト教徒たらしめた内的要因は、彼らが幼少時代から学び、身体の根幹ともなっていた日本的儒教の教養であった。しかも、彼らの体得していた儒教は多くが陽明学であった。彼らは洒掃応対の末節に汲々としている朱子学に満足できない殺身成仁の気概を持った人々であり、その進歩性はキリスト教に通じていた。このような動機から入信したプロテスタント第一世代は、自らの窮乏生活からの脱却と同時に、祖国日本の前途に多大の関心を持っていた。彼らは、本来政治を仕事としてきた武士層の出身であるから、単に一個人の信仰の問題に限らず、キリスト教によって日本を欧米諸国に劣ることのない国家にしようとする希望を抱いていた。換言すれば、彼らの信仰は愛国に通じていたのである。維新後の日本という国が目指すところが、欧米文化の摂取と消化にあるという点において、彼らの見解は当時の識者と一致していた。しかし、単なる文化の外形上の模倣と移植に満足することなく、欧米文化の根底にあるものを受容することこそ、日本の真に進むべき道であるというのが彼らの信念であった。

明治前期のキリスト教は、集団の中にではなく、個人の中に受容されていった。これはかつてザビエルをはじめとするイエズス会士が日本で行った大名に取り入り、集団的にキリスト教を広めていった方法論とは大きく異なっている。

明治初期における社会と個人との関係性はどのようなものであったのだろうか。

「此専制國に於ても、矢張幾分か輿論の行はる、ありて、其聲は全然無視する譯には相成不申、而して輿論の力は不絶増進致居候、且つ夫れ商人階級も其聲増進して、外國人と接触し他の國に於て商人の占むる位地を學ぶにつれて、彼等は愈々自己の権利を自覺し、進んで之れを主張いたし候。されば、我等の時は必ず將に來るべく、其來るは現今人の考ふるよりも意外に早かるべく候。されば將來第三階級の發達して、其意見が此國民の會議に於て、適當の威重を有する時の至らんことは、期して待つべきに御座候。(29)」

とは、ウィリアムスの言である。元禄以降の商品経済の発展に伴い、幕末には小品生産者層及び新地主層の成立を見、

「第三階級」の萌芽が各地に見られるようになり、彼らの中のある者は志士と交わって反封建闘争に立ち上がっていた。ウィリアムスはこの第三階級の擡頭による近代市民社会の形成に伝道の望みを託していたようだ。明治前期の社会はウィリアムスが想定したような、近代的自我の自覚に立った近代市民階級を形成するものであっただろうか。たしかに、幕末から明治初年にかけての日本社会には、それまで共同体の中に埋没していた個人を、なんらかの形で開放する現象が見えていた。徳川封建体制下においても、都市生活を送りつつあった武士層は、中世的封建道徳から解放されながら、近世的意識を身に付け、新しい個人意識を持ち始めていた。農村に於いても、過重な封建的貢租負担という重圧を受けながらも、微弱ながら生産力の上昇が見られ、それを通じて農村における共同体的規制には部分的な弛緩が見られた。明治初年の日本の社会は、このような素地のもとにキリスト教再来を迎えたのである。それ故、キリスト教の説く唯一神信仰を通して、神の前における人間の平等を自覚し、封建的隷属を当然とする考え方を払拭し、新しい人間観に目覚めるものが、社会的に誕生しつつあった。プロテスタント第一世代の士族信徒が自ら農村伝道に進出し、かつては百姓として蔑視されていた農民たちと、同じ神を共に礼拝するに至ったことは、当時の農民にきわめて具体的にキリストの福音の解放的意義を自覚させることになった。当時のキリスト教受容にあっては、贖罪に関する信仰は必ずしも明確には把握されていたとは言い難いが、在来の士農工商の差別的人間観から、一人ひとりの人間を解放してくれる点に、キリスト教最大の意義を発見する者が多かった。(30) このように、当時の日本人の間には、少数ではあったが、キリスト教を個人的宗教体験として受容した人々も存在した。

しかし、そのようなキリスト教受容の主体である個人は、なお未だに真の近代的自我に目覚めた個人とは言い難いものであった。明治初年の個人意識は生まれたばかりの赤ん坊と同じように独歩不可能な状態であって、何らかの個人に先行するものへの従属から断ち切られていなかった。そのような個人に優先して個人を規制するものは、当時に在っては国家であった。

徳川幕府による日本型封建社会は、絶対主義社会への傾斜を内蔵していたため、単なる封建的幕藩体制への個人の従属をこえた国家への服従の意識が萌芽的に形成されつつあった。このような状況は、幕末に於ける攘夷運動の中にも認められるであろう。このような国家に対する従属意識は、維新の変革とともに一層の成熟を見せ、単に封建的拘束から解放された孤立的個人としてではなく、国家の成員としての個人の意識が形成されるに至った。いわば、近代的市民社会に於ける近代的自我の確立に至る過渡期的現象と見ることができる。

「人民の権利」は、人民の「人」を重視すれば「人権」となり、人民の「民」を重視すれば「民権」となる。徳川幕藩体制から、突然の維新によって国民となった生まれたばかりの赤ん坊同然の明治初期の人々は果たして「人権」を意識できたであろうか。新政府としても考え得たものは「人権」ではなく、「国権」であったに違いない。西欧に遅れを感じた新政府は、何よりもまず侵略されることのない自立した国家の主権を手に入れることが優先事項であり、国権が樹立、確立してはじめて国民の権利の向上を図ることにつながるという意識ではなかったか。さらに、政府にしても国民にしても、権利の向上を望むのは「民」であって、個人的な「人」ではなかった。主権国家として世界に打って出る、これは当時の新政府、国民、双方の願いであった。

この問題をキリスト教受容の主体としての個人のあり方に関連させて考えるならば、本来的な純然たる個人の魂の問題としてキリスト教に関心が寄せられたというよりも、むしろ日本という新国家をどのようにするのかという政治的課題に沿ってキリスト教入信が行われた例が多々見受けられた。プロテスタント第一世代に於ける、このような立場からのキリスト教入信の典型的な例は熊本バンドの「奉教趣意書」であろう。[31] 熊本バンドの人々にとっては、キリスト教は「報国」につながるものとして理解されていた。新しい日本の建設にとって、キリスト教は不可欠の前提であるとする考え方は、当時の士族信徒の中に多く存在していた。もっとも彼ら士族信徒の抱いていた新しい日本の国家像は、必ずしも当時一般に論じられていた国家像とは一致するものではなかった。特に新政府の開明官僚によって意図された絶対主義国家は、キリスト教徒の描く国家像とはきわめて対照的なものであった[32]。しかしそうではあったとしても、当時の士族信徒の中には、新国家ナショナリズムが脈々と流れていたのである。このようなナショナリズムが彼らをキリスト教に入信させる媒介的役割を果たしていたのである。再来したキリスト教、即ちプロテスタントキリスト教は、初期の段階では個人を解放するというよりは、新生日本の行く末を担うべき国家の姿と捉えられていたように思われるのである。

小結

本論考を次の新渡戸稲造[33]の言をもってまとめたい。

Mr. Ransome says that "there are three distinct Japans in existence side by side to-day, —the old, which has not wholly died out; the new, hardly yet born except in spirit; and the transition, passing now through its most critical throes." While this is very true in most respects, and particularly as regards tangible and concrete institutions, the statement, as applied to fundamental ethical notions, requires some modification; for Bushido, the maker and product of Old Japan, is still the guiding principle of the transition and will prove the formative force of the new era.

The great statesmen who steered the ship of our state through the hurricane of the Restoration and the

whirlpool rejuvenation, were men who knew no other moral teaching than the Precepts of Knighthood.(34)
まさにその通りであったのであろう。(35)

注

（1） Williams, Channing Moor（一八二九～一九一〇）米国聖公会所属のアメリカ人宣教師。立教大学・立教女学院の創設者として知られる。
（2） 元田作之進『日本基督教の黎明（老監督ウィリアム伝記）』昭和四五年　立教出版会　一二七頁。
（3） 元田作之進 前掲書　六八頁。
（4） 海老澤有道『日本の聖書―聖書和訳の歴史』一九八一年　日本基督教団出版局　第一章。
（5） 高谷道男『S・R・ブラウン書簡集―幕末明治初期宣教記録』一九六五年　日本基督教団出版局　一七四頁。
（6） 『S・R・ブラウン書簡集』一六〇頁。
（7） 『S・R・ブラウン書簡集』五八頁。
（8） Brown, Samuel Robbins（一八一〇～一八八〇）米国オランダ改革派教会から派遣された宣教師。明六社会員でもあった。
（9） Hepburn, James Curtis（一八一五～一九一一）米国長老会の医療宣教師。ヘボン式ローマ字の考案者として知られる。
（10） 日本語訳聖書の翻訳については、江藤茂博編『漢学と東アジア』二〇二〇年　戎光祥出版　所収の拙論「『聖書』の日本語訳」を参照されたい。
（11） 高谷道男『ヘボン書簡集』一九七七年　岩波書店　七二頁。
（12） 『S・R・ブラウン書簡集』八八頁。
（13） 『ヘボン書簡集』七三頁。
（14） 『ヘボン書簡集』一七三頁。

(15) 佐波亘編『植村正久と其の時代』二〇〇〇年　教文館　第一巻　五二四頁。
(16) 山路愛山「現代日本教会史」『キリスト者評論集』（新日本古典文学大系　明治編）所収　二〇〇二年　岩波書店　三七六頁。
(17) 「現代日本教会史」三七七頁。
(18) Cochran, George（一八三四〜一九〇一）明治元訳聖書の旧約翻訳にも従事した。
(19) 山路愛山　前掲書　三七九頁。
(20) 拙論「中村敬宇のキリスト教理解」『東洋研究』（大東文化大学東洋研究所）第二二〇号　令和三年七月。
(21) 拙論「入華宣教師たちが悩んだ儒教の理解」三章参照『新しい漢字漢文教育』（全国漢文教育学会）第七一号　一九頁。
(22) Inazo Nitobe *"BUSHIDO The Soul of Japan"*『英文版 武士道』二〇一五年　IBCパブリッシング　一六頁。
(23) 新渡戸　前掲書　一九―二〇頁。
(24) 隅谷三喜男『近代日本の形成とキリスト教』（新教新書）二〇〇八年　新教出版　二六―三〇頁。
(25) 三輪執斎　寛文九（一六六九）〜寛保四（一七四四）江戸時代中期の陽明学派の儒学者。佐藤直方に朱子学を学び、中江藤樹の著作によって陽明学に傾倒した。
(26) 新渡戸　前掲書　三二―三三頁。
(27) 山路　前掲書　三七三頁。
(28) 山路　前掲書　三七四頁。
(29) 元田作之進　前掲書　七二頁。
(30) 工藤英一「歴史における日本の教会」（日本基督教団青年専門委員会編『時代を生きる神の民』所収）。
(31) 「奉教趣意書」の一節には、「余輩曾テ西教ヲ学ブニ頗ル悟ル所アリ。爾後之を読ムニ益々感発シ、欣載措カズ、遂ニ此ノ教ヲ皇国ニ布キ大ニ人民ノ蒙昧ヲ開カント欲ス」とある。
(32) 明治初期におけるキリスト教徒の国家観については、隅谷三喜男 前掲書　一八―二〇頁を参照されたい。
(33) Ransome, John Crowe（一八八八〜一九七四）アメリカの詩人、文芸評論家。

(34) 新渡戸 前掲書 一八八―一八九頁。
(35) 本稿は拙論「日本に於けるプロテスタント第一世代の特色」『東洋研究』(大東文化大学東洋研究所)第二二五号 令和四年十一月 所収を加筆改編したものである。

松陰の下田獄中「投夷書」とペリー旗艦乗船記録の発見

――「面縛」を拿捕と誤訳された世紀のミスを正せた決め手――

陶　徳　民

日本通訳翻訳学会の元会長で立教大学名誉教授の鳥飼玖美子氏が二〇二一年に出版した『歴史をかえた誤訳』（新潮文庫）の宣伝文句は次のようになっている。「原爆投下は、たった一語の誤訳が原因だった――。突き付けられたポツダム宣言に対し、熟慮の末に鈴木貫太郎首相が会見で発した「黙殺」という言葉。この日本語は、はたして何と英訳されたのか。ignore（無視する）、それともreject（拒否する）だったのか？　佐藤・ニクソン会談での「善処します」や、中曽根「不沈空母」発言など。世界の歴史をかえてしまった誤訳の真相に迫る！」同書が大きな反響を呼んだ原因はいうまでもなく、書中に挙げられている豊富な事例だけでなく、長期にわたる通訳・翻訳の実践で磨かれたその誤訳および「訳す」という行為に対する次のような深い認識である。「言語は文化であり、文化は言語であるともいえる。したがって、文化に対する認識が欠けたまま言葉のみを訳そうとすると、誤訳が起きる。正確に訳そうとするならば、言語レベルを越えた文化の理解が不可欠である。通訳・翻訳理論を研究しているスネル＝ホーンビー（Mary Snell-Hornby）は、それを"bilingual and bicultural"（二言語・二文化）と定義している。」「むろん、母語だけでは訳すという行為自体が成立しなくなる。「二言語・二文化」とは、外国語に訳す、あるいは外国語から訳すためには、母語と同レベルの知識と理解が、対象言語および文化にかんしても必要、ということである。すなわち、「訳す」という行為を言語の次元のみで考えることは間違いであり、「訳す」とは、異なった文化の橋渡しであり、異文化を越えてメッセージを伝えることである、という概念である」と。[1]

振り返ってみれば、四十年にわたる自分の調査と探索のなかで摑んだ確実な研究成果の一つは、まさに「誤訳」にかかわるものである。松陰の下田獄中「投夷書」（漢文）における「面縛」という『左伝』出自の古典語が本来、「自首」を意味しているのに、ペリー提督の首席通訳官S. W.ウィリアムズ（一八一二―一八八四、中国名は衛三畏）と彼が雇った中国人助手の羅森によって「拿捕」という意味合いで誤訳されてしまった。そして、その誤訳が入った下田獄中「投夷書」の英訳（下記のように、この発見を公表した最初の拙考では「第二の投夷書」と命名していた）が次の「日本遠征関係三英書」とも言える三種類の英語の原書に収載されるようになった。

（1）一九一〇年にS. W.ウィリアムズの子息F. W.ウィリアムズが編集出版した父の日記『ペリー日本遠征随行記』(*A Journal of the Perry Expedition to Japan* (1853-1854). The Transactions of the Asiatic Society of Japan, vol. 37, part 2).

（2）一八五五年ペリー艦隊のミシシッピ号の艦長付書記J. W.スポルディングの『日本遠征記』(J.W. Spalding, *The Japan Expedition: Japan and Around the World*) がニューヨークのRedfield出版社より出版された。

（3）一八五六年に公刊されたアメリカ議会の公式文書『ペリー提督日本遠征記』(F. L. Hawks, ed. *Narrative of the Expedition of an American Squadron to the China Seas and Japan,Performed in the Years 1852, 1853, and 1854,under the Command of Commodore M.C. Perry,United States Navy, by Order of the Government of the United States*) の第一巻。

管見の限り、この三英書に収載されている下田獄中「投夷書」の間にわずか数ヶ所の違いしかないとはいえ、訳文の精緻さは（1）よりは（2）、（2）よりは（3）の方が高いように思われる。なぜなら、（1）は個人の日記、（2）は友人の出版物、（3）は議会の公式文書であるため、訳文の質と完成度を配慮したウィリアムズの工夫、推敲と真剣さは当然違っていたわけである。

そして、この三英書に対応する日本語訳、すなわち松陰が下田獄中で漢文により書いた「投夷書」の存在を知らずに、ウィリアムズの誤訳部分をそのまま踏襲してしまった主な訳書と編著書には次の八種類があるようである。

（1）一九七〇（昭和四五）年　洞富雄訳『ペリー日本遠征随行記』（雄松堂書店・新異国叢書 八）。

（2）一九〇八（明治四一）年　徳富蘇峰著『吉田松陰』改訂版（民友社）。

一九七四（昭和四九）年　山口県教育会編『吉田松陰全集』別巻（大和書房）。

二〇〇二（平成一四）年　島田孝右訳・スポルディング『日本遠征記』（雄松堂書店・新異国叢書第Ⅲ輯 四）。

（3）一九三六（昭和一一）年　土屋喬雄・玉城肇訳『ペルリ提督日本遠征記』（弘文社）。

一九四七（昭和二二）年　大羽綾子訳『ペルリ提督遠征記』（酣燈社）。

一九七四（昭和四九）年　山口県教育会編『吉田松陰全集』別巻（大和書房）。

一九九七（平成九）年　株式会社オフィス宮崎訳『ペリー艦隊日本遠征記』（栄光教育文化研究所）。

したがって、本稿においては、「面縛」の翻訳についてミスを犯したウィリアムズの初訳と日本人たちによる複数の重訳を「世紀のミス」と見なし、幸運にも今世紀最初の十年間に米国への調査研究で邂逅した二つの一次史料、すなわちイェール大学図書館で発見した松陰の下田獄中「投夷書」とアメリカ国立公文書館で発見した松陰のペリー旗艦乗船記録に基づき、「面縛」に関する誤訳を訂正することができた経緯を述べることにし、一次史料に基づく研究の大切さを改めて強調したいと思う。

一　密航前の松陰「投夷書」の確認と下田獄中の「第二の投夷書」の発見

多くの発見は偶然の機会で出来たものであるのと同様に、私と「投夷書」の出会いも一種の邂逅であった。二〇〇二年秋、科研の仲間で関西大学日本史教室の藪田貫、大谷渡両教授と一緒にイェール大学のスターリング記念図書館古文書部（Manuscripts and Archives, Sterling Memorial Library, Yale University）で津田梅子の米国友人アリス・ベーコン関係史料を調査する時、ついでに『S・W・ウィリアムズ家族文書』（*Samuel Wells Williams Family Papers*）を調べた。S. W. ウィリアムズが晩年、イェール大で初代の中国学教授を務め、その子息F. W. ウィリアムズも同大の東アジア史教授を務めていたことから、その家族文書がここに収蔵されているわけだ。初期の日米交渉では、東アジアの「ラテン語」すわなち漢語による筆談や文書往復が行なわれていたという史実に興味を感じたからである。ウィリアムズが雇った中国人助手（一八五三年は謝氏、一八五四年は羅森）の墨蹟や筆談資料がまだそこに残っているのではないかと推測したのである。特に一八五四年に連れてきた羅森は、香港在住の広東省南海県出身の郷紳であり、詩文に長じ書道も上手かった。アヘン戦争（一八四〇—四二）中、イギリス軍に抵抗する民兵組織を率いて戦ったが、戦争終結後、自分の功績が清政府に表彰してもらえなかったことに憤慨し、香港・マカオに出かけ、英米人に中国語を教え、秘書を務め、傍らビジネスにも手を出した。しかし、この経緯は、彼の『日本日記』の英語版（ウィリアムズ訳、一八五四年九月一一日付の『香港記録周報』、すわなち*Overland Register and Price Current*に掲載、後に『ペリー艦隊日本遠征記』に収録）に記載されているが、同年一一月より香港英華書院出版の月刊『遐邇貫珍』に三回連載された日記の中国語版には紹介されていない。おそらく羅森は時々故郷南海県に帰省し親族を訪問する必要があり、己の不満と離反が清政府に知られたら、身柄の拘束など災いの種になりかねないため、『遐邇貫珍』への寄稿時にその経緯を意図的にカットしたのだろうと考えられる。印刷された英語版と中国語版のこの食い違いに気づいた私は日本を出発する前、もしかしたら、羅森『日本日記』の自筆本か副本がまだ『S・W・ウィリアムズ家族文書』に眠っているのではないか、と推測し期待していた。

しかし、現地調査では、目的の羅森の自筆本『日本日記』が見つからず、年月順で整理されているSeries I, Box 2のFolder No. 46から「甲寅三月廿二日」付の和文「投夷書」別啓（すなわち添え書き）が、Folder No. 47から「日本嘉永七年甲寅三月八日」付の漢文「投夷書」本書が出てきた。しかも、関連するカードに、前者について“A brief note by two Japanese, Isagi and Kwanouchi March 22, 1854”と、後者に関しては“Petition from two Japanese, Kwanouchi and Isagi, to American naval officials, asking permission to go abroad on American ship March 8, 1854”という説明文がタイプされている。

もっとも、書状自体には「投夷書」というタイトルはなく、海外脱出のために米国側に密航協力を求めた吉田松陰（一八三〇―一八五九）と従者の金子重輔（一八三一―一八五五）は依頼書に「夷」という異人蔑視の表現を使うはずがなかった。その出典は松陰『回顧録』にあるようだが、しかし、その末尾に収録されている「投夷書」は漢文の本書と別啓だけで、和文の別啓はなかった。そして、ウィリアムズの『ペリー日本遠征随行記』、アメリカ議会の公式文書『ペリー提督日本遠征記』および下田の浜辺で松陰から「投夷書」を突然渡された米国士官J. W. スポルディングの『日本遠征記』などには、いずれも漢文の本書と別啓に対するウィリアムズの英訳が載っているが、和文別啓の英訳はない。

では、この和文の別啓はいったい松陰のものであったろうか。

いろいろな関係書物を探っているうちに、一九三〇年平凡社出版の村松春水『下田に於ける吉田松陰』に、上記の和文別啓とほぼ同文の「依頼書」がちゃんと入っているということに気づいた。その根拠は「幕末外交文書」と書かれていることから、それはおそらくは大正初期に編纂された『大日本古文書・幕末外国関係文書』だろうと思って調べてみたが、予想通りその中の第五巻にあった。

「三月二十九日下田出役浦賀奉行支配組与力等上申書」は、「柿崎村浜辺江罷越候処、異人三人上陸いたし居候ニ付、兼而両人申合、外国へ渡海之儀相願度認置候書三通、異人江相渡し」と記した取調書および関連する七通の証拠文書を含んでおり、後者のなかに和文別啓のほか、「投夷書」本書や漢文別啓の横浜版と柿崎版も入っていた。これで、松陰の用意したものも、米国側に実際渡されたものも三種類だということは確かめられるようになった。

さて、この和文の別啓は薄い和紙に書かれているものだが、松陰の自筆と判断したのは松陰の書の特徴がそこによく出ているからである。関西大学国文教室の遠藤邦基教授のご教示によれば、このような片仮名のルビを施している幕末の文書は珍しいもので、漢字の多用もその特徴の一つだそうである。その意味で、音声上・表記上においてともに非常に個性的な本書には、ぜひともアメリカ側に理解してもらいたいという松陰の気持ちが滲みでていると言える。

なお、この和文別啓に、金子の偽名である市木公太の「市」という字のルビに書き損じが入っているため、「チ」は「サ」のように見える。それはまさに、「投夷書」の漢文本書に対するウィリアムズの英訳でその偽名中の苗字がIchigiではなく、Isagiとなっている原因だと思われる。このように見れば、ウィリアムズは和文別啓中のカタカナのルビは読めたけれども、和文別啓中の候文は読めなかった、ということになる。だからこそ、「日本遠征関係三英書」にはその英訳がなかったわけである。

一方、漢文の本書は羅森の清書によるものと判断したのは、「中国人の筆ではないか」という京都大学人文科学研究所の佐々木克教授の示唆を受けてから、松前藩の役人松前勘解由と石塚官藏に贈呈した羅森の署名がある扇面（現在、松前町郷土資料館と市立函館博物館にそれぞれ一面保存されている）や『S・W・ウィリアムズ家族文書』中の羅森筆と見られる文書などの筆跡および用紙と比較をした結果である。この漢文本書の最大の特徴はなによりもまず、松陰はペリー側に表敬するための擡頭の書式を使っていたことをリアルに伝えているということにあると言える。

ところで、二〇〇三年春、イェール大学スターリング記念図書館古文書部を再訪する際、ウィリアムズの自筆日記、すなわち日本語に訳された『ペリー日本遠征随行記』の分厚い日記帳の裏表紙の内側に貼りつけられている松陰の「第二の投夷書」を発見した。それは、下田・平滑の獄に監禁中の松陰がたまたま訪れてきた米側の外科医に渡した一枚の板切れに書いてある漢文の写しである。その板切れ自体は現存していないが、その漢文の内容は、従来、「日本遠征関係三英書」に載っているウィリアムズの英訳およびその英訳に対する徳富蘇峰以降の八種類の日本語重訳によって知られている。

これらの英訳や日本語訳を事前に読んでいたため、ウィリアムズの自筆日記に貼りつけられている松陰の漢文は、すなわちこれらの訳文の元に違いないとすぐ判断できたわけである。この漢文において、密航前夜の「投夷書」と同じように「五大洲周遊」の強い意志が再度表明されている。その上、密航に失敗して盗賊のような扱いを受けている悲惨な現状を嘆いている。筆跡から見て、これもやはりウィリアムズの中国人助手羅森による写しと推定できる。したがって、密航前の「投夷書」と区別するため、この監禁中の「投夷書」を「第二の投夷書」と名づけたわけである。(2)

この「第二の投夷書」は、全部で一〇三文字、二つの段落からなっている句読点のない白文であり、以下に掲げているのは筆者が試みに句読点を付したものである。

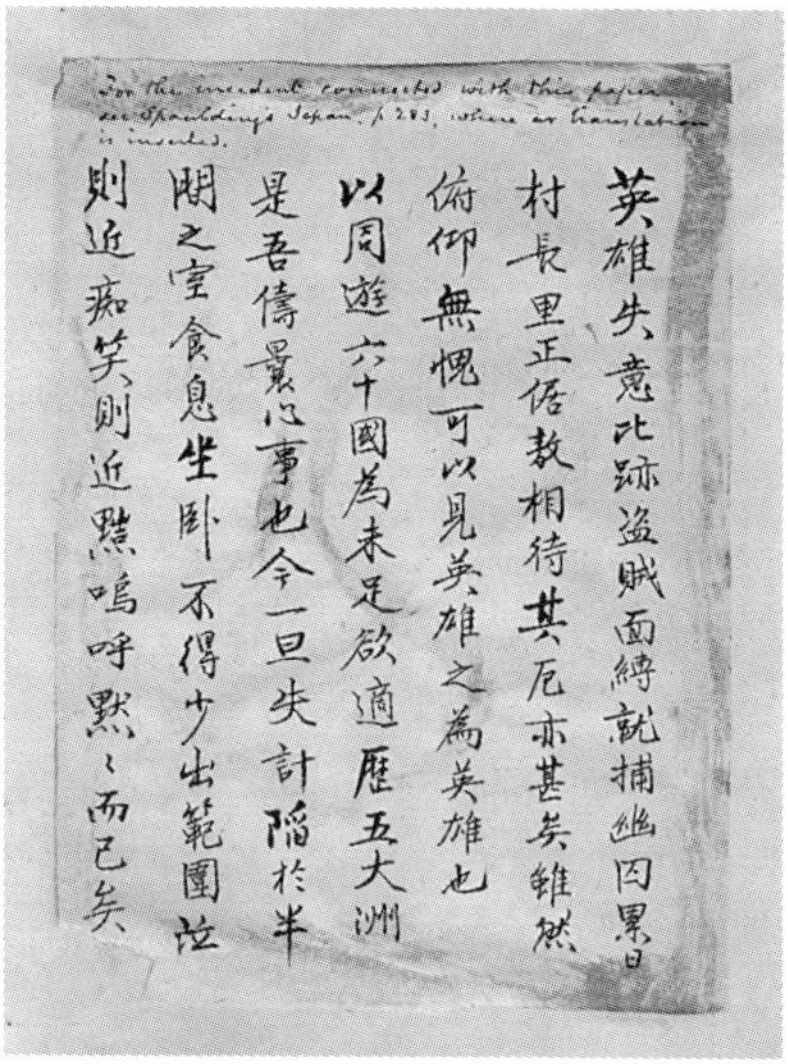

図1　下田獄における松陰の「第二の投夷書」（横約14cm、縦約19cm）

英雄失意、比跡盗賊。面縛就捕、幽囚累日。
村長里正、倨敖相待、其厄亦甚矣。雖然、
俯仰無愧、可以見英雄之為英雄也。
以周遊六十國為未足、欲適歴五大洲、
是吾儕嚢心事也。今一旦失計、陥於半
間之室、食息坐臥、不得少出範圍。泣
則近痴、笑則近黠、嗚呼、默々而已矣。

上の余白における S. W. ウィリアムズの英字メモは次のような内容である（文中の Spaulding は Spalding の誤りである）。

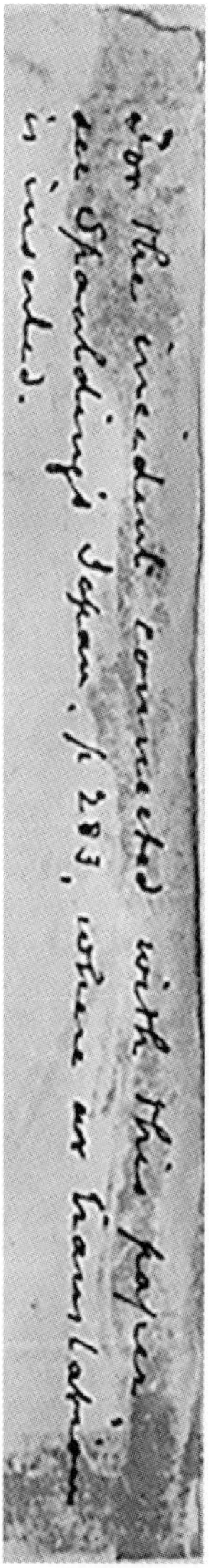

For the incident connected with this paper, see Spaulding's Japan, p. 283, where our translation is inserted.（1）

の書付にかかわる〔松陰の密航〕の事件については、スポルディング『日本遠征記』の二八三頁を参照されたい。そこに、我等の翻訳が載っている。(3)

（書き下し）

英雄失意し、跡《あと》を盗賊に比す。面縛《めんばく》（両手を後に縛り、面を前に向ける）して捕に就《つ》き、幽囚《ゆうしゅう》すること日を累《かさ》ぬ。村長・里正（組頭）、倨《おご》り敖《たかぶ》りて相い待し、其の厄亦た甚《はなは》だし。然りと雖《いえど》も、俯仰《ふぎょう》して愧《は》づること無し、以て英雄の英雄たるを見るべきなり。六十国を周遊するを以て未だ足らずと為し、五大洲を適歴《てきれき》（わたりゆく）せんと欲す。是れ吾か儔《ともがら》（われら）の嚢《さき》（まえから）の心事なり。今一旦《いったん》計を失い、半間《はんげん》の室に陥り、食・息・坐・臥、少しも範囲を出づるを得ず。泣けば則ち痴に近く、笑へば則ち黠《かつ》（狡賢いこと）に近し。嗚呼、黙々たるのみ。

そこで、一八五五（安政二）年にニューヨークのRedfield出版社より出版されたスポルディングの『日本遠征記』(J. W. Spalding. *The Japan Expedition: Japan and Around the World*) を見てみると、ウィリアムズの英訳は確かに当該ページに掲載されており、その内容は次のようになつている。

When a hero fails in his purpose, his acts are then regarded as those of a villain and robber. In public have we been seized and pinioned (1), and darkly imprisoned for many days; the village elders and headmen treat us disdainfully, their oppressions being grievous indeed; therefore looking up while yet we have nothing wherewith to reproach ourselves, it must now be seen whether a hero will prove himself to be one indeed (2).

Regarding the liberty of going through the sixty states (of Japan) as not enough for our desires, we wished to make the circuit of the five great continents; this was our heart's wish for a long time. Suddenly our plans are defeated, and we find ourselves in a half-sized house, where eating, resting, sitting, and sleeping, are difficult, nor can we find our exit from this place. Weeping we seem as fools, laughing as rogues–alas! for us, silent we can only be.

Isagi Kooda,
Kwansuchi Manji.

スポルディングの『日本遠征記』は、この「第二の投夷書」の英訳とともに、彼が松陰から直接受け取った第一の「投夷書」の英訳（同じくウィリアムズによるもの）をも収載している。また、この二つの「投夷書」の英訳は若干の修正をへて、翌一八五六（安政三）年に出版されたアメリカ議会の公式文書『ペリー艦隊日本遠征記』の第一巻に収録されるに至った。

もともとは漢文であったこの二つの「投夷書」は、これまで様々な形で英訳から日本語訳に重訳されてきた。第一の「投夷書」の場合、松陰の『回顧録』や『大日本古文書・幕末外国関係文書』などに所収の漢文版も参照できるので、誤訳の可能性は限られている。これに対して、「第二の投夷書」の場合、訳者は漢文の原文を知らないまま、もっぱらウィリアムズの英訳に依存しているため、後者の誤訳を踏襲してしまった。たとえば、

①「面縛就捕」中の「面縛」というのは、両手を後に縛り面を前に向けるという意味だが、ウィリアムズはこれを"in public have we been seized and pinioned"と訳しているので、ほとんどの日本語訳が「われらは公衆の面

前で捕縛され」というように、これに従っている。

②「可以見英雄之為英雄也」（以て英雄の英雄たるを見るべきなり）という文の時制は現在形であるはずなのに、ウィリアムズは"it must now be seen whether a hero will prove himself to be in deed"と未来形で訳しているので、大半の日本語訳も「今や英雄が真に英雄たりうるかどうかが立証されるべき時である」というように、これに追随している。言い換えれば、すでに自分を英雄視しているという松陰の豪邁な気概は翻訳では伝わらない、ということになったのである。

この漢文「原本」の発見によって、英訳や日本語訳に誤りが存在していることも分かった。まず、ウィリアムズは文中の〈面縛就捕〉を「公衆の面前で捕縛された」、すなわち拿捕という意味に英訳している。実際、「両手を後ろ手に縛り、面を前に向ける」という意味をもつ言葉「面縛」は、中国の古典『左伝』由来の「面縛輿櫬」という用語の略式表現であり、戦争に負けた君主が自分を後ろ手に縛り、棺桶を台車に乗せて（「輿櫬」の意味）、勝利した君主の前に出頭し、もうお手上げですから、どうぞご処罰ください、という自首、すなわち自発的降参、ないしは降服儀礼を意味している言葉である。(4) 本当に「公衆の面前で捕縛された」場合、昼間でなければならない。そして、文中の〈可以見英雄之為英雄也〉は、本来、すでに自分を英雄視している松陰の豪邁な気概の明確な表現なのに、ウィリアムズは〈今や英雄たりうるかどうかが立証されるべき時〉と未来形で訳してしまっている。

このような二、三の誤解があったにもかかわらず、当時、松陰の板切れを受け取った米艦側の対応は真剣そのものであった。ペリーは翌朝にウィリアムズと旗艦付副官を平滑の獄に向かわせた。その日の早朝すでに江戸に移送された松陰と金子には直接会えなかったものの、獄の管理人から二人の斬首の可能性を知ることができた。また、ウィリアムズの実測により、松陰と金子の二人が閉じ込められていたのは長さ約一・八メートル、幅〇・九メートル、高さ約一・四メートルという狭い檻だったことが確認された。その後、米側は松陰の処分に積極的に関与し始め、極刑はしないという幕府側の約束を取りつけたと、『ペリー提督日本遠征記』が記している。

では、監禁後の松陰に人道主義を示したペリー側は、なぜ、旗艦ポウハタン号の上で密航を求め、送還されたら首を切られるに違いないとの松陰の訴えを聞き入れなかったのだろうか。要するに、この密航事件は日米和親条約が一八五四年三月三一日に調印されて一ヶ月未満の四月二五日に起こった不測の事件であり、辛うじて日本側の譲歩を引き出し条約締結に漕ぎ着けたペリー側は、不審な日本人密航者の受け入れで幕府との信頼関係を損なうことをできるだけ避けたいと考えていたからである。したがって、松陰の冒険精神と知的好奇心を高く評価し日本の鎖国制度を非難したにもかかわらず、ペリー側は最初から「事勿れ主義」を取ったわけである。

このように見れば、松陰の密航事件への対処をめぐって、ペリー側は密航を拒否した国益優先の態度と、囚人の扱いについての人道主義の姿勢という両面性を持ち合わせていたことが分かる。このような米外交の一貫したジレンマと特徴が開国初期のこの松陰密航のケースにすでに読み取れるのである。J. F. ケネディ大統領の特別補佐官を務めたことのある歴史家A. M. シュレシンジャー, Jr. によれば、アメリカの「人権外交」の嚆矢は、一八四九年一一月上院議員Lewis Cassが上院外交委員会に提出した、オーストリア帝国との国交を中止することにより、一八四八年ハンガリー革命運動を鎮圧した同国政府に強く抗議せよという提案であった。それは実現しなかったが、先駆的な事例となった（Arthur M. Schlesinger, Jr., *The Cycles of American History*, chapter 5 "Human Rights and the American Tradition." Boston: Houghton Mifflin Company, 1986. 邦訳『外交問題と国益』、飯田正子訳・猿谷要監修）。だとすれば、一八五四年に来航したペリー提督が幕府応接掛筆頭の林大学頭と交渉する際、海外滞在の日本人漂流民の帰国拒否や北海道に漂着したアメリカ捕鯨船員の帰国難などを幕府の非人道的政策と見て非難したことや、狭い檻に監禁された松陰の嘆願書に鑑み、幕府側に松陰とその従者という知性に富んだ二人の若者に極刑を処さないように求め、その求めに応じた幕府側の回答を聞いて胸を撫で下ろしたことなどは、当時のアメリカの「人権外交」の日本版と言えるかもしれない。[5]

二　ペリーの旗艦ポウハタン号「航海日誌」における松陰乗船記録の発見

二〇〇九年二月九日、ワシントンD.C.にあるジョンズ・ホプキンズ大学の高等国際問題研究大学院（SAIS）での講演のついでに、近くのアメリカ国立公文書館で海軍省関係のアーカイブに関する調査を行った。その結果、ペリーの旗艦ポウハタン号（Steamer Powhatan）のLog Bookすなわち航海日誌の第二巻（一八五三年九月一一日―一八五四年九月七日）中の一八五四年四月二五日のページから、吉田松陰の下田密航に関係する記事を見つけた。[6]

記載責任者はポウハタン号の艦長、W. J. マクルーニー（Captain William J. McCluney）大佐であり、記載内容は次の通りである。

Remarks of This 25 Day of April 1854

Shimoda

Commences at 2.45 two Japanese came on board by a small boat, remained about 3/4 of an hour, on getting aboard their boat got adrift & they were sent ashore in the S'（Steamer's の略）cutter by order of the Commo.（Commodore）.

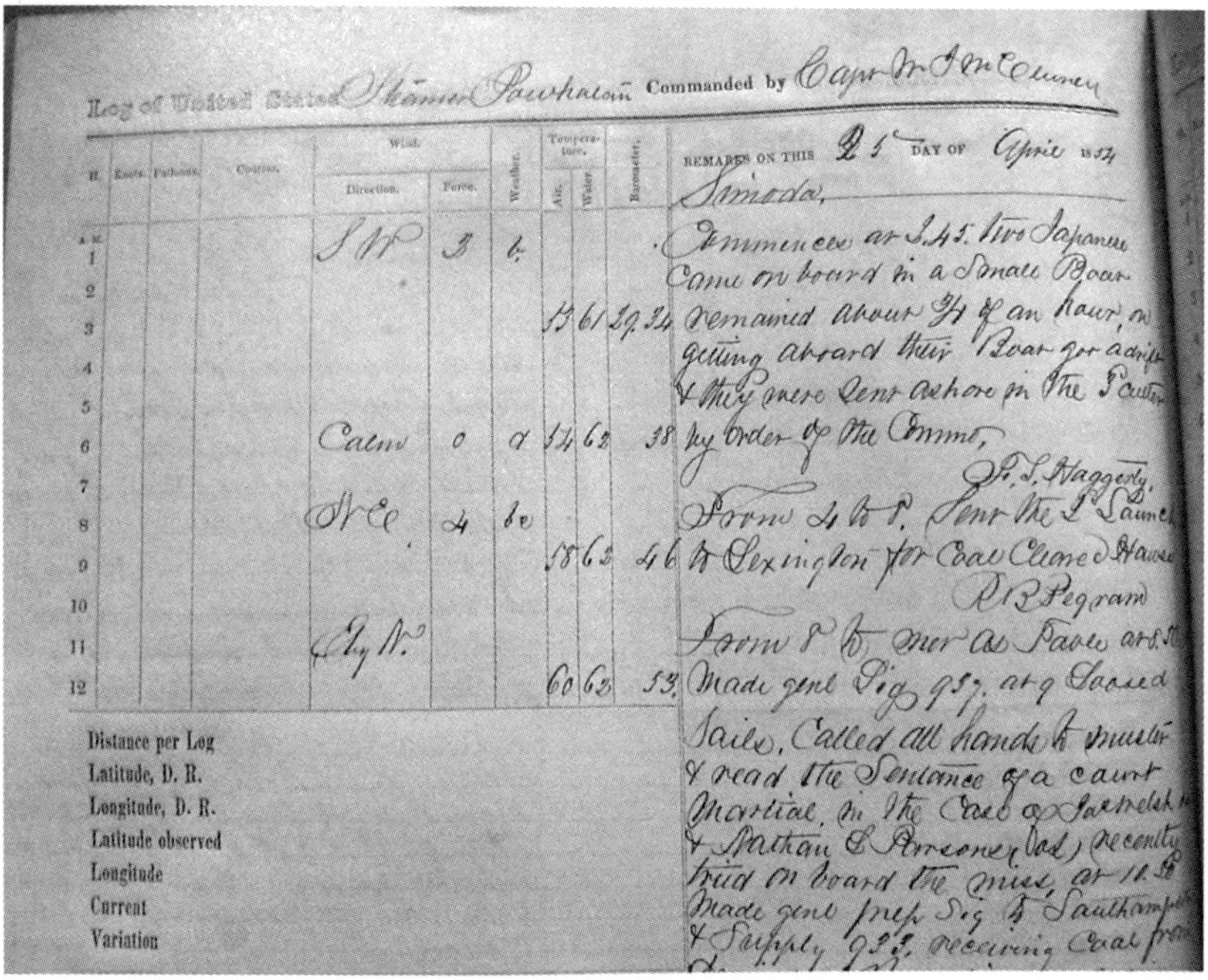

図2　ペリーの旗艦ポウハタン号「航海日誌」における松陰乗船記録

筆者なりの訳によれば、次のようになる。

　下田
　（午前）2時45分、二人の日本人が小さいボートで乗艦してきて、約45分間滞留した。乗艦した際、彼らのボートが漂失したため、提督の指示で本艦の小艇で岸辺へ送還された。

　下田密航の際、吉田松陰とその従者、金子重之助がいつペリーの旗艦に登り、どのくらい艦上に滞留した後に送還されたのかは、長い間謎のままであった。この記述は、何時何分という細部まで確定できるという非常に貴重な史料である。しかも、その時間帯は、まだ夜明け前のいわゆる真っ暗な「後半夜」であったから、「公衆の面前で捕縛された」という上述の誤訳を否定できる極めて有力な史料的根拠ともなっている。

現代の感覚から推論すると、西暦四月二五日未明に起きたこの事件を和暦で記載する場合、三月二八日のこととなるはずだが、しかし、密航失敗後の松陰は『回顧録』において、それを「三月二十七夜」の行動として記録している。江戸時代では一般的に午前零時ではなく、夜明けをもって一日の始まりとしていたそうである。午前零時をもって日の変わり目とする習慣は一八七三年元日をもって太陽暦が採用され、一日を二四時間に分割する定時法が施行されてから次第に根付いていったという。それだけでなく、昼夜それぞれを六等分する不定時法を使っていた当時の日本では、一単位時間（「一時」＝平均的には二時間前後）の長さも西洋と違うし、しかも季節によって変動していた。とは言え、時間観念の厳密化につれて、「一時」に対して、「半時」（＝一時間）、「四半時」（＝三〇分）というような表現も生まれた。(7)

上記した密航の二日前の四月二三日未明に、二人も「鮑叓旦船」（ポウハタン号）を狙って密航を図った。「武山の下海岸に露坐し、夜八ツ時に至る。夷船中時鐘を打つ。彼れの一時は吾の半時、故に是を以て時を知ることを得」という日記の記載を見れば、松陰は日米間の時制の違いをはっきりと認識していたことが分かる。また、四月二五日未明の旗艦上の一場面として、「時に鐘を打つ、凡そ夷船中、夜は時の鐘を打つ。余曰く、日本の何時ぞ、ウリヤムス指を屈して此れを計る。然れども答詞詳かならず（割注：此の鐘は七ツ時なるべし）」と記し、ペリーの首席通訳官ウィリアムズの尋問を受け、やりとりが最終段階に入ろうとした時間を「七ツ時」と推定した。

一八五四年四月二五日下田における「日の出」時間で計算すると、「七ツ時」の始まりが約三時一四分になる。とすれば、松陰が野山獄で書いた『回顧録』における記述は、三時三〇分に送還されたというマクルーニー艦長の記載と合致している。このことから、少年時代より萩藩の兵学師範（軍事教官）として育てられ、江戸において蘭学の師、佐久間象山の薫陶も受けた松陰の厳格な時間観念と優れた記憶力が裏付けられたと言えよう。

下田密航事件は、日米和親条約締結の二四日後に起こった。幕府との信頼関係が損なわれる惧れがあるため、ペリーは松陰の要望どおりに、彼を引き取り米国に連れていくことができなかった。しかし、日記の中で外部世界への松陰の知的好奇心を非常に高く評価し、このような若者がいるのならば、将来、日本は先進国への仲間入りがきっと実現できるだろうと述べている。当時の松陰は二五歳未満。脱藩遊学で武士の身分および俸禄を失っており、密航に成功し、濱田万次郎のように海外で勉強してから国に役立つことができれば、地位も俸禄も回復できるという希望をもっていた。松陰の「知の冒険」――鎖国の禁令を犯してまで海外密航を敢行した勇気を知ることが、今の若者への刺激となるだろうと思う。裕福な現代社会の中、若者たちにはこの好条件をもっと活かし、より高い目的を持ち、自己形成をし、松陰のように己の探求したいことに全力投球してほしい。

松陰は、伊藤博文など近代日本の創始者たちの師として注目される国民的英雄であり、彼に関する研究の目録自体が一冊の本になっているほど膨大で、そこに新しい知見を加えるのは非常に難しい。しかし、今回の発見が示しているように、視野を海外に残存する関連史料に広げれば、新しい知見の獲得は決して不可能ではない。要するに、「日本」の歴史は最初から「外部」との不断の接触の中で形成されているものであり、近代「開国期」以降の歴史は特にそうであった。海外で「日本」を再発見するというアプローチがこれからの日本史研究の一つの方向になるはずである。東京大学史料編纂所や国際日本文化研究センターなどの研究機関がすでにこの方面の取組を多くなしてこられた。それによって、今まで見逃されてきた重大な史実の発見が、従来の歴史理論や概括への修正を迫るということもありうる。だからこそ、史実と史論の対話が重要であり、その相互補完を促進する立場で研究を続けていくことが歴史家の責任であろう。

注

（1）鳥飼玖美子『歴史をかえた誤訳』（新潮社、二〇二一年七月）。

（2）詳細については、拙稿「下田獄における第二の「投夷書」について―松陰の覚悟に対するペリー側の共感」（藤原書店『環』第一四号、二〇〇三年七月）を参照されたい。なお、拙稿を評した岸俊光氏の報道（二〇〇三年八月八日『毎日新聞』夕刊掲載）を参照。

（3）ここで考えなくてはいけないのは、ウィリアムズの翻訳は羅森の手助けがあったはずなのに、なぜ例の誤訳が生じたか、ということである。参考までに、松陰の「続日本日記に跋す」中の一節（大和書房版『吉田松陰全集』第五巻、三一九頁）を紹介しておく。

　（羅）森は甲寅正月を以て墨舶（アメリカ船）に寓駕し、横浜・下田に来り、其の略ぼ漢文に通ずるを以て、往復文書の事に預る。貌《やつ》れ學陋《いや》しく、詩詞亦拙《つたな》く、言ふに足るものなし。獨り「亂を夷船に避く」の一絶は頗《すこぶ》る詞客の稱道する所となる。

　これは、密航失敗五年後の松陰が獄中で香港の漢文雑誌『遐邇貫珍』に掲載された羅森の『日本日記』を読んだ感想だが、これによれば、「飽学の士」である松陰は羅森の学識と文才をさほど評価していなかったようである。「面縛」に対する誤訳は、羅森にも責任の一端があった。前掲のウィリアムズの英字メモにおける「我等の翻訳」は、まさに羅森の手助けを得た己の翻訳という意味で、一人称複数である「我等」という表現を用いたと考えられる。

（4）楊伯峻編著『春秋左傳注（修訂本）』（第一冊（僖公六年）、北京：中華書局、一九九〇年第五版、三一四頁）。

（5）陶徳民「鯨油時代の砲艦外交と人道主義―下田密航をめぐる松陰の懇願とペリーのジレンマ―」（山口大学人文学部『異文化研究』第一〇号、二〇一六年三月）。

（6）陶徳民「ペリーの旗艦に登った松陰の「時間」に迫る」（『東アジア文化交渉研究』第二号、二〇〇九年三月）。このワシントンD.C.にあるアメリカ国立公文書館での調査について、日本を出発する前NHKのキャスターで立教大学二一世紀社会デザイン研究科教授である松平定知氏および渋沢栄一記念財団実業史研究情報センター長の小出いずみ氏の助言をいただき、現地では同公文書館Special Access and FOIA Staff部門のChiefであるDavid Mengel氏、Textual Archives Service部門のCynthia G. Fox氏（Deputy Director）、Jane Fitzgerald氏およびChris Killillay氏のお世話になった。なお、この発見も注（2）で紹介した毎日新聞の岸俊光氏により、二〇〇九年四月二五日付の同紙において報道された。そして、二〇一五年一月三日にはNHK新春スペシャル「世界へGO!　まるわかり幕末長州」という、翌日放送開始の大河ドラマ「花燃ゆ」の登場人物の背景を紹介する番組に出演の機会を得、自ら松陰の下田獄中「投夷書」とペリー旗艦乗船記録の意義を語ることができただけでなく、発見された二つの古文書と収蔵するイェール大学図書館とアメリカ国立公文書館の閲覧室の模様も再現された。記して御礼を申し上げます。

（7）　この推定は、当時の東北大学大学院文学研究科助教（現在、金城学院大学教授）で新進気鋭な松陰研究者の桐原健真氏のご教示によるものである。

補記：本稿は、主として拙著『松陰とペリー：下田密航をめぐる多言語的考察』（全一〇章、関西大学東西学術研究所研究叢刊六十三、関西大学出版部、二〇二〇年三月）の内容の一部を再構成し加筆したものである。関連事実と分析の詳細については、同書を参照されたい。なお、念のために、本稿における「面縛」というキーワードに関する先行研究を調べてみたが、下向井龍彦氏の「「腰縄と面縛」補遺」（広島大学大学院教育学研究科下向井研究室発行『史人』第三号、二〇一一年）という重要な論説の存在を知るようになった。その「はじめに」において、『扶桑略記』に「面縛」と「腰底」の語を見つけたのち、さらにデータベースなどを利用して『日本書紀』『平安遺文』『玉葉』『吾妻鏡』『太平記』における「面縛」事例を検索した結果、次のような結論に到達したことが披露されている。「前稿で私は、小林春樹氏の研究に拠りながら、「面縛」は降服儀礼としての自主的面縛であり、松本政春氏の言うような勝者の側が投降者を縛り上げる行為ではない、と断言した。今回の事例検索においても、八世紀まではそう言い切って間違いないことが確認された。だが、『玉葉』『吾妻鏡』にみえる「面縛」の事例は、律令法・公家法・荘園法・武家法では、通常、拘禁免除特権を有していたはずの公卿や荘官や御家人を「面縛」

して辱めるものであり、『太平記』になると投降者や捕虜を勝者の側が「面縛」するようになっている。あきらかに「面縛」は、自ら後ろ手に縛って投降する降服儀礼を表す語から、拘束する側または合戦の勝者が被拘束者または敗者を「いましめ（縛め）」て辱める行為を表す語に語義転換している。罪人・降人・生け捕りを「縛め」て辱める平安後期の粗暴な「武士の習い」が、「面縛」の転換をもたらしたものと考えられる」と。実に興味深く手堅い論考であると思う。ちなみに、文中の「前稿」とは、氏の「「腰縄」と「面縛」―松本政春氏の軍団兵士制理解に触れて―」（『続日本紀研究』三八七号、二〇一〇年八月）をさし、「小林春樹氏の研究」とは小林氏「中国史上における「面縛」の機能と性格およびそれらの変遷について」（大東文化大学『東洋研究』一五五号、二〇〇五年）をさすものであるが、筆者は未見である。いずれにしても、「面縛」に対するS.W.ウィリアムズと羅森の誤訳という本稿の判定は間違っていないと確信している。特に、下田獄中「投夷書」のすなわち「第二の投夷書」における「面縛」の直後に「就捕」という二文字が続いているので、この四文字をセットとして使った松陰が己の自首という堂々たる英雄的行為を誇示する意図があったのである。このことは、松陰が後に萩藩の野山獄中に書いた「三月廿七夜記」という回顧録における末尾の一節によっても裏付けられていると言える。すなわちペリーの旗艦に附属の小艇で下田柿崎の湾岸に送還される際に、「バッテイラノ船頭直ニ海岸ニ押付、我等ヲ上陸セシム、因テ舟ヲ尋ルコトヲ得ズ、上陸セシ所ハ嵓石茂樹ノ中ナリ、夜ハ暗シ、道ハ知レズ、大ニ困迫スル間ニ夜ハ明ケヌ、海岸ヲ見廻レドモ我舟ミヘズ、因テ相謀テ曰、事已ニ至此、奈何トモスヘカラズ、ウロツク間ニ縛セラレテ見苦シトテ、直ニ柿崎村ノ名主へ往テ事ヲ告ク、遂ニ下田番所ニ往、吏（ニ）對シ囚奴トナル」と（『吉田松陰全集』岩波書店、一九三五年、第七巻、四一三―四一七頁）。

川田甕江の漢学有用論
——玉島図書館甕江文庫所蔵の講演原稿類に着目して——

武田祐樹

はじめに

本稿では、玉島図書館甕江文庫所蔵の川田甕江（一八三〇～一八九六）の講演原稿類に着目して、漢字漢文の学びであるところの漢学について、その有用論を窺いたい。

川田甕江は、三島中洲（一八三一～一九一九）や重野成斎（一八二七～一九一〇）らと共に明治三大文宗と称せられる、著名な漢学者である。それにもかかわらず、従来さほど注目されず、重野成斎という近代的な歴史学導入の立役者に対する敵役として言及されるのが精々であった。残念なことに、川田甕江については、史学史上の教科書的・概説的な言説以外ほとんどなされてはこなかったのである[1]。

これには然るべき理由があり、ここに二つ挙げる。一つめの理由は、資料的な制約である。川田甕江は、先述の通り著名な漢学者であり、名文家としても知られている。しかし、それにもかかわらず、彼の文集は、複数のルートで稿本が作成されながらも完成はしなかったのである。さらに、その稿本や日頃川田甕江が書き溜めていた草稿類を含む、川田甕江関係資料を蔵する玉島図書館甕江文庫の存在が、どういうわけか世間にあまり知られていなかった。これらは、川田甕江が如何なる人物であるか論じることを困難にする。

二つめの理由は、資料的制約が課された状況で、強引に通史的記述を構想しようとしてきたことによる、必然的な過ちである。斯かる資料的制約による論及の困難さという、当事者の一人である川田甕江にまつわる重大な事情があるにもかかわらず、研究者たちは、修史館における重野成斎と川田甕江の対立を、彼らの近代的な歴史学受容の有無という、魅力的ながらもそれだけに俗受けしやすい安直な構図から倉卒に裁断し来った。

しかしながら、近年、幸いにも川田甕江の年譜が編まれ、(2)また川田甕江の文稿が影印出版されたことで玉島図書館甕江文庫の存在も世に広まり、(3)一次資料に基づいた川田甕江研究の土壌が整いつつある。とりわけ、玉島図書館甕江文庫所蔵資料の大部分を占める漢文の草稿類は、川田甕江研究に大いに役立つこと相違ない。しかし、玉島図書館甕江文庫所蔵資料には、他にも有用な資料が多く架蔵されている。

そこで、本稿では、川田甕江の講演原稿類に着目し、その内容紹介を通じて、川田甕江が如何なる考えを有していたのかを自身の言葉で語ってもらいたい。

一　玉島図書館甕江文庫所蔵の講演原稿類と川田甕江晩年の事績について

川田甕江の講演原稿としては、「川田先生講述漢土歴代文章沿革」について、既に言及したことがある。(4)しかし、その後、改めて甕江文庫の請求記号B群に属する草稿類を見直していると、川田甕江の講演原稿は他にも色々とあることが分かった。それは左の如し。

明治一三年四月一五日「論漢學宜分經籍為修身政事刑律工藝諸科専攻其業〔以適世用〕」（『東京学士會院雑誌』二巻五号、刊行年月不明）（B-八〇〇、B-八〇一）
明治二三年四月一三日「自著外史辨語の話」（『東京学士會院雑誌』一三巻四号、明治二三年五月）（B-一一〇〇）
明治二三年六月以前「考證學の利弊」（『皇典講究所講演』三三号、明治二三年六月）（B-一一〇〇）
明治二六年一一月一二日「〔学士會院講演〕無題」（B-一〇八〇、B-一一〇三）
明治二七年一一月一一日「支那衰弱の理由」（『東京学士會院雑誌』一七巻一号、明治二八年一月）（B-七二五、B-一一六三、B-一二四二）
明治二七年一一月一四日「文学博士川田剛先生文法講義」（B-一〇九七）
明治一九年以降「會黨社三字ノ區別」（B-一〇七八）
明治二一年以降「川田先生講述漢土歴代文章沿革」（B-一〇九八）
明治二二年以降「政教一致」（B-七二四）
明治二五年以降「〔川田剛君演説〕無題」（B-一〇九六）
明治二六年以降「〔無題〕」（B-七二二）
某年六月一六日「〔斯文会講談〕道徳衰替我輩亦不得免其罪」（B-七二三、B-一一〇二）
年月日不明「讀書勿泥古」（B-一〇九九、B-一一四一）
年月日不明「善学不善学の辨」（B-一一〇一）
年月日不明「儒教非宗教」（B-一一三八）

この他、講演内容が活字化されたものはまだまだあるが、玉島図書館甕江文庫所蔵の原稿類としては以上である。これらは、多少前後する所はあるものの、概ね明治二〇年代半ばに講演実施もしくは雑誌掲載されている。

これは、川田甕江の生涯としては晩年に当たり、既に明治一四年（一八八一）に彼は宮内省へ転出しており、修史事業からは離れている。宮内省転出後の川田甕江は、『皇典講究所講演』や『日本文学』など、皇典講究所や国学院関係の雑誌への寄稿が目立つ。具体的には左の如し。

「讀史閑話」（『日本文学』二号、明治二一年九月）
「讀史閑話（承前）」（『日本文学』三号、明治二一年一〇月）
「寶物取調に付き所見を述ぶ」（『皇典講究所講演』四号、明治二二年四月）
「作文の心得」（『日本文学』一一号、明治二二年六月）
「寄書 文話」（『日本文学』一四号、明治二二年一〇月）
「寄書 文話（承前）」（『日本文学』一六号、明治二二年一一月）
「考證學の利弊」（『皇典講究所講演』三三号、明治二三年六月）（B-一一〇〇）
「和文漢文比較説」（『皇典講究所講演』四〇号、明治二三年一〇月）
「和文漢文比較説（承前）」（『皇典講究所講演』四一号、明治二三年一〇月）
「湊川楠公碑の話」（『皇典講究所講演』九八号、明治二六年三月）
「史學雜誌第四十號重野博士の駁論に答ふ」（『皇典講究所講演』一〇一号、明治二六年四月）

この時期、川田甕江は、明治二一年（一八八八）六月七日に文学博士の学位を授かり、(5)翌二二年（一八八九）一月八日に諸陵頭、(6)同年三月二八日には華族女学校御用掛、(7)また同年五月一六日に帝国博物館理事を兼任、(8)翌一七日には帝国博物館歴史部長、(9)同年九月一七日から宮内省図書寮勤務兼勤、(10)翌二三年（一八九〇）九月二九日に貴族院議員、(11)同年一一月九日に国学院講師と、(12)華やかながらも名誉職としての色合いが強い職に補任する。その後、明治二四年（一八九一）・明治二五年（一八九二）の両年は、この職務に当たるも、明治二六年（一八九三）六月二〇日に諸陵頭兼帝国博物館理事・華族女学校御用掛・宮内省図書寮勤務を免ぜられ、(13)同日に錦鶏間祗候、(14)同年九月八日に学習院御用掛、(15)同月二十六日に東宮職御用掛を命じられ、(16)実務からは益々遠ざかって行く。

他方、日本国内の情勢としては、明治一四年一〇月一一日に国会開設を約したことを背景に、「有司専制」藩閥政府は明治二三年一一月より以前に天皇制の根拠を記紀神話に求め、万世一系の天皇制可視化を目論んで陵墓確定を急ぐと共に、議会の承認を経ずに収入支出可能な財源を確保するために皇室財産の国有財産からの切り離しを進めて行く。(17)また、対外的には日清戦争を控え、日本と東アジア諸国の間にあった、ポジティブな近代史の可能性が踏みにじられて行く直前に当たる。

明治二六年一一月一二日に行われた講演の原稿である「〔学士會院講演〕無題」（B-一〇八〇、B-一一〇三）などを見ると、(18)以下の如き記述が確認できる。

昔豊太閤が朝鮮征伐をせられし時、或る人豊太閤に伺ひ朝鮮は漢文の國ゆゑ朝鮮征伐をせらるゝには漢文に熟達せし者を御連れなさらねば不都合あるべしと述べしに豊太閤に笑はれ其は無用の心配なり朝鮮をして我邦の文字を用ゐしむべきのみと言はれしと云へり。此事は日本外史其他事實を調べざる書冊には記載あるも真面目なる書冊には見えざるが如し。然れども豊太閤の氣象にては斯ることも言はれたるならむかと余は判断す。其は何故かと言ふに凡そ一國を獨立せんめん《（ママ）》と云ふ以上は其國の風俗習慣言語文章を他國にまで行はしむるの氣象なからざるべからず。自國の言語文字の獨立し居ると否ざる《（ママ）》とは其國の獨立に大なる関係あればなり。（「〔学士會院講演〕無題」B-一一〇三、一丁表〜二丁裏）

当該資料は、全体としては統一された日本語の普通文について、漢学者の立場からそのあるべき姿を述べたものであり、明治期に行われた漢文訓読体に否定的であることや、仮名のみの使用、ローマ字による表記に否定的である点を特徴とする。なお、川田甕江自身は、貝原益軒の和文の中でもとりわけ読みやすいものに倣えばよいと考えていた(19)。「其は何故かと言ふに」以降の文章に不審な点が散見するが、これは、「〔学士會院講演〕無題」（B-一一〇三）が講演の聞き取り原稿であるためであり(20)、川田甕江側の手控えと思しき「〔学士會院講演〕無題」（B-一〇八〇）には夥しい訂正の跡と共に、以下の如き記述が確認できる。

昔豊臣太閤朝鮮ヲ伐ントスル時或ル人或人彼國ハ漢文ノ行ハレ井ル所ナレバ韓漢文ニ熟達シタル者ヲ召連レラレ
可然歟ト申シニ太閤笑テ我ハ我國ノ文字ヲ用井サスル積リナレバ其心遣ハ無用ナリト言ハレシトソ此事外史其外
ノ書ニモ見エタレド秀吉事記豊鑑小瀬甫庵ノ太閤記ナド慥確實ナル書ニハ見エス果シテ事實ナリシカ又ハ記者カ
其氣象ヲ想像シテ斯ク記載セシカモ知ル可ラズニテハ見當ラズ或ハ事實ノ有無ハサテ置キ其太閤秀吉ノ氣象ヲ以
ニ就テ想像スルトキハサモ有ル可ク思ハル、ナリ凡ソ国政ヲ秉ルモノ一國ノ獨立ヲ立トスルモノ凡ソ一国ノ獨立
ヲ謀ル者務テ固有之民國ヲ存シ異俗ノ侵洪セサランヿヲ要不而シテ風国俗ノ変移ハ言語文字ノ変移アリ奴異ノ區

別ヲ知ルハ言語文字ヲ見ル可シ（シト欲セハ其マス）凡ソ宇宙間ニ於テ一國ヲ立ル者皆ヨク必ズ自主ノ権ヲ持シ國民ヲシテ異殊俗ニ変移セサラ（ランヤ）シム文字ハ一國獨立ノ精神ヲ見ル可キ而シテ言語文字ノ異同ハ各國各自独立ノ精神ヲ表スルモ見ル可キモノハ言語文字ナリニ若クハ莫シ（「〔学士會院講演〕無題」B－一〇八〇、一丁表～一丁裏）

右二つの引用文は、導入として、国家の独立と文字言語の独立が密に連関する旨が説かれ、豊臣秀吉が李氏朝鮮に日本語の使用を強制する意志があったとの逸話を挙げている。両者を見比べると、前半の豊臣秀吉に関する逸話はともかく、後半部分において甚だしい異同が認められる。手控えを読み上げるだけの講演や講義はしない質、ということなのであろうか。完成に至るまでに丹念に文を彫琢するのは、川田甕江のいつものやりかたではあるが。

ともあれ、いまこの資料に言及したのは、川田甕江の講演原稿に彼の漢学へのまなざしだけなく、当時の日本そして現在の日本について考える際の興味深い材料が豊富に残されていることを徴するためである。次節以降は、より詳しく川田甕江の講演原稿の内容に踏み込んで、その漢学有用論の実際を窺いたい。

二　「川田先生講述漢土歴代文章沿革」について

本節では明治二一年以降に行われた講演の原稿である「川田先生講述漢土歴代文章沿革」（B－一〇九八）の内容を紹介し[21]、これを通じて、川田甕江の漢学有用論を窺いたい。

当該資料は写本であり、表紙を含め全一一丁の用箋（毎半丁一〇行）が、こよりでそれらの二箇所を、仮綴じされたものである。表紙「川田先生講述／漢土歴代文章沿革」（中央上部打付墨書、一丁表）、見返は白紙（一丁裏）、首「漢土歴代文章沿革／文斈博士　川田剛先生講述」（二丁表）、次「第一」（二丁表～三丁表）、次「第二」（三丁表～三丁裏）、次「第三」（三丁裏～四丁裏）、次「第四」（四丁裏～五丁表）、次「第五」（五丁表～六丁表）、次「第六」（六丁表～七丁裏）、次「第七」（七丁裏～八丁表）、次「第八」（八丁表～九丁表）、次「第九」（九丁表～九丁裏）、「第十」（九丁裏～一〇丁表）、「第十一」（一〇丁表～一〇丁裏）、「第十二」（一〇丁裏～一一丁表）。なお、「漢土歴代文章沿革／文斈博士　川田剛先生講述」と「第一」の間には、七行にわたり、件の講演が行われた経緯が記されており、言わば当該資料における「〔小引〕」とでも呼ぶべき役割を果たしている。

当該資料が、川田甕江自身の手控えや講演の読み上げ原稿の類というよりは、講演の聴衆による筆記であることは、「文斈博士　川田剛先生講述」（二丁表）という表記や、聞き漏らしと思しき空格（三丁裏九行・七丁表七行・九丁表一行に二箇所・九丁表二行・九丁裏九行・一〇丁表二行・一〇丁表四行）が散見することによって明らかである。また、誤記の訂正を期した書入れ（三丁裏九行眉欄・六丁裏七行眉欄・九丁裏四行に二箇所・九丁裏九行眉欄・一〇丁表二行眉欄・一〇丁表四行）も同筆にて行われている。

書誌的な事項は以上として、内容は如何。

「〔小引〕」には、「校長」なる人物から依頼されて、[22] 川田甕江は「漢文ノ事」を「談話」することになったのだという。しかし、これは「區域頗廣ク到底一朝一夕ノ談」では「盡スヘキ所」ではないので、「其沿革体裁其文法等ト分チテ逐次之ヲ述ベン」とのことである。さしあたり、「今日ハ先ツ漢文ヲ斈ブヿノ必要ハ風流ヨリ生ズルカ或ハ實際ノ要用ヨリ生ズルカヲ辨ゼン」という。要するに、漢字漢文の学びすなわち漢学がお遊びではなく、実学であることを論じようというのであり、これを分けると「十二ヶ條」になるという。

次に「第二」では、漢字文化を共有する人と地域の大なるが説かれる。「漢字漢文ヲ用フル所」として「支那ヲ始メトシテ朝鮮安南及我大日本國（琉球臺湾ヲモ含ム）アリ」として、これら諸地域を合算すると「其面積ハ全世界ノ四分ノ一ヲ占ムベク人口ハ三分ノ一ヲ有スベシ」とし、「其行ハル、所既ニ廣ク之ヲ用フル人已ニ多シ漢文ヲ學ブヿノ必要ナル亦言ヲ須ヒスシテ明ナリ」と断言する。

さらに、川田甕江は、漢字漢文の伝播により、各国で独自の文字や符号が生み出されたことにも「第一」で論及し、「安南ノ今日ハ知ラサレトモ古昔ハ之ヲ用ヒタリ先年其國史ヲ見タルニ総テ漢文ニシテ頗秀麗ナルモノナリキ是ニ由テ今日モ尚上流社會及公文ニハ之ヲ用フルナランカ」とする。

これは、日本漢学を含めた、近年の東アジアにおける漢学研究の機運を遥かに先取りする見識か。

「第二」では、列強による東アジア侵出を背景とした漢学需要が説かれる。「欧米人ト雖トモ支那ト交際スルニ於テハ之ヲ學ブノ必要アリ」とし、その理由として、「國際上ニ於テハ固ヨリ教法弘布交易通商」および「地勢風俗物産等ヲ調査」を挙げる。

さらに、斯かる東アジア侵出を目的に「欧米人」が漢学に取り組んだ例として、川田甕江は明末清初の宣教師を挙げ、具体的には利瑪竇（マテオ・リッチ、一五五二〜一六一〇）・南懐仁（フェルディナント・フェルビースト、一六二三〜一六八八）・龐迪我（ディエゴ・デ・パントーハ、一五七一〜一六一八）・利類思（ルイス・ブリオ、一六〇六〜一六八二）らの名が並ぶ。

また、一九世紀に入っても、米人の徳明『聖經圖説』や英人合信『植物原論』といった人物がいるとする。ただ、この両名については不審な点があり、前者の徳明が何者か知れぬ。たとえば、卦徳明（クォーターマン、ジョン・ウィン、一八二一〜一八五七）には『聖經圖記』なる著述があり、彼はちょうどアメリカ合衆国出身である。ただ、書名が一致しない。あるいは薛承恩（ネイサン・サイツ、一八三〇〜一八九五）『聖經圖説啓蒙』あたりと混同しているのかもしれないし、筆記者の誤りかも知れぬ。後者についても、合信がベンジャミン・ホブソン（一八一六〜一八七三）であることはよいとしても、彼が『植物原論』を著したとは寡聞にして知らぬ。こちらも、『全体新論』や『博物新編』を混同したのかもしれず、はたまた筆記者の誤りかも知れぬ。(23)

ともあれ、川田甕江は欧米人の書いた漢文を読み、これを相当に高く評価していたようであり、「皆嚴然タル漢文ニテ邦人ノ殆ド企及スベカラザルモノアリ固ヨリ多少ハ支那人ノ助力ヲ借リタルナラント雖トモ其漢文ヲ勉メ學ヒタルヤ明ナリ」とし、「要スルニ欧米人モ教法弘布ノ爲若クハ學藝医術等ヲ擴ムルガ爲ニハ之ヲ學ヒ之ヲ以テ書スルノ必要ヲ認メタルモノナリ」として、この条を終える。

「第三」では、中国文明の偉大さが説かれ、漢籍の中に役立つ情報が盛り込まれているとする。たとえば、「道徳上哲学上政治法律上」で参考になるとし、欧米人が漢籍を自国の言語で翻訳する例を挙げ、これは単純に参考になり、利益になるからだという。以下に、その具体例を引く。

　道光年中英人「もりそん」ハ康熈字典ヲ英語ニ翻譯シ帰國シテ英人ニ漢文ヲ解讀スルヲ得シメタリ余嘗テ余カ學校ニ英人ヲ聘シ三年間程其説ヲ聞キシヿアリ或時英譯ノ三国誌四書等ヲ漢文ノ者ト對讀シタリシニ程子朱子ノ微妙ナル理迨盡サゞルハナシ以洋人ノ漢文ヲ能ク解スルモノアルヲ知ルベシ之ヲ要スルニ彼等ノ翻譯スルヲ見テモ漢文中大ニ参考スヘキモノアルヤ明ナリ

「もりそん」は馬禮遜（ロバート・モリソン、一七八二〜一八三四）、「康熈字典ヲ英語ニ翻譯シ」とは『華英・英華字典』

第一冊~第三冊の「字典」を指すか。川田甕江は欧米人による日中古典の翻訳をかなり意識しており、別の場所でもバジル・ホール・チェンバレン（一八五〇~一九三五）による『古事記』の英訳書『KO-JI-KI or "Records of Ancient Matters"』の刊行を意識し、『日本書紀』の英訳がなされる以前に『重修日本書紀』を編纂すべき旨を説いた。(24)

それにしても、三年にわたり英訳漢籍を英人と対読していたというのは興味深い。川田甕江が斯かる取り組みに従事していたとは、聞いたことがない。それだけに、川田甕江は、欧米人による地域研究としての中国学や日本学について、情報収集を行った上で改めて漢学の必要性を説いていると分かるのである。

「第四」では、近隣諸国や台湾で漢字漢文を用いる以上、これを学ばぬわけには行かないと説かれる。特に、台湾については「新領地臺湾」という表記が見え、前節に引いた豊臣秀吉の逸話が言及される。

唯ニ境ヲ接スルノミナラズ新領地臺湾ノ如キ漢文ノミヲ用フルモノアルニ至リテハ我邦漢文ノ必要ハ更ニ大ナリト云フベシ人或ハ難スルニ豊太閤ノ彼等ヲシテ我國文我國語ヲ用ヒシメント叱呼セン言ヲ以テセンサレド是固ヨリ英雄ノ策略ニシテ學術上ノ論ニアラザルナリ

ここで、川田甕江は、台湾での国語教育について慎重な態度を示しているが、決して否定はしていない。

「第五」では、道徳の基礎として漢学が必要である旨が説かれる。仏教と共に漢学が伝わり、「徳川氏ノ世ニ至リ武士道トテ廉耻ヲ重ンジ忠義ヲ主トセン教モ孔孟ノ説ニ出テシナリ」とし、近代においても「勅語モ五倫ノ道ヲ基トシタリ」との認識を示す。そのため、「我國道德ノ基本ヲ知ラントセバ漢字漢文ヲ是非トモ學ハサルヘカラサルナリ」となる。

この後、一丁弱程の紙幅で簡略な日本漢学史的記述が行われ、末尾で「由是觀之道德義理ヲ知ルニハ漢字漢文ノ必要アルヤ明ナリ」と締めくくり、漢学の必要性が確認される。

「第六」からは、専門的な議論に流れるきらいがある。ここでは、国語学的な視点から仮名の源流である漢字について、その研究の必要性が説かれる。

さらに、一段落として神代文字の信憑性と仮名の作者に関する考証が行われ、漢文脈における随筆的な記述が一丁強程度にわたり展開される。前者については、川田甕江は、「此説ハ學識アルモノ、取ラサル所ニシテ無トスルモノ証據ハ頗多ク有理的ナリ」とし、その証拠を挙げる。

大同三年齋部廣成カ撰セシ古語拾遺ノ始メニ上古之世未有文字、貴賤老少口相傳、前言往行存不忘トアルコト大江匡房ノ筥崎記中ニ我朝書文字代結繩之政、創應神天皇之朝トアルヿ本朝文粋ノ三善清行ノ文中ニ上古依口傳云云トアルヿ等ナリ

川田甕江は、『古語拾遺』や『筥崎記』さらに「革命勘文」を引く。しかし、「革命勘文」については、『本朝文粋』に収録されていないので、ここでも不審な点が残る。

後者の仮名の作者については、空海がひらがなを作り、吉備真備がカタカナを作ったという藤原長親（耕雲明魏、一三四七～一四二九）の説を紹介し、(25) しかるのちに疑義を呈する。

吉備公カ片仮名ヲ作リタリト云フハ少シク疑ハシク五十音ニ排列シタルヿハ確實ナリ又空海ニ関シテハコレト同

時代或ハ少シク其前代ノ人ガいろは体ト等シク略シテ書シタル真筆残存スルヲ以テ平假名ハ同人ノ創意ニカ、レリトスルハ非ナラン

これは、後に大矢透（一八五〇～一九二八）が『仮名遣及仮名字体沿革史料』（帝国学士院蔵版、一九〇九）で行った仕事とは、比べるべくもない。しかしながら、斯かる限られた紙幅で見せる片言隻句に、考証家としての川田甕江の姿が現れているように思う。

「第七」でも、前条に続いて専門家的な見地からの議論となる。すなわち、歴史研究において、漢字漢文の知識が必須である旨が説かれる。具体的には、「我邦ノ制度法律治乱興癈ノ歴史ヲ知ラントセバ古キハ六國史律令格式ニ依ラサルヘカラス而ソ此等ノ書タル盡ク漢文ナリ故ニ我邦ノ學者タルモノ漢字漢文ヲ修ムヘキハ當然ナリ」となる。その後、本居宣長が「六國史」の首たる『日本書紀』ではなく『古事記』を重んじたことに言及し、にもかかわらず、「本居等ノ説モ僻セサルニアラズ蓋シ古事記ハ全体上ヨリ云ヘハ漢文ニシテ其著者太安麻呂ノ如キ非常ノ漢文家ニテ古事記ノ序文ハ立派ナル四六駢驪ノ文章ナリ」と、『古事記』の序が漢文として優れていることを説く。これは、「非常ノ漢文家」としての川田甕江の見識と言えようか。

「第八」では、和文を綴る上で漢文の知識が必要である旨が説かれる。もっとも、ここで川田甕江が例示するのは、『伊勢物語』・『土佐日記』・『源氏物語』・『枕草子』の如き中古文学や『源平盛衰記』・『徒然草』・『方丈記』の如き中世文学、近世においては室鳩巣・新井白石・貝原益軒らの和文である。就中、新井白石の文が『史記』をよく踏まえると称賛され、また『折たく柴の記』と『藩翰譜』では『藩翰譜』に軍配が上がる。

要するに、川田甕江が言う和文とは、当然ではあるが、近代的な言文一致体の口語文ではない。とりわけ、この条

で称えられる新井白石の和文などは全くの擬古文である。したがって、この条で展開される漢学擁護論もまた、いささか古臭い議論に見える。

なお、斎藤拙堂『拙堂文話』を引いて「枕艸子ハ□□ニ出テ伊勢物語ハ□□ニ出テ源氏物語ハ□□ニ出テタリ」との記述も見えるが、(26)筆記者が聞き取れなかったのか、空格で処理されている。

「第九」では、和歌を作る上で漢字漢文の知識が必要であると説かれる。なんとなれば、『古事記』・『日本書紀』・『万葉集』などを見るに、文字表記で漢字を借りることもあれば、和歌のタイトルに漢語の知識を前提とするからであるという。

これは、日本の文化を理解するためには漢学が必要だという、現代日本において、漢字漢文を擁護する者の言い分に通じるものがある。

「第十」では、再度文体の話が取り沙汰される。こちらでは、「第八」の時と異なり、中世以降行われる変体漢文を議論の俎上にのぼしている。具体例としては、『東鑑』や『将門記』、『貞永式目』、『建武式目』、各種公家の日記や願文などが挙げられる。

川田甕江は、これらを「漢文ハ吾邦ニ於テ中古以来大ニ文体ノ正ヲ失シ一種異様ノ者ヲ生シタリ」であるとか、「此等ノ文ハ漢文ニモアラス又和文ニモアラスサレト漢文ノ句讀ヲ知ラサレハ甚タ解シ難シ」と評しつつも、『庭訓往来』などを引いて「又今日ノ日用文ノ如キモ漢文ノ痕跡ヲ留メタル所アリ故ニ我田引水ノ論ニハアレト通俗ノ文ヲ書スルニモ漢文ノ必要アリ」と結論付ける。

なお、本条には、清人の某に『東鑑』を読ませてはみたが読めなかった、という体験談が披露され、興味深い。明治期における清国公使館員と漢学者との筆談録には、川田甕江の名が見える例もあり、あるいは斯かる場面での座興として行われたのであろうか、はた「第三」にて知らされた英人との対読の如き経緯で行われたものであろうか。いずれにせよ、川田甕江は『東鑑』の変体漢文を『将門記』のそれと比べて評価しており、「一讀スルノ價値アリ」とする。

「第十一」では、前条までとは打って変わって、より広い層にリーチする議論となっており、洋学を修める上で漢学が必要であると説かれる。斯かる視点から日本の近代を捉え直そうとする試みは現代にもあるが[27]、ここでは同時代人として説いている点に意義がある。詳細は左の如し。

洋孶者ニハ漢字漢文ヲ學ブ必要ナキカ欧米人ニシテ支那ト交通セサルモノハ或ハ必要ナカラン然レトモ日本ニテハ通常ノ談話ニモ漢語多ク是ヲ以テ欧米ノ書ヲ翻譯スルニ漢字漢文ニ通シ其熟語用法ニ諳スル時ハ文章自ラ流暢ニシテ文意明晰ナリ維新前ノ蘭學者宇田川玄眞坪井信道等ハ其洋書ヲ讀ムノ力今日ノ學士博士ニ比スレハ大ニ劣リタラント雖トモ其譯文ノ体裁熟語ノ用法等頗巧妙ニシテ之ヲ讀シテ愉快ナリ是レ此人々ハ夙ニ漢學ヲ修メタルニ由ルノミ

「文章自ラ流暢ニシテ文意明晰ナリ」とは、日本語としてはゴツゴツとした訳文になったとしても、欧文のニュアンスを残すことが大事だと考える立場からすれば、愉快ではないかもしれない。しかし、斯かる立場自体が、まずは漢語で翻訳を行うことで、「洋書」を何とか日本人に読めるようにしてきたという、如何ともしがたい学術史上の事実を前提とする。

また、「通常ノ談話ニモ漢語多ク」というのは、国語国字問題や言文一致運動の歴史における、漢字漢語批判論者の主張と表裏一体の関係にあろう。なんとなれば、川田甕江の指摘が正しいからこそ、彼らは漢字や漢語を忌み嫌うのである。川田甕江の言い分は、格別に斬新な見解ではない。むしろ、当たり前の事実を指摘したに過ぎない。しかし、この当たり前を覆すことは困難である。斯かる取り組みは必ずや人為的で強引な方法によらざるを得ず、それは国語国字問題や言文一致運動の経緯を見るに明らかである。

「第十二」では、ジャーナリズムにおいて漢学の知識が必要であると説かれる。具体的には、「小説新聞雑誌ノ論説ヲ綴ルニ漢文ノ必要ナキカ近来ハ種々ノ事ヲ記スルニヨリテ却テ必要ナリ」とのことである。というのも、記者が漢学の知識を持たぬために珍妙な漢語モドキを拵えてしまうためであるという。具体的には、川田甕江は「還啓、祝文、改良、調査、敏腕、電光石火、殉國」などを挙げ、「殉國」について以下の如く述べる。

又殉國ノ殉ハ殉死ナド、用ヒ其主人死シ其國亡ヒタルトキニ之ガ爲ニ死スルヲ云フナリ然ルニ戰勝チテ其際戰死シタルモノヲ殉國之士

右が「沿革」の末尾であり、続きはない。ともあれ、川田甕江が「殉國」という語に漢学者として違和感を抱いており、それはまた、何らかの具体的な経験に基づくものの如く見受けられる。

これは、現代にも間々あることであり、川田甕江が挙げた「殉國」などは、記者や読者あるいはそれらを取り巻く社会情勢が悲壮な雰囲気を醸している分だけ、具眼の士にはとっては滑稽なのであろう。

以上が「沿革」全一二条の簡単な紹介である。部分的には専門家的意見に過ぎるように見受けられる箇所もあったが、全体としては実際的な理由から、川田甕江が漢学有用論を唱えていたことが分かる。また、その内容も多岐にわ

たり、当該時期に漢学が有していた社会的意義の多様性を示唆するものであった。

ただ、当該資料は、川田甕江による講演の聞き取り原稿であるだけに、不審な点が散見した。この点、うらみなしとしない。また、「沿革」という題が適切であるかについても、疑いなしとはしない。しかし、玉島図書館甕江文庫には、この講演筆記と似た内容と構成を持つ原稿「〔無題〕」（B-七二二）が伝存する。次節では、この原稿を「沿革」と大まかに比較しつつ、「沿革」にて不審点として積み残した問題について簡単に言及したい。

三　「〔無題〕」（B-七二二）について

「〔無題〕」（B-七二二）は写本であり、表紙を含め全一六丁の太政官用箋（毎半葉一〇行）が、こよりでそれらの四箇所を、仮綴じされたものである。表紙はなく、講演を行った経緯と目的が説かれる、「〔小引〕」とでも呼称すべき前説から始まる。首「〔此度加納校長ノ嘱託ニ由テ本校ニ出席シ（以下略）〕」（一丁表～二丁表）、次「第一」（二丁表～三丁裏）、次「第二」（四丁表～四丁裏）、次「第三」（五丁表～六丁表）、次「第四」（六丁裏～七丁裏）、次「第五丁」（七丁裏～八丁表）、次「〔白紙〕」（八丁裏）、次「第六」（九丁表～一〇丁裏）、次「第七」（一一丁表～一一丁裏）、次「第八」（一二丁表～一三丁裏）、次「第九」（一三丁裏～一四丁表）、次「第十」（一四丁裏）、次「第十一」（一五丁表～一六丁表）、次「第十二」（一六丁表）。

一見して、「〔無題〕」と「沿革」とは、同一の構成であると分かる。また、丁数こそ「沿革」より多いものの、文字が「〔無題〕」はより大きく、より乱れており、訂正の跡も多い。そのため、情報量としては少ない。ただし、「沿革」に見えない、あるいは筆記者が識別できなかった固有名詞などについて、「〔無題〕」は明記する場合もある。そのため、両者の記述を照合することで分かることもある。なお、「〔無題〕」では、細かい問題は二段落として記されている。

史における綱目体の如きものと形容するのは、正確な表現ではないが、そういった趣はある。

「〔小引〕」には、「加納校長」なる人物の名が見えるが、何者かは知れぬ。あるいは、嘉納治五郎（一八六〇〜一九三八）のことであろうか。この「加納校長」によって、川田甕江は「文章ノ起原ヨリ今ノ世ニ至ルマテ盛変遷體裁作話等追々申述ル積リナルカ先日先ツ其発端トシテ漢文ノ必用ナル十箇條ヲ挙ケテ之ヲ辨明セントス此ノ演説ノ發端ニ漢文ハ風流三昧ヲ好ム人カ玩美スルニ止ルカ又ハ今日世間ノ實際ニ必要ナルカト云フニ余ハ實際ニ於テ必要ナリト斷定セリ因テ先ツ其必要ナル所以ヲ辨明セントス」ることになったのだという。

右は、「〔無題〕」の「〔小引〕」について、訂正された箇所を省いてほとんどそのまま引用したものである。「〔無題〕」は、本人の手控えなのか、要点がまとまっており、訂正箇所を除けば短い。しかし、その内容は概ね「沿革」と一致する。よって、以下では、「沿革」との差異が確認できる箇所や「沿革」だけでは分からなかった箇所についてのみ絞って言及する。

「第一」は、末尾に、中国を俗に「四百余州」と言うがこれは宋代の俗説であると、『水滸伝』を引いて考証する記事がある点のみ異なる。「爰ニ題外ノ話ナレト聊申置クコト有リ」という前置きまで明記してあるのは興味深い。

「第二」は、人名と書名に多少の出入りがある。具体的には左の如し。

明ノ時代ニ艾儒略利瑪竇ナド西洋ヨリ支那ニ来リ漢學ヲ治メテ其道ヲ廣ム其後洋人新約全書天道溯原等ノ類譯シ萬暦道光年中ノ事ト覚フ英人モリソン康熙字典ヲ翻譯セリ近年ニ当リ米人丁韙良清人ト對譯セン書印刷廣行スルモノ多ク其外醫書地理書物産書ノ漢文ニ書カタルモノモ多ク見受ケタリ

「萬暦道光年中」は萬暦年間（一五七三〜一六二〇）より道光年間（一八二一〜一八五〇）に至る期間を指すか。艾儒略（ジュリオ・アレーニ、一五八二〜一六四九）は『職方外紀』等の著述を持つ宣教師、米人丁韙良（ウィリアム・アレクサンダー・パーソンズ・マーティン、一八二七〜一九一六）は『天道溯原』等の著述を持つ宣教師、両者は共に「沿革」に見えず、かつ「沿革」で見受けられた問題を解決できるような材料というわけでもなかった。

「第三」は、「〔無題〕」では、「沿革」の「第三」に見えた「英人もりそん」のエピソードが省かれている。ところが、「〔無題〕」の「第二」に「英人モリソン」の名が見える。してみると、実際の講演においては、「第二」と「第三」の話柄を融通させていたのであろう。

「第四」は、「沿革」に見えた「新領地臺湾」という文言は確認できない。講演での発言は、川田甕江なりのお愛想、ということであろうか。

「第五」は、冒頭半丁弱に訂正が入っており、「第五ニ我國ノ文化三韓隋唐交通ヨリ開ケ（以下略）」となっている所を「第五ニ我国風俗美ナリト雖」と改め、これをさらに「第五ニ我国ハ上古ヨリ風俗淳美ナリシ■■三韓隋唐交通以後文化漸ク興リ（以下略）」とし、なおも「第五ニ我国ハ上古ハ風俗淳朴ナリシガ三韓隋唐交通以後文化漸ク興リ（以下略）」とする点が興味深い。■は墨滅により判読不可能な箇所を示す。最終的には、「沿革」にある通り、「第五我國上古ハ風俗純樸ナリケレド文化開ケス三韓隋唐ト交通シ（以下略）」となった。これは、朝鮮半島や中国との交通によって、文字が伝わる以前の日本を形容することに慎重になっているようである。

なお、「沿革」に見えた日本漢学史的記述が確認できない。しかしながら、この「第五」の直後にぴったり半丁分の余白が設けられている。この余白は、「第五」の内容に補う必要があるとの川田甕江の認識を示す証拠と考えたい。してみれば、「〔無題〕」は、手控え原稿というよりは、そのさらに一歩前の段階にある原稿のようにも見えてくるのである。

「第六」は、神代文字をめぐる論述について、大筋は同様であるものの、細かな情報に若干の出入りがある。例えば、神代文字の存在を主張する者が依拠する資料として『神代口訣』の名が挙げられたり、大江匡房『筥崎記』の表記が『筥崎宮記』になっていたり、吉備真備がカタカナを作ったという説を提唱した人物の名として藤原長親の名が明記されたり、などである。

ただ、三善清行「革命勘文」についての疑問は晴れなかった。「〔無題〕」には「本朝文粋三善行カ昌泰四年ノ勘文ニモ上古之事出口傳トアリ」とある。三善行が三善清行を指すのは言うまでもないにしても、いったい川田甕江はどのような形で「革命勘文」に触れたのであろうか。あるいは孫引きであろうか。

「第七」は、「〔無題〕」では、言葉足らずというか文に寸詰まりな所があり、本当にアイディアを文字に認めたのみ、という感がある。

「第八」は、「沿革」において、空格で処理されていた箇所に「枕草紙ハ李義山ノ雑纂ニ伊勢物語ハ唐本事詩・章臺楊柳傳ニ源氏物語ハ漢武内傳・飛燕外傳・長恨歌傳・霍小玉傳ニ本ツクト云ヘリ」と適切な書名が書かれている。

「第九」は、和歌を作る上で漢字漢文の知識が必要であると説く点で「沿革」に同じい。

「第十」は、「沿革」の内容を短く縮めたものであるが、末尾に「朱竹坨ノ曝書亭集ニ」と記す点が異なる。この続きを欠くため、川田甕江が如何なる意図で朱彝尊（一六二九～一七〇九）撰『曝書亭集』を挙げるのか、詳らかにしない。

ただ、当該箇所は「沿革」と概ね同じ内容が記された後に、二段落として記されている、その冒頭に当たる。ということは、この後になにがしかの引用や具体的な議論があるに違いないが、いまそれを知ることは出来ない。もちろん、『曝書亭集』をひっくり返して、この条の文脈から判断して川田甕江が引用したかったであろうと推察される箇所を列挙することは可能であろうが、これを怠ったまま今に至る。

「第十一」は、洋書を邦訳する際に、漢語が必要であることについて、具体例を示す点で興味深い。例えば、「ヱレキヲ電氣ト云ハスシテイナツマノハタラキノト云ヒステイシヨンヲ停車場ト云ハスシテクルマヲト、ムルトコロト云フノ類長タラシキ詞ニナリ誦語ニ便ナラス」である。この箇所に続き「サスレバ勅語ハ國朝」と書き訂正の縦線が引いてあるが、憚る所があったためであろうか。

「第十二」は、「沿革」に列挙された具体例が見えず、本当に概要のみを記してあるにとどまる。

以上が「〔無題〕」全一二条の「沿革」との相違点である。概ね内容が一致するものの繁簡の差異があり、しかも、いずれを繁とし、いずれを簡とするか、一概に断定しがたい面があった。それらの中には、川田甕江の意外な考証家としての側面を窺わせ、かつ国語国字問題や言文一致運動などと繋がる議論も含まれていた。また、「沿革」に付きまとう不審点について、「〔無題〕」を参照することで必ずしも解決しないものもありはしたが、解決するものもあった。したがって、今後「沿革」もしくは「〔無題〕」を利用する際には両方を参観する必要がある。

おわりに

最後に、本論での叙述を確認すると共に若干の考察を加える。

「沿革」は全一二条で漢学有用論を主張し、それらは国語国文・国史・倫理道徳などの諸領域からなり、内容も多岐にわたった。なかには学術的なものだけでなく、東アジア侵略への漢学の寄与やジャーナリズム批判などの論点を含む、政治的経済的な観点からなされた主張もあった。しかし、特に重点的に説かれていたのは漢字・漢語・漢文の有用性であった。これは、国語国字問題や言文一致運動などと関連するように見受けられる。

また、外国人による日本学や中国学を意識しているのも、川田甕江の特徴と言える。読解力を評価するのも、対読を通じて、彼らの能力を把握した上での事であるし、宣教師らの作った漢文を評価するのも、名文家として知られる川田甕江が言うだけに説得力を増しているように思う。なお、本稿ではキチンと扱うことは出来なかったが、川田甕江は洋書の翻訳などにも目を通しているし、玉島図書館甕江文庫所蔵資料の中には、欧米の地理や歴史について概説した資料なども伝わっている。

このように、「沿革」は川田甕江の漢学有用論について知り得る好箇の資料であるが、問題もあった。講演の聞き取り原稿であるが故の不備である。そして、これを補い得る資料として取り上げたのが「〔無題〕」であった。「〔無題〕」もまた、全一二条にわたり漢学有用論を主張しており、その内容と構成はほぼ「沿革」と同一であった。ただ、「〔無題〕」は訂正の跡が甚だしく、同一の箇所を何度も改めていることから、聞き取り原稿とは到底かんがえられない。むしろ、川田甕江の手控えや講演原稿案の類と見なすのが妥当である。

よって、「〔無題〕」「沿革」と突き合せれば、「沿革」の不備を補い得ると予想した。結果としては、予想の通りとなった面と、これを裏切られた面の、両方があった。

また、「〔無題〕」には「沿革」には見えぬ具体的な記述も含まれており、そのなかには考証家としての川田甕江の姿を窺わせるものもあった。

総じて、「沿革」と「〔無題〕」は漢学の持つ幅の広さを示しており、これは、川田甕江という人物が持つ視野の広さと彼が関わった仕事や人物の多様性に由来するもののように見受けられる。

そして、川田甕江はあくまでも実学的な観点から漢学有用論を唱えていたことも忘れてはなるまい。明治二〇年代の日本において漢学は有用であると、現実的な話として、様々な観点から、川田甕江は主張していたのである。

注

（1）その例外が、川田甕江の地元玉島の有志による『川田甕江資料集』一～五（川田甕江資料を読む会、二〇〇八～二〇一七）や、三宅昭三「出版されなかった『甕江川田先生文鈔』或は『文稿』」（『高梁川』第七〇号、高梁川流域連盟、二〇一二）である。
（2）徳田武「川田甕江年譜稿」（『江戸風雅』一八、二〇一八）。
（3）武田祐樹・町泉寿郎共編『川田剛『甕江文稿』』（研文出版、二〇二〇）。
（4）前掲武田・町、三八八～三八九頁。
（5）前掲武田・町、四〇八頁。E-三九。
（6）前掲武田・町、四〇九頁。E-四四。
（7）前掲武田・町、四〇九頁。E-四五。
（8）前掲武田・町、四〇九頁。E-四六。
（9）前掲武田・町、四〇九頁。E-四八。
（10）前掲武田・町、四〇九頁。E-五一。
（11）前掲武田・町、四一〇頁。E-五七。
（12）前掲武田・町、四一〇頁。E-五九。
（13）前掲武田・町、四一〇～四一一頁。E-六三、E-六四、E-六五。
（14）前掲武田・町、四一一頁。E-六六。
（15）前掲武田・町、四一一頁。E-七〇。
（16）前掲武田・町、四一一頁。E-七一。

(17) 宮地正人『幕末維新変革史』（下）（岩波現代文庫、二〇一八、五二四～五二五頁）。

(18) 学士會院とは東京学士會院のことであろうが、『東京学士會院雑誌』を見ても対応する講演筆記は見つからなかった。

(19) 「我々一己にては漢文を普通文とする方都合宜けれども斯ることを為しては世間の通用に便ならず。故に貝原等の如き和漢學に通じたる人の文の中にて誰にも解し易き文を手本とすべしと考ふるなり」（「〔学士會院講演〕無題」B‐一一〇三、三〇丁表～三〇丁裏）

(20) 当該資料の一丁目と二丁目の間に「明治廿六年十一月十八日」付消印で差出人「東京神田區猿樂町二番地　林茂淳」の「牛込若宮町四十一　川田剛様」宛葉書一葉が挟まれており、その裏には「謹啓　先日ノ学士會院御講演筆記出來候ニ付御送り申上候筆記甚不出來にて御主意を間違候一箇所も可有之候何卒御宥恕御添削の上寒澤振作此方へ御送付被成下度奉願候　敬具　十一月十八日」とある。これにより、速記者林茂淳（一八六二～一九四二）が原稿を講演者に送付して添削を乞うたと知る。また、講演自体は「二十六年十一月十二日」に行われたため、それから川田甕江に連絡が届くまでの期間は一週間弱であったと知る。

(21) 以下、「沿革」と略記する。

(22) この「校長」が何者かについては後に改めて触れる。

(23) 卦徳明や合信の著述が日本でどのように読まれたのかについては中村聡「江戸後期より明治初期に至る科学の進歩と科学教育の研究」（『玉川大学学術研究所紀要』第二一号、二〇一五）を参照されたい。

(24) 前掲武田・町、三八八頁。

(25) なお、講演原稿には「藤原□□《ナカツ子》ノ大和假名反切義解ニ（以下略）」とある。「□」は空格を示す。これが筆記者の誤りである由、後に言及する。

(26) 「物語草紙之作、在於漢文大行之後、則亦不能無所本焉。枕艸紙、其詞多沿李義山雜纂。伊勢物語、如從唐本事詩、章臺楊柳傳來者。源氏物語、其體本南華寓言、其説閨情蓋從漢武内傳、飛燕外傳、及唐人長恨歌傳霍小玉傳諸篇得來。其他和文、凡曰序、曰記、曰論、曰賦者、既用漢文題目、則雖有眞假之別、仍是漢文體製耳」（文政一三年序刊本『拙堂文話』巻一、四

丁裏〜五丁表）

（27）文部科学省私立大学戦略的研究基盤形成支援事業「近代日本の「知」と形成と漢学」（S1591004）などがこれに当たる。

渋沢栄一の論語理解をめぐって
——実業家安川敬一郎との関係を中心として——

町　泉寿郎

緒　言

日本資本主義の父と称される渋沢栄一（一八四〇〜一九三一）に関しては、既に厖大な先行研究があり、渋沢が処世の指針とした『論語』についても、「渋沢と論語」あるいは「渋沢の論語」をテーマとして少なからぬ書籍や論文が著されている。しかしながら、従来の渋沢論語への言及は一般書が多く、専門書や学術論文としては坂本慎一(1)・山本義彦(2)・于臣(3)ら経済思想史研究者と松川健二(4)・笹倉一広(5)ら中国古典研究者によるものがあるものの、その数は必ずしも多いとは言えない。筆者は従来、近代日本漢学を歴史的に研究する立場から、渋沢が親交を持った三島中洲との関係や、渋沢の漢学振興に関して研究を発表してきたが(6)、渋沢と『論語』の関係について先行研究では必ずしも明らかにされていない問題があることに気づいたので、副題に掲げた安川敬一郎と渋沢栄一の関係などを通して、渋沢の『論語』理解、漢学理解の特徴について論じたい。

一　渋沢栄一『論語講義』をめぐる問題

渋沢の『論語』に関する主な著作としては、次のものがあげられる。

○『論語と算盤』梶山彬編、一九一六年、東亜堂書房。[7]『龍門雑誌』等に掲載された渋沢の訓話を梶山彬が編集刊行したもの。「処世と信条」「立志と学問」「常識と習慣」「仁義と富貴」「理想と迷信」「人格と修養」「算盤と権利」「実業と士道」「教育と情誼」「成敗と運命」の十章からなり、各章に小見出しが立てられている。渋沢自身の経験談や信条、人物評を語ることが多く、『論語』の評釈に及ぶ箇所は比較的少ない。忠誠堂（一九二七年）・国書刊行会（一九八五年）・大和出版（一九八五年）等の別版もある。

○『渋沢子爵活論語』安達大寿計編、[8] 一九二二年、宣伝社。孔子歿後二千四百年を記念して、主に『龍門雑誌』掲載の論語に関する講話を集めて、内容別に十二章に分かち編纂している。明治三十年代から大正期に及ぶ講話を収録する。「第四章　論語に表はれたる孔子の根本思想」は仁・義・礼・智・信・勇・道・孝・中庸・天について説く。「第五章　知識と論語」「第六章　道徳と論語」「第七章　政治と論語」「第八章　経済と論語」「第九章　処世と論語」「第十章　宗教と論語」等の章からなる。

○『実験論語処世談』一九二二年、実業之世界社。渋沢は雑誌『実業之世界』に、大正四年六月（第十二巻十一号、一九一五年六月一日発行）から、大正十三年十一月（第二十一巻十一号、一九二四年十一月）まで一三三回にわたって論語に関する談話筆記を連載している。学而篇第一に始まり、孔子自身の発語が無い郷党篇第十は飛ばして、大正十一年（一九二二）九月分の顔淵篇第十二の途中までが収められている。雑誌連載はその後も継続されており、連載途中での刊行に踏み切ったのは同年が孔子歿後二千四百年に当たったためと推定される。談話には計一〇二の大見出しが立てられ、各大見出しの下に小見出しが立てられている。談話中に『論語』の原文（附返点）と訓読文が挿入されているが、その取り上げ方は原典の篇次にある程度従いつつ、章の順は時に入れ替わったり省略したりしながら自由に言及し、『論語』の評釈というよりは渋沢自身の経験談や古今の人物評が豊富に語られている。後に『処世の大道』と改題された別版もある。

○『論語講義』尾立維孝筆述、一九二五年、二松学舎出版部。大正十二年四月より同十四年九月に「漢学専門二松学舎講義録」(9)として三〇回にわたって毎月刊行したものを、あらためて乾坤二冊として刊行したもの。渋沢の『論語』として唯一、ほぼ全ての章を取り扱い、各章、附訓点の原文に続いて、訓読、字解、講義からなり、古典の講義録の体裁をとっている。一九七七年に講談社学術文庫に収録されて以来、現在まで刊行され続けてきたため入手しやすく、言わば渋沢論語の決定版として認識されてきた。

しかしながら、渋沢『論語講義』は次の二つの点で問題があることも既に指摘されている。問題点の一つとしては、松川健二が指摘したように、渋沢『論語講義』がほぼ三島中洲の『論語』解釈の引き写しであり、独自の解釈とは呼べないものであるという点である。渋沢『論語講義』がその「字解」においてしばしば「三島中洲先生曰く」と記して三島中洲の字義解釈にかなりの程度依拠していることは一読して気づくことであり、その解釈は三島中洲『論語講義』（明治出版社、一九一七年）に依るものだが、三島と渋沢の『論語講義』と見比べると、三島の説の引用であることを明示しない場合も多い。そのため渋沢『論語講義』を以て渋沢の論語解釈と見なすことには注意を要する。

次に、笹倉一広の研究によって明らかにされた通り、渋沢『論語講義』には刊本に先立ち尾立維孝(10)（一八六〇～一九二七）が起草した原稿が残されており、東京都立中央図書館青淵論語文庫に所蔵される。講義として説かれている渋沢の経験談は、『実験論語処世談』に依拠して尾立が各章句に配当したものであり、渋沢があらためて講話したものではない。尾立が起草した原稿には渋沢が朱筆で校正を加えた箇所も残されているが、渋沢の校閲作業が遅れたため活字版の「漢学専門二松学舎講義録」や『論語講義』には反映されていない。その字義解釈も起草者（筆述者）である尾立によるものであり、渋沢自身の関知する所ではない。したがって、三島中洲の説と明示しないで引用する責任は渋沢には無いが、渋沢の『論語』解釈を『論語講義』から抽出することには留保が必要である。

そこで、渋沢『論語講義』をそのまま渋沢の『論語』解釈と見なすことに問題がある以上、渋沢自身の談話を雑誌『実業之世界』の記者が記事にしたものであることが確かな『実験論語処世談』の内容を参照する必要が生じる。『実験論語処世談』を繙いてみると、三島中洲に言及している箇所は比較的限定され、渋沢『論語講義』が全編にわたって三島中洲の解釈を引用するのとは明らかに異なっている。

試みに、『実験論語処世談』に三島中洲（三島毅）の名が現れる箇所を拾い出してみよう。里仁篇第四にある「富与貴、是人之所欲也。不以其道、不得不処也。」に対する談話中で大見出し「算盤の基礎を論語の上に置け」（二〇三頁）の章に小見出し「三島中洲先生の論語算盤説」（二一二～二一三頁）がある。次に雍也篇第六の「冉求曰、非不説子之道、力不足也。……」に対する談話中で大見出し「維新前後の儒者」（三九五頁）の章に小見出し「三島中洲との関係」（四〇三～四〇四頁）がある。同じく雍也篇第六の「知者楽水、仁者楽山。……」に対する談話中で大見出し「動静を兼ねて山水を楽め」（四四二頁）の章に小見出し「大きな天然石の額」（四四九～四五一頁）があって三島中洲撰文の磨崖碑文を引用しているのが目をひく。しかしながら、ここまでに『論語』の字義解釈において三島中洲に言及することはなく、そもそも『実験論語処世談』では、「私はこれまでも屢々申述べおける如く、論孟の学者では無い。随て私が論語の章句に就て御話する所も、古くから支那に行はれた慣習・典礼・歴史などを考証して、誤り無き解釈を申上ぐるといふわけには参らず、たゞ自分が日常世に処するに当り、如何に論語に拠って進退去就を決し来つたかを御話するまでに過ぎぬ」（一七四頁）と言う通り、『論語』の解釈をめぐって注釈書が取り上げられること自体殆どなく、本文の紹介に続いて直ぐに自分自身の経験談が語られる。

ところが、八五八頁の大著が終盤に差し掛かった、泰伯篇第八（六七五〜七二九頁）と子罕篇第九（七二九〜七七七頁）の談話中、三島中洲の字義解釈が例外的に集中的に現れるのである。渋沢がこの談話筆記を開始した大正四年六月は、三島中洲『論語講義』（大正六年一月）の刊行以前のことであるから、渋沢がはじめ三島中洲の『論語』注釈について知らないのは当然であるが、連載の途中でこれを知った渋沢は少なくとも泰伯篇・子罕篇の談話を行った際にはよく参照し言及している。したがって、渋沢『論語講義』が全編にわたって三島中洲の解釈を引用する姿勢とは異なるものの、『実験論語処世談』においても三島中洲『論語講義』の解釈を尊重していると言いうる。

次に、これも松川健二が指摘する通り、渋沢『論語講義』は、三島中洲の解釈に次いで亀井南冥『論語語由』の解釈に依っている。そこで『実験論語処世談』に亀井南冥の注釈の痕跡を求めれば、これは巻頭の学而篇第一の「学而時習之」に既に「筑前の学者亀井道載先生の著はされた論語語由等に拠つても明かなる如く、処世上頗る大切な教訓である。」（一四頁）とあるが、その後は特に見えず、三島中洲の解釈に言及する泰伯篇第八の「君子篤於親、則民興於仁。故旧不遺、則民不偸。」（六八三頁）の談話において「三島中洲先生の説も其の通りであるが、又亀井南冥先生が論語語由に於て、「堯舜率天下以仁、而民従之是也」と大学の句を引用し説明されたのも、矢張同じ意見である」と述べている。ここで注意したいのは、亀井南冥『論語語由』は三島中洲の読書範囲に入っておらず、三島『論語講義』はもとより、その情報源となった三島中洲『論語私録』（漢文体）や、更にその基になった三島中洲書入本『論語集註』（共に二松学舎大学附属図書館所蔵）にも引用されることがないことである。したがって、三島が言及していない亀井南冥『論語語由』を『実験論語処世談』に引用することには渋沢の独自性が認められる。かつ、渋沢『論語講義』には亀井南冥『論語語由』からの引用が更に増えているが、このことは尾立が『論語講義』を起草する際に渋沢の意向を受けて『論語語由』の解釈を参照したからであると考えられる。では渋沢はどのように亀井南冥『論語語由』に関心を持ったのだろうか。

二　渋沢の漢学理解と実践の特徴

ここでやや話題を転じて、渋沢と『論語』の関わり、渋沢の漢学との関わりについて整理しておきたい。

武蔵国榛沢郡血洗島村の庄屋階級に生まれ漢学を学んだ渋沢が、尊王攘夷運動に傾倒し、高崎城乗取りや横浜焼討ちなど過激な行動を計画していたことはよく知られている。ずっと後年の回想になるが、渋沢は「況や己れ自身が徳川を倒さなければいかぬ、階級制度を覆さなければいかぬ、今で言へば民権伸張とか、デモクラシーとか云ふ主義を以て世に出掛けた身が、不幸にして変化して徳川の家来になつて、遂に維新の政変に遭遇したので、政治界から見れば、私は真に失敗した人間であつて、自ら考へると殆ど面目を失墜したので御座います。併し国を憂ふるとか、社会を思ふとか云ふ念は、仮令失敗しても少しも変りはない……」[11]（傍線筆者）という言葉を残している。漢学は幕藩封建制を擁護しただけではなく、地方豪農層にまで広く浸透し、個人の利益を考えるだけでなく「国事を論ずる」知性を育んだ。このような「漢学」を基盤とした民意の伸張と、これを支える在村儒者たちの情報ネットワークが幕末期に形成されていた。渋沢にとって青年時代の「国を憂ふる」「社会を思ふ」初志は、幕府使節に従って渡欧し尊王攘夷運動の無謀を悟った後も生き続けるものであり、それ故に幕末志士への敬意を失うことはなかった。

一例として、尊攘運動時代の渋沢が交流した人物に下総小金出身の竹内廉之助がある。儒者芳野金陵や剣豪千葉周作に学んだ廉之助は弟と共に天狗党の挙兵に参加したが捕縛され、弟は戦死。廉之助は薩摩藩邸に匿われ、後に相楽総三の赤報隊に参加したため賊名を着て自刃した。弟は招魂社（靖国神社）に祭祀されたが、相楽総三や廉之助はこれに与らなかった。廉之助の子孫らがその復権を求めて活動した時、渋沢はその活動を支援し、竹内廉之助の墓が郷里に建設された際にその題字「竹内隆卿墓表」（明治四十五年二月、芳野世経撰文）を揮毫している。(12)

明治新政府に出仕した渋沢が、明治六年（一八七三）に大蔵省を去るに当たり、これを遺留する友人玉乃世履に対して、日本の経済発展のためには官尊民卑の風潮を打破する必要があるとし、北宋の武人趙普が『論語』の半分で太祖を補佐し残りの半分で吾身を修めたという故事に倣って、自分は実業界に転じても『論語』を行動規範として、半分は自身を修め半分は実業界の弊害を救済したいと答えたと回想している。(13)この有名な回想は、渋沢が儒教道徳を彼自身と実業界の啓発のために用いると語っていることと、明治四十一年（一九〇八）十二月という回想時期の二つの点で注目される。同年十月十四日に日露戦後の経済復興、国民道徳涵養、および国際協調を謳った戊申詔書が渙発されている。渋沢の漢学・儒教の普及啓蒙への関与がほぼこの時期以降に集中している。自分自身の行動規範としてだけでなく、社会に広く『論語』を唱道する渋沢の活動はこの時期の政治・社会の動向と深くかかわっている。

これ以前に遡る渋沢の漢学振興への関与としては、旧幕府教学の象徴たる湯島聖堂の利用法に関して明治二十年代に文部省に改善要求したことがあり、明治三十六年（一九〇三）の斯文学会の財団法人化にも関わった。明治四十年（一九〇七）に嘉納治五郎の主導によって始まる孔子祭典会（湯島聖堂における孔子祭祀の復興、但し宗教行事としての釈奠ではなく日本における儒教教化を孔子に感謝する祭典）にも積極的に関与した。明治四十二年（一九〇九）に古稀を迎えた渋沢は、日糖疑獄事件の責任を問う声が上がる中で多くの役職を辞任し、社会福祉事業に一層注力するようになる。湯島聖堂に関しては、服部宇之吉らが斯文学会の資産を基に東京帝国大学文科大学に儒学科を増設しようとしたことには反対し、大正七年（一九一八）に斯文学会・孔子祭典会等が統合されて斯文会が設立されるとその副会長を務めた(14)。湯島聖堂に対する渋沢の動きからは、湯島聖堂における孔子祭祀に象徴される漢学による社会啓蒙への関心が読み取れる。一九二三年に関東大震災によって湯島聖堂が焼失すると、聖堂復興事業を国民教化の原動力とするために、渋沢は自ら寄附するだけでなく国民に広く寄附を呼びかけた。

渋沢の米寿記念事業として斯文会で編纂された『国訳論語』（昭和三年〈一九二八〉刊）は、漢字ひらがな交じり訓読本文に総ルビが施され、全国の財界人だけでなく全国の小学校に一部ずつ寄贈された。渋沢は漢学を必ずしも学校教育に限定せず、より多くの国民のための社会に開かれた場で行われるものであることを望み、社会教育としての漢学を志向したと言える。一連の流れを見ると、渋沢の湯島聖堂・斯文会への関与には、地方改良・民力涵養等の内務省主導で進められた政策との関わりが認められる。

また、江戸時代の封建的身分制度を擁護するものとして機能した朱子学に対してはやや批判的であり、より実践的な性格をもつ陽明学に関心を示した。具体的な活動として、東敬治の陽明学会を支援したが、雑誌『陽明学』の刊行費を助成し、兜町の渋沢事務所において知人数名と共に東を講師とした『陽明全書』の講読会を開催するなど、その活動は終始一貫して比較的地味な節度あるものであった。

親交のあった漢学者三島中洲との関係は、妻千代（明治十五年〈一八八二〉七月歿）の墓碑文撰文をきっかけに三島の漢作文能力に信頼を寄せたが、その後も漢詩文の添削や代作など個人的な交流に限られた。渋沢と三島の関係は友人関係であり、師弟関係とは呼べない(15)。両者の関係が緊密になるのは三島晩年の約十年間のことであった。明治四十一年（一九〇八）四月二十六日に湯島聖堂で開かれた第二回孔子祭典会の後、東京商業学校講堂を会場として開かれた講演会において、渋沢が「実業家ヨリ観タル孔夫子」を講演したところ、「義利合一論」を持論とする三島がこれを聞いて賛意を表した。その後、渋沢邸に招かれた三島が渋沢の古稀記念に贈られた小山正太郎画「論語算盤図」を目にして感興を覚え、明治四十二年（一九〇九）十二月に「題論語算盤図賀渋沢男古稀」を撰文し、更に「道徳経済合一説」（明治四十一年〈一九〇八〉十一月二十八日哲学会講演）と併せて渋沢に贈った。渋沢は三島から贈られた文章について、「三島先生の御一文は、私が平素胸中に懐く経済道徳説を、経子によつて能く確然と根拠のあるものとして下されたもので、私の論語算盤説は、これによつて一層確乎としたものになつたような気がする」[16]と述べて謝意を表した。この時期の渋沢は、対外問題について在米日系移民排斥問題の改善にも腐心し、馬鈴薯王と呼ばれ在米日本人会長を勤めていた牛島謹爾（一八六四～一九二六、号別天）に期待を寄せていた。牛島が二松学舎出身者であったことから、牛島の存在も三島と渋沢の親交に一役買っていたのである。

渋沢が三島との私的な関係を越えて、三島が創設した漢学塾二松学舎の経営に関与（財団法人二松義会の顧問）するのは明治四十三年（一九一〇）以降のことである。第三代舎長に就任した渋沢の指導のもと、二松学舎は昭和三年（一九二八）に全国の中等学校の教育現場で教育に従事する国語・漢文科の中等教員養成のための旧制専門学校に改組されていった。したがって、二松学舎は商工業者など中間層の育成に漢学が有用と考える渋沢の理念に適った教育機関であったと言える。

三　実業家としての渋沢栄一と安川敬一郎の関係

麻生家・貝島家と並ぶ筑豊財閥安川家を創始した安川敬一郎（一八四九～一九三四、号撫松）という人物がいる。次節に説くように、安川は渋沢と同じく『論語』を愛読し、教育支援など社会福祉事業に能動的に取り組んだ実業家としても渋沢と共通点を持つ。帰一協会や聖堂復興期成会など、渋沢が尽力した組織の会合にも参加している。

渋沢側の資料を検索すると、安川敬一郎の名は明治三十年（一八九七）以降に見いだされ、九州鉄道と筑豊興業鉄道の合併、九州鉄道の鉄道争議、九州鉄道と山陽鉄道の合併問題、若松築港会社などの諸問題に関する会合で同席している。安川が明治四十一年（一九〇八）に創設した戸畑（北九州市戸畑）の明治専門学校（現九州工業大学）へも、渋沢は大正三年（一九一四）五～六月の中国訪問の帰途に立ち寄って見学し、帰朝報告の文中で安川を「親友安川敬一郎氏」と呼んでいる。

安川側の資料でも、明治三十年代の日記には若松築港会社設立の件に関して渋沢の名が見え[17]、大正期には漢冶萍煤鉄廠鉱公司との日中合事業[18]、中国人留学生招致[19]、漢学振興事業において渋沢の名が散見する。特に、渋沢が若松築港に対して援助を惜しまず現地視察までしてくれたことを謝して安川は「高潔雅懐なる渋沢子爵[20]」という一文を『龍門雑誌』に寄稿しており、安川の事業が拡大する時期に渋沢の援助が有効であったことが知られる。大正期の安川が心血を注いだ盛宣懐の漢冶萍公司との合弁事業に関しては、「漢冶萍契約に基く株式会社談に対しては、同男は壱千株即ち五万乃至拾万円を引受くべしとは、余を信ずるの厚きを知るに足れり[21]」という言葉を日記に記しており、信頼できる実業家として相互に認め合った存在であったことが分かる。

ただし両者には意見の食い違う問題もあった。特に労資協調の問題に関して、安川は渋沢に強い反対意見を表明している[22]。大正八年九月五日の安川日記に次のようにある。

午後二時内務大臣官邸を訪ふ、事労働問題に関する、労働代表員の事に及び渋沢男の労働意見に反対の意を以てす、内相も同論也、四時渋沢男を事務所に訪ふ、待つ事一時間、五時前来らる、談労働問題に及び、新聞に発表せらる男の意見に反対を縷述す、男はいふ、自身が労働問題に干与したるは大正三カ年にして、友愛会の顧問として鈴木文治にも聊か後援者となれり、今日協調会の設立に与りしも、寧労働組合を公認し、資労の間をして円滑ならしめむとの意に外ならず云々、余は之を駁して曰く、貴説は理想としては一言之に反する事なし、されども今日労務者側の知識の低級なる、到底真正ニ権利義務を解し得る者殆どなし、為めに他動的煽動を受け、狂人走れば不狂人も走るの類に過ぎず、其実歴は昨年米価騒擾に於ける挙動の滑稽なりしに徴して明なり、暫く教練ト習慣とを改めしむるは資本家の力に倚るの外なし、今日のまゝにて組合公認とならば、自覚なき労務者は利益分配の権利等の好餌を以て、勧誘に聉める組合に応ずる者を簇出すべし、其組合を組織せる主脳者にして、貴下の理想の如き正義を以てする労働改善策ならば、時誼に適したる好機と云つてよいが、今日は知識階級にして生活不安定に陥りつゝある中流者頗る多し、此徒の如きは奇貨措くべしと為し、労働者を籠蓋し、其多数を恃み、資本主に対し請求する所あるべきは火を睹るより明かである、昨今砲兵工廠に起れる騒擾の真相は知らぬが、労働者側として其衝に当れる者には頗る面白からざる分子を含めり、乍然余は今日の資本側を以て労務者に対する最善を尽せりとは信ぜず、彼等をして労務者の習慣・性行を改善せしむるには、健康保全の設備を始めとして、疾病の保険、老後の保険、慰安の増加、怠惰を戒むると共に、休息日の増加、時間等彼等に酬ゆる所なかるべからず、従来の習慣に資本家独り暴利を占めつゝ労務者に対するは、其時々の報酬的労銀増加のみを以て得々たるは素より心得違ひ也、故先以て資本家側からの欲望を裂き、義務となる勤労者には分与の法を確立するの挙なかるべからず云々を縷述したり、男は果して余の進言を容れしや否、先日大橋新太郎・服部金太郎等も公認の尚早を以て勧告しつゝありといへり、談頗る長く六時下に達したり、思ふに男は先年来鈴木文治なる者の巧言に味魅せられ居るもの丶如し(23)（一部表記を改めた箇所がある）

政治問題や政治家の評価についても両者は意見を異にすることがあった。大正七年九月に寺内正毅首相が米騒動の責任をとって辞意を固めた際、後任の首相候補として安川は西園寺公望を推して寺内首相や山縣有朋・原敬に説いて回ったが（大正七年九月十二日条）、渋沢は『実験論語処世談』において、述而篇第七の「志於道、拠於徳、依於仁、游於藝。」の講話の中で、「西園寺公望は余裕ばかり」（五一五頁）という小見出しを立てて、西園寺公望に対して厳しく論難している。

安川が中国人留学生の日本招致のための資金について渋沢に相談に行った際にも、渋沢はこれに難色を示したらしい。その日の日記には、「西原亀三が渋沢男を通して寺内総理に団匪賠償金に関し同男を担ぎし魂胆ありしを覚る」（大正七年十一月二十九日条）というコメントを残している。この時期、中国国内の南北協調を主張していた安川から見た西原亀三への違和感がよく表れている。

四　安川敬一郎と亀井南冥『論語語由』

炭鉱・製鉄・鉄道・紡績・電機等の事業で財を成したことで知られる安川敬一郎は、嘉永二年（一八四九）四月十七日に福岡藩士徳永省易の四男として出生した。叔父の徳永宥（字子宝、号玉泉、通称久一郎）は亀井昭陽門の高弟として知られる人物であり、敬一郎は少年時に藩校に学び、また家学として亀井南冥・昭陽の学問を修めたようだ。

大正期以降の安川は、旧福岡藩士を中心に創設された筑紫史談会の諸氏（武谷水城・高野江基太郎ら）と共に、亀井南冥・昭陽父子をはじめとする亀門学の普及に取り組んだ。先ず漢学者星野恒が昭陽の主著『左伝纘考』の刊行希望を持っていると知ると、亀井家子孫千里と謀って昭陽自筆稿本『左伝纘考』三十巻・補遺一巻・附録一巻を底本とし、星野の序と亀井千里の序（実は西村天囚の代作）を冠して影印出版した（一九一七年）。

次いで、大正八年（一九一九）には南冥の主著『論語語由』を出版した。日記からは、安川が犬養毅を訪ねて出版について相談し犬養から渋沢に同書出版について懇談するよう依頼していること（一月十三日条）[24]、大阪の博文堂原田庄左衛門[25]からコロタイプ印刷することとなり、大阪朝日新聞社の西村天囚・緒方竹虎や内藤湖南・長尾雨山・羅振玉にも事前相談していること（一月二十三日条）など、安川の主体的な関与が知られる。なお、コロタイプ印刷『論語語由』には、渋沢の「刻論語語由跋」（大正八年二月付）のほか書簡（大正八年二月五日付）[26]を添えて頒布されたものも残っており、その「刻論語語由跋」から渋沢が安川敬一郎を通じて亀井南冥『論語語由』を知ったことは明白である。コロタイプ印刷の底本は、文化三年（一八〇六）秋月藩蔵版本の明治十三年（一八八〇）大阪・花井聚文堂後印本であり、行間・上欄にまま昭陽門人の手になると思しい朱筆書入[27]がある安川敬一郎の架蔵本であった（現在、慶應義塾大学斯道文庫所蔵）。

更に、大正十一年（一九二二）には安川の依頼を受けて渋沢が昭陽自筆稿本『語由述志』十巻を「刻語由述志跋」を附して影印出版している。

渋沢が『論語語由』を知った時期、および『論語語由』を入手した時期は必ずしも明確でないが、前述の通り『実験論語処世談』では巻頭の学而篇と終盤の泰伯篇第八において亀井南冥（道載）の名が見えている。渋沢の「実験論語処世談」連載は大正四年六月一日発行の『実業之世界』十二巻十一号から始まり、これにわずかに先だって大正四年五月から安川は亀井南冥『論語語由』を基にそれを通俗的に解説した「論語俚解（後に論語漫筆と改題）」を月刊の『筑紫史談』の附録として刊行している。これよりさき福岡で筑紫史談会のメンバーらによって「論語会」が発足し、香江誠[28]が『論語語由』を講義し、安川が「自己数十年来の経験に徴して其俚解[29]」を担当することになり、この原稿が毎月刊行されていった。安川の俚解は子罕篇第九までで終わっており完結しなかったが、歿後に遺稿集『撫松餘韻』（一九三五年刊）が刊行された際に「論語漫筆（一名論語俗話）」として収録された。安川の自筆草稿が北九州市立自然史・歴史博物館に大量に残されており、安川が実際に執筆したものであることも確認できる。また、日記には脱稿した「論語漫筆」を緒方竹虎（修猷館出身）に渡して訂正を依頼している記事も見えており（大正十三年四月十三日条等）、安川が成稿に精力的に取り組んだ様子が窺える。

やや推測の言になるが、渋沢が『論語語由』を実際に見たのがコロタイプ印刷が行われた大正八年頃とすれば、「実験論語処世談」の連載が始まった時期に「筑前の学者亀井道載先生の著はされた論語語由」という言及があるのは、始まったばかりの安川の連載「論語俚解」を受けたものではあるまいか。上述のように両者は個別の政治・社会問題では相違点がありつつも、儒教保存の点においては心強い知己であり、この点において互いに強く意識しあう関係であったことは確かである(30)。

五　なぜ渋沢は亀井南冥『論語語由』に関心を持ったのか

松川健二は渋沢が三島中洲と亀井南冥の『論語』解釈に特に注意したことについて、「朱熹に対峙した陳亮の事功重視の思想(31)」の流れを汲むものと見ている。南宋・陳亮（一一四三～一一九五、字同甫、号龍川）は朱熹の同時代人で、日本では佐藤一斎や西郷隆盛らが評価したことも知られる。古くは安井小太郎が「論語語由解題」において、「南冥の学は、漢唐の古学にもあらず、程朱の新学にもあらず、徂徠に取る所多きも、亦必ずしも之を墨守せず、大意事功を主とし、義利王覇心性等を忽略せること、陳同甫に似たる所あり(32)」と説いている。渋沢も「孔夫子は決して単純なる教育家でも徳行家でも無く、孔夫子終生の目的は事業にあつたもので、仁義の王道を天下に施かんとし」たと述べているから、必ずしも松川の見解に疑義があるわけではないが、渋沢自身の言葉に即して『論語語由』の評価を確認しておきたい。渋沢「刻論語語由跋」に言う。

先聖垂訓ノ縁由ヲ明カニスルモノアラバ之ヲ得ント欲スルコト年久シカリシニ、偶々筑前ノ鴻儒南冥亀井先生著ハス所ノ論語語由ヲ友人安川敬一郎君ヨリ借リテ之ヲ読ムニ及ビテ、曩ニ瞻望セシ所ノモノヲ得タルニ庶幾シ。

『論語語由』には長年そういう注釈がないものかと思い描いていた「先聖垂訓ノ縁由」が説明されているというのである。大正五年（一九一六）に渋沢が喜寿を迎えた時、龍門社同人の発議によりその祝として漢学者林泰輔に『論語年譜』の編纂を依頼して贈ることとなった。『論語年譜』が完成した際の言葉として、次のようにも述べている。

孔夫子の遺された数多い教訓の中でも、あの言は何《ど》んな場合に発せられたもの、この教は何ういふ場合に臨んで垂れられたものといふやうに、能く其間の消息を呑み込んで居れば、同じく論語を読むにしても、其章句の意義が一層明瞭に理解せらるゝやうになるだらうと私は思ふのだが、（中略）私は、林泰輔博士が論語年譜を編纂せられた労に対して謝意を表する為め、特に同博士と会見したが、その際博士は論語年譜の巻頭に載せた孔夫子の伝記よりも、更に一層詳細なる孔夫子伝を編著せられ様とする意のある事を私に漏らされたので、私よりは希望として、たとへば論語の何処其処にある章句は、孔夫子何歳の時に当り、かういふ場合に臨んで之を発せられたものだといふ事をも、その詳伝の中に是非掲載するやうにして戴きたいものであると申入れ置いたが、林博士も之れには同意を表せられた。然しその研究調査はなかなか困難であらうとの事であった。(33)

『実験論語処世談』中には同趣旨を何度か繰り返しており、次のようにも述べている。

長年に亙って、折に触れての説を集録したものであるから、その間には自ら統一も欠け、前の章句と後の章句と、どうしても相合致し兼ねるといふやうなものがある。（中略）その場合々の情勢が良く分れば、真意を知るに少しも苦む必要はないのであるが、その場合々の情勢は少しも記録になく、全く情勢を異にしたであらうと思はれる場合に発せられた言葉を、章句として訳もなく相並べてあるので、甚だその真意を知るに苦むのである。(34)

今日、古典研究者から見て、孔子がその言葉を発した場面を明らかにするという発想は、歴史的・文献的には証明し得ない事柄と考えられる以上、古典に向き合う姿勢として邪道とも思われるが、『論語』に説かれた教訓の意味の徹底を求める渋沢はこれを希求するのである。その渋沢にとって、亀井南冥の『論語語由』はまさに「曩ニ瞻望セシ所ノモノヲ得タルニ庶幾」かった。『論語語由』とは、その書名にある通り、論語本文の各条の初めに「語――」と記し、語の由って出ずる所、孔子の発語があった場面を説明しており、渋沢は亀井南冥のそのような注釈姿勢に強く共感したのである。

前述した安井小太郎の言葉にあった通り、南冥の学問は荻生徂徠の影響を強く受けている。徂徠が儒学の道を人類普遍の道徳としてでなく古代の聖人の治績ととらえたことは、儒学に歴史概念を導入することを意味した。孔子の発語の場面を解説するという一見特異な南冥の注釈姿勢は、徂徠学が持つこの方向性を継承し推し進めたものであった。しかしながら、渋沢は徂徠学が持つその他の側面については概ね批判的であった。徂徠学の功利説に対しては室鳩巣がこれを批判したことを評価しているようであり、(35)徂徠学が儒学の主な学び手を為政者とみて身分制を肯定したことに対しては「官尊民卑」打破の立場から常に厳しく糾弾している。他方、安川はどちらかと言えば儒学の主な学び手を為政者とみる儒学観に肯定的であり、南冥が「語の由つて出ずる所」を説明する点に対しては渋沢ほどには関心を示さないのである。

六　渋沢の『論語』理解の特徴――安川との相違、三島との接点

具体的に例を挙げて確認しておこう。例えば、里仁篇第四にある「利」に関する章では、両者は何と言っているのか。

「放於利而行、多怨。（利に放《よ》つて行へば、怨み多し。）」

「君子喩於義、小人喩於利（君子は義に喩《さと》り、小人は利に喩る。）」

渋沢は『実験論語処世談』でこれを一般的な教訓と捉えているが、敷衍して自己の経験を語る中で、後者について、事業を起こす際には「利」本位ではなく「義」本位にやってきたと述べる。安川は、前者について『論語語由』の「傷治術之失本也（治術の本を失ふを傷《いた》む）」を踏まえ、また『孟子』の「上下交征利国危矣（上下こもごも利を征《と》りて国危し）」を援用して、南冥がこの条を「治道の根本に関するものと」捉えたことを「俗儒を離れた一見識」と評価する。安川は南冥の解釈をリーダー論として読んでそれに賛意を表し、「人心を救済するには、天下の重きに任ずる当局者なり、政治家なりが先づ其の心術を直してかからねばなるまい(36)」と続けて、同時代の政治批評として述べている(37)。リーダー論として解釈するという意味では、起業の指針を述べる渋沢の立ち位置がこれと全く異なるわけではないが、語りかける対象は安川とは大きく異なり、渋沢はこれから実業界で活躍するべき青年諸君に向けて語るのである。ここに渋沢論語と安川論語の差異が生じている。

次に、泰伯篇第八の「民可使由、不可使知。（民は由らしむべし、知らしむべからず。）」について見ておこう。朱熹、荻生徂徠、亀井南冥、三島中洲の解釈はそれぞれ次の通りである。

○朱熹：一般庶民はあるべき道理に従わせることはできるが、道理の根拠を理解させることはできない。聖人が教えを設ける際に、一人一人教え諭したいと思わないわけではないが、実際には不可能なので、従わせることができるだけだ。

○荻生徂徠：人間の知には格差があり、一般庶民は教えに従わせることはできるが、教えの根拠を理解させることはできない。また賢い人は学んで理解するが、「礼楽」は説明的な言葉ではないので、各自が実行して自得するしかない。言葉で教えて理解させるだけでなく、基準を定めることによってより広くに浸透させることができる。

○亀井南冥：民衆を治める方法を語ったものである。

○三島中洲：「此の章は聖人の心を謂ふにあらずして、施政の実効を謂ふのみ。聖人は固より人々の其の理を知らんことを欲すれども、其の実効は之れに由らしむるに過ぎざるのみ。」

これらの解釈に対して、渋沢は朱熹と三島の説を引用して賛意を表する。「知らしむべからず」とは「知らしてはならない」という禁止の意味ではなく、「民をして其理を理解せしめて然る後に実行すると云ふことは、到底望むことの出来ぬことである。……そこで民は之れをして由らしむるより外はない」と述べる。「聖人の心」を言うものではないという三島の解釈は、渋沢の意に適うものであった。

一方、安川は同じ章句に対する論評のなかで、「文化の進歩した理解力ある国民に臨むのとまた蛮風を脱しない若しくば《ママ》教育の低級である国民を統治するには、其の民度に応じて時の宜しきを制すべく、自ら寛厳の相違がなければならぬ」と述べ、更にこの当時議論が高潮していた普通選挙の実施に話題を転じ、「従来に比し教育程度の低い有権者が増加したればとて、議員の素質を良くする道理はない」と切り捨て、「普選は教育の向上に併行せねばならぬ(38)」とその時期尚早を論じている。

渋沢も、同じく泰伯篇第八の「不在其位、不謀其政。（其の位に在らざれば、其の政を謀らず。）」に関連して、学生の普選運動の是非について次のように言及している。

……この頃は普通選挙論が喧しくなつて、私の処などにも若い学生の方が押かけて来て普通選挙に対して私は何う考へるかといふやうなことを尋ねられた。私としては普通選挙は良いことだと思ふ。決して悪いことだと反対するやうなことはない。只之等の学生等が、果してその学生としての本分を尽して居られるであらうかどうか、若し学校の勉強等をそつちのけにして、只世間の調子に乗つたり、真に心からの自覚があるでもないのに、一時の奇を好んでさういふ態度に出るといふのであれば、それは甚だ賛成し難いのである。

よってここでも、安川が当局者・政治家に向けて語るのに対して、渋沢が学生に向けて語っていることが確認できる。『論語』解釈上の相違は、単に個性や趣味嗜好の違いに止まらず、両者の基本的な立ち位置の違いに由来するのである。

渋沢は『論語講義』の扉に「博施於民、而能救衆」（雍也篇）の題字を掲げ、また『実験論語処世談』でも同章を『論語』の「眼目」と呼び、民衆救済こそが孔子の思想の極致と考えていた。よく知られているように渋沢と三島の間には「道徳経済合一」「論語と算盤」の点における意気投合があるのだが、「官尊民卑」の打破を一貫して掲げる渋沢にとって、『論語』の中でも「民可使由、不可使知。」や「君子篤於親、則民興於仁。故旧不遺、則民不偸。[39]」といった為政者と人民の関係を説いた章において、三島の解釈が渋沢の理想とする君民関係と齟齬がなく、民衆への眼差しが感じられるものであったことも看過できないのである。

結　語

本稿では、渋沢栄一の『論語』理解を、尾立維孝が起稿した『論語講義』ではなく渋沢自身の談話筆記である『実験論語処世談』を中心に見てみた。『論語講義』が全編にわたって三島中洲『論語講義』を引用しているのに比べて、『実験論語処世談』で三島中洲に言及している箇所は比較的限定される。渋沢『論語講義』が三島の解釈に次いで引用する亀井南冥『論語語由』は三島未見の資料であり、尾立が南冥の解釈を多く引用するのは渋沢の意向を受けたものと推測される。渋沢が『論語語由』を友人の実業家安川敬一郎を通して知ったことは疑いなく、渋沢の「実験論語処世談」連載開始に先立ち安川が「論語俚解」の連載を開始していることを考え合わせると——両連載の関係は今後の調査に俟つが——、安川の連載が渋沢に刺激を与えた可能性もある。

渋沢や安川ら資本主義社会形成期のニューリーダーたちは民間人の立場から社会に発言する際に『論語』を通して語った。しかしながら渋沢と安川では『論語』解釈・儒学理解に異なる点も見出された。渋沢は南冥『論語語由』が孔子の発語があった場面を説明している点に興味を持つ一方、儒学を人民ではなく為政者のための学とみる徂徠学流の儒学理解には批判的であった。安川は南冥の解釈を受けてリーダー論として『論語』を読み、その評釈は同時代の当局者・政治家に向けた政治批評の色合いを帯びた。渋沢もまた『論語』の解説から敷衍して自身の経験談や古今の偉人や政治家の批評に及んでいるが、語りかける対象は安川とは異なり主に青年・学生に向けられていた。『論語』観の相違は両者の基本的な立ち位置の違いに由来するものであり、労資協調・普選運動・社会福祉などに対する姿勢とも共通点が見出せる。

注釈にほぼ言及しない渋沢と、一貫して南冥『論語語由』に依拠する安川を比べれば、古典に向き合う姿勢という点では安川の方が本格的と言えるが、注釈に頓着しない渋沢の方が広く読まれて影響力があったとも言える。渋沢が広く一般に向けて『論語』を唱道したことは、彼が「博施於民、而能救衆」に見出していた孔子の理想、常に民衆を思いやり寄り添う為政者像を、渋沢自身が実践したものとも見ることができる。

注

（1）坂本慎一「渋沢栄一『論語講義』の儒学的分析：晩年渋沢の儒学思想と朱子学・陽明学・徂徠学・水戸学との比較」『経済学雑誌』一〇〇（二）、大阪市立大学経済学会、一九九九年。
（2）山本義彦「渋沢栄一・日本資本主義の形成者と儒教観：その来歴と『論語と算盤』をどう読み解くか」『静岡大学経済研究』二七（二）、二〇二二年。
（3）于臣『渋沢栄一と〈義利〉思想：近代東アジアの実業と教育』ぺりかん社、二〇〇八年。
（4）松川健二「行動の指針としての『論語』―義と利の間」『公益の追求者・渋沢栄一』渋沢研究会編・山川出版社、一九九九年。同「渋沢青淵における『論語』の普及活動」『山田方谷から三島中洲へ』明徳出版社、二〇〇八年。
（5）笹倉一広「渋沢栄一『論語講義』の書誌学的考察」『言語文化』四八、一橋大学語学研究室、二〇一一年。「渋沢栄一『論語講義』原稿箚記（一）論語総説」『言語文化』四九、二〇一二年。「渋沢栄一『論語講義』原稿箚記（二）学而第一・一～一〇章」『言語文化』五〇、二〇一三年。
（6）町泉寿郎「近代の漢学と社会貢献事業：渋沢栄一と三島中洲の交流から」『大倉山論集』六五、二〇一九年。「漢学から見た帰一協会―服部宇之吉の「儒教倫理」と日露戦後の国民道徳涵養」『渋沢栄一と「フィランソロピー」』二、ミネルヴァ書房、二〇一八年。
（7）『論語と算盤』の書誌に関しては、渋沢栄一記念財団ＨＰで公開している「論語と算盤オンライン」に拠った。

（8）編者の安達大寿計は、渋沢が長年、東京養育院の幹事を任せていた岡山出身の安達憲忠（一八五七～一九三〇）の甥にあたる人物。

（9）「漢学専門二松学舎」とは、渋沢栄一舎長の指揮下に昭和三年に新たに設立される二松学舎専門学校とは別の、明治十年創設の二松学舎の後身をさす。創設時の二松学舎は中学私塾という位置付けであったが、教育令改正によって教育制度外の各種学校となった。

（10）尾立維孝（一八六〇～一九二七）は豊前国宇佐郡尾立村の庄屋尾立林蔵の長男。十九歳（一八七七）で上京して創設したばかりの漢学塾二松学舎に学び、司法省法学校に進学し、同校卒業後、各地の裁判所で検事を務めた。その後、十年にわたって（一八九九～一九〇九）台湾の裁判所に勤務し、覆審院検察官長などを務めた。のち財団法人二松学舎の理事などを務めた。裁判など法律関係、宇佐郷土史関係などの著述を残している。

（11）『龍門雑誌』三九〇、一九二〇年十一月。

（12）長谷川伸『相楽総三とその同志』講談社学術文庫、二〇一五年。

（13）『龍門雑誌』二四七、一九〇八年。

（14）渋沢が東京帝大に儒学科を増設することに反対し、湯島聖堂の管理団体としての斯文会に関与したことの理由を渋沢自身は語っていないが、漢文教科が旧制中学校の科目という性格が強く、欧米語学を重視する帝大は漢文科と整合せず、また大学は一般大衆への波及力に乏しいと考えたものであろう。

（15）渋沢が自らの漢学の師と呼ぶのは、尾高藍香・菊池菊城・海保漁村・中村敬宇・信夫恕軒・宇野哲人らである。

（16）『実験論語処世談』二一二頁。

（17）『安川敬一郎日記　第一巻』（北九州市立自然史・歴史博物館編、二〇〇七年）一二八頁、明治三十三年二月十九日条。安川敬一郎遺稿・松本健次郎発行『撫松餘韻』（一九三五年刊）所収の「日記抄」五六五頁にもほぼ同様の記事がある。

（18）『安川敬一郎日記　第三巻』（北九州市立自然史・歴史博物館編、二〇一一年）九九頁、大正七年十一月二十九日条。

（19）『安川敬一郎日記　第三巻』（北九州市立自然史・歴史博物館編、二〇一一年）二六三頁、大正五年七月六日条。

(20)『龍門雑誌』四八一、一九二八年一〇月。
(21)『安川敬一郎日記　第三巻』(北九州市立自然史・歴史博物館編、二〇一一年)一七四頁、大正六年七月六日条。
(22)日比野利信が解題「大正時代の安川敬一郎(下)」(『安川敬一郎日記　第四巻』北九州市立自然史・歴史博物館編、二〇一二年所収)において、この問題について言及している。
(23)『安川敬一郎日記　第三巻』(北九州市立自然史・歴史博物館編、二〇一一年)三〇七～三〇八頁。
(24)『安川敬一郎日記　第三巻』(北九州市立自然史・歴史博物館編、二〇一一年)。
(25)原田庄左衛門(一八五五～一九三八、号大観)は、忍藩士出身で出版社博文堂を営んだ。実弟に著名な写真家の小川一真と小林忠治郎がある。長男は原田悟朗、次男は画家油谷達。原田庄左衛門は犬養毅とは民権運動期から親交があり、大正期の西村天囚日記にも原田の名が散見する。
(26)「拝啓、時下益御清適奉賀候。然ハ論語語由之義ハ九州之碩学亀井道載之遺書にて、同地方にては頗る愛読せられたるものに候へ共、東京方面にては坊間見受けさる書物に候処、今般安川敬一郎氏に謀り同氏珍蔵之ものを写真版に致し製本致し候につき、一部小包郵便に託し拝送仕候間、御清閑之折御一読被下候ハヽ、本懐之至ニ御座候。右得貴意度、如此御座候。敬具。大正八年二月五日　渋沢栄一　山田英太郎殿」(亀陽文庫所蔵)。
(27)従来、この書入れを亀井昭陽の手になるという説もあり(安井小太郎「論語語由解題」『日本名家四書注釈全書』)、確かにその筆跡は昭陽の影響が見られるが、書入れは明治十三年印本になされたものであるから、昭陽の書入れではありえない。
(28)香江誠は医師で、人痘術に長じた緒方春朔の縁戚にあたり、福岡医学校長を務めた。
(29)『筑紫史談』(五、一九一五年五月)八一頁、彙報欄に掲載された「論語俚解の附録について」による。
(30)『撫松餘韻』(一九三五年刊)所収「論語漫筆」一二三頁に渋沢の論語崇拝に対する賛意が見える。安川日記にも渋沢訪問時の話題として「孔子教」(大正八年七月七日条)、「儒教保存」(大正八年十一月八日条)等の話題が見える。
(31)松川健二「行動指針としての『論語』—義と利の間」(『公益の追求者・渋沢栄一』山川出版社、一九九九年)三五〇頁。
(32)『日本名家四書註釈全書』論語部二所収、東洋図書刊行会、一九二四年。

(33)『実験論語処世談』三七一～三七三頁。
(34)『実験論語処世談』七〇五頁。
(35)『渋沢男爵閣下喜寿祝賀会報告書』所収「渋沢男爵の演説」。『渋沢栄一伝記資料』第五十巻所収。
(36)『撫松餘韻』所収「論語漫筆」一四三～一四四頁。
(37)徂徠『論語徴』は「君子喩於義、小人喩於利」章について次のように説き、本来の儒学に説かれる「義」とは、宋学に説く「義・利」のような個人の内面に基づける問題ではなく、「安民」に帰着するものであると説いている。南冥の解釈のルーツに他ならない。

君子なる者は上に在るの人なり。(中略)民は生を営むを以て心と為す者なり。其れ孰か利を欲せざらんや。君子は天職を奉ずる者なり。其の財を理し民をして其の生を安んぜしむ。是先王の道の義なり。故に凡そ義と言ふ者は、利と対して言はずと雖も、然れども民を安んずるの仁に帰せざること莫きは是が為の故なり。故に義は士君子の務むる所、利は民の務むる所なり。故に人に喩すの道は、君子に於いては則ち義を以てし、小人に於いては利を以てす。

(38)『撫松餘韻』所収「論語漫筆」三九七～四〇五頁。
(39)この章に関する三島中洲の「講義」は次の通りである。「上位に在りて政を為すの君子が父母を始め其の他の親族を敬愛すれば、下の人民は之れに感化し、自然に仁に興起して互に相愛敬するに至り、君子が旧臣旧友などの故から知り合の人に対して其好を忘れず、長く之れを親めば、下の人民も之れに感じて自然に故旧を遺れず、軽薄に流るゝに至らず、故に民の風俗を正くするには、法制禁令を用ふるに及ばず、在位の君子自らの行を修むるに在るのみ」。

「書物道楽家」を自称する徳富蘇峰と朝鮮本

朴　暎　美

一　はじめに

韓国と日本は、一九五〇年から一九六五年まで一回の予備会談と七回の本会談を行った末、「韓日協定」、すなわち「大韓民国と日本国間の基本関係に関する条約（略称「韓日基本条約」）」と「大韓民国と日本国間の財産及び請求権に関する問題の解決と経済協力に関する協定（略称「韓日請求権協定」）」等四つの付属協定を締結した。

そのうち、一九六一年、第六回韓日会談の文化財小委員会では、搬出文化財に対して返還を求めた。第四次会議録によると、搬出された文化財の中で、「典籍」の搬出とその不法性が指摘され、加えて搬出された典籍が日本に図書館及び文庫形態で散在されているとされた。例示されたのは以下の通りである。白鳥庫吉（一八六五―一九四二）の「白山黒水文庫」、寺内正毅（一八五二―一九一九）朝鮮総督の「桜圃寺内文庫」、徳富蘇峰（一八六三―一九五七）の「成簣堂文庫」、金沢庄三郎（一八七二―一九六七）の「濯足文庫」、東洋文庫の前間恭作（一八六八―一九四一）の収集品、浅見倫太郎の収集品（「三井文庫」に移され現在は米国のバークレー大学にあり、京都大学には「河合文庫」がある）、そして宮内省図書寮の「曽根本」と「統監府本」が挙げられた。(1)これ以降、日本国内に所在している朝鮮の文献について、前の記録を基にして韓国の書誌学会、国立文化財研究所、高麗大学校韓国学センター、国内外の個人研究者などが所蔵先及びその目録を通じてその規模を調査した。

寺内の文庫は、一九二一年に刊行された『桜圃寺内文庫図書目録』を通じて、その規模を把握することができた。寺内文庫は朝鮮本四三二冊、簡牘・法帖類一九一冊が所蔵されている。一九九六年、山口県立大学校が慶南大学校と民間学術交流の次元で協約を結び、慶南大学校博物館に朝鮮関係文献九八種一三五冊一軸（宮中関係資料、手紙、詩と絵、文字、拓本、古文書）を寄贈した。(2)

白山黒水文庫は、前間恭作の「白山黒水文庫所蔵朝鮮本に対する管見（上）」を通じて詳しく知られる。この論文によると、白山黒水文庫は一九二三年の東京大震災の時に焼失したそうである。この文庫の注目すべき点は、金鑢（一七六六―一八二二）の『倉可樓外史』を底本に、これを編集して、二冊を一〇集に分けて発刊したことである。一集は二〇冊、一冊は二巻で、一冊の枚数は四〇枚前後であり、一〇行罫紙に一行二〇字ずつ、楷書で抄写した。前間はこの本について、「野史の叢書としては戦後を通じて最も解縛したもの」と評した。

金沢庄三郎の濯足文庫は、柳春東が調査を行い、一五二種の朝鮮の典籍が所在していることを報告した。(3) 東洋文庫、(4)京都大学の河合文庫、(5) 東京大学の小倉文庫、(6) バークレー大学東アジア図書館内の三井文庫は、(7) 高麗大学韓国学資料センターが調査を行い、目録を公開している。(8) 宮内庁書陵部所蔵の韓国典籍は、一九九八年から二〇〇〇年の三年間調査を実施し、六三六種四六七八本の目録を公開した。(9)

成簣堂文庫所蔵の朝鮮本については、一九九一年に国立文化財研究所が『日本所在韓国典籍目録』「徳富蘇峰文庫所蔵韓国典籍」で紹介したことがある。(10) 国立文化財研究所が成簣堂文庫目録の作成時に参考にしたのは、一九三二年徳富古稀記念事業として刊行した『成簣堂善本目録』の「朝鮮本」の部分であった。これを基にして国立文化財研究所は、成簣堂文庫に所蔵された朝鮮本が五九種と報告した。しかし、これに先立ち一九三一年に刊行された「成簣堂所蔵朝鮮本目録」にも、四五七種の朝鮮本が収録されている。[11] 国立文化財研究所の報告より多く所蔵されているだろう。

成簣堂文庫は、最近まで数回にわたって目録集を刊行しているが、国立文化財研究所の調査書にはこの成果すら反映されていないようである。かつ、調査報告書には『成簣堂善本目録』に収録された刊記、印記など主要な書誌情報もほぼ漏れている。この国立文化財研究所の報告書は、高麗大学校の海外韓国学資料センターにもそのまま使用され、成簣堂文庫に所蔵される韓国文献は五九種と言う。このように、成簣堂文庫は、朝鮮から搬出された図書が多量に所蔵されている機関であるにもかかわらず、今もその全貌が把握されていない。

徳富蘇峰の「成簣堂文庫」には、古典籍、古文書を合わせて、約一〇万点が所蔵されている。古典籍は奈良・平安時代から江戸時代までの日本の古籍、漢籍、仏教書籍をはじめ、中国の宋、元、明代の書籍、朝鮮本などが含まれる。古文書は平安時代から近世に至るまでの大乗院文書、中世から近世にかけての武家文書、寺社文書、幕末維新関係文書などが所蔵され、加えて西洋書籍も多い。[12]

芳村弘道は石川武美記念図書館を「韓半島を経由して日本に所蔵されている漢籍の最多所蔵機関」と言った。成簣堂文庫の漢籍は、前近代期の東アジアで生産された知識とその流通を明らかにするためには重要な資料であり、さらに今は消失し、或いは空白になっている朝鮮の出版文化史、知性史を復元するきっかけになるだろうと述べた。[13]

本稿は、成簣堂文庫所蔵の朝鮮本に対する調査及び分析のための前段階として企画され、まず徳富と彼の朝鮮本の収集過程を明らかにすることを目的とする。この過程で朝鮮本に対する徳富の造詣についても触れてみたい。徳富の朝鮮本に関する研究は、一九一〇年代に始まった。この時期は朝鮮本の研究史において見ると、比較的に初期に当たる。徳富の朝鮮本研究は、日本人による韓国版本、書誌などに関する研究史においても先駆的役割をしたと言える。次に、成簣堂文庫に所蔵されている朝鮮本がもつ意義を明らかにすることを目的とする。成簣堂文庫目録は徳富の蔵書研究において非常に重要な資料である。蔵書家の目録は、蔵書家と蔵書規模、蔵書の性格に関する情報を与えるだけでなく、学術と文学動向、国家間、また地域間の交流とその特性を把握する基盤となるためである。(14)

二　徳富蘇峰と朝鮮本

(1)「書物道楽」と朝鮮本の収集

成簣堂文庫の主人である徳富蘇峰は、一八六三年に熊本で生まれ、一九五七年に生涯を終えた。父徳富一敬（一八二二―一九一四）は、横井小楠に師事した漢学者であった。徳富は幼い頃から漢学を学び、青年期に洋学を学び、同志社に入学したのち、キリスト教の洗礼を受けた。徳富は、平民主義を提唱し、『将来の日本』を著して平民主義思想を述べた。この本の大ヒットによって、彼の名が広がるようになった。彼は民友社から、月刊誌『国民之友』、『国民新聞』を相次いで創刊しながら、ジャーナリストとして活躍した。

ところが、徳富は、一八九四年の日清戦争をきっかけに、大日本帝国主義に転向した。『国民新聞』を基盤にジャーナリストとして活動しながら、有力政治家たちと交流した。とりわけ山縣有朋、桂太郎、寺内正毅らと深い絆を結び、更に桂太郎の「立憲同志会創立趣旨草案」を執筆するまでに至った。第二次大隈内閣時期に叙勲を受けた。大正期には「皇室中心主義」を執る傍ら、文章報国に加わった。一九四一年には、「大東亜戦詔書」の修正を担当し、再び東条内閣時期に文化勲章を受賞した。

徳富蘇峰と朝鮮との縁が始まったのは、一九一〇年五月三〇日に寺内正毅が韓国統監に赴任したからである。のち寺内は一九一〇年八月、初代朝鮮総督に任命された。朝鮮総督となった寺内は、九月、言論機関統制のために徳富を呼び込んだ[15]。徳富は、一九〇六年に創刊された『京城日報』の監督職として赴任し、日本語の『京城日報』、朝鮮語の『毎日申報』、英文の『Seoulpress』だけを残して言論統廃合を断行した[16]。

そもそも徳富が古書収集に関心を持ち始めたのは、一九〇一年(三八才)頃からだという。彼が古書を収集するきっかけは、内藤湖南(一八六六―一九三四、京都帝国大学史学科教授)の勧誘によるものだった[17]。徳富は、一九〇二年四月、大阪の内藤湖南を訪れ、『正平版論語』[18]、高山寺影写本『論語』(巻子本)などを閲覧してから、古書の収集に魅了された。一九〇三年一二月、同郷出身で彼に先んじて古書を収集していた大野洒竹(一八七二―一九一三、医師・俳人)から、島田翰(一八七九―一九一五、漢学者・書誌学者)の蔵書を購入する事を勧められた。島田翰は、島田重礼(一八三八―一八九八、漢学者・東京帝国大学教授)の二男である。島田翰の蔵書は、父親の蔵書を引き継いだものであった。徳富は、島田に古鈔・刻書の沿革を知りたいと言い、これをうけて島田は一九〇五年に『古文旧書考』を民友社から出版した[19]。同書は、朝鮮本をはじめ、宋本、元本、明本、日本古鈔本、古版本などの善本を対象にして、「旧鈔本考」「宋槧本考」「旧刊本考」「元明清韓刊本考」の四章で構成されている。最終の章である「元明清韓刊本考」の中で、朝鮮本に関する版本調査及びその研究が行われている。

『古文旧書考』で島田は、朝鮮本を「韓本」と称した。ここに収録された朝鮮本は、『新刊詳増補註東萊氏博義』(二五巻、朝鮮覆正徳)、『通典』(二〇〇巻、高麗復唱本)、『列子』(八巻、高麗復唱本)であった[20]。

徳富が購入した島田の蔵書によって、成簣堂文庫の善本と希少本の基礎が築かれた。以後、徳富は古書肆が京都などから持ち込む五山版などを買い始めた。仏書の場合には仏教徒に働きかけて布施を寺に奉献し、寺から書庫ごと譲

成簣堂文庫の内部
（徳富蘇峰、『愛書五十年』、ブックドム、1933）

り受けたこともある。京都から始まって全国各地でこのような作業が続き、森慶造、阿部充家（一八六二―一九三六、毎日新報社長）などが主にこの仕事を担当した(21)。

徳富はどんなに多忙な中でも古本屋巡りをすることを好み、東京と京城の往復時に、寸暇があれば古書を漁る(22)。彼は自分が訪問した京城の古書肆について次のように回想している。

◎予が朝鮮の新聞に関係したのは明治四十三年九月から、大正七年迄であった。此の足掛九年間に於て、京城と東京との間を往復したのは、幾回であったか、手帳でも引き出さねば、急に想起が能きぬ。而して京城滞在数も、積算すれば、可なり多かったことと思ふ。

◎此の間に於て、予の重なる愉快は、郊外散歩と、古書肆を素見すの二事であった。予は京城を中心として、其の付近の名所、旧跡は、概ね尋訪している。而して古書肆に至りては、新聞社に出社した後、重なる社員と会談した後は、必ず訪問を怠らなかった。

◎京城には、朝鮮人の古書肆を名く可きもの、僅かに両三軒。然も重なる者は一二軒、後には只だ一軒となった。併し之を見舞ふには、多少の勇気と申したいが、実は多大の勇気を揮はねばならぬ。此れと同時に、非常の辛抱力と、探索力とを要する。それは自から其場に臨みたる者でなければ、とても其の消息を理会することは能きぬ。

◎朝鮮の古書肆は、掃除が禁物だ。整理が禁物だ。如何なる書目を聴いても、有と云うた例がない。店頭には無茶苦茶に、若干の書冊が散乱している。されば何か面白き物を発見せんとすれば、石炭掘が坑底に下る如く、潜水夫が水中にもぐる如く、書籍と塵埃の海の中に、全身を没入せねばならぬのだ。古書肆の主人は、客の斯る所作を餘に驩迎せぬ。併し此方から押し強く出し掛くれば、宛も法官の家宅捜索に対する家主の如く、致方なしとして諦めて呉るる。

◎予が辛苦して獲たる書籍の中にて、誇る可ものは、餘に多くない。但し其数と量とは、実に夥しきものだ。

◎実は本年（大正十年）四月の末五月の初、京城滞在の際も、古書肆を見舞ふことが、一の楽であった。然るに最近三四年の間に、京城も頗る変化した。予が旧好の古書肆も、其の肆頭は若干立派となって居たが、内容は実に貧弱であった。此れが為めに予は、本屋の塵埃に白頭を埋めない代わりに、復た何の獲る所もなかった。(23)

以上のように、徳富は一九一一年から一九二一年まで約一〇年にわたり、自分が目撃した京城の古書肆を描写した。彼が見た京城の古書肆は数も少なく、整頓されていない姿だった。しかし、そこで彼が購入した古書は少なくない量だった。かつ、徳富は朝鮮版あるいは万暦以前の本は東京で入手しやすいと言った。その理由としては、「若し夫れ朝鮮版、若しくは古鈔の万暦以前の物は、寧ろ之を東京に於て求む可きのみ。是れ蓋し文禄、慶長の役、日本、支那両軍によりて、掠略、殄滅したるが為めならずんばあらず」と考えられるからである。(24)

徳富のこの発言は、誇張ではないかもしれない。徳富が日本で見た朝鮮本の詳しい情報は分からないが、前田侯爵家が開催した展覧会の記録を通じてその一面が確認できる。徳富は、この展覧会で『重広会史』二〇冊を見た。この本は、表紙、題籤まで原形をよく保存していたそうである。そして毎冊の最初のページに「経筵」という印があり、最後のページに「高麗云云」という印があった。徳富はこれによって『重広会史』が壬辰倭乱（文禄の役）の戦利品の一つだと判断した(25)。

ちなみに、前田利為（一八八五―一九四二）侯爵は一九二八年、東京の駒場邸に「尊経閣文庫」を建てた。収蔵書のほとんどは前田綱紀（一六四三―一七二四、加賀藩四代藩主）の「尊経閣蔵書」を受け継いだものなので「尊経閣文庫」と名付けた。現在は公益財団法人前田育徳会が管理している。

徳富は、この本を復刻し、成簣堂文庫に所蔵した。全一〇〇巻二〇冊で高麗覆宋本、或いは宋槧と版本を明示し、巻末に「高麗国十四葉辛巳歳蔵書大宋建中靖国元年大遼乾統元年」の印記があることを見て、高麗本であることを確認している(26)。この蔵書印は、一一〇一年（高麗粛宗六）二月二七日の記事に、粛宗が重光殿で本を読んで「高麗国十四葉辛巳歳蔵書大宋建中靖国元年大遼乾統元年」という蔵書印を押したという記録がある(27)。徳富蔵書の中には、日本にある朝鮮本の中で希少本、或いは善本などを復刻したものもあった。

徳富は朝鮮の古書肆について前記のように否定的な評価をしたといえるが、実際には京城の古書肆で希少本を入手することもあった。『成簣堂叢書』に収録された『帝範臣軌』は、朝鮮の古書肆から獲たものである。

徳富は、京城の某古書肆で偶然、朝鮮の銅活字本の『帝範臣軌』を発見し、直ちに購買して比較研究をした。この本は日本の校勘学者で蔵書家の狩谷棭斎（一七七五―一八三五）も見られなかったものである。日本の善本漢籍の解題である『経籍訪古志』にも掲載されていないもので、中国の古今有数の学者紀暁嵐（紀昀：一七二四―一八〇五）の誤りを匡正するに足ると言った。紀暁嵐が『四庫全書総目』に記述したことを見れば、彼はこの本の注釈者の名前も知らず、同書が元の泰定二年（一三二九）に発見されたと言った。徳富は朝鮮から入手したこの本を根拠に、紀暁嵐の説より先に同書があることを証明しようとした。この本にだけある序文を以て紀暁嵐の説を批判した。徳富は『帝範臣軌』

を複製しようとしたが、武英殿本とその底本が同一であるため後廻しにして、その考証のために前述の序文だけを複製し、本書の解題中に掲載した。これは京城で挙げた快挙で、『帝範』に起因したものであった。

現在、韓国国立中央図書館には、一六一三年に木版として刊行された『帝範』（請求記号：古 3652-28）、一七二五年に活字本として刊行された『宗帝範附音註解』（請求記号：漢古朝 31-18）、甲寅字体訓錬都監字本の『唐太宗帝範』（請求記号：一山古 6101-3）が所蔵されている。徳富が発見した銅活字本は、上記の書籍とは異なる物だろう。

徳富は一九一五年、民友社で『成簣堂叢書』第七編として『帝範』を出版し、『帝範臣軌解題』も収録した。[28]『四庫全書総目提要』によると、『帝範』は長い間、闕本だったが、元の泰定二年（一三二五）雲南征伐の時に発見されたという。この本の附注本が永楽大典に収録され、その後、永楽大典から録出して校訂したのが四庫全書本である。この附注本は乾隆年間、清朝の武英殿で聚珍版（活字本）として刊行された。これがいわゆる「永楽大全本」或いは「武英殿本」である。

だが、朝鮮銅活字本『帝範』を入手した徳富蘇峰は、『四庫全書総目提要』の解説に誤りがあることを指摘した。彼は至治三年（一三二三）、劉参道の序文を証拠に『帝範』完本が雲南で発見されたのは泰定二年より先であると言った。そして紀暁嵐が「注の撰者は唐の人の旧注に、元の人たちが補録したもの」と言っているのに対して、徳富は元の李元鎮が撰したものだと言った。彼が朝鮮で獲得した朝鮮銅活字本『帝範臣軌』は、『成簣堂善本目録』（一九三二）に次のように整理されている。

太宗帝範附音註解四巻元李鼒元撰一冊
朝鮮銅活字印本九行十七字至治三年（一三二三）劉参道序及び趙文炳等列銜あり

徳富の解題には、朝鮮銅活字本『帝範臣軌』の序文が影印されており、活字翻印もされている。徳富所蔵の朝鮮本が祖本としたのは、元の至治三年（一三二三）の序刊本である。序文によると、至治三年、序刊本は『帝範』李注の一次刊本ではなく、これより先に祖本である刊本が先行したという[29]。

徳富は京城で獲得した希少本を根拠に上記のような版本研究を行った。彼はこのように蔵書家を越えて、自分が収集した資料を対象に研究者としての成果を出していた。

（2）徳富蘇峰の朝鮮本に関する研究

蔵書印と朝鮮本

徳富は蔵書印について相当な知識を持っていて、本の来歴を詳しく調べた。前章で、『重広会史』の書誌情報の記述において、「経筵」「高麗国云云」などの蔵書印を以て本の来歴を明らかにしたが、徳富はこのような方法で蔵書印を通じて朝鮮本の履歴を追跡した。徳富は、「養安院蔵書」印を通じて、自身が所蔵した『周易本義附録集註』について次のような点を究明した。

◎我国に於ける朝鮮の古書は、概して何れも「養安院蔵書」の印あり。是れ當時の總師浮田秀家が、書籍を帰舟に滿載して、医師曲直瀬正琳に贈りたるが為めなりと云ふ。姑らく我が成簣堂の所藏を数ふるも「養安院蔵書」の印記あるもの、十指を屈するに遑あらず。其の中には、随分珍品と稱し得可きものもある也。若し明治三十三年北清事変に、浮田秀家あらしめば、彼は物議の種たる馬蹄銀よりも、這般の戰利品に著眼したらむ[30]。

徳富は自身が所蔵している『周易本義附録集註』に押されている蔵書印の一つである「養安院蔵書」印によってこの本の来歴を辿る。当時、「養安院蔵書」印の本は希少本となっていたが、彼は十指に余るほど所有していた。所蔵本の中で、貴重本だけを精選した『成簣堂善本書影七十種』には「周易」を元刊本に分類したが[31]、この本は、上の記述のような過程を経て、文禄の役の戦利品として日本に渡されたものである[32]。

この本の所蔵者であった養安院・曲直瀬正琳は、安土・桃山時代（一五六八―一六〇〇）から江戸時代初期まで活動した医師である。名前は又五郎、字は養庵、号は玉翁で、一五六五年生まれ、曲直瀬正盛（一五〇七―一五九四、道三）に学び、後にその養子となった。一五八四年、豊臣秀吉（一五三六―一五九八）に会い、豊臣秀次（一五六八―一五九五）に出仕したが、後に徳川家康（一五四二―一六一六）の侍医になった[33]。曲直瀬正琳は膨大な量の朝鮮本を所蔵し、その「養安院蔵書」と呼ばれるコレクションの土台は朝鮮本からなるものと言って過言ではない。多少の唐本もあるが、それすら朝鮮経由のものが含まれていたという。

江戸時代の文人小山田与清（一七八三―一八四七）が書いた『松屋叢話』は「養安院蔵書」について次のように述べている。

三略直解一本、六韜直解二本、ともに四百年ばかりもむかしに写したらんと見ゆるをもてり。三略のかたは、曲直瀬氏の蔵本なる、加藤清正の朝鮮分捕本を、清水徳がかり得て示たりしに、つゆたがふふしなし[34]。

三木栄の研究では「これらの書籍は秀吉或は宇喜多秀家より贈られたもので、壬辰役時朝鮮から将来した船数艘或は笥数十或は車数台或は数千巻と云はれる量を有し」たとも言う[35]。

徳富所蔵の中で「養安院蔵書」印のように傍証する資料が残っている場合、蔵書印を通じて書籍の履歴を明らかにすることができたが、すべての書籍に蔵書印が残っているわけではなかった。徳富は朝鮮本の蔵書印に関してこの点を指摘しながら、不満を吐露した。

蔵書印が、文字の上に捺せられたるが為めに、其の文字も割除し、読む克はざらしむるものあり。如何なる珍籍も、斯る醜態を残しては、心外千萬也。固より日支兩国の蔵書家にも、此弊皆無にあらず。特に朝鮮人を甚だしと為すのみ[36]。

徳富は、朝鮮本の蔵書印が残っておらず、その経歴を追跡できなくなったことについて、このように批判した。文字が書かれている部分に蔵書印が押されていると、後の所蔵者がその蔵書印を切り取ってしまうために、印章が捺印された部分の文まで失われてしまい、内容も把握できなくなる。これは朝鮮だけの弊害ではないとは言っているが、朝鮮本に対して特に激しく非難をしている。

朝鮮式の装丁と紙

徳富蘇峰の朝鮮本の趣味は購買と所蔵にとどまらず、探究にまで及んだ。いわゆる「書物道楽家」の面貌が、趣味を越えて学問の領域に入って行ったと言える。徳富は朝鮮本をはじめとして、所蔵した書籍に対して版刻、蔵書印に関する研究を行い、朝鮮本の場合、特に朝鮮本の装丁及びその紙に対しても研究した。彼は、朝鮮の本の表紙について次のように論じた。

◎朝鮮人も、書籍を大切にする美徳を有す。朝鮮刊本の事は、姑らく描き。朝鮮に輸入せられたる支那本は、其の明版、清版に論なく―本来具備したる、特殊の標装ある書籍の外は―如何なる書籍をも、必ず朝鮮式の標紙を附せざるもの稀れ也。
◎朝鮮式の標紙は、或は卵色、或は水色、或は薄桃色、或は飴色等あれども。其の色彩よりも、寧ろ特色とす可きは、其の打出の紋様にあり。
◎先づ厚き堅き板に、唐草とか、巴とか、種々の模様を彫刻し。共の上に薄く蠟を塗りて厚き紙を措き。紙と板と全く妥貼したる後、そろそろと滑かなる手頃の石にて、紙の上より磨くや。此の如くして、板木の紋様は、隠々躍々として、紙上に打出する也。
◎日本の慶長元和頃の書籍には、此種の紋様ある標紙を著けたるものあり。そは定めて朝鮮伝来ならむ。
◎朝鮮紙の堅靱は、世界に誇るに足る。其の標紙の如きも、最上なるものは、手あたり滑かにして、一種の弾性を帯び、宛も羊皮の如きあり。彼の硬獷馬革の如き標紙は、概して朝鮮の李朝中葉以降の書籍に多く、而して却て蠹害を招くの虞ありとす(37)。

以上のように、徳富は朝鮮本だけでなく朝鮮に輸入された明版、清版も朝鮮式の表紙に変えられていることを指摘した。これが徳富が「朝鮮本」と言う範疇に中国の書籍まで含ませている理由らしい。そして徳富は朝鮮式の表紙、すなわち菱花板で本を飾ることが朝鮮本の独特さだと見た。中国や日本の場合に、全くこのような例がないわけではないが、主に朝鮮で盛んに行われた。なお、菱花板の模様が概して仏教的な模様であることから見て、仏殿の崇像に起因したものだと考えられている。(38)

徳富は朝鮮の紙について「朝鮮紙の堅靭は、世界に誇るに足る。」と高く評価した。それと共に「彼の硬獷馬革の如き標紙は、概して朝鮮の李朝中葉以降の書籍に多く、而して却て蠹害を招くの虞ありとす。」とその問題点を指摘した。朝鮮の表紙、装丁、紙などが日本に流行して、日本の出版業界にも変化をもたらしたようである。

朝鮮式の表紙をした書籍のうち、徳富を魅了したのは、『大蔵経』であった。「昨年、朝鮮総督府で製本したる、高麗版大蔵経の標紙の如きは。朝鮮式の標紙の清雅なる、特色を発揮したるに庶幾し。当事者の苦心思ふ可し」とし、その美しさを論じた。(39)

朝鮮の仏典

徳富は朝鮮の仏典に関心を持って、多量の仏典を収集した。徳富は自分が収集した仏典の中で貴重本のいくつかについて、次のように紹介した。

◎朝鮮に於ける書籍学の急先鋒にして、共の殊動者たる佛人クーラン［MauriceCourant; 一八六五―一九三五、東洋学者］は、佛書の活字本に就ては、圓覚経を見るのみと称したれども。予は其の以外にも、数件あるを実見せり。

◎成簣堂文庫に就て、之を見るに、『般若波羅蜜多心経略疏』の一冊の如きは、正しく活版にして、且つ特に奇とす可きは、其の本文、及び註疏に、朝鮮諺文を雑へて、印刷したるにあり。巻末には主上殿下、国音を以て、法華経を親訳し、又た某々に命じ、国語を以て心経を翻訳し、大衆に普施す云々、「天順癸未七月仲旬有日前俗離寺住持大師臣演熈謹跋」の文字あり。此によりて見れば、法華経も同様の活版に附したるものならむ。天順癸未は、我が寛正四年、西暦一四六三年にして、東山義政の時代也(40)。

徳富は自分が収集した仏典のうち、諺解本の仏典と活字本を高く評価した。『般若波羅蜜多心経略疏』は、一四六四年刊経都鑑で(41)『般若波羅蜜多心経』を解説した注釈書として刊行したものである。その中、韓国は木版本だけを「宝物七七一号」として指定した。この本は、孝寧大君と韓継禧が法蔵の『般若心経略疏』を国訳したものだという(42)。

徳富は、日本の仏典中の貴重本として、高麗版の大蔵経を翻刻したものを挙げた。上述のように、徳富は朝鮮総督府が刊行した大蔵経に対して、その外的な美しさを高く評価した。しかし、高麗大蔵経は日本でその一部分（慧琳「一切経音義」等）が翻刻され、それが中国に伝えられたことがあるらしい。このことについて、「曝書漫筆」の記述を見てみよう。

◎朝鮮にて著述せられ、若くは出版せられたる仏書の、我に於て翻刻せられたる中にて、唐僧慧琳の「一切経音義」の如きは、支那に於て尤も珍重せらる。楊守敬が之を評して、「佚文秘籍不可勝記、誠小學之淵藪、藝林之鴻寶。」と讃美したるは、偶然にあらず。此書は高麗板一切経中にありしを、京都獅谷忍澂上人の篤学なる、之れを單行本として、出版せんとして、其業半ばにして未だせず。其の遺弟等相ひ戮協し、元文年間に、之を完成したと云ふ。

◎此書は支那に於ては、佚書たりし也。五代の周顕徳年間、高麗より俺をは遣はし、金を齎らして、之を求めたれども得ず。後之を契丹に獲て、大蔵経中に刊行したりと云ふ。されば我が元文翻刻本は、殆ど支那人の手に買収せられ。日本に於ては、却て得可からざる珍書の一とはなりぬ。
◎又た延享年間高野山北室院蔵版にかゝる、希麟の『続一切経音義』も亦、麗蔵［筆者注：高麗大蔵経を指す］より抽出、翻刻したるものにして、是亦宋以後の佚書たりし也。
◎又た『貞元釈教目録』の如きも、宋、元、明の三蔵経書目には是れなく、唯だ僅かに麗蔵に於て之を見るのみ。
◎予は幸にして我が古鈔本一巻を蔵す。標紙には「貞元新定釈教目録巻第三十 下」と記し、見返しと第一頁との縫心に「普賢院」の黒印を捺す。蓋し高雄神護寺普賢院の旧儲ならむ。
◎例により胡蝶装にして、両面に書写し、細字にて朱註を加へたり。帖末数葉は、濕蠹交も害し、殆ど読む可からず。唯だ「治暦□年四月十八日令写了頼尊」の字を弁ず可し。要するに約八百五十年前の物とす。(43)

高麗大蔵経が日本に伝わったのは室町時代頃だという。室町時代（一三三六—一五七三）当時には琉球国にも高麗大蔵経が伝来した。日本は江戸時代（一六〇三—一八六八）に入ると、高麗大蔵経を基にして、大蔵経刊行を企画したが、叶わなかった。(44)

日本は何度となく朝鮮時代に大蔵経を要請した。朝鮮において、大蔵経の搬出は公的に禁じられていた。時間が経って、日本は朝鮮を植民地化した後、朝鮮の古跡に関する調査を断行し、海印寺の大蔵経に関しても調査を実施した。朝鮮総督である寺内正毅は、大蔵経を印出することを命じた。この目的は日本の天皇家の菩提寺である泉涌寺に奉納するためだった。(45)

徳富が上記で述べた高麗大蔵経が、どのような過程を経てどの時代に伝わったのかは分からない。また徳富蔵書の中に多量に収蔵されている朝鮮の仏典の全貌は分からない。徳富の成簣堂文庫には朝鮮から入手したものだけでなく、徳富の収書過程で日本各地の寺で収集した仏典も含まれているため、その流入経路を明らかにすることは容易ではない。

朝鮮の活字本に関する研究

朝鮮本の様々な特徴の中で、徳富を魅了したのは、朝鮮の活字本である。徳富が所蔵する朝鮮本は、写本もあるが、刊本、活字本が主である。活字本の中には陶活字、銅活字などが入っている。徳富蘇峰は、ペンネームである「青山仙客」を用いて『毎日申報』に「朝鮮の活字と珍書」を四回にわたって連載した。その中で「東京の『国民新聞』誌上の「曝書漫筆」の中から、朝鮮の活字と珍書に関する記事がある。これに転載して世の中の愛書家たちのため、参考になるようにしようと思う。記事の中で余と言ったのは、執筆者の青山仙客である」と述べていた。コラムの題目と日時は以下のようである。

朝鮮の活字と珍書（1）一九一六・一〇・二四
朝鮮の活字と珍書（2）一九一六・一〇・二五
朝鮮の活字と珍書（3）一九一六・一〇・二六
朝鮮の活字と珍書（4）一九一六・一一・〇二

「朝鮮の活字と珍書」（1）と「曝書漫筆」の二つの文で、徳富は活字版の嚆矢と朝鮮活字版の意味を次のように評価した。

◎活字版の嚆矢は、恐らくは支那なる可し。朱の仁宗の慶暦年間に、膠泥活字を作りたりとの記録あれば。西暦一千年及至一千百年の頃には、已に活字の使用せられ居たるを知る也。但だ今日に於ては、當時の活版なるものを見ず。偶ま是あるも、此れを確む可き證馮を、見出さざるを憾む耳。

◎若し夫れ活版を、実際に使用したる證跡の明白なるものは、実に朝鮮にあり。李朝の太宗は、其の踐祚の三年に『予欲範銅為字、隴書印之、以広其傳、為無窮之利』の教令を下し、此が為めに銅字三十萬個を鑄造したり。是れ実西千四百三年也。

◎朝鮮の活字版にて、現存する最なるものは、『標題句解孔子家語』にして、此れは十四世紀の始に遡る可きものとは、佛人クーランの所設なれども。子は必ずしも然りと確言するを得ず。但だ太宗の教令を下したる時代と大差なき丈は、分明也。予は唯だ僅かに其の標本として、上記の孔子家語零本一冊を、蔵するのみ。

◎爾来朝鮮の政府が、如何に活字の改良に力を用ひたりしかは、今ま茲に絮説する迄もなく、其の効果の昭著なるを見ても、之を知るを得可し。

◎最近百年前後の活版に至りては、其の優秀なる、到底活字とは思はれぬ程也。予が所蔵の『奎章閣志』の如き、若くは『近思録』の如き、是也。

◎朝鮮には木活、銅活以外に、陶活あり、鉄活あり。今尚ほ若干の標本を、総督府文庫中に剰まし居れり。要するに鉄活は、其の字体縦に短く、横に長く、陶活は、之に反す。而して何れも攲側にして、不整なるは、到底銅活の整一に若かざるを見る。(46)

徳富は活版の嚆矢は中国だが、活版の明白な証拠は朝鮮にあると主張した。そしてその最古は『標題句解孔子家語』であり、其の零本一冊だけを彼が所蔵している。この本は約一五世紀頃に銅活字で刊行されたものだという。『標題句解孔子家語』について、現在韓国の研究者間では、木活字又は金属活字本という立場と、銅活字と見る立場がある。モーリス・クランは木版本と鑑別した。これに対し、千恵峰は、国立中央図書館所蔵の乙亥字本『標題句解孔子家語』と、大英博物館及び日本天理大図書館所蔵の『標題句解孔子家語』を直接調査し、「中宗朝前期に印出した乙亥字本を宣祖前期である一六世紀後期に翻刻したものの伝来本」と考証した。[47]

徳富の本は、一五世紀に印刷したものであり、国立中央図書館、大英図書館、日本天理大図書館所蔵のものは一六世紀後期に翻刻したものの伝来本である。徳富が所蔵した銅活字『標題句解孔子家語』[48]が、いつ、誰によって朝鮮で刊行されたのかは分からない。徳富が主張するように、『標題句解孔子家語』が活版印刷の最高峰であれば、印刷史において非常に重要な資料になるだろう。

徳富が所蔵した『奎章閣誌』と『近思録』も、銅活字で製作されたものである。この本について徳富は「到底活字とは思はれぬ程」と言い、その美しさを絶賛した。

徳富は朝鮮本と朝鮮の印刷術（活字）が日本の学問を振興させたと評価した。「文禄慶長後日本における朝鮮の感化」[49]は、一九三〇年、青山会館で行った講演の原稿である。徳富は朝鮮と日本の歴史的関係を論じ、文禄の役に日本が大量の朝鮮本を略奪したことについて、そしてそれが徳川家で分配され管理されたことについて、詳しく報告した。特に、徳川家が所蔵する朝鮮本目録を整理しながら、姜沆、李退渓などの朝鮮の学者からの学問的影響、朝鮮本及び印刷術が日本に及ぼした影響について研究を発表した。その講演以外にも徳富は数回にわたり、文禄の役の鹵獲物が日本の学問と文化に及ぼした影響力に注目する発言をした。「曝書漫筆」には、朱子学研究においても、権近の『入学図説』、李退渓の『自省録』、『朱子書節要』のような著作が、すべて寛永（一六四二—一六四五）、正保（一六四五—一六四八）年間に翻刻されて読まれている程だと述べた。山崎闇斎（一六一九—一六八二、儒学者）も李退渓に負うところが少なくない。大塚退野（一六七八—一七五〇、儒学者）はなおさらそうである。徳富にとって同郷の先人にあたる、横井小楠、元田永孚両先生もまた若干の感化を受けたと言える。わが家の淇水（徳富一敬）翁が嘉永年間（一八四八—一八五五）に小楠堂塾をやめて故郷に帰る頃、横井先生は特別に李退渓の言葉を書いてくださった。その文は今も青山草堂に掛かっている、と言った。(50)

徳富は文禄・慶長の役に略奪した朝鮮本と朝鮮の印刷術、活字などが日本の学問を興したと見た。例えば、日本の朱子学の発達に権近、李退渓の本と朱子学の書籍を翻刻する印刷術が相当な影響を与えた。この影響力は江戸時代に限ったことではなかった。徳富がその影響を受けた人物として挙げた横井小楠、元田永孚は、日本の近代転換期の主要な思想家である。それだけでなく、徳富自身も父の影響で李退渓の思想に接することがあった。朝鮮の影響力はこのようなかたちで近代の日本社会にも残っていたと言える。

三　成簣堂文庫と朝鮮本

（1）徳富蘇峰と『成簣堂叢書』

これまで発刊された成簣堂文庫の目録は表1の通りである。(51)

成簣堂所蔵本について日本で行われた研究は『遊仙窟』、『作文大体』、『医心方』、『沙石集』、少山堂本『西廂記』、『西

表1　成簣堂文庫刊行の目録書

書　　名	編著者	年度	出版社
「成簣堂善本書目」	蘇峰先生古稀祝賀記念刊行會	1932	民友社
「成簣堂古文書目録」	蘇峰先生文章報国五十年祝賀會	1936	蘇峰先生文章報国五十年祝賀會発行
「成簣堂文庫洋書目録」	丸山昭二郎監修	1986	お茶の水図書館
「新修成簣堂文庫善本書目」	川瀬一馬編著	1992	石川文化事業財団お茶の水図書館
「成簣堂文庫『大乗院文書』の解題的研究と目録（上）」	荻野三七彦編著	1985	お茶の水図書館
「成簣堂文庫『大乗院文書』の解題的研究と目録（下）」	荻野三七彦編著	1987	お茶の水図書館
「成簣堂文庫『「武家文書」の研究と目録（上）』」	芥川龍男編著	1988	お茶の水図書館

廂記』、慶長勅板『日本書紀』のような古典籍に対する研究と「大乗院文書」のような古文書に対する研究に分けられる。以上の資料は、希少本としても研究され、且つ日本の訓読の研究においても使用されている。

徳富は成簣堂文庫所蔵書籍の中で貴重本を「成簣堂叢書」（民友社、一九一三―一九一四）と「新成簣堂叢書」（一九三一―一九三二）として刊行した。「成簣堂叢書は私（徳富蘇峰）が、成簣堂文庫の中で読書愛好家たちに多様な方面でその興味を持つに値するが、比較的希少本である本を複製して世の中に送り出そうとして作ったもの」とその刊行の意義を語った[52]。

「成簣堂叢書」は次のようである。

『淮海挐音』（二冊）、『櫟翁稗説』（一冊）、『白隠和尚垂示』（一冊）、『酒餅論』（一冊）、『月江和尚録』（一冊）、『戸田左門覚書』（一冊）、『帝範臣軌』（二冊）、『茂睡考』（一冊）、『大梅夜話』（一冊）、『論語鈔』（五冊）、『襟帯集』（一冊）、『下養狂歌集』（二冊）、『平洲先生小語』（一冊）、『杜樊川夾註』（五冊）

「新成簣堂叢書」は次のようである。

『聴雨紀談』、『貧人太平記』、『新撰和歌論語』、『明恵上人臨終記』、『日本書籍総目録：白石先生手写』

徳富は希少本を「叢書」として刊行し、三〇〇部ないし五〇〇部の少部数を出版した。「成簣堂叢書」は『淮海挐音』（二冊）、『櫟翁稗説』（一冊）の表紙に「この本は五百部を刊行した。」という記録と「第〇号」の記録で発行番号が表示されていることから、初版は五〇〇部で刊行されたことが分かる。「新成簣堂叢書」は『日本書籍総目録：白石先生手写』に「限定三百部第〇号」という記録があることから、初版は三〇〇部だけ刊行したことが分かる。

『成簣堂叢書』は、書籍ごとに題簽を異にしている。『淮海挐音』は徳富が、『櫟翁稗説』は金允植が書いた。『成簣堂叢書』の中で特に注目すべきは、『櫟翁稗説』、『帝範臣軌』、『杜樊川夾註』であると思う。『帝範臣軌』については前述したように朝鮮で収集したもので、書誌学的な価値が高い希少本である。

『櫟翁稗説』は、成簣堂文庫の善本目録（一九三二）に二種類ある。一つは、朝鮮古刊本で、これは「成簣堂叢書」として影印になったものである。養安院蔵書で、恐らく島田が所蔵していたものだろう。もう一つはこれより後のもので、刻本で対馬藩宗家旧蔵だったものである。「成簣堂叢書」の『櫟翁稗説』に対する解題は、浅見林太郎（一八六九―一九四三、法曹人）が一九一三年に作成した(53)。『櫟翁稗説』解題によれば、浅見林太郎は朝鮮に数年間暮らしながら朝鮮の書籍を収集するのに力を注いだが、万暦以前の刊本は手に入れるのが難しかった。浅見は徳富が刊行した小字本（『櫟翁稗説』）を見て、珍しい本だということが分かる。その冒頭に「養安院蔵書」の印章があって、この本は文禄の役の時に船に積んできたものだと見て、宣徳の旧刻に違いないと判断した(54)。

『杜樊川夾註』は、徳富が収集した本である。彼の本棚の韓籍の中で『杜樊川夾註』五冊は喜ぶべきものだと述べた。

この本は中国で佚書になり、日本でも残闕二冊があるだけで、朝鮮ではもちろん痕跡も見られなかったからである。

徳富は『杜樊川夾註』について次のように説明した。『経籍訪古志』では朝鮮人が刊行したものかもしれないと疑問を投げかけている。楊守敬の『日本訪書志』には、字体と紙質を調べてみると、まさに朝鮮人が刻版をしたものであり、注釈も非常に詳細で豊富で巻末に添注が付いている。注釈の中に、北宋人の書籍を非常に多く引用しているが、それらは原書から見得たものであり、販売されたものではないから、この本は南宋人が書いたものと考えるべきである。これまで著録家たちが言及したことがないので、朝鮮人が撰述したものかもしれないとも言われるが、詳しいことは分からないと言っている。成簣堂の完本は、五巻末に跋文があって、「詩経以後、唐代になって杜子美という傑出した詩人が出てきて、杜牧之がその後を継いだ。当時の人々は杜牧之を「小杜」と呼んだ。彼の本五巻が東方に伝わって盛行したが、近年では版が少なくなり文字は摩滅して人々がほとんど見ることができなかった、云々」という言葉がある。したがって、この本が朝鮮人の著述ではなく、中国から朝鮮に伝わったものであることは明白である。日本に伝わった残闕本が、成簣堂本の底本か否か、すぐにこれを判断することはできないが、内容は同一で版式は同じでないと言った。(55)

これ以外にも徳富は様々な種類の『杜樊川夾註』を所蔵していたようである。その中には毎巻末に「白雲書庫」の印があるものもあった。「白雲書庫」の主人は石川丈山の友人である野間三竹（一六〇八―一六七六）だった。

徳富が朝鮮から入手した『杜樊川夾註』は「成簣堂叢書」の最後の巻号として発刊される予定であった。既に複製を終えて製本を待つばかりであったが、一九二三年九月一日、関東大震災が発生して焼失し、結局その志を果たすことができなかった。

（2）成簣堂文庫所蔵の宋本と高麗覆宋本

徳富は宋本、そして高麗覆宋本について関心が高かった。当時既に宋本と高麗覆宋本は非常に珍しい書籍である。『（新雕）入篆説文正字』一冊の本は、一九三一年「附録 成簣堂所蔵朝鮮本目録」に収録されている高麗覆宋本である。[56]

巻首に「経筵」「養安院蔵書」「篁村島田氏家蔵図書」の印があり、巻末に「高麗国十四葉辛巳歳蔵書大宋建中靖国元年大遼乾統元年」「養安院蔵書」「雙桂楼所蔵記」「篁村島田氏家蔵書」の印がある。目録の末尾に島田翰の「識語」が載っている。島田は高麗覆宋本として当時まで残っているのは、秘府（宮内省図書寮）に『杜氏通典』、『文中子中説』があり、帝国図書館に『姓解』、木村正辞（一八二七―一九一三）の『御注孝経』と、彼が所蔵したこの本（『（新雕）入篆説文正字』）と『荀子』がある。「高麗云云」と印が押してある本は『通典』『姓解』『荀子』と本書だけだろうと述べた。[57]

徳富は目録に本の別紙や箱に記された識語も収録している。この本の巻末の蔵書印の文字は、きちんと見分けがつかなかったが、北宋本『杜氏通典』に押されているものを見て、ようやく解読することができた。『朝鮮史略』を見ると、辛巳は、粛宗六年（一六八〇）である。巻首の「経筵」は、北宋本『御主孝経』及び『文中子』にも見えるもので、この印もまた高麗国の印記である。天保壬寅（一八四二）秋、この本を借りて全部を筆録し終えて、箱を作って本を返し、書き付けたと書かれている。これは校勘学に長じた小島宝素（名は尚質）の識語である。

このように徳富は『（新雕）入篆説文正字』に関連する資料を蔵書目録の中に、できる限り全部収録している。これは『（新雕）入篆説文正字』の来歴を明らかにする上で重要な資料になった。上記の記録は『（新雕）入篆説文正字』の出版及び所蔵者、その特徴（活版関連）を究明する資料として活用できる。

当時、日本に現存する宋本と高麗覆宋本は、島田が主張した『杜氏通典』『文中子中説』『姓解』『御注孝経』『荀子』『入篆説文正字』に加えて、『列子』『傷寒論』、そして前章に言及した『重広会史』まで合わせると九冊だったと言える。現在、日本に残っている宋本のうち、日本の国宝、重要文化財に指定されているものが少なくない。それは、時には中国にもない唯一の本のものもある。

四　おわりに

自称「書物の道楽家」である徳富蘇峰は、一九一〇年、言論統廃合のために朝鮮に滞在した。彼は『毎日申報』の社長として在任し、朝鮮で大量の朝鮮本を収集した。徳富は島田翰の蔵書を購入し、成簣堂文庫の土台を築いた。そして、日本の寺院に所蔵されている古書を収集し、洋書などを購入して益々蔵書を拡張していった。

成簣堂文庫所蔵の朝鮮本については、早くからその存在が知られていた。しかし、実地調査は行われておらず、具体的な規模をまだ把握できていない。本稿は成簣堂文庫所蔵の朝鮮本に対する調査の前段階として企画され、徳富の朝鮮本収集、朝鮮本に対する知識と鑑識眼などについて明らかにしようとした。そして、成簣堂文庫所蔵の朝鮮本の中で、いくつかの例を挙げてその特徴を述べてみようとした。

先行研究は主にジャーナリストとしての徳富蘇峰に対して行われているが、本稿は蔵書家、そして読書家としての徳富の姿を示そうとした。「道楽」というほどに本を愛すると言った徳富の蔵書と、その目録、関連論著を通じて彼の収集とその研究について論じた。

在朝日本人の朝鮮本収集の全貌は必ずしも明らかになっておらず、いまなお書籍目録が重要な手がかりである場合が少なくない。日本に残っている朝鮮本を把握するため、この書籍目録、及び目録に記録された書誌事項を綿密に調べる必要がある。

注

（1）「日韓会談外交文書第六回韓日会談文化財分科会（二）第四回会談議事録」http://contents.nahf.or.kr/item/item.do?levelId=kj.d_0010_0070_0060

（2）金・オンキュ「返された慶南大学校寺内文庫の二〇年」、『伽倻文化』二八、二〇一六、七―八頁。

（3）金澤庄三郎編（一九三三）・駒沢大学図書館編（一九八七）・柳春東、「日本駒沢大学濯足文庫所蔵朝鮮典籍と古小説に関する研究」、『韓国学論集』四八、啓明大韓国学研究院、二〇一二。https://repository.tku. ac.jp/dspace/handle/11150/1883

（4）白・ジンウ「日本東洋文庫所蔵の韓国古書について」、『洌上古典研究』三六、洌上古典研究会、二〇一二。宋好彬、「日本東洋文庫の漢籍整理事業の展開と現況」、『民族文化研究』七一、高麗大学校民族文化研究院、二〇一六。

（5）ノ・キョンヒ「日本書庫紀行①―京都大学河合文庫」、『文献と解釈』四九、文献と解釈社、二〇一〇。高麗大民族文化研究院海外韓国学資料センター・日本京都大学人文科学研究所東アジア人文情報学研究センター、『（日本京都大学附属図書館）河合文庫韓国古書目録』、高麗大学校民族文化研究院、二〇一九。藤本幸夫「河合文庫概観」、『民族文化研究』八三、高麗大民族文化研究院、二〇一九。朴・ヨンミン、「韓国古文献の流通と知識の伝播」、『漢文学論集』五八、槿域漢文学会、二〇二一。

（6）鄭光・藤本幸夫「東京大学図書館小倉文庫所蔵文献資料目録」

（7）https://portal.nrich.go.kr/kor/originalUsrView.do?menuIdx=502&info_idx=41&bunya_cd=409

（8）高麗大学校民族文化研究院海外韓国学資料センター http://kostma.korea.ac.kr/

（9）朴相園「『宮内庁書陵部所蔵朝鮮本目録』の発刊報告」、『韓国仏教学』九、韓国留学生印度学仏教学研究会、二〇〇三、参

考。 https://core.ac.uk/download/pdf/23517236l.pdf

(10) https://portal.nrich.go.kr/kor/originalUsrView.do?menuIdx=502&info_idx=41&bunya_cd=409

(11) 徳富蘇峰「（附録）成簣堂所蔵朝鮮本目録」、『修史餘課』、民友社、一九三一、三六七―四〇六頁。

(12) https://www.ochato.or.jp/bunko.htm

(13) 芳村弘道「朝鮮渡り唐本の研究について」、『大東文化研究』一一三、成均館大学校大東文化研究院、二〇二一、一一九頁。

(14) 金栄鎮「朝鮮後期における私家の蔵書目録に関する一攷」、『韓国漢文学研究』七七、韓国漢文学会、二〇二〇、四七〇頁。

(15) 沈源燮『安倍三家と朝鮮』、ソミョン出版、二〇一七、七七―八四頁。

(16) 「年譜」、『徳富蘇峰集』明治文学全集三四、筑摩書房、一九七四、四一七―四二〇頁。

(17) 川瀬一馬『成簣堂文庫随想録』、お茶の水図書館、一九八六、五一―五二頁。

(18) 「正平版論語」は、南北朝時代一三六四年（正平一九・貞治三）、泉州の堺に道祐居士が出版した魏・何晏の『論語集解』一〇巻をいう。「正平版論語」というこの本は、『論語』が日本に於いて最初の印刷本として、博士家で引き継がれた古写本を底本としたものである（川瀬一馬、「正平本論語攷」、『日本書誌学之研究』所収、一九四三、大日本雄弁会講談社）。

(19) 長澤規矩也『長澤規矩也著作集』第二巻、汲古書院、一九八二、五七六―五七七頁。

(20) 島田翰『古文旧書考』第四巻、民友社、一九〇五、参考。

(21) 川瀬一馬『日本における書籍蒐蔵の歴史』、ぺりかん社、一九九九、二二六―二二七頁。

(22) 徳富蘇峰「曝書漫筆」、『蘇峰随筆』一、民友社、一九二五、二〇二―二〇三頁。

(23) 徳富蘇峰「朝鮮の古書肆」、『成簣堂閑記・春』、書物展望社、一九三四、三〇頁。

(24) 「曝書漫筆」、二〇二頁。

(25) 「曝書漫筆」、二〇三頁。

(26) 稲葉岩吉「重広会史の印文に就て：高麗世系を論ず」、『史学』七（三）、三田史学会、一九二八、三一三―三二八頁。

(27) ①『韓国民族文化百科事典』「蔵書印」の項目では、「高麗国云云」のこの蔵書印の印記がある本は『重広会史』・『説文正字』・

『通典』・『姓解』などで、以上の本は日本に伝存していると述べた。https://terms.naver.com/entry.naver?docId=53833&cid=46669&categoryId=四46669

　②『世祖実録』三〇巻、世祖九年五月三〇日戊午の記事には、「前朝粛宗始蔵経籍、其図書之文、一日、〝高麗国十四葉辛巳歳御蔵書大宋建中靖国元年、大遼乾統九年。〟一日、〝高麗国御蔵書。〟」https://sillok.history.go.kr/id/wga_10905030_001

(28) https://ndlonline.ndl.go.jp/#!/detail/R300000001-I024017156-00

(29) 阿部隆一「帝範臣軌源流考附校勘記」、『斯道文庫論集』七、慶應義塾大学附属研究所斯道文庫、一九六八、一七六―一八〇頁。

(30) 「曝書漫筆」、二〇三頁。

(31) 黄華珍「日本に於ける宋元版の一考察」、『岐阜聖徳学園大学紀要』、岐阜聖徳学園大学、二〇〇一、参考。

(32) 「曝書漫筆」、二〇三―二〇四頁。

(33) 邊恩田「朝鮮刊本『金鰲新話』の旧所蔵者養安院と蔵書印」、『同志社国文学』五五、同志社大学国文学会、二〇〇一、二五頁。

(34) 邊恩田、前掲書、二七頁。

(35) 三木栄「養安院蔵書中の朝鮮医書」、『朝鮮学報』一、朝鮮学会、一九五一、二六五頁。

(36) 「曝書漫筆」、二二四頁。

(37) 「曝書漫筆」、二二二―二二三頁。

(38) イム・ヨンチャン『朝鮮時代における菱花板の研究』、漢南大 碩士論文、二〇〇七、一七頁。

(39) 「曝書漫筆」、二二三頁。

(40) 「曝書漫筆」、二五九頁。

(41) 刊経都鑑は、朝鮮時代に於いて世祖が仏教を諺解して出版することを目的として、一四六一年に設置された機関であった。https://terms.naver.com/entry.naver?docId=657641&cid=46648&categoryId=46648

(42) 『韓国民族文化大百科事典』「般若波羅蜜多心経略疏」参考。https://terms.naver.com/entry.naver?docId=343791&cid=46648&categoryId=46648

(43) 「曝書漫筆」、二六三—二六四頁。

(44) 馬場久幸『日韓交流と高麗版大蔵経』、法蔵館、二〇一六、参考。

(45) ヤン・ヘオン「日帝時期高麗大蔵経の調査及び印経事業」、『韓国文化』九一、ソウル大学奎章閣韓国学研究院、二〇二〇、一五—一六頁。

(46) 「曝書漫筆」、二五七頁。

(47) 千恵峰『韓国金属活字印刷史』、ボンウ社、二〇一二、参考。

(48) 蘇峰先生古稀祝賀記念刊行会編『成簣堂善本書影七十種』、蘇峰先生古稀祝賀記念刊行会、民友社、一九三一。

(49) 徳富猪一郎『修史餘課』、民友社、一九三一、二八五—三六七頁。

(50) 「曝書漫筆」、二六一頁。

(51) https://www.ochato.or.jp/bunko.html

(52) 『典籍清話』、三九一—三九四頁。

(53) 浅見林太郎は徳富と数回にわたって手紙をやり取りした。『両京去留誌』で徳富は浅見林太郎を「書籍学の大家」と称した(徳富猪一郎、『両京居留誌』、民友社、一九一五、一一七頁)。

(54) 「成簣堂叢書」『櫟翁稗説』、民友社、一九一三、一四六—一四八頁。

(55) 「曝書漫筆」、二〇四—二〇六頁。

(56) 徳富猪一郎「附録 成簣堂所蔵朝鮮本目録」、『修史餘課』、民友社、一九三一、三八〇—三八一頁。

(57) 「雙桂楼所蔵記」は、篁村島田重礼の蔵書印である。南葵文庫、『南葵文庫蔵書目録』二、東洋印刷株式会社、一九一三、一—一二頁。

〈参考文献〉


『朝鮮王朝実録』

徳富猪一郎『両京居留誌』、民友社、一九一五。

徳富蘇峰「曝書漫筆」、『蘇峰随筆』一、民友社、一九二五。

徳富猪一郎『修史餘課』、民友社、一九三一。

徳富蘇峰『典籍清話』、民友社、一九三二。

徳富蘇峰『成簣堂閑記・春』、書物展望社、一九三四。

蘇峰先生古稀祝賀記念刊行会編『成簣堂善本書影七十種』、蘇峰先生古稀祝賀記念刊行会、民友社、一九三一。

『徳富蘇峰集』、明治文学全集三四、筑摩書房、一九七四。

南葵文庫『南葵文庫蔵書目録』二、東洋印刷株式会社、一九一三。

金沢庄三郎編『濯足庵蔵書六十一種』、金沢博士還暦祝賀会、一九三三。

駒沢大学図書館（編）『濯足文庫目録』、駒沢大学図書館、一九八七。

島田翰『古文旧書考』第四巻、民友社、一九〇五。

『成簣堂叢書』、民友社、一九一三。

『新成簣堂叢書』、民友社、一九三一。

『毎日申報』、毎日申報社。

「韓日会談外交文書第六回韓日会談文化財小委員会（二）第四回会議録」

千恵峰『韓国金属活字印刷史』、ボンウ社、二〇一二。

沈源燮『安倍三家と朝鮮』、ソミョン出版、二〇一七。

高麗大民族文化研究院海外韓国学資料センター・日本京都大学人文科学研究所東アジア人文情報学研究センター『（日本京都大学

附属図書館）河合文庫韓国古書目録』、高麗大学校民族文化研究院、二〇一九。

川瀬一馬『成簣堂文庫随想録』、お茶の水図書館、一九八六。

川瀬一馬『日本における書籍蒐蔵の歴史』、ぺりかん社、一九九九。

『長澤規矩也著作集第二巻』、汲古書院、一九八二。

馬場久幸『日韓交流と高麗版大蔵経』、法蔵館、二〇一六。


金栄鎮「朝鮮後期における私家の蔵書目録に関する一攷」、『韓国漢文学研究』七七、韓国漢文学会、二〇二〇。

金・オンキュ「返された慶南大学校寺内文庫の二〇年」、『伽耶文化』二八、二〇一六。

朴相園「『宮内庁書陵部所蔵朝鮮本目録』の発刊報告」、『韓国仏教学』九、韓国留学生印度学仏教学研究会、二〇〇三。

ノ・キョンヒ「日本書庫紀行①―京都大学河合文庫」、『文献と解釈』四九、文献と解釈社、二〇一〇。

朴暎美「『雲養集』の重刊に関する文化史的模索―金允植と『雲養集』、そして徳富蘇峰」、『韓国漢文学研究』八〇、韓国漢文学会、二〇二〇。

朴・ヨンミン「韓国古文献の流通と知識の伝播」、『漢文学論集』五八、槿域漢文学会、二〇二一。

白・ジンウ「日本東洋文庫所蔵の韓国古書について」、『洌上古典研究』三六、洌上古典研究会、二〇一二。

宋好彬「日本東洋文庫の漢籍整理事業の展開と現況」、『民族文化研究』七一、高麗大学校民族文化研究院、二〇一六。

沈慶浩「日本所在韓国古文献整理の現況と課題」、『大東漢文学』一八、大東漢文学会、二〇〇三。

ヤン・ヘオン「日帝時期高麗大蔵経の調査及び印経事業」、『韓国文化』九一、ソウル大学奎章閣韓国学研究院、二〇二〇。

玉・ヨンゾン「海外所蔵韓国本古書の整理現況と課題」、『海外韓国本古文献資料の探索と検討』、ソウル大学奎章閣韓国学研究院、二〇一一。

柳春東「日本駒沢大学濯足文庫所蔵朝鮮典籍と古小説に関する研究」、『韓国学論集』四八、啓明大韓国学研究院、二〇一二。

イム・ヨンチャン『朝鮮時代における菱花板の研究』、漢南大碩士論文、二〇〇七。

千恵蜂「日本所在韓国古文献の現況と課題」、『国外所在韓国古文献収集成果と課題』（改訂版）、国立中央図書館、二〇一一。

藤本幸夫「河合文庫概観」、『民族文化研究』八三、高麗大民族文化研究院、二〇一九。

芳村弘道「朝鮮渡り唐本の研究について」、『大東文化研究』一一三、成均館大学校 大東文化研究院、二〇二一。

前間恭作「「白山黒水文庫」収蔵朝鮮本に対する管見（上）」、『国会図書館報』、国会図書館、一九六七。

長澤規矩也「鎌倉南北朝期に於ける外典の翻刻：古文旧書考糾謬」、『東洋学報』一九、東洋文庫、一九三二。

阿部隆一「帝範臣軌源流考附校勘記」、『斯道文庫論集』七、慶應義塾大学附属研究所斯道文庫、一九六八。

稲葉岩吉「重広会史の印文に就て：高麗世系を論ず」、『史学』七（三）、三田史学会、一九二八。

黄華珍「日本に於ける宋元版の一考察」、『岐阜聖徳学園大学紀要』、岐阜聖徳学園大学、二〇〇一。

邊恩田「朝鮮刊本『金鰲新話』の旧所蔵者養安院と蔵書印」、『同志社国文学』五五、同志社大学国文学会、二〇〇一。

高橋智「森鷗外『小島宝素』伝補」、『藝文研究』六五、慶應義塾大学藝文学会、一九九四。

三木栄「養安院蔵書中の朝鮮医書」、『朝鮮学報』一、一九五一。

『韓国民族文化大百科事典』http://encykorea.aks.ac.kr/

高麗大学校海外韓国学資料センター http://kostma.korea.ac.kr/

お茶の水女子大学図書館 https://www.ochato.or.jp/bunko.html

山口大学図書館 http://contents.nahf.or.kr/item/item.do?levelId=kj.d_0010_0070_0060

鄭光・藤本幸夫「東京大学図書館小倉文庫所蔵文献資料目録」https://www.krm.or.kr/krmts/search/detailview/pdfViewer.html

西田幾多郎における「東洋」の理解

呉　光　輝

はじめに

「東洋」とは何か。この概念をめぐって今の学術界においては、大雑把に二つの立場が挙げられる。一つは、「東洋」という概念を「偽りの概念」として捉えるものである。[1] なぜかというと、「東洋」という概念は東洋自身が主体的に形成したものではなく、「西洋の衝撃」という歴史的なコンテキストの下で成立した所以である。それに対して今一つは、近代以来の東アジアの情勢に基づき、地理的概念だけではなく、政治的、歴史的、文化的、様々な意味合いを有する「統一概念」としての「東洋文化」である。[2] しかし、「偽りの概念」にせよ、「統一概念」にせよ、グローカル（グローバリゼーション・ローカリゼーション、略してグローカル）化しつつ、激しく動く今の世界にこそ、「東洋」という言葉が、真に問われる時期を迎えてきたように思われる。

本論では、一九一一年（明治四十四年）に『善の研究』を出版し、日本哲学の創始者と呼ばれる西田幾多郎（一八七〇―一九四五）を中心に、「西田幾多郎における『東洋』の理解」というテーマを提起する。その目標は、西田による「東洋」の認識を明らかにするのでもなく、「東洋文化」の過去や未来を究明するのでもない。それは、哲学者としての西田が「東洋」という概念を如何にして理解し、しかも哲学の立場からそれを如何に構築しようとしたかを解明し、そこから西田哲学の「解釈」を試みるものである。換言すれば、西田の「東洋」の理解を出発点として、「西田哲学」の可能性や将来性を改めて捉えなおそうとするものである。

一　「東洋・西洋」という対決図式から「知情意合一」の東洋へ

形相を有となし形成を善となす泰西文化の絢爛たる発展には、尚ぶべきもの、学ぶべきものの許多なるは云ふまでもないが、幾千年来我等の祖先を孚み来つた東洋文化の根柢には、形なきものの形を見、声なきものの声を聞くと云つた様なものが潜んで居るのではなからうか。我々の心は此の如きものを求めて已まない、私はかゝる要求に哲学的根拠を与へて見たいと思ふのである。(3)

『働くものから見るものへ』（一九二七年）の「序」のなかで書かれたこの文章は、よく知られている。そしてしばしば、西田は、洋の東西の対立、すなわち「形相を有となし形成を善となす泰西文化」に対して「形なきものの形を見、声なきものの声を聞くと云つた様なものが潜んで居る」「東洋文化」という二つの文化を対決させ、「東洋文化」の独自な性格を主張したとされる。すなわち、西田は西洋文化を「有」の文化、東洋文化を「無」の文化として捉え、一種の「対決図式」を構築した、と考えられている。しかし、果たして西田はそのような主張をしているのであろうか？

そもそも西田がこの文章で力点を置いているところは、「我々の心は此の如きものを求めて已まない、私はかゝる要求に哲学的根拠を与へて見たいと思ふのである」という文章である。つまり西田はあくまで、「心」の要求と「心」の研究との間に「哲学的根拠」を与え、しかも、それらを一つに貫いているもの（「一を以て之を貫く」、『論語・里仁』）を探求しようとしている。言い換えれば、西田は「対決図式」あるいは二元論的構造によって、「西洋」に対して「東洋」の独特な価値を主張するわけではなく、むしろ両者の対立を乗り越え、一つの「心」という立場から哲学研究を行おうと考えているわけである。

西田はかつて『善の研究』のなかで、「人心の根柢には知識と情意との一致を求むる深き要求」（1-47）ということを言っているが、この文章を執筆した頃は「形なきものの形を見、声なきものの声を聞く」ということを主張し、それが「東洋文化の根柢」にあるものとしている。ところが、西田の言う「形なきものの形を見、声なきものの声を聞く」は果たして、東洋文化の根柢にあるものであろうか。いわゆる「哲学的根拠」とは、いったい何であろうか。ともあれ、西田が東洋、あるいは東洋文化を考える際には、「東洋・西洋」という対決図式ではなく、むしろ『善の研究』における純粋経験の立場を基盤として、それを発展させた「知情意合一」の立場から出立しているように思われる。

西田にとって、「知情意合一」の立場は、ただの方法論のレベルの出立点ではなく、それらを一つにして貫くことを重視している。一九三五年（昭和十年）、西田は雑誌『改造』に、「東洋思想と西洋思想」というエッセイを寄せているが、その中では次のように記されている。「学問は道具などとは違つてその中心は生きたものをもつてゐる。西洋の学問をもつて来て、伝統の全く違ふ東洋に生かさうとするには、学問の生命をまで変へて使はなければならぬと思ふ。簡単に道具のやうに結び合わせるといふことは出来るものではないと思はれる」[4]と。つまり、学問は単なる道具ではなく、生命の表現である。西洋には西洋の学問が、そして東洋には東洋の学問がある。それゆえもし「西洋」

の学問を「東洋」に生かそうとするのであれば、西洋の学問の生命まで変えなければならない。そしてもし、西洋の学問を使おうとするのであれば、西洋の学問の「生命」を変えてから、それらを使わなければならない、ということを西田は述べている。

明治時代以来、日本の文化政策は、幕末時期の「東洋道徳、西洋芸術」(佐久間象山)、あるいは「和魂洋才」というように、もっぱら西洋の学問を、ただ道具のように使ってきた。このような過去の動きに対して西田は、反省的ないし批判的な立場を取り、西洋の哲学と東洋の伝統との単なる「融合」ではなく、まずもって東洋の伝統、東洋の哲学、東洋の学問の「一体性」あるいは「一貫性」を追求すべきだと考えていたものと思われる。

西田幾多郎の生涯を振り返ってみると、まず青春時代の「Lifeの研究者」(17-74、119)という志向、次に、「純粋経験を唯一の実在としてすべてを説明して見たいといふのは、余が大分前から有つて居た考であつた。」(1-4)という『善の研究』の「序」で書かれた哲学的研究の趣旨、そして晩年「私の論理」という未完成の論文を書き残して逝去したことが思い出されるであろう。すなわち、このような「心」の要求と「心」の研究を、西田「哲学」という形で統一し、生涯にわたって一貫しようとしていた。それこそ、西田幾多郎の「心」が「求めて已まない」ものである。

二　「知情意合一」の東洋から「無」の東洋へ

明治以来、西洋技術の激しいインパクトの下で、日本あるいは「東洋」が、如何にして自らの独自性を守っていくのかは、日本あるいは「東洋」が直面した最も大きな課題のひとつであった。文明開化、脱亜入欧という西洋文明一元論の時代風潮に継いで、いわゆる「アジアは一つなり」(岡倉天心「Asia is one」)というスローガンをきっかけとし、「アジア」あるいは「東洋」という概念が、より確実な内容を持つものとして、近代の歴史の舞台に登場した。「東洋」とは何か。西田幾多郎の「東洋」論を大雑把に纏めるかわりに、京都大学名誉教授、西田哲学の研究者藤田正勝の文章を引用してみたい。

西洋文化が「有を実在の根柢と考へる」のに対し、東洋文化は「無を実在の根柢と考へるもの」であるというように、二つの文化を類型化し、対比的に論じている。つまり、西洋文化と対比させたとき、東洋の——具体的にはインドや中国、日本の文化の——なかに、西洋文化にはない、ある共通する特徴を見いだすことができる、というように西田は考えたように思われる。その特徴を西田は「無の思想」という言葉で言い表している。もちろん西田は同一性だけを見いだしたのではなく、そこに存在する差異にも目を向けている。西田によれば、インドの無の思想が「知的」な性格を強くもつのに対し、中国の無の思想は「行的」な性格を強くもつ（六・三四一）。それに対して日本の無の思想の特質を西田はその「情的」な点に見ている。「我国文化はすでに古代から支那文化や印度文化の影響を受けた。併し後に日本的仏教といふものが発達するに至つて、それは情的なものとなつた」（六・三五二）というようにその特徴を言い表している。(5)

この文章は藤田正勝教授の「西田幾多郎における『東洋』と『世界』」という論文に由来している。この文章から差し当たり分かることは、西田が「世界」という概念を巡り、一つ目の対立構造、すなわち「東洋・西洋」という構図を樹立しているということである。西洋の文化形態は「有を実在の根柢と考へる」ものであり、東洋の文化形態は「無を実在の根柢と考へる」ものと、西田は考えている。

しかし、それと同時に、西田は二つ目の構造を主張している。すなわち、「無を実在の根柢」と考える東洋の世界においては、「インド＝知的無」、「中国＝行的無」、「日本＝情的無」という「東洋」の内部の多様性を提出し、それぞれの特質を明らかにしながら、三者の並立ないし対立というような構造をも指摘している。ところが、このような二つ目の構造は、必ずしも対決図式を基盤として、論理的に整合しているものではない。というのは、「インド・中国・日本」という構図には「無を実在の根柢」と考える「東洋」という概念が潜んでいるからである。言い換えれば、西田における「東洋」の理解は、「純粋経験」の立場を基盤にして成された「知情意合一」の東洋から、「インド・中国・日本」という三者に代表される多様性をもった「東洋」、しかも「無」の東洋へと、いっそう確実で複雑な「東洋」の在り方へと変わっていくものと思われる。

このような「東洋」の在り方をめぐって西田幾多郎は、「情的文化」をしばしば取り上げ、東洋文化そして「日本文化」の特徴を言い表している。すでに述べたように、日本は「古代から支那文化やインド文化の影響を受けた」が、それらと区別し、「日本的仏教といふものが発達」し、日本文化が「情的なものとなつた」と西田は主張している。さらに、一九三八年に京都大学で開催された連続講演「日本文化の問題」のなかで、「東洋文化はどんなものかと云ふに、時間的、情意的であり、それは無形の文化である。……」(13-24)とも西田は言い表している。このように、西田は東洋文化には、西洋文化にはない独自性があることを主張しているが、必ずしも東洋文化あるいは日本文化の「優秀性」を一方的に主張するわけではない。むしろインド、中国、日本という三者の文化をその根柢にあるものから考え直そうとしている。このように、「無を実在の根柢」と考える「東洋」の文化の性格が成り立つのである。

三　「無」の東洋から「自覚」の東洋へ

『善の研究』のなかで、西田はかつて次のように述べている。「人心の根柢には知識と情意との一致を求むる深き要求のある」(1-47)。ただ、欧州の近代においてそれは、「相分れる様な傾向ができた。併しこれは人心本来の要求に合う者ではない」(1-47)、と西田は指摘している。このように、西洋の「近代」を「反省」し、「知情意合一」の立場から、西田は自らの哲学的研究を始めたと言うことができる。言い換えれば、西田の言う「知情意合一」の立場は、ヨーロッパでは近代になると、それが分かれて、維持することができなくなったのである。だから、この「知情意合一」の立場には、東洋のことを改めて考え直すことができるのみならず、ヨーロッパの近代をも「反省」するという独特な問題意識が隠されている。

西田幾多郎のこのような「反省」は、実は、東洋と西洋の「区別」を出発点としている。一九三五年に雑誌『改造』に寄せた「東洋思想と西洋思想」という短編において西田はまた、次のように述べている。「よく西洋哲学と東洋哲学とを比較して、外面的に似よった点を見つけて喜んだり、儒教の思想が日本に於て実現せられたと考へる様な人もあるかもしれないが、いかに同じ様に見えても本当は違つてゐるところがあると思ふ」(6)。この文章から明らかなように、西田は「儒教の思想が日本に於て実現せられたと考へる様な人」を批判すると同時に、東洋思想の伝統のひとつである「儒教思想」にも、批判的な態度を示しているわけである。

『善の研究』以前の日記の中に、西田によって次のように書かれている個所がある。「我国の如き維新前の孔孟主義の道徳が其勢力を失ふと共に今日の新事情に応ずる為倫理学研究を要する時代であると思ふ」(16-159)。西田の言う「孔孟主義」は、明治維新以前、すなわち江戸時代に流行していた朱子学を中心とした儒教思想である。ところが、明治維新後、この孔孟主義の道徳は、その勢力を失っていくとともに、新しい事情に応じて、倫理学研究を必要とする、と西田は指摘している。このような儒教への批判は、しばらく西田幾多郎の哲学研究をする人生の中で姿を消してしまったが、『日本文化の問題』（一九四〇年）のなかで再び登場してくる。「我国文化の根柢には、支那文化と根柢的に異なるものがある。」（12‐340）と西田は指摘している一方、過去の儒教、とりわけ宋学と区別して、日本文化の独特性を主張している。

このような儒教への批評と平行し、西田は晩年、東洋思想としての老子の思想にも注目している。西田によれば、「道教文化は無の文化といつても、尚無に囚はれて居る、無の形に囚へられて居るものである。その現在は動く現在ではない。唯無限の現在である。真に絶対否定の肯定として無の自己限定と考へられるものは無限に動くものでなければならぬ。その現在は無限に動くものでなければならない」（7‐450）。さらに、西田は、老子の主張する「常に存する」無を「無限の瞬間」と理解し、「単なる刹那主義と考へられるものは、尚固定した瞬間に囚へられたものである。」（7‐450）とも指摘している。それのみならず、老子的な「現在」が、「唯無限の現在」すなわち、それはどこまでも絶対肯定として存続しつつあるが、絶対否定の意味合いが欠如している、とも指摘している。要するに、このような批判を通じて西田は、絶対否定の肯定として無の自己限定という絶対無の場所的論理を主張するに至ったのである。

儒教や老子に対する西田幾多郎の批判が、西田哲学の展開に如何なる影響を与えているかは、なかなか分からないが、「東洋」への関心を抱いている西田は、江戸時代の古学派の学者に積極的に接近していくのである。一九四一年（昭和十七年）に出された「ポイエシスとプラクシス」（『哲学論文集第四』所収）という論文の最後で、西田は東洋道徳の根本である「至誠」にふれ、次のように解釈している。「私は東洋道徳の根本は誠にあると思ふ。至誠とか純一とか云ふことにあるのである。……」(10-176)。同じく一九四一年に出された「国家理由の問題」という論文の中で、西田は山鹿素行(一六二二—一六八五)の「聖教要録」を引用しながら、「東洋道徳は誠を以て出立点とする。……誠とは、己を盡すことでなければならない」(10-330)とも述べている。それから、かつて京都の古義堂を訪れた西田幾多郎は、宋儒的な理論を排斥し、孔孟のいう「根本的な事実」に「復帰」する伊藤仁斎(一六二七—一七〇五)の学問には、それから「国賊」と罵られた荻生徂徠(一六六六—一七二八)の思想には、「日本的なもの」(12-219)が存在している、と指摘している。

京都大学の哲学者九鬼周造(一八八八—一九四一)はかつて「日本におけるベルクソン」という文章において、「進歩というものはそれをどう解するにせよ伝統と堅く結びついていなければ考えることのできないものである。……自己固有の伝統を豊かに身につけるのでなくては、その真の進歩に決して到達しないであろう。(7)」と指摘している。「自覚」の東洋、あるいは東洋の「自覚」と言っても、西田にとっては、東洋と西洋の対立・対抗という図式ではなく、むしろ東洋の伝統をもう一度振り返って考えるということであろう。儒教思想の改革、老子思想への批判、古学派学者への注目、といった思索のなかで、伝統あるいは経典を対象とする東洋文化の「自覚」が成し遂げられているものと思われる。

四　「自覚」の東洋から「世界の東洋」へ

西洋文化にはない東洋文化の共通する特徴——「無」という東洋の思想を見出した後、西田はさらに一歩進めて、独自な「日本文化論」を打ち出している。西田によれば、無形の形、無声の声といふことは、何物もないと云ふことではない。現在にあるものが知的に限定することのできない意義を有つといふことである、無限なる情の表現であるといふことを意味するのである。情の対象となるものは知的に限定せられるものではない、空間的に固定せられるものではない。それは無限に動くものである、否形がありながら形なきものである。そこに情の文化といふものが考へられるのである。我国文化の本質はここに捕へられなければならない。それはエードスの文化でもない、礼教の文化でもない、純情の文化である。（6－351）

「無形の形、無声の声」から「無限なる情の表現」、「形がありながら形なきもの」、といった言い方から見れば、西田幾多郎は「情の文化」を日本文化の本質として捉える一方、「エードスの文化でもない。礼教の文化でもない」というように、日本文化の特質をも言い表している。西田幾多郎はここで、いわゆるEthosとしての「日本精神」の文化、「儒教」の思想の文化といったものを念頭に置きながら、この時代における日本のナショナリズムの激しい行動、とりわけ日本の厳しい政治的な事情に批判的な態度を示している。

ところが、もし中国文化の根底を「行的無」として捉えるならば、「空間的に固定せられるもの」とか、「唯無限の現在」といった中国文化に対する西田の批判は、「行的無」の文化形態の問題に帰納してしまうことになる。それと同じように、「知的無」の文化形態も、「情的無」の文化形態も、「行的無」の中国文化は勿論、皆不完全な形相をしているものに違いないとも思われるであろう。もしだれもが「知情意合一」、あるいは「善の状態」という形相には達していないものならば、この東洋の無の文化の形成を真に目標として、それを実現させるには、「東洋」の一員である、インドと中国と日本とは、互いに補完し合い、互いに協力しあわなければならない。

近代の東洋の歴史を振り返ってみれば、岡倉天心、内藤湖南らの知識人は、このような「東洋」あるいは「アジア」の形成を日本の「使命」として捉え、日本の文化の発揚によってそれを実現させると指摘している。ところが、日本文化に対して西田はかつて、次のように述べている。「単に特殊性を明らかにするだけでは、今日の世界の舞台に於て生きて働く精神とはならない。……単に明治以来外国文化輸入の弊に陥ったから、今から東洋文化を中心とすると云うのでは単なる反動に過ぎない」（12-393）。東洋文化を中心とすると主張すべきではないというわけではない。日本文化の特殊性を生かして、東洋文化のなかで、それを核心的な位置づけにして、極端な日本主義を主張しようとすることは、実質的には日本文化の「膨張」にすぎない。たとえ「東洋文化の創造」という絶大な意義を与えようとしても、それは「単なる反動に過ぎない」と、西田はこのような「日本精神」の創造、いわゆる「東洋文化」の「膨張」に拒否の態度を示している。

「東洋文化を中心とする」ことは、いったい何であろうか、という問いに対して西田は、次のように述べている。「独自の文化の立場から独自の文化を発展して行くといふことは、唯抽象的に個物的方向にのみ進むことではない。それは文化を否定することに外ならない。種々なる文化が各々の立場を守りながら、世界を媒介として自己自身を発展することによって真の世界的文化が形成せられて行くのである」（7-452）。このような文章から、西田はいわゆる文化相対主義者ではなく、むしろ「世界のなかの東洋の文化」の主張者ではないか、と私には思われる。西田はさらに、「種々なる文化が各々の立場を守りながら、世界を媒介として自己自身を発展することによって真の世界的文化が形成せられて行くのである。」（7-452）というように、世界を媒介として真の世界的文化が形成される、と主張している。それを世界の哲学の立場にしてみれば、「西洋の哲学」を直ちに世界の哲学として取り扱うのではなく、あるいはこのような「西洋の哲学」に対決するために「東洋の哲学」を樹立し、「世界の哲学」を目指して「東洋の哲学」の再構築を試みるのではない。どこまでも、「世界」を媒介とし、哲学的に物事を考えることによって、いわゆる「世界」と「哲学」との双方向の活動によって、「世界の哲学」あるいは「世界的文化」が形成せられていくのである、と西田は主張しているはずである。

このような「世界的文化」の形成を目標に、日本はどこへ行くのか、何をすべきであろうか、このような問いに対して西田は、しばしば引用しているが、「東洋思想と西洋思想」というエッセイの中で、「吾々東洋人は東洋的に考へ、もっと狭く日本人にしてはどうしても日本的に物事を考へることになる。……単に日本だけが孤立してゐるものと考へないで、日本といふ立場から世界的に考へて行くといふ風でなければならぬと思う。[(8)]」とも述べている。この日本人であること、「日本的に物事を考へる」こと、さらに、「日本といふ立場を世界的に考へて行く」こと、この三つの立場から推し進めていくように、西田は、自らの立場を一層拡大化し、東洋の立場、世界の日本、世界の東洋、さらに、世界主義者になっていくのである。

おわりに

「東洋」という主題に戻って振り返ってみると、西田が「東洋」を思索する中で、「東洋」がどのように語られているかが明らかになる。概括すれば、次のようにまとめられるであろう。

第一に、対立・対抗の二元論的構造のかわりに、西田幾多郎は、「知情意合一」の立場から「東洋」を捉えている。それは、明治以来の「和魂洋才」の構造ではなく、むしろ「西洋の学問をもつて来て、伝統の全く違ふ東洋に生かさうとするには、学問の生命をまで変へて使はなければならぬと思ふ」[9]。言い換えれば、西田はどこまでも、「知情意合一」という立場から「東洋」のあり方を捉えている。

第二に、「一・多」の論理に依存して西田は、東洋の内部に目を向け、インド＝知的無、中国＝行的無、日本＝情的無、とそれぞれの特徴を見出していながら、東洋文化の「無」という根本的な性格を主張している。東洋文化には、西洋文化にはない独自性があることを、西田は主張しているが、東洋文化あるいは日本文化の「優秀性」を一方的に主張するわけではない。むしろインド、中国、日本という三者の文化をその根柢にあるものから捉えなおそうとしている。このように、「無を実在の根柢」と考える「東洋」の文化の性格が成り立つのである。

第三に、西田は、「人心本来の要求に合う」もの、東洋文化の根柢に潜んでいる「形なきものの形を見、声なきものの声を聞くと云つた様なもの」を「此の如きものを求めて已まない」、「かゝる要求に哲学的根拠を与へて見たいと思ふ」。そこから、一種の「自覚」の精神が考えられる。このようなものは、孔孟の儒教思想、老子の道教思想、江戸時代の古学派の学者たちを中心に、西田幾多郎は東洋の伝統思想を批判したり援用したりして、改めて考え直そうとし、「東洋の自覚」とも言えることを実現させようとする。

第四に、いわゆる「媒介の構造」である。すなわち「種々なる文化が各々の立場を守りながら、世界を媒介として自己自身を発展することによって真の世界的文化が形成せられて行くのである。」という。いわゆる「世界を媒介と」することから見れば、東洋文化も西洋文化もみな、さらに一歩進んで「真の世界的文化」の形成に貢献しなければならない。それによってのみ、東洋文化が「世界を媒介として」、「世界のなかの東洋」になっていくのである。

〈本論は第七回日中哲学フォーラム【仙台・二〇二三年九月一一日】の分科会で発表した拙論に基づいて書き直したものである。〉

この場を利用して、御添削、御指導を賜りました厦門大学外国人教授の皆見浩史様に、衷心より感謝の意を申し上げます。）

注

（1）呉光輝『哲学視域下的東亜』、厦門大学出版社、二〇一八年、七四頁。
（2）高坂史朗「作為文化概念的『東亜』」、呉光輝『哲学視域下的東亜』、厦門大学出版社、二〇一八年、八〇頁。
（3）西田幾多郎『働くものから見るものへ』「序」、『西田幾多郎全集』第四巻、岩波書店、一九七八年、六頁。以下の引用は、ただ巻数と頁数を記す。
（4）西田幾多郎「東洋思想と西洋思想」、茅野良男・大橋良介編『西田哲学——新資料と研究への手引き——』、ミネルヴァ書房、一九八七年、三九頁。
（5）藤田正勝「東洋へのまなざし——哲学と世界認識」、『西田幾多郎の思索世界』、岩波書店、二〇一一年、二五二頁。
（6）西田幾多郎「東洋思想と西洋思想」、茅野良男・大橋良介編『西田哲学——新資料と研究への手引き——』、ミネルヴァ書房、一九八七年、三九頁。
（7）九鬼周造『九鬼周造全集』第一巻、岩波書店、一九八一年、四四〇頁。
（8）西田幾多郎「東洋思想と西洋思想」、茅野良男・大橋良介編『西田哲学——新資料と研究への手引き——』、ミネルヴァ書房、一九八七年、三九頁。
（9）前掲、注（4）。

執筆者紹介（論文掲載順）

青山　大介（あおやま・だいすけ）
広島大学大学院文学研究科博士課程（後期）修了、博士（文学）
宮崎大学学び・学生支援機構・特別准教授、宮崎市安井息軒記念館・館外特別研究員
＊「清華簡『説命（傅説之命）』の主題について―その「天」観念および傅説説話を通して―」（『日本中国学会報』第66号、2014年10月）＊「中国先秦「聖人」与「賢者」概念探析―以「預先性」和「創造性」的能力為線索」（『経学研究集刊』第18号、2015年６月）＊「安井息軒『書説摘要』考―その考証学の特質」（『日本中国学会報』第68号、2016年）

王　宝平（おう・ほうへい）
北京外国語大学北京日本学研究センター修士、関西大学文学博士
二松学舎大学文学部歴史文化学科・教授
＊『清代中日文化交流の研究』（汲古書院、2005年）＊『日本典籍清人序跋集』（上海辞書出版社、2010年）＊『日本蔵晩清中日朝筆談資料――大河内文書』（浙江古籍出版社、2016年）

蔡　毅（さい・き）
京都大学大学院文学研究科博士後期課程修了、博士（文学）
南山大学・名誉教授、特任研究員
＊編著『日本における中国伝統文化』（勉誠出版、2002年）＊『日本漢詩論稿』（中華書局、2007年）＊『清代における日本漢文学の受容』（汲古書院、2022年）

胡　加貝（こ・かかい）
二松学舎大学文学研究科博士後期課程修了、博士（文学）
二松学舎大学・非常勤助手
＊「末松謙澄の近代的な漢学へのアプローチ―イギリス修学による成果を中心として―」（『日本漢文学研究』第18号、2023年）＊「末松謙澄の海外体験詩について：漢詩による西洋文化の紹介」（『二松学舎大学人文論叢』第111号、2023年）＊「明治期の漢詩人大江敬香について―「西詩体」を中心として―」（『日本漢文学研究』第19号、2024年）

茂木　克美（もてぎ・かつみ）
放送大学大学院文化科学研究科修士課程修了、修士（学術）
二松学舎大学科目等履修生、元佐野市郷土博物館勤務
＊「須永元―亡命朝鮮人の受容とその背景―」（『専修史学』第67号、2019年）　＊「「須永文庫」の甲申政変関係資料」（『東アジア近代史』第23号、2019年）

川邉　雄大（かわべ・ゆうたい）
二松学舎大学大学院文学研究科中国学専攻博士後期課程修了、博士（文学）
日本文化大学法学部・教授。
＊『近代日中関係史人名辞典』（共編、東京堂出版、2010年）　＊『東本願寺中国布教の研究』（単著、研文出版、2013年）　＊『浄土真宗と近代日本―東アジア・布教・漢学』（主編、勉誠出版、2016年）

王　弘（おう・こう）
二松学舎大学大学院文学研究科博士後期課程修了、博士（文学）
中国・曲阜師範大学翻訳学院・講師。
＊「『中国実業雑誌』と『他山百家言』から見る渋沢栄一の対中合弁事業に至った経緯」（『ICCS現代中国学ジャーナル』第15巻第1号、2022年）　＊「一九二〇～三〇年代の大連詩壇における日中文人交流：李文権を通して見る詩壇の変遷」（『日本漢文学研究』第18号、2023年）　＊「対華21ヵ条要求受諾後における中国人の対日提携論について：李文権編『他山百家言』を中心として」（『ICCS現代中国学ジャーナル』第17巻第1号、2024年）

田山　泰三（たやま・たいぞう）
二松学舎大学文学部卒業
香川県明善学園・英明高等学校勤務、泊園記念会委員
＊編著『忠孝両全の黒木典雄學士を偲ぶ』（私家版、2007年）　＊編著『倉田貞美著作集』（明徳出版社、2019年）　＊「高松の漢学」（講座 近代日本と漢学 第5巻『漢学と教育』戎光祥出版、2020年）

山形　悠（やまがた・ゆう）
二松学舎大学文学研究科博士前期課程（中国学専攻）修了、修士（文学）
二松学舎大学文学研究科博士課程、日本医史学会事務局員

＊「漢方復興運動の変遷と歴史的意義　新妻荘五郎、南拝山、矢数道明らを一例として」（二松学舎大学修士論文）

徐　興慶（じょ・こうけい）

九州大学大学院文学研究科国史学専攻博士課程修了、博士（文学）、関西大学博士（文化交渉学）

台湾・東呉大学日本語文学科・客座教授

＊編著『十七世紀の東アジア文化交流―黄檗宗を中心に』（台湾大学出版センター、2018年）　＊『跨国界的文化伝釈―朱舜水与近代中日人物的文明史観論』（寧波出版社、2022年）　＊主編『四明文庫：朱舜水集』（寧波出版社、2024年）

謝　蘇杭（しゃ・そこう）

千葉大学大学院人文公共学府博士後期課程修了、博士（文学）

国文学研究資料館・プロジェクト研究員、千葉大学・非常勤講師

＊「近世前期本草学における実学思想の考察：稲生若水と貝原益軒を例に」（『千葉大学人文公共学研究論集』第38号、2019年）　＊「近世本草学における儒学思想に対する受容と反発：中国の伝統的世界像の視点から」（『思想史研究』第27号、2021年）　＊「近世中期の本草学における「実学の転回」：平賀源内の本草学を中心に」（『思想史研究』第30号、2023年）

中村　聡（なかむら・さとし）

東洋大学大学院文学研究科修士課程修了、二松学舎大学大学院文学研究科博士課程単位取得退学

元玉川大学リベラルアーツ学部・教授、元無窮會東洋文化研究所・所長、二松学舎大学・講師

＊『管子の説く覇道』（明治書院、1999年）　＊『甫水井上円了漢詩集』（編訳、三文舎、2008年）　＊『宣教師たちの東アジア―日本と中国の近代化とプロテスタント伝道書―』（勉誠出版、2015年）

陶　徳民（とう・とくみん）

大阪大学文学博士、関西大学博士（文化交渉学）

関西大学・名誉教授、東西学術研究所・客員研究員

＊『日本における近代中国学の始まり―漢学の革新と同時代文化交渉』（関西大学出版部、

2017年）　＊『松陰とペリー：下田密航をめぐる多言語的考察』（関西大学出版部、2020年）　＊『もう一つの内藤湖南像―関西大学内藤文庫探索二十年』（関西大学出版部、2021年）

武田　祐樹（たけだ・ゆうき）
二松学舎大学大学院文学研究科博士後期課程（中国学専攻）修了、博士（日本漢学）
二松学舎大学文学部・非常勤講師
＊『林羅山の学問形成とその特質：古典注釈書と編纂事業』（研文出版、2019年）　＊『甕江文稿』（近代日本漢籍影印叢書、解題執筆、研文出版、2020年）

町　泉寿郎（まち・せんじゅろう）
二松学舎大学大学院文学研究科博士後期課程修了、博士（文学）
二松学舎大学文学部中国文学科・教授
＊編著『（木下彪）国分青厓と明治大正昭和の漢詩界』（近代日本漢学資料叢書４、研文出版、2019年）　＊『日本近世医学史論考』Ⅰ・Ⅱ（武田科学振興財団杏雨書屋、2022年）
＊編著『（近代東アジア漢文教育の研究１）日本統治下の台湾・朝鮮と漢文教育』（戎光祥出版、2023年）

朴　暎美（パク・ヨンミ）
韓国・檀国大学校大学院博士課程修了、博士（文学）
二松学舎大学文学研究科博士課程、成均館大学校東アジア学術院・HK研究教授、檀国大学校東洋学研究院・研究教授、国際日本文化研究センター・外国人研究員
＊「渋沢栄一を偲ぶ朝鮮の人々」（『渋沢栄一は漢学とどう関わったか』ミネルヴァ書房、2017年）　＊「韓国における近代的漢学専門高等教育機関と支那哲文学科」（『近代東アジア漢文教育の研究』戎光祥出版、2023年）

呉　光輝（ご・こうき）
京都大学大学院文学研究科博士後期課程（日本哲学史）修了、厦門大学高等教育研究所博士後期課程修了、博士（教育学）
中国・厦門大学外文学院・教授
＊『転型与建構―日本高等教育近代化研究』（世界知識出版社、2007年）　＊『日本的中国形象』（人民出版社、2010年）　＊『哲学視域下的東亜』（厦門大学出版社、2018年）

二松学舎大学東アジア学術総合研究所日本漢学研究センター
日本漢学研究叢刊4

転換期における東アジア文化交流と漢学

二〇二四年一〇月三日　発行

編　者　王　宝　平
　　　　町　泉　寿　郎
発行者　三　井　久　人
整版印刷　富　士　リ　プ　ロ　㈱
製　本　牧　製　本　印　刷　㈱
発行所　汲　古　書　院
〒101-0065東京都千代田区西神田二-四-三
電　話　〇三（三二六五）九七六四
ＦＡＸ　〇三（三二二二）一八四五

ISBN978 - 4 - 7629 - 6753 - 5　C3300

KYUKO-SHOIN, CO., LTD. TOKYO